普通高等院校财经类专业系列特色教材

U0873255

财税商圈虚拟仿真实训教程

主　编　马雪玲　马双双
副主编　马　祯　和西芳　谭文伟

西南交通大学出版社
·成　都·

图书在版编目（CIP）数据

财税商圈虚拟仿真实训教程 / 马雪玲，马双双主编
. -- 成都：西南交通大学出版社，2023.11
ISBN 978-7-5643-9569-8

Ⅰ. ①财… Ⅱ. ①马… ②马… Ⅲ. ①财税 – 商业企业管理 – 管理信息系统 – 教材 Ⅳ. ①F810-39

中国国家版本馆 CIP 数据核字（2023）第 222483 号

Caishui Shangquan Xuni Fangzhen Shixun Jiaocheng

财税商圈虚拟仿真实训教程

主编　马雪玲　马双双

责任编辑	罗爱林
封面设计	何东琳设计工作室
出版发行	西南交通大学出版社 （四川省成都市金牛区二环路北一段 111 号 西南交通大学创新大厦 21 楼）
营销部电话	028-87600564　028-87600533
邮政编码	610031
网　　址	http://www.xnjdcbs.com
印　　刷	四川森林印务有限责任公司
成品尺寸	185 mm × 260 mm
印　　张	20.25
字　　数	386 千
版　　次	2023 年 11 月第 1 版
印　　次	2023 年 11 月第 1 次
书　　号	ISBN 978-7-5643-9569-8
定　　价	58.00 元

课件咨询电话：028-81435775

前　言

党的二十大报告指出："教育、科技、人才是全面建设社会主义现代化国家的基础性、战略性支撑。"而面向未来的教育，是创新开放的教育，是以现代科技为支撑的教育。为了推进财会类专业教学改革数字化、信息化过程，依托互联网、云计算、人工智能、数字技术开展虚拟仿真模拟商业环境，提升学生学习体验感，财会商圈搭建起一个经济与管理类各专业交叉互动、立体化、网络状的跨行业、跨专业综合实习教学平台，其可以拓展学生专业知识面、训练学生综合运用主修专业及相关专业的理论知识、运用基本方法解决实际问题的能力；在与其他相关专业互动过程中强化主修专业的技能，从而实现在创新的教学环境中训练学生的专业知识能力、工作适应能力、交际沟通能力、组织协调能力、分析解决问题能力、动手及创新能力、管理能力，培养出强能力、高素质、厚基础、宽口径的经管类高级人才。该平台实现了界面仿真、功能仿真和内容仿真，并且能够对学生的实训结果进行智能判断，不仅能提高学生的学习兴趣和学习效率，而且能减轻教师的辅导工作量。

财会商圈平台是网中网开发的以仿真生产企业、商业企业、物流企业、贸易企业、卖场、酒店服务业一个完整的产业链为线，映射出现代商业社会中不同行业、不同规模企业中典型的业务模型，使学生能以多维的角度宏观参与整个产业链以及企业内部跨部门间的业务流转。《财税商圈虚拟仿真实训教程》是根据财会商圈软件平台设计的，是财税商圈虚拟仿真实训课程的配套教材。本教材可以满足高校财务管理、会计等专业的财会商圈软件平台使用需求。

本教材分上下两篇，共 13 章内容。上篇共 2 章内容，是对平台及其基本功能的介绍；下篇是虚拟仿真实训操作，共 11 章内容，选取财会商圈平台中具有代表性的 11 个项目及相关实训任务进行演示说明。本实训教材由马雪玲、马双双担任主编，马祯、和西芳、谭文伟担任副主编。其中，马雪玲编写第 1、3、4、6 章和 7.1、7.4、7.5，马双双编写第 2、5、8 和 9 章，马祯编写第 10、11 章，和西芳编写第 12、13 章，谭文伟编写 7.2 和 7.3。

本教材为西安翻译学院的教学成果，教材的编写得到了厦门网中网软件有限公司的大力支持。西安翻译学院的领导和同事对本书的出版给予了极大的鼓励和支持，在此一并感谢。尽管编者在编写过程中做了大量的工作，但学识和水平有限，书中难免存在疏漏与不足之处，恳请各位读者及时反馈意见，以便将来予以修订。需要说明的是，本书是模拟仿真实训，书中的企业名和人名均已虚拟化，请勿对号入座。

作　者

2023 年 7 月

目 录

上篇　财会商圈平台及其基本功能介绍

第 1 章　平台简介

财会商圈平台是网中网开发的以仿真生产企业、商业企业、物流企业、贸易企业、卖场、酒店服务业一个完整的产业链为线，映射出现代商业社会中不同行业、不同规模企业中典型的业务模型，使学生能以多维的角度宏观参与整个产业链以及企业内部跨部门间的业务流转。同时，财会商圈也是一款跨专业的综合实训平台，将会计学、审计学、税务、财务管理、人力资源管理、行政管理等工商管理类专业和经济学类专业，通过不同的业务模型，将企业与外部服务机构如税务、银行、工商、会计师事务所等有机联系起来。其仿真生动的职业场景让学生仿佛置身于真实的企业环境中，能够帮助学生们更快地适应并融入社会。

第 2 章 基本功能介绍

2.1 学生登录

输入网址 http：//10.10.214.130：8091，即可进入财会商圈平台界面（见图 2-1-1）。

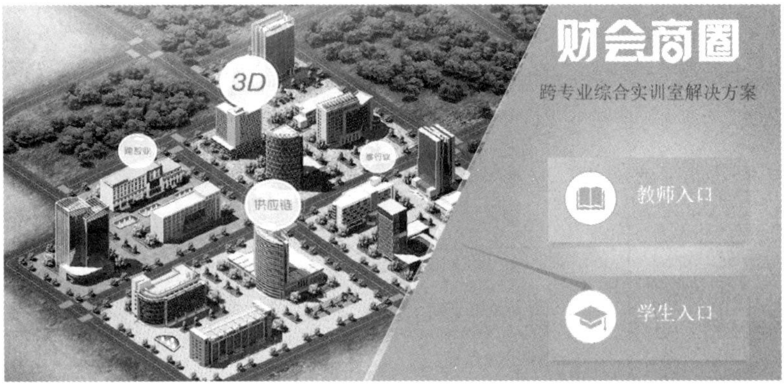

图 2-1-1　平台进入界面

输入账号密码，在批次下拉列表中选择当前的实训批次，点击登录按钮（见图 2-1-2）。

图 2-1-2　登录界面

2.2 办理业务的几种途径

1. 业务向导

点击顶部工具栏业务向导按钮，系统将默认显示该账号正在完成的业务，第一次进入实训则展开业务视图（见图 2-2-1）。

图 2-2-1　“业务向导”界面

2. 业务视图

该业务视图展示商圈产业链中企业间的业务关系（见图 2-2-2），首先让学生对产业链有个宏观的认知。所以该视图下的实训任务以业务流程图的方式组织。点击企业或者企业间关系箭头上的查看业务按钮，系统将列出两家企业间发生的经济业务。点击业务可查看该业务的经济业务流程图。

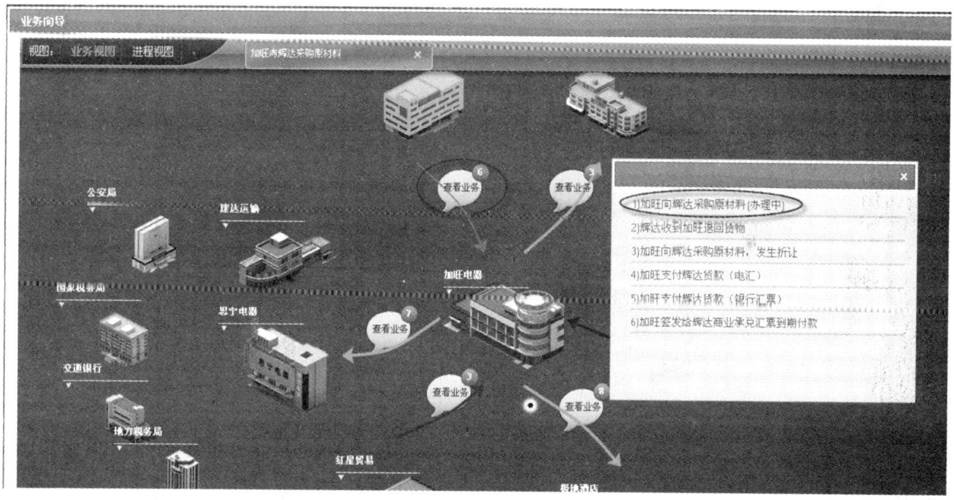

图 2-2-2　“业务视图”界面

3. 进程视图

该视图将经济业务按业务知识点进行分类，并显示完成进度，点击业务可查看该业务的经济业务流程图（见图 2-2-3）。

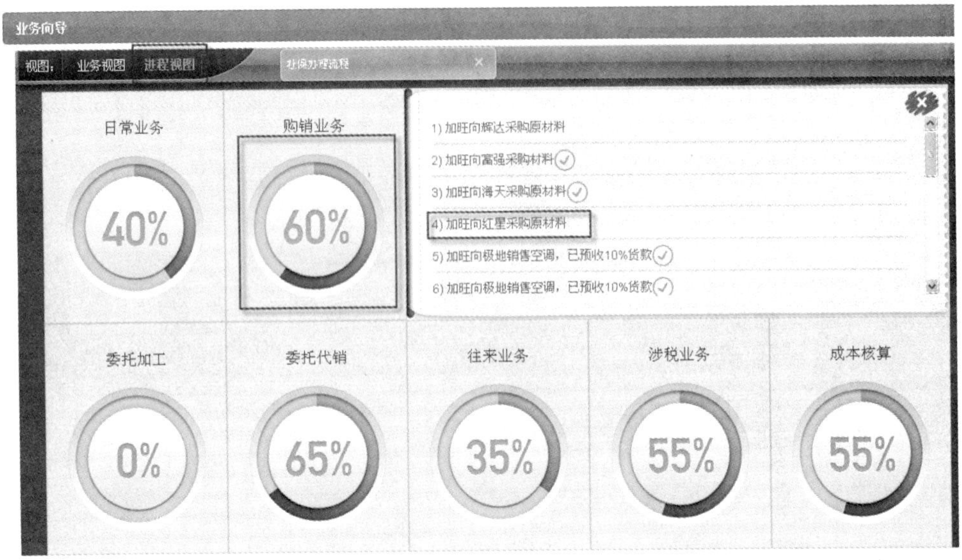

图 2-2-3　“进程视图”界面

4. 经济业务流程图

该图展示单笔经济业务中企业间及企业内部的流程关系，由企业内部的实训任务组织而成（见图 2-2-4）。红色框标识的是当前正在进行的子任务，点击进入实训任务。

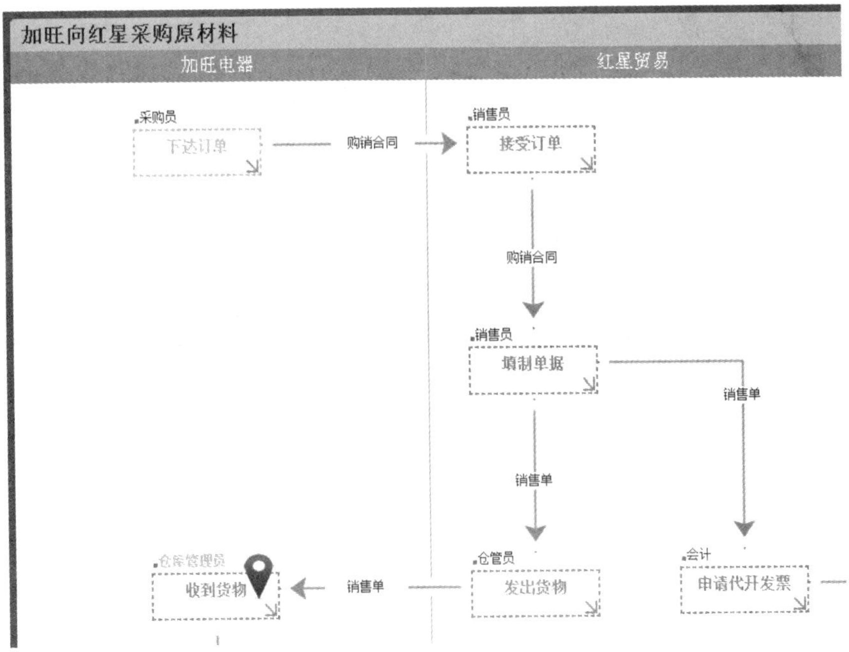

图 2-2-4　“经济业务流程图”界面

5. 我的办公桌

我的办公桌是进入当前实训任务的快速入口。

直接选择实习岗位，点击场景下方工具栏中我的办公桌图标（见图 2-2-5）。

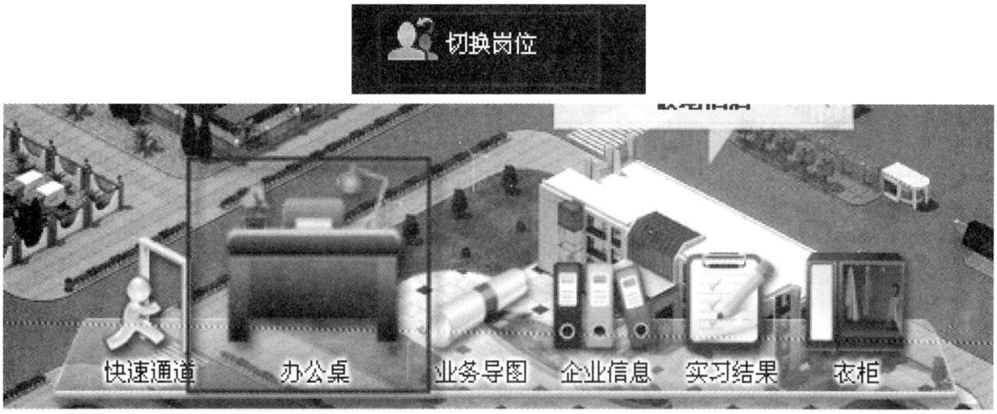

图 2-2-5　“我的办公桌”界面

6. 办理企业任务

“办理企业任务”界面如图 2-2-6 所示。

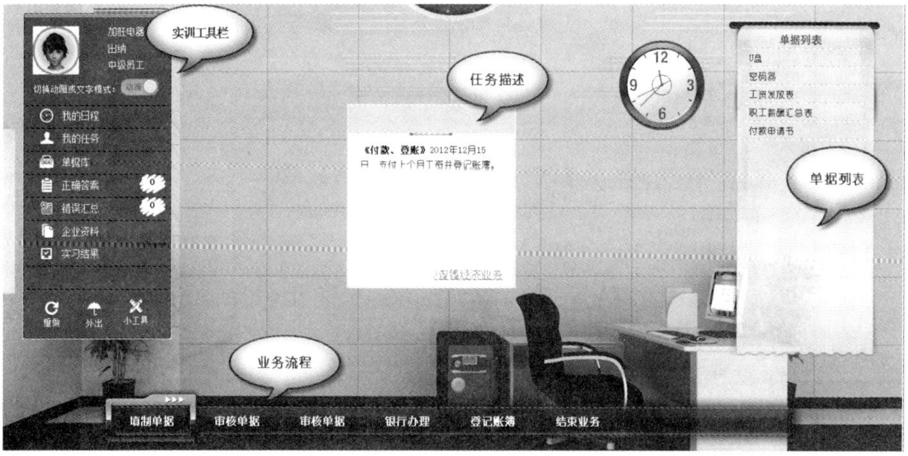

图 2-2-6　“办理企业任务”界面

2.3 其他工具

1. 小工具

为学生实训提供辅助的小工具有计算器、时钟、记事本等（见图 2-3-1）。学生可通过记事本功能记录一些常用的数据及信息，方便实训时复制，提高实训效率。

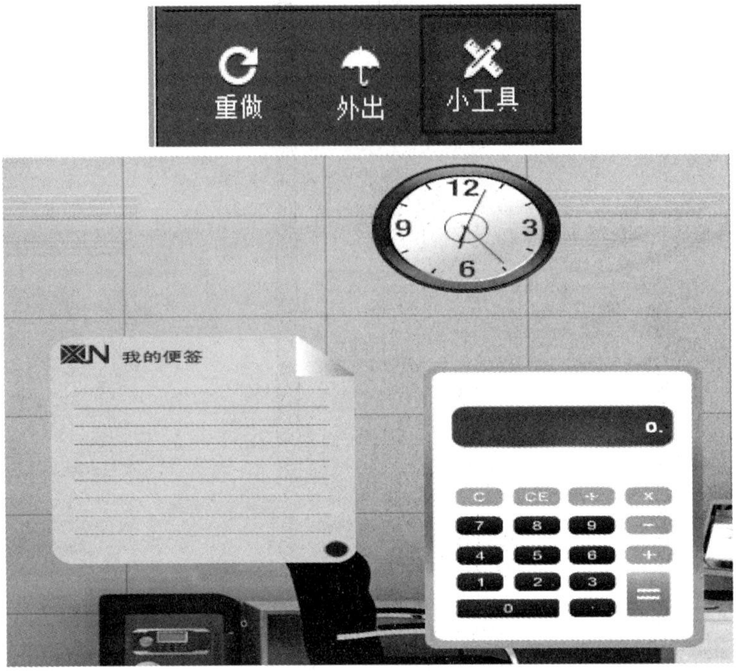

图 2-3-1 “小工具”界面

2. 学习论坛

论坛界面如图 2-3-2 所示。

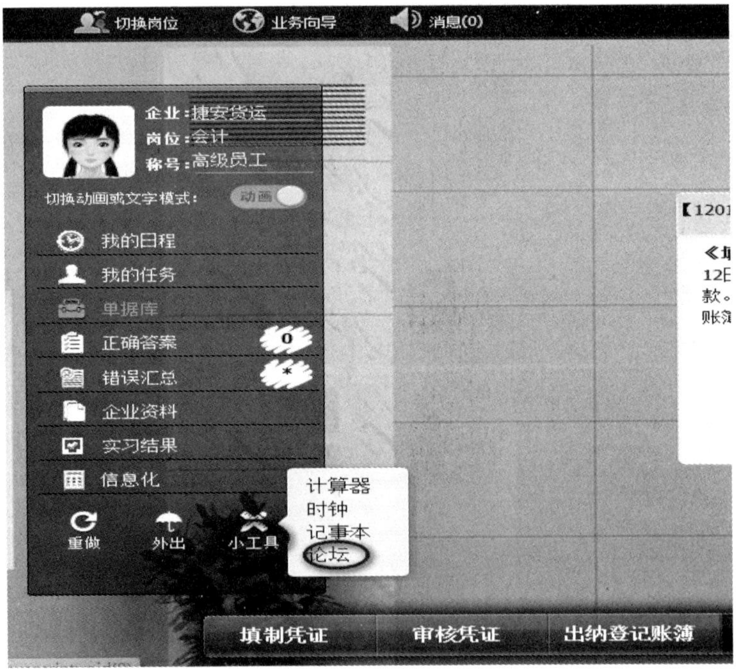

图 2-3-2 “论坛”界面

3. 外出

点击“外出”，学生可切换到企业3D场景，即离开座位的动作（见图2-3-3）。

图 2-3-3　“外出”界面

4. 切换岗位

通过“切换岗位”功能可快速切换各企业的可实习岗位（见图2-3-4）。当前的实习岗位将加亮显示，点击任意岗位即可完成岗位的切换（见图2-3-5）。

图 2-3-4　“切换岗位”界面

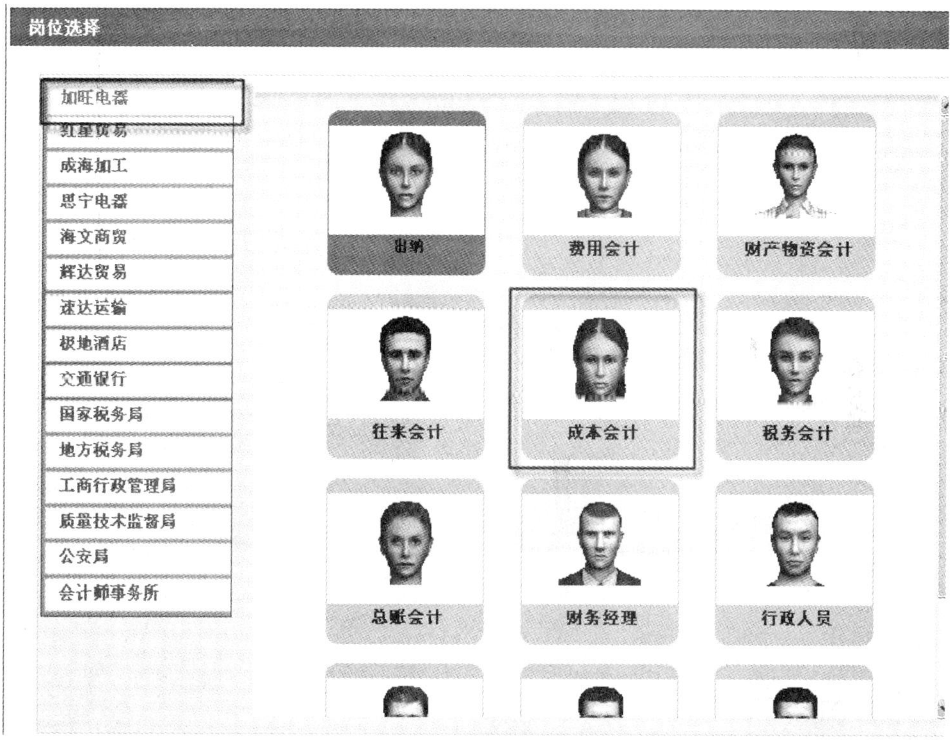

图 2-3-5　岗位选择

5. 个人信息

点击顶部工具栏学生姓名（见图2-3-6），打开个人中心面板。在该模块中，学生可以更换个人形象、修改账号密码（见图2-3-7）。如果教师开启了权限，学生可自行更改自己的账户名称。

图 2-3-6 “个人信息”界面

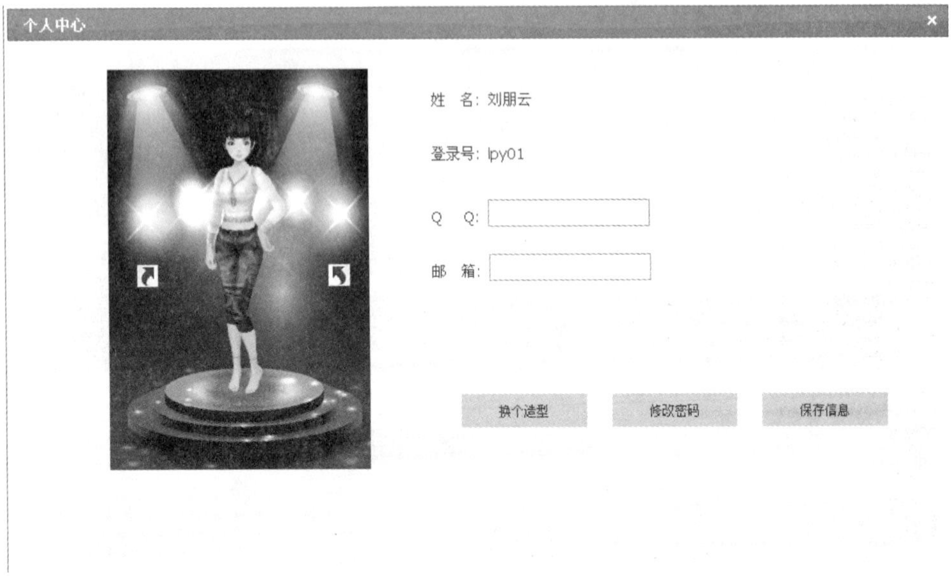

图 2-3-7 修改个人信息

6. 更换形象

点击“换个造型”按钮，选择需要更换的形象后，点击确认按钮即可（见图 2-3-8）。此操作不需要花费金币购买。

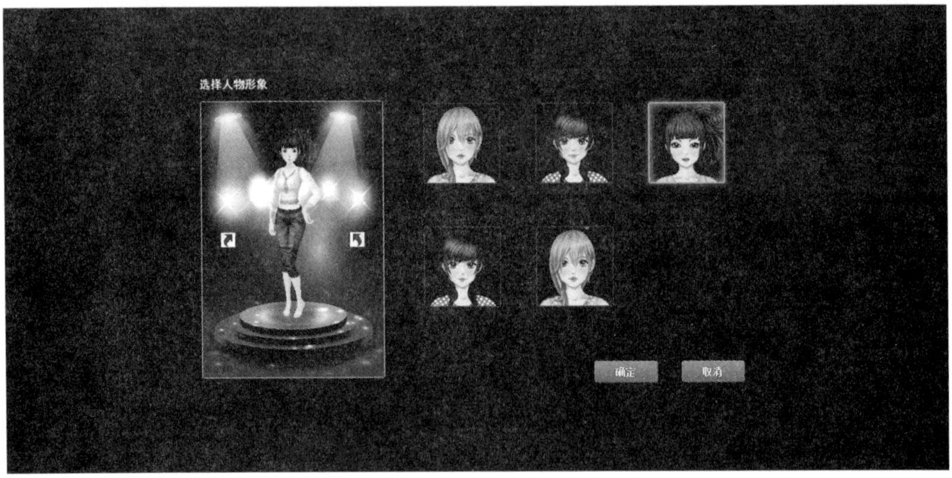

图 2-3-8 “更换形象”界面

7. 我的衣柜

学生通过实训赚取的盈余金币，可用于购买服装道具，装扮 3D 人物形象。点击场景底部工具栏中的衣柜图标，进入“我的衣柜”选择购买（见图 2-3-9 和图 2-3-10）。

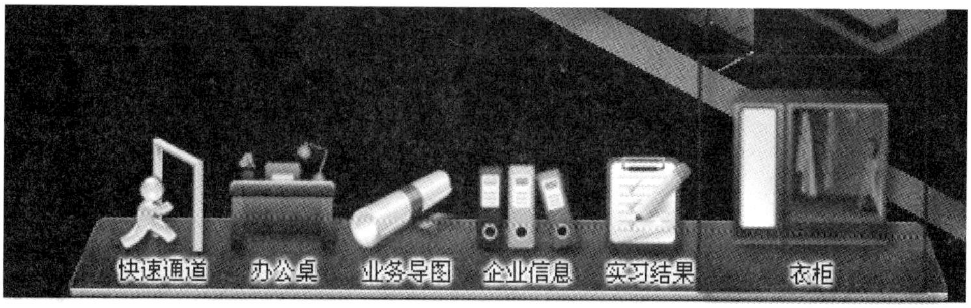

图 2-3-9　“我的衣柜”界面

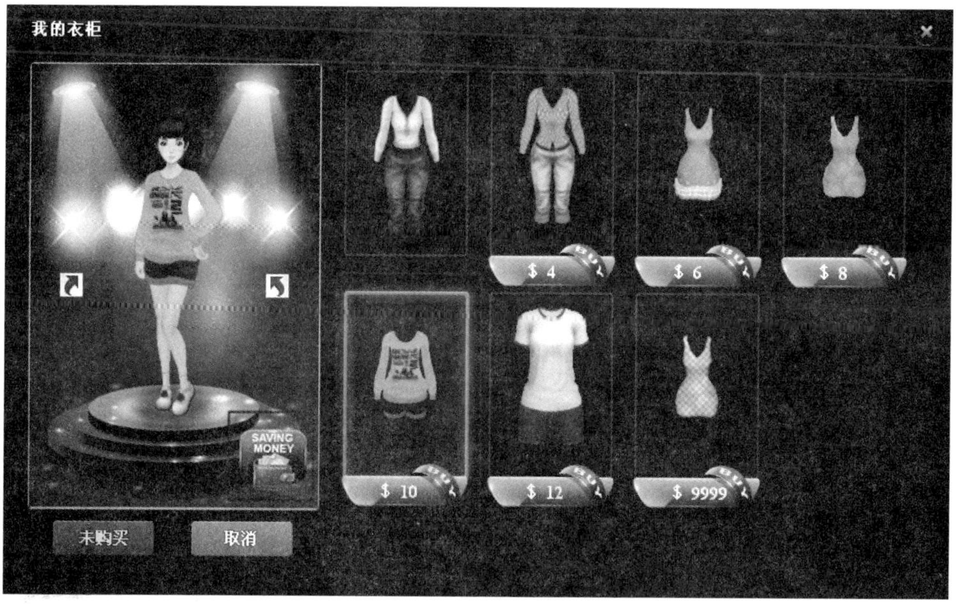

图 2-3-10　选择购买界面

未标价的衣服表示该衣服已购买，选中衣服，可在左侧舞台预览衣服上身效果，点击购买按钮，系统将提示金币扣除确认框（见图 2-3-11），点击确定后，衣服将自动加入衣柜中（见图 2-3-12）。

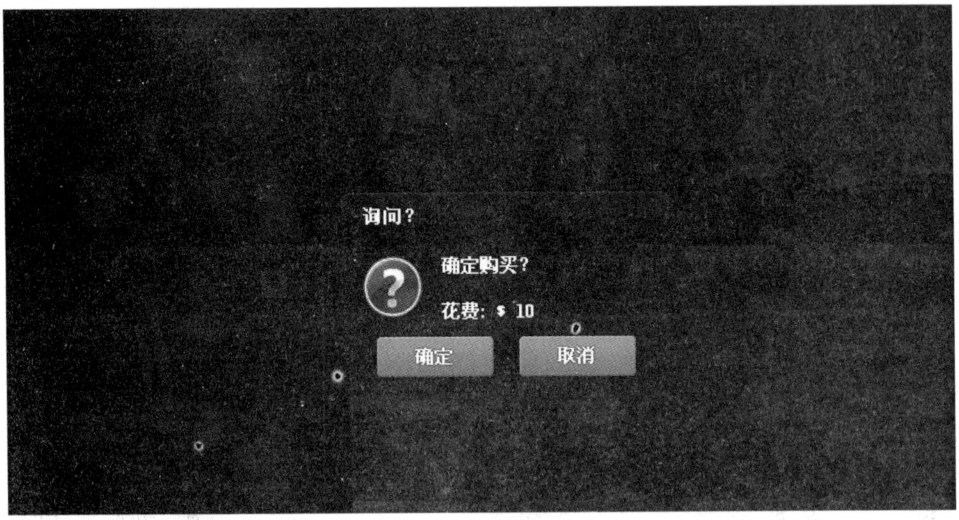

图 2-3-11　购买界面

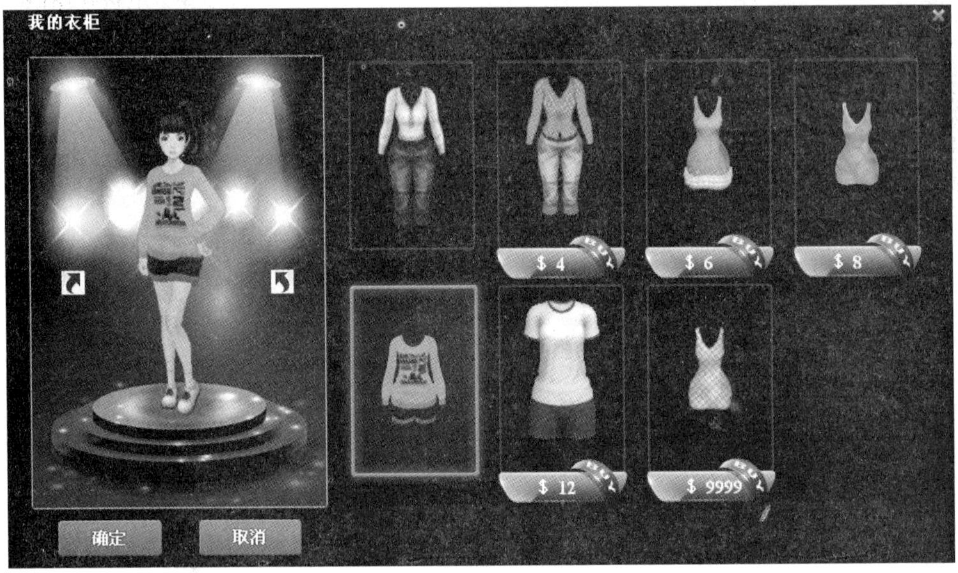

图 2-3-12　购买成功界面

8. 多人模式

此模式下，学生将以小组为单位，通过分岗协作的方式共同完成实训任务。

9. 经济业务流程

经济业务流程必须按顺序办理，前一步业务未完成时，后继业务则不可办理（见图 2-3-13）。如果某笔业务未被教师加入批次，学生可跳过该业务完成其后继的业务，不影响实训成绩。

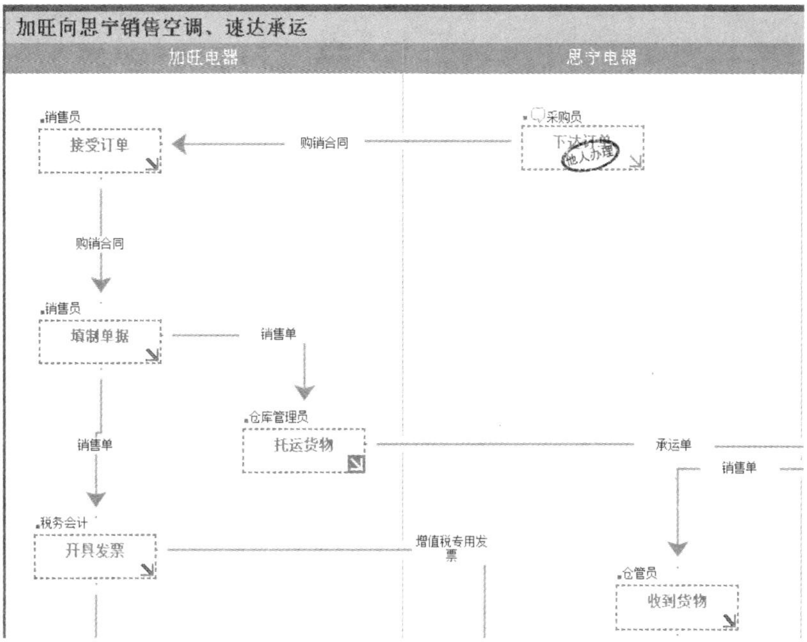

图 2-3-13　经济业务流程

当团队中某笔业务，正在被团队中的某个成员办理时，该任务将被锁定，其他人则无法操作该业务（见图 2-3-14）。当该业务岗位无人扮演时，其他成员可进行顶岗操作。

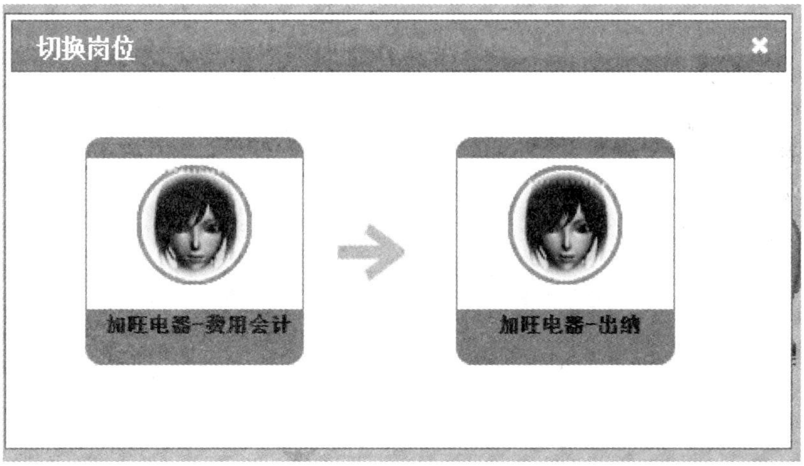

图 2-3-14　任务锁定

10. 组聊

为方便团队协作，小组内成员可通过该模块，进行实时通信（见图 2-3-15）。该功能模块，仅在多人模式下开启。

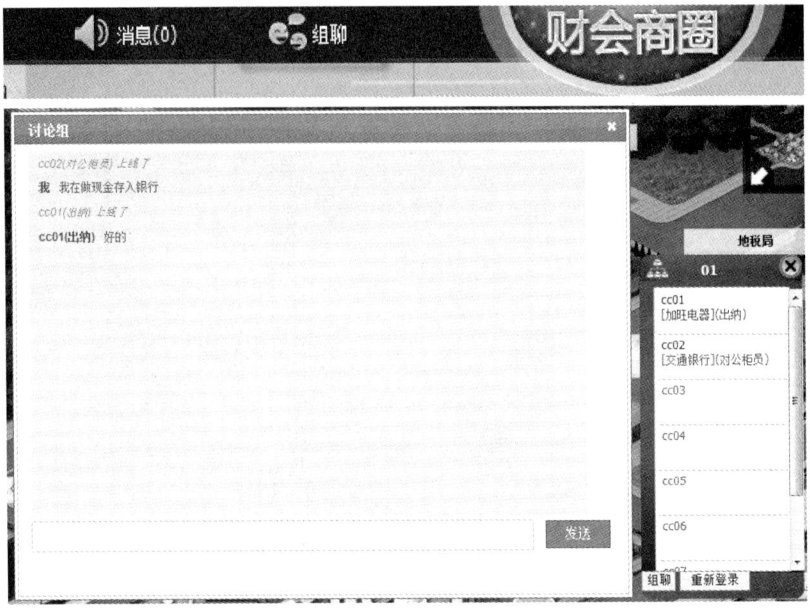

注意：此功能仅限在线组员使用。

图 2-3-15 “组聊”界面

11. 任务消息

当上一步骤业务完成、退回给经办人、提交下一步、退回上一步时，系统将根据流程，向下一步岗位发送任务接收消息通知（见图 2-3-16）。

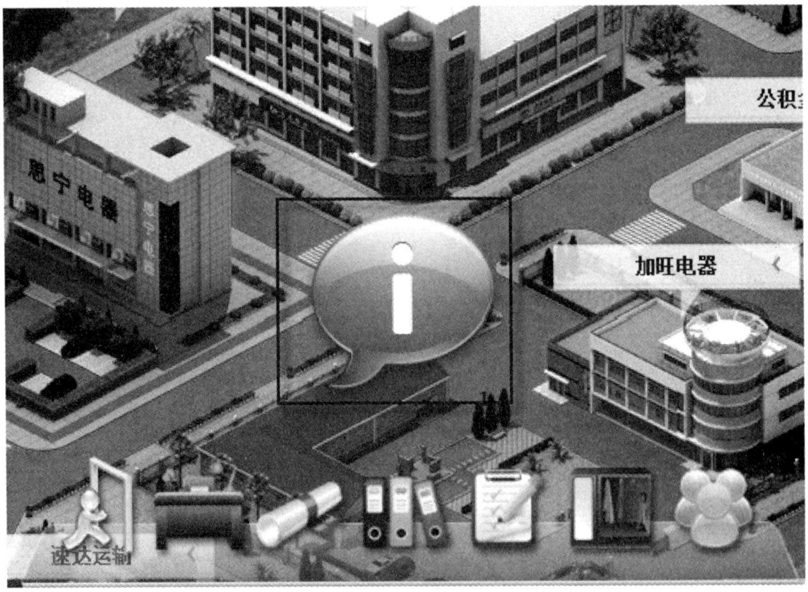

图 2-3-16 发送消息界面

下一步人员，将在顶部消息模块中，看到显示为读取的消息数（见图 2-1-17）。

注意：此功能仅限在线组员使用。

图 2-3-17　“消息”界面

12. 签到功能

签到功能如图 2-3-18 所示。

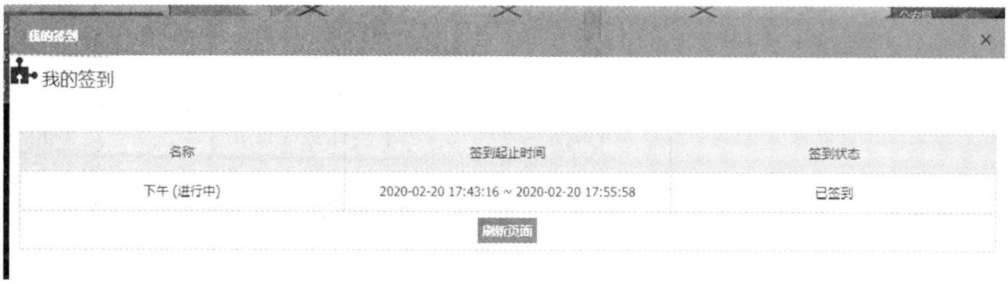

图 2-3-18　“我的签到”界面

13. 退回经办人

退回经纪人界面如图 2-3-19 所示。

图 2-3-19　“退回经纪人”界面

14. 退回前一步

退回前一步界面如图 2-3-20 所示。

图 2-3-20　“退回前一步”界面

15. 选组

在多人模式下每个学生必须加入到小组中，才能进行实训（见图 2-3-21）。

图 2-3-21　选组界面

16. 选岗

与单人模式的区别在于，当岗位被某个成员扮演时，其他成员无法在该岗位实训，点击解锁按钮，可对岗位进行释放（见图 2-3-22 和图 2-3-23）。组长具有对所有岗位进行解锁的权限，以保证业务顺畅进行。

图 2-3-22　切换岗位

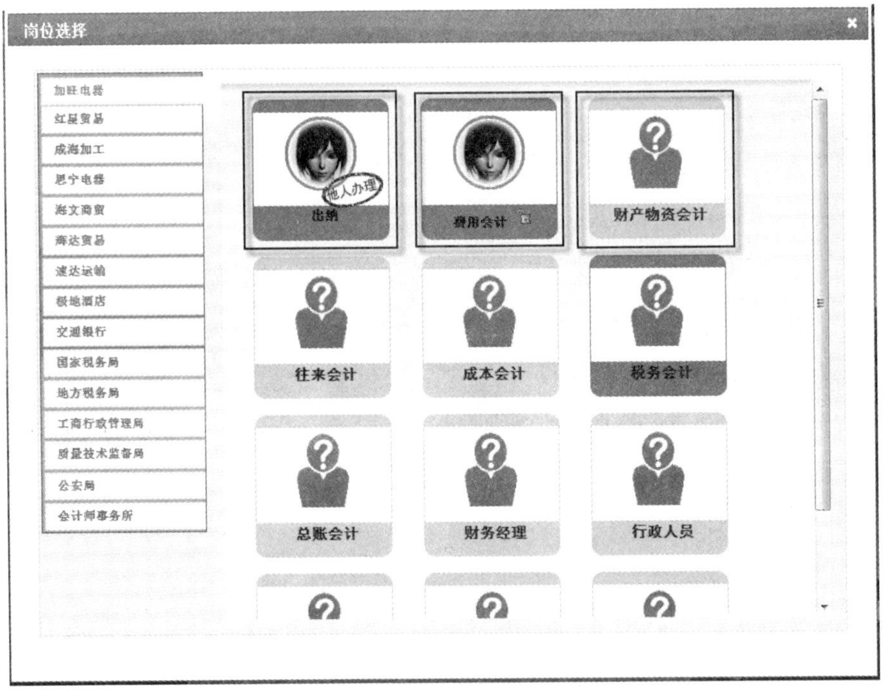

图 2-3-23　解锁岗位

下篇　虚拟仿真实训操作

财会平台现有 19 个虚拟仿真项目，分别是日常业务虚拟仿真项目、购销业务虚拟仿真项目、委托加工虚拟仿真项目、委托代销虚拟仿真项目、往来业务虚拟仿真项目、涉税业务虚拟仿真项目、成本核算虚拟仿真项目、期末业务虚拟仿真项目、财务管理虚拟仿真项目、行政事务虚拟仿真项目、生产管理虚拟仿真项目、外贸业务虚拟仿真项目、审计业务虚拟仿真项目、银行业务虚拟仿真项目、酒店餐饮虚拟仿真项目、装修装饰虚拟仿真项目、交通运输业务虚拟仿真项目、超市零售虚拟仿真项目、电子商务虚拟仿真项目。本篇主要挑选每个项目里面的特色业务进行演示举例，主体企业是北京加旺电器有限公司（以下简称“加旺电器”）。

第 3 章　日常业务虚拟仿真项目

3.1 日常业务基本答题步骤

根据任务描述与单据列表中所提供的原始单据，了解当前要办理的业务。查看底部业务流程，判断当前环节需要办理的业务操作（如填写单据或者找人审批等）。如果要填写的单据不在单据列表中，可从单据库中拿取需要的单据。

1. 填写单据

填写单据如图 3-1-1 所示，可同时打开多张单据填写。

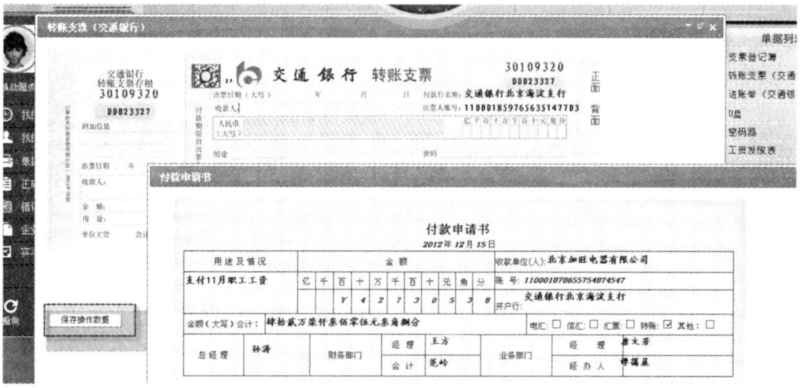

温馨提醒：如果单证是多联，则需要选择需要填写的联次输入内容。

图 3-1-1　填写单据

2. 签章

若单证需要盖印章，点击单证下方的“签章”按钮，将鼠标移到需要签章的位置，鼠标表现为十字形的样式，双击鼠标左键，进入签章选择界面(见图 3-1-2)。

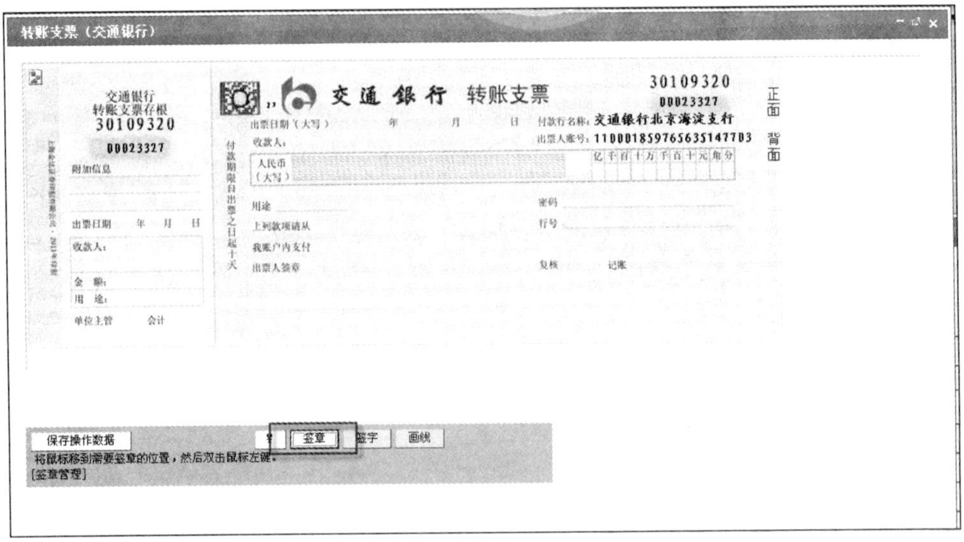

图 3-1-2 “签章”界面

进入签章选择界面后，点击需要选择的签章名称上方的单选框，点击“提交”，则签章已经盖在相应的位置上（见图 3-1-3）。

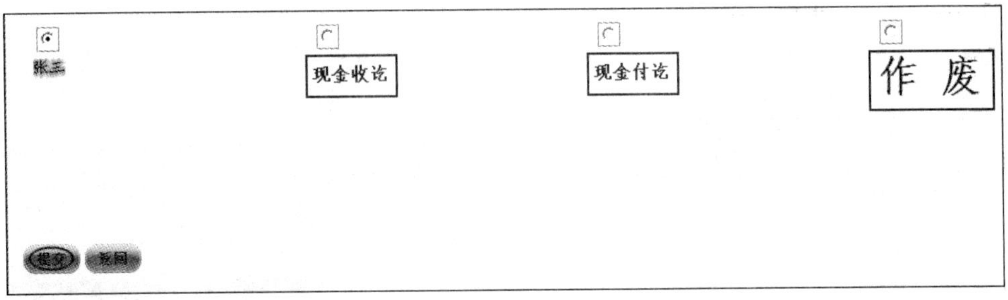

注意：为避免混淆，平台中所有涉及的签字操作，统一采用签字章（非手写输入）。

图 3-1-3 签章方式

3. 进入下一环节

点击桌面下方的流程箭头，进入下一环节（见图 3-1-4）。

图 3-1-4　进入下一环节

选择需要提交下一步操作人的单据及联次，并判断下一步是否自己继续办理（见图 3-1-5）。

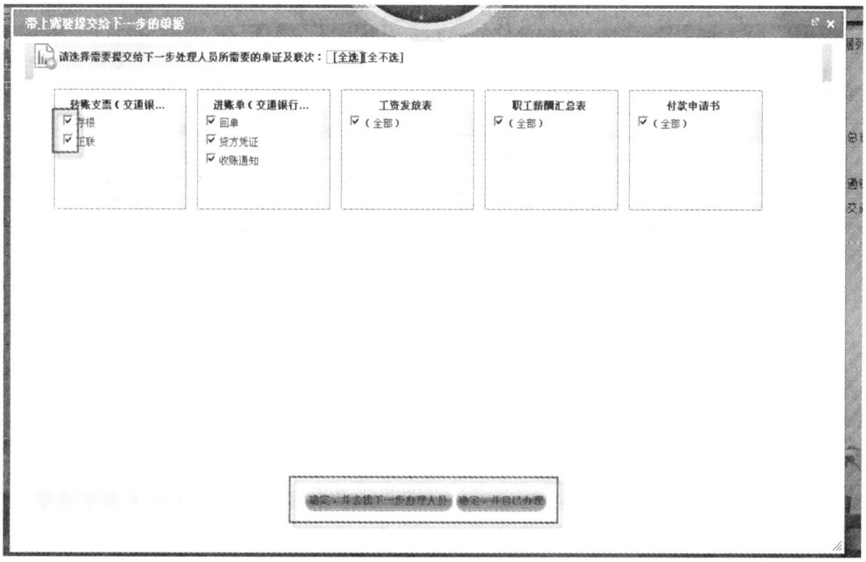

图 3-1-5　提交下一步处理

找到下一步办理人（见图 3-1-6）。找错人时，系统将给出找错人的提示，并扣分。

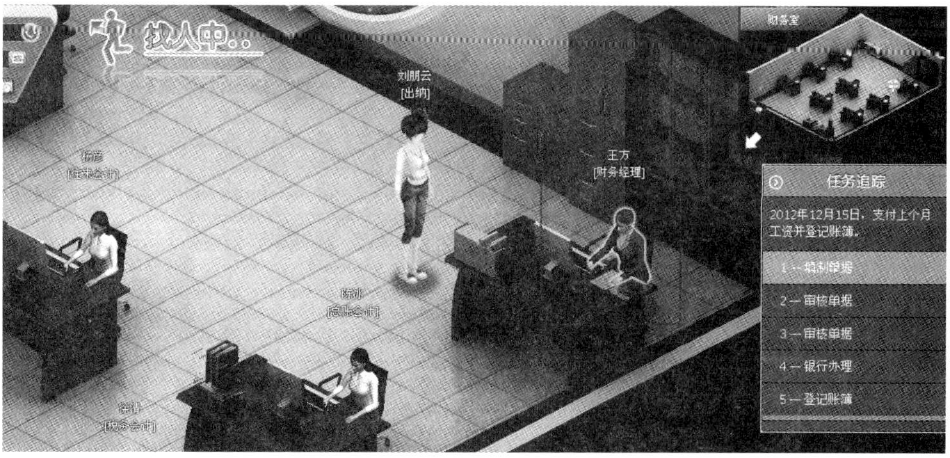

图 3-1-6　找到下一步办理人

当下一步操作人涉及跨部门或跨企业时，可通过快速通道，进行场景的快速切换以提高答题效率（见图 3-1-7）。

图 3-1-7 “快速通道”界面

找到正确的办理人后，办理人将会对前一环节的操作进行审查。如果业务有错将被退回，并提示错误明细（见图 3-1-8）。此时学生需要修正好错误后重新提交下一步操作人进行再次审查，直到业务办理正确为止。

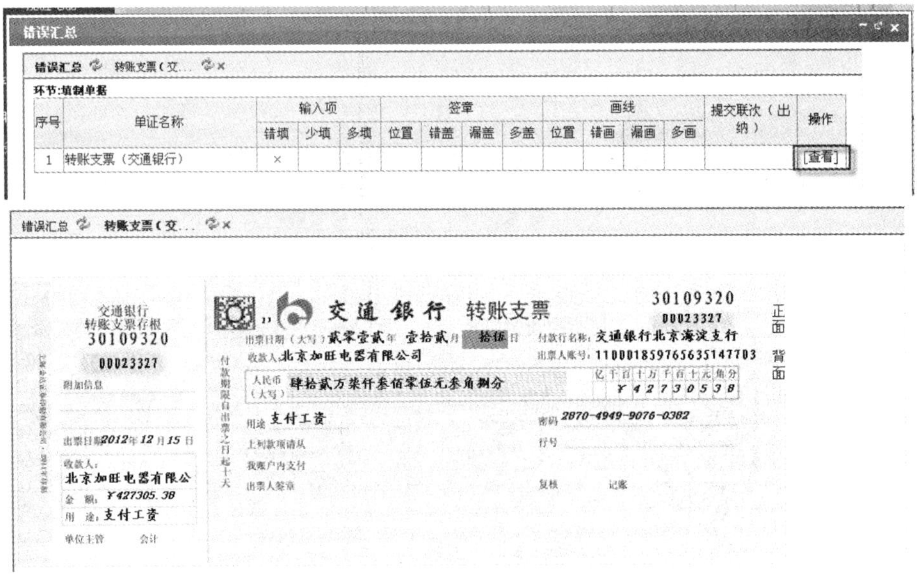

图 3-1-8 错误退回

完成所有流程步骤后，提交完成，系统将给出本题的得分以及做题过程中的错误汇总（见图 3-1-9）。每完成一笔业务，系统将奖励一个金币。金币可用于购买正确答案或者游戏道具。

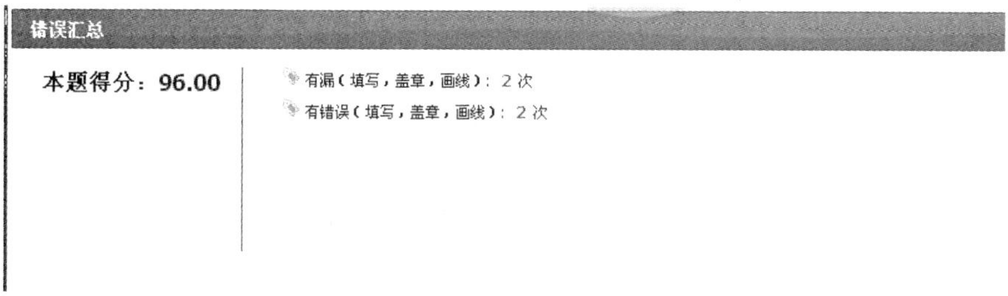

图 3-1-9　错误汇总

此时本业务在经济业务流程图上的状态标志为完成。

可以选择重做任务（见图 3-1-10），或者继续完成经济业务流程图中的其他任务。

注意：选择重做后该题的答题记录将被清空，请谨慎操作。

图 3-1-10　“重做”界面

完成经济业务下所有（开启的）企业任务后，该笔经济业务才标志为完成。

说明：当业务图标显示为灰色不可进入状态时，表明该业务尚未布置，可跳过不做。

4. 我的日程

将当前实习岗位所有实训任务以日历日程的形式展示，并标识完成情况（见图 3-1-11）。带蓝色小三角符号的，代表当天有待办的实训任务。点击右边任务项可进入实训任务进行实训。

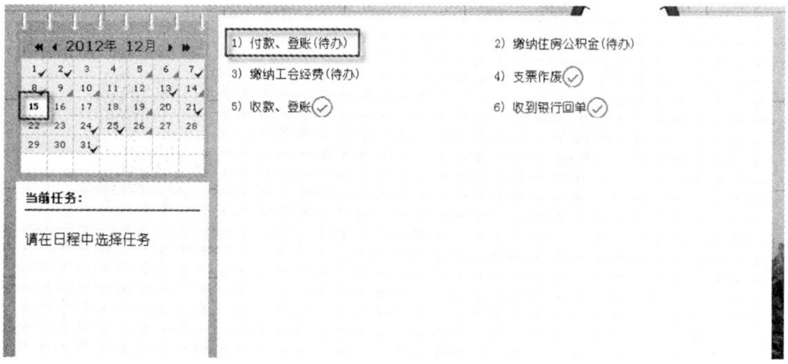

图 3-1-11　“我的日程”界面

5. 单据库

单据库中存放当前所在实习企业下所有业务单据，可通过搜索栏输入关键词对单据进行查询。点击单据可以对单据进行预览，选中单据左侧的复选框后，点击“就拿这些”按钮（见图 3-1-12）。选中的单据将会添加到桌面上的单据列表中（见图 3-1-13）。

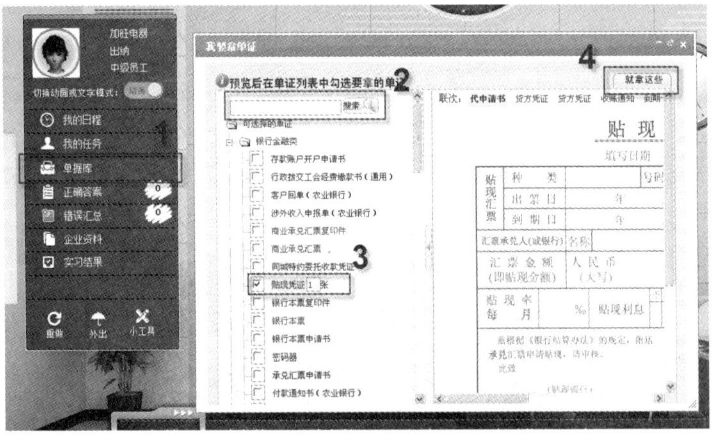

图 3-1-12 “单据库”界面

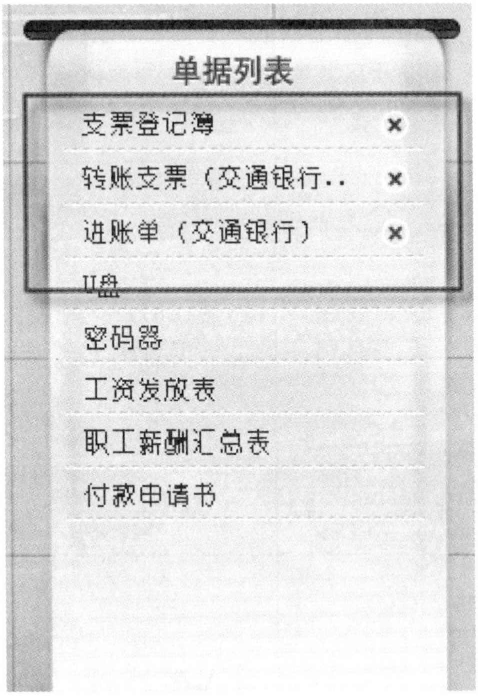

图 3-1-13 添加单据

6. 正确答案

正确答案界面如图 3-1-14 所示。

图 3-1-14　“正确答案”界面

当正确答案数量为 0 时，查看正确答案需要先进行购买（见图 3-1-15）。

图 3-1-15　购买正确答案

输入需要购买答案的数量，点击购买按钮后，点击正确答案可直接查看答案（见图 3-1-16）。

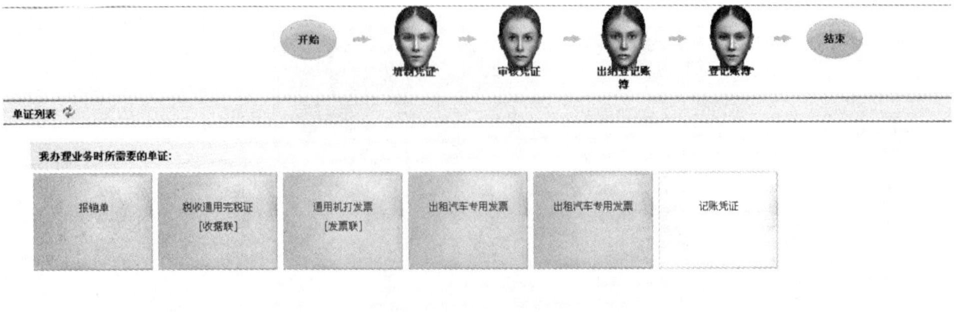

图 3-1-16　查看正确答案

点击流程可查看该流程下所涉及的所有单据，点击单据可查看该单据的正确答案。

7. 错误汇总

在单人模式下，当前环节业务办理有误时，错误汇总右边标识为“*”号。

多人模式下，在业务办理过程中，错误汇总需要金币购买。此时错误汇总右边标识的数字表示当前可查看的次数，点击可查看错误汇总情况（见图 3-1-17 和图 3-1-18）。

图 3-1-17　错误汇总查看次数

注意：此模块汇总的是当前流程步骤的错误情况。

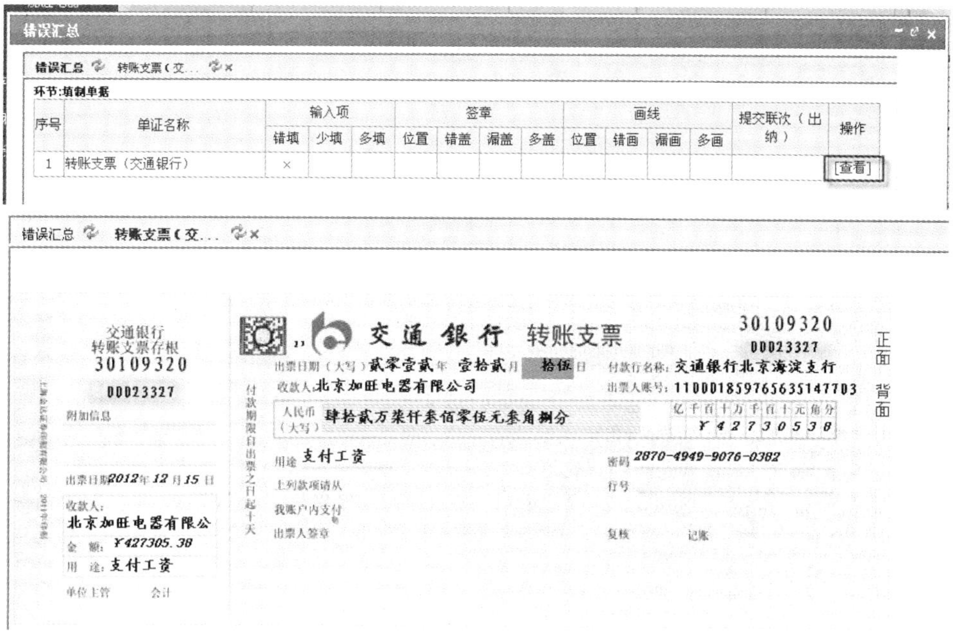

图 3-1-18　错误详情

8. 企业资料

作为辅助学生实训的知识库，该模块包含当前实习企业所有基础资料（见图 3-1-19），如企业基本信息、证照信息、企业制度、内控流程等。

图 3-1-19　“企业资料”模块

9. 实习结果

“实习结果”模块如图 3-1-20 所示。

图 3-1-20 “实习结果”模块

打开查看实习报告（见图 3-1-21）。

图 3-1-21 实习报告

点击工作日志后上传工作日志（见图 3-1-22）。

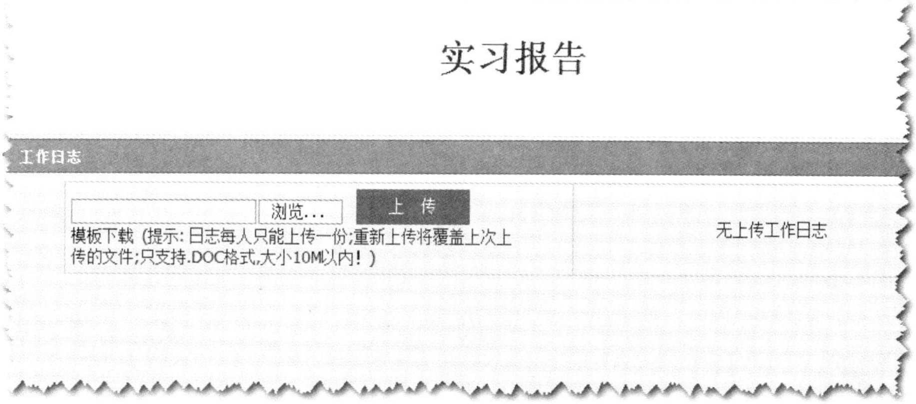

图 3-1-22　上传学习报告

3.2 日常业务操作演示

1. 加旺到银行提取备用金

实训任务：（1）填制单据、登账；

（2）填制凭证。

操作步骤：

（1）填制单据、登账：加旺电器的出纳从单据库里面抽取现金支票、支票登记簿，根据已有的提现申请单和密码器填写现金支票，并登记支票登记簿后交财务经理和总经理审核（见图 3-2-1 和图 3-2-2）。出纳带上现金支票正联到银行对公业务窗口提取现金，根据银行的回单和现金支票的存根登记库存现金日记账和银行存款日记账（见图 3-2-3 和图 3-2-4）。

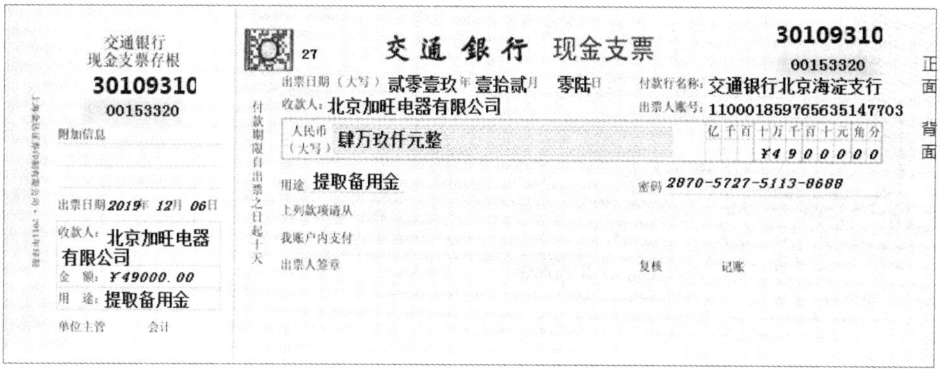
交通银行
现金支票存根
30109310
00153320
附加信息
出票日期 2019年 12月 06日
收款人：北京加旺电器有限公司
金额：¥49000.00
用途：提取备用金
单位主管　会计

交通银行　现金支票　30109310
00153320
出票日期（大写）贰零壹玖年 壹拾贰月 零陆日　付款行名称：交通银行北京海淀支行
收款人：北京加旺电器有限公司　出票人账号：110001859765635147703
人民币（大写）肆万玖仟元整　¥4900000
用途 提取备用金　密码 2870-5727-5113-8688
上列款项请从
我账户内支付
出票人签章　复核　记账
付款期限自出票之日起十天
正面　背面

图 3-2-1　现金支票

支票领、用、存登记簿

支票种类 现金支票 编号09

2019年 月	日	摘要	购入 数量	支票起止号码	使用 数量	支票号码	用途	收款人	金额	结存数量	签名
11	15	提取备用金			1	00153319	提取备用金	北京加旺电器有限公司	¥49000.00	5	李立
12	06	提取备用金			1	00153320	提取备用金	北京加旺电器有限公司	¥49000.00	4	李立

图 3-2-2 支票登记簿

库存现金日记账 第 10 页

2019年 月	日	凭证 种类	号数	票据号数	摘要	借方	贷方	余额	核对
11	30				承前页	3590000	3561750	495145	□
12	06				提现	4900000		5395145	□

图 3-2-3 库存现金日记账

银行存款日记账

开户行：交通银行北京海淀支行

账 号：110001859765635147703

2019年 月	日	凭证 种类	号数	摘要	借方	贷方	余额	核对
12	01			承前页	1121769241	1214782958	14769075	□
12	01	记	002	向股东借款	50000000		64769075	□
12	01			本日合计	50000000		64769075	□
12	02	记	004	销售商品	271200		65040275	□
12	02			本日合计	271200		65040275	□
12	05	记	013	缴纳印花税		307662	64732613	□
12	05	记	014	缴纳增值税		1095950	63636663	□
12	05	记	015	缴纳个人所得税		248986	63387677	□
12	05	记	016	缴纳税费		131515	63256162	□
12	05	记	017	开具银行汇票		10000000	53256162	□
12	05	记	019	支付成海货款		10000000	43256162	□
12	05			本日合计		21784113	43256162	□
12	06			提现		4900000	38356162	□

图 3-2-4 银行存款日记账

（2）填制凭证：加旺电器的费用会计根据原始单据填制记账凭证，找总账会计审核再找出纳补充登记日记账。出纳审核完后在库存现金日记账、银行存款日记账中补充登记凭证种类、号数，在记账凭证相应位置打钩（见图 3-2-5）。

记 账 凭 证

2019 年 12 月 06 日　　记字第 021 号

摘要	总账科目	明细科目	借方金额（亿千百十万千百十元角分）	贷方金额（亿千百十万千百十元角分）	√
提现	库存现金		4900000		
	银行存款	交通银行北京海淀支行		4900000	
合计			¥4900000	¥4900000	

附单据 2 张

会计主管：　记账：　出纳：　复核：　制单：

图 3-2-5　记账凭证

2. 加旺员工借款、还款

实训任务：（1）付款、登账；

（2）填制凭证、登账；

（3）登账；

（4）收款、登账；

（5）填制凭证、登账；

（6）登账；

（7）登账。

操作步骤：

（1）付款、登账：加旺电器的出纳审核出差人员的借款单并在借款单上盖“现金付讫”章后付款，登记库存现金日记账（见图 3-2-6 和图 3-2-7）。

借 款 单

2019 年 12 月 08 日　　第12001 号

借款部门	采购部	姓名	叶广淮	事由	预借差旅费
借款金额（大写）	零万叁仟伍佰零拾零元零角零分		¥ 3500.00		
部门负责人签署	成宝风	借款人签章	叶广淮	注意事项	一、凡借用公款必须使用本单 二、出差返回后三天内结算 现金付讫
单位领导批示	孙涛	财务经理审核意见	王方		

图 3-2-6　借款单

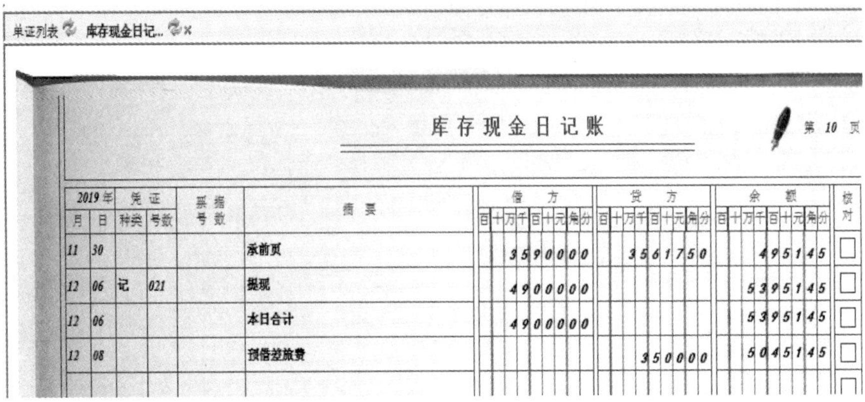
单证列表 库存现金日记...

库存现金日记账　　第 10 页

2019年 月	日	凭证 种类	号数	票据号数	摘要	借方	贷方	余额	核对
11	30				承前页	3590000	3561750	495145	
12	06	记	021		提现	4900000		5395145	
12	06				本日合计	4900000		5395145	
12	08				预借差旅费		350000	5045145	

图 3-2-7　库存现金日记账

（2）填制凭证、登账：根据加旺电器的费用会计和出纳给的借款单填制记账凭证，总账会计审核，出纳补充登记库存现金凭证种类号码并在记账凭证上打钩签字（见图 3-2-8 和图 3-2-9）。

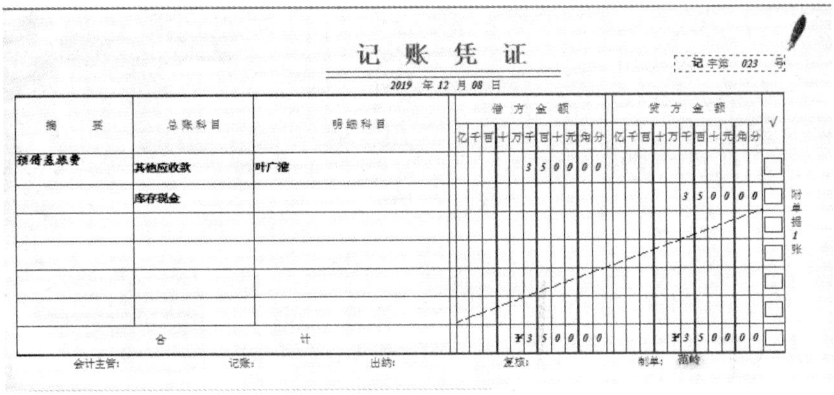
记账凭证　　记字第 023 号

2019 年 12 月 08 日

摘要	总账科目	明细科目	借方金额	贷方金额	√
预借差旅费	其他应收款	叶广淮	350000		
	库存现金			350000	
合计			¥350000	¥350000	

附单据 1 张

会计主管：　记账：　出纳：　复核：　制单：范岭

图 3-2-8　记账凭证

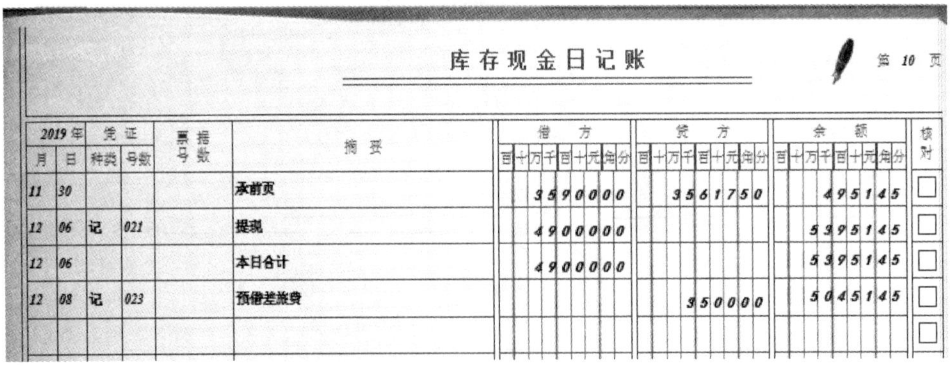
库存现金日记账　　第 10 页

2019年 月	日	凭证 种类	号数	票据号数	摘要	借方	贷方	余额	核对
11	30				承前页	3590000	3561750	495145	
12	06	记	021		提现	4900000		5395145	
12	06				本日合计	4900000		5395145	
12	08	记	023		预借差旅费		350000	5045145	

图 3-2-9　库存现金日记账

（3）登账：加旺电器的往来会计登记其他应收款明细分类账，并在记账凭证其他应收款位置打钩，记账处签字（见图 3-2-10）。

证列表　其他应收款明...

分页：______ 总页：______

其他应收款明细账

二级科目：叶广淮　　　级科目：

2019年 月	日	凭证 种类	号数	摘要	日页	借方（亿千百十万千百十元角分）	贷方（亿千百十万千百十元角分）	借或贷	余额（亿千百十万千百十元角分）
11	30			承前页		90977860	90977860	平	000
12	08	记	023	预借差旅费		350000		借	350000

图 3-2-10　其他应收款明细

（4）收款、登账：出纳审核报销单，收到叶广淮退回的差旅费后填写收款收据，一式三联签字盖“现金收讫”章（见图 3-2-11 和图 3-2-12）。后由财务经理审核，核实后在差旅费报销单上盖“现金付讫”章。

差旅费报销单

2019 年 12 月 13 日

所属部门	采购部	姓名	叶广淮	出差天数	自 12 月 09 日至 12 月 13 日共 5 天		
出差事由	与供应商洽谈热轧镀锌板采购事宜。			借旅支费	日期 12月08日	金额¥3500.00	
					结算金额：¥2320.00		

出发 月	日	到达 月	日	起止地点	交通费	住宿费	伙食费	其他
12	09	12	12	北京-广州	700.00	800.00	120.00	
12	13	12	13	广州-北京	700.00			
合计				零拾 零万 贰仟 叁佰 贰拾 零元 零角 零分 ¥2320.00				

总经理：孙涛　财务经理：王方　部门经理：成宝凤　会计：范岭　出纳：李立　报销人：叶广淮

图 3-2-11　差旅费报销单

联次：**存根联**　交对方　交财务

收　款　收　据　　　NO.00490021

2019 年 12 月 13 日

今收到　叶广淮

交来：　归还预借差旅费　**现金收讫**

金额（大写）　零佰　零拾　零万　壹仟　壹佰　捌拾　零元　零角　零分

¥ 1180.00　　☑现金　☐支票　☐信用卡　☐其他　　收款单位（盖章）

第一联存根

核准　　会计　　记帐　　出纳 李立　　经手人

图 3-2-12　收款收据

（5）填制凭证、登账：2019 年 12 月 13 日，员工报销差旅费并归还借款。据此编制记账凭证并登记相关账簿（见图 3-2-13）。费用会计填制记账凭证，总账会计审核记账凭证，出纳补充登记库存现金凭证种类号码，并在记账凭证库存现金位置打钩，签字。费用会计登记多栏式明细分类账（管理费用），并在记账凭证管理费用位置打钩，记账处签字。签收单据：将收款收据三联交给采购部叶广淮。

记 账 凭 证

记 字第 030 号

2019 年 12 月 13 日

摘要	总账科目	明细科目	借方金额	贷方金额	√
报销差旅费并归还借款	管理费用	差旅费	221266		
	库存现金		118000		
	应交税费	应交增值税-进项税额	10734		
	其他应收款	叶广淮		350000	
合计			¥350000	¥350000	

附单据 6 张

2019 年 月	日	凭证号数	摘要	借方	贷方	借或贷	余额
2	01		承前页	168947010	168947010	平	000
2	10	记-026	费用报销	6350		借	6350
2	13	记-030	报销差旅费	221266		借	227616

（借）方项目

其他	办公费	水电费	差旅费	交通费	无形资产摊销	通讯费	职工薪酬
	3950			2400			
			221266				

图 3-2-13　编制记账凭证并登账

（6）登账：往来会计从单据库中抽取三栏式明细分类账，登记其他应收款明细账，并在记账凭证其他应收款位置打钩，记账处签字（见图 3-2-14）。

其他应收款明细账

二级科目：叶广淮

2019 年 月	日	凭证种类	号数	摘要	目页	借方	贷方	借或贷	余额
11	30			承前页		90977860	90977860	平	00
12	08	记	023	预借差旅费		350000		借	35000
12	13	记	030	报销差旅费			350000	平	00

图 3-2-14　登记其他应收款明细

（7）登账：税务会计抽取 2 张应交增值税明细分类账，第 2 张承前页登记，并在记账凭证进项税位置打钩，记账处签字（见图 3-2-15）。

应交税费-应交增值税明细账

月	日	种类	号数	摘要	借方合计	进项税额
12	02	记	008	销售商品		
12	03	记	009	购入材料	524700	524700
12	04	记	010	收到运费发票	17370	17370
12	05	记	011	收到运费发票	14850	14850
12	05	记	012	销售商品		
12	05	记	020	销售商品		
12	10	记	025	购入材料	2860000	2860000
12	10	记	027	预付广告费	216000	216000
12	12	记	028	发票退回重开，冲账	2860000	2860000
12	12	记	029	购入材料	2665000	2665000
12	13	记	030	报销差旅费	10734	10734
12	13			过次页	320819333	238507668

转出未交增值税	贷方合计	销项税额	借或贷	余额
			贷	12524067
82311665	333343400	333343400	贷	12524067

应交税费-应交增值税明细账-2

分页：34　总页：

2019年月	日	凭证种类	号数	摘要	借方合计	进项税额	已交税金	减免税款	出口抵减产品应纳…
12	13			承前页	320819333	238507668			

贷方：转出未交增值税	合计	销项税额	出口退税	进项税额转出	转出多交增值税	借或贷	余额
82311665	333343400	333343400				贷	12524067

图 3-2-15　登记应交增值税明细账

3. 加旺员工报销外出办事及办公用品费用

实训任务：（1）付款、登账；

（2）填制凭证、登账。

操作步骤：

（1）付款、登账：出纳付款，在差旅费报销单上加盖“现金付讫”章，并在出纳处签字（见图 3-2-16）；出纳自己登记账簿，在单据库里面找出一张库存现金日记账，登记除凭证种类和号码的其他栏次（见图 3-2-17）。

报 销 单

填报日期：2019 年 12 月 10 日　　　　单据及附件共 3 张

姓名	徐青	所属部门	财务部	报销形式	现金
				支票号码	
报销项目		摘要		金额	备注：
办公费		购买水笔		39.5	
交通费		外出办事乘坐出租车		24.00	
合		计		¥63.50	
金额大写：零 拾零 万零 仟零 佰陆 拾叁 元伍 角零 分				原借款： 元	应退款： 元 应补款： 元

现金付讫

总经理：孙涛　财务经理：王方　部门经理：王方　会计：范岭　出纳：马雪玲　领款人：徐青

图 3-2-16　审核报销单

库存现金日记账　　第 10 页

2019年 月	日	凭证 种类	号数	票据号数	摘要	借方	贷方	余额	核对
11	30				承前页	3590000	3561750	495145	☐
12	06	记	021		提现	4900000		5395145	☐
12	06				本日合计	4900000		5395145	☐
12	08	记	023		预借差旅费		350000	5045145	☐
12	08				本日合计		350000	5045145	☐
12	10				费用报销		6350	5038795	☐
									☐

图 3-2-17　登记凭证种类和号数

（2）填制凭证、登账：费用会计取出记账凭证一张，填制凭证，找总账会计审核记账凭证，找出纳补充登记日记账；自己取出多栏式明细账登记管理费用明细账，并在记账凭证上画钩，记账处签字（见图 3-2-18）。费用会计填制凭证，总账会计师审核凭证，出纳补充登记日记账，费用会计登记管理费用明细账，结束（见图 3-2-19 和图 3-2-20）。

记 账 凭 证

2019 年 12 月 10 日　　记字第 026 号

摘要	总账科目	明细科目	借方金额	贷方金额	√
费用报销	管理费用	办公费	3950		☐
	管理费用	交通费	2400		☐
	库存现金			6350	☐
					☐
					☐
					☐
合		计	¥6350	¥6350	☐

附单据 4 张

会计主管：　记账：　出纳：　复核：陈冰　制单：马雪玲

图 3-2-18　审核记账凭证

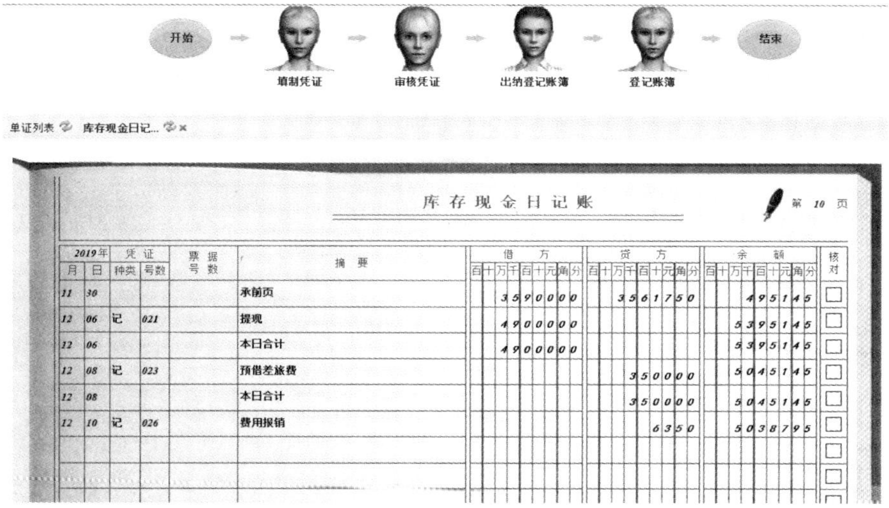

图 3-2-19　登记日报账

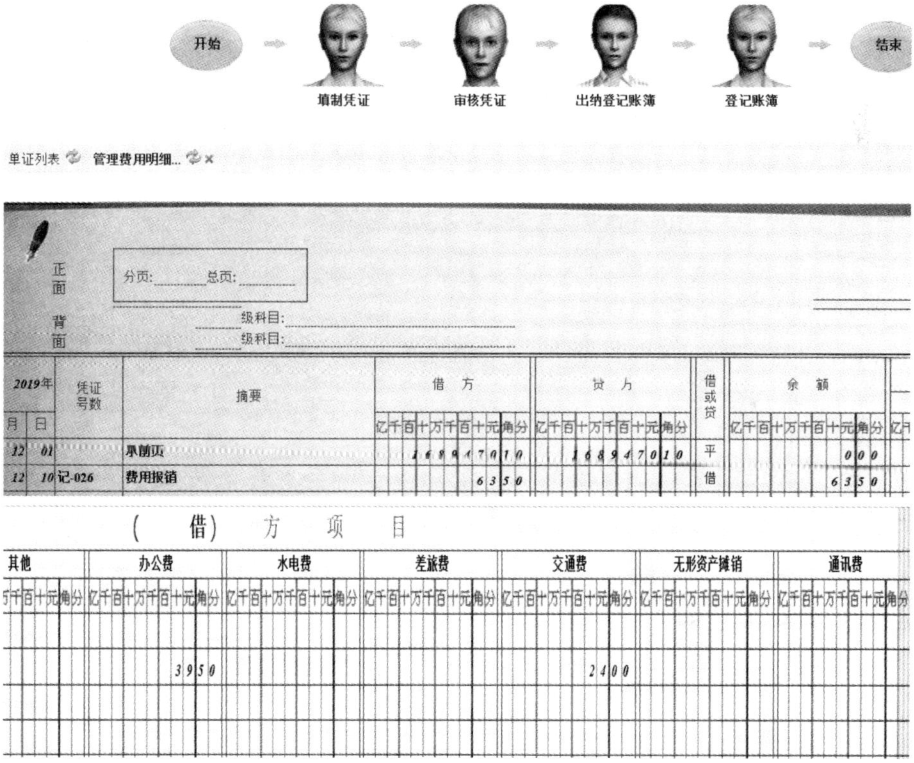

图 3-2-20　登记管理费用明细账

4. 加旺预付广告费

实训任务：（1）付款、登账；

（2）填制凭证、登账；

（3）登账。

操作步骤：

（1）付款、登账：出纳在单据库中抽取转账支票、支票登记簿、进账单，填制3种单据，分别交财务经理和总经理审核（见图3-2-21和图3-2-22）。

交通银行
转账支票存根
30109320
00023322
附加信息
出票日期 2019年 12月 10日
收款人：北京铭士广告有限公司
金额：￥38160.00
用途：预付广告费
单位主管　　会计

交通银行　转账支票　30109320　00023322
出票日期（大写）贰零壹玖年　壹拾贰月　零壹拾日　付款行名称：交通银行北京海淀支行
收款人：北京铭士广告有限公司　出票人账号：110001859765635147703
付款期限自出票之日起十天
人民币（大写）叁万捌仟壹佰陆拾元整　￥3 8 1 6 0 0 0
用途 预付广告费　密码 2870-5381-9114-9528
上列款项请从　行号
我账户内支付
出票人签章　复核　记账

图 3-2-21　转账支票

支票领、用、存登记簿

支票种类 转账支票

2019年 月	日	摘要	购入 数量	购入 支票起止号码	使用 数量	使用 支票号码	使用 用途	使用 收款人
11	30	支付货款			1	00023320	支付货款	北京富强钢铁有限公
12	05	支付货款			1	00023321	支付货款	北京成海喷塑加工有
12	10	支付广告费			1	00023322	支付广告费	北京铭士广告有限公

支票领、用、存登记簿

编号008

使用 支票号码	使用 用途	使用 收款人	使用 金额	结存数量	签名
00023320	支付货款	北京富强钢铁有限公	￥100000.00	10	李立
00023321	支付货款	北京成海喷塑加工有	￥100000.00	9	李立
00023322	支付广告费	北京铭士广告有限公	￥38160.00	8	李立

交通银行 进账单（回　单）　1

2019 年 12 月 10 日

出票人	全　称	北京加旺电器有限公司	收款人	全　称	北京铭士广告有限公司
	账　号	110001859765635147703		账　号	110019245048119721899
	开户银行	交通银行北京海淀支行		开户银行	交通银行北京海淀支行
金额	人民币（大写）	叁万捌仟壹佰陆拾元整			￥3 8 1 6 0 0 0
票据种类	转账支票	票据张数	1		
票据号码	30109320-00023322				
复核　记账				开户银行签章	

此联是开户银行交给持票人的回单

图 3-2-22　支票登记簿及进账单

（2）填制凭证、登账：往来会计抽取记账凭证，填制记账凭证找总账会计审核，找出纳补充登记银行存款日记账，并自己登记预付账款明细账（见图 3-2-23），往来会计填制记账凭证，找总账会计复核，并在复核处签字，找出纳补充登记银行存款明细账的种类号数栏，往来会计自己登记预付账款明细账（见图 3-2-24）。

记账凭证

2019 年 12 月 10 日　　记字第 027 号

摘要	总账科目	明细科目	借方金额	贷方金额	√
预付广告费	预付账款	北京铭士广告有限公司	3600000		
	应交税费	应交增值税-进项税额	216000		
	银行存款	交通银行北京海淀支行		3816000	
合计			¥3816000	¥3816000	

附单据 4 张

会计主管：　记账：　出纳：　复核：　制单：杨彦

图 3-2-23　填制记账凭证

预付账款明细账

分页：＿＿ 总页：＿＿

二级科目：北京铭士广告有限公司　　级科目：

2019年 月	日	凭证 种类	号数	摘要	日页	借方	贷方	借或贷	余额
01	01			上年结转				平	000
12	10	记	027	预付广告费		3600000		借	3600000

图 3-2-24　登记预付账款明细账

（3）登账：税务会计登记应交增值税明细分类账（见图 3-2-25）。

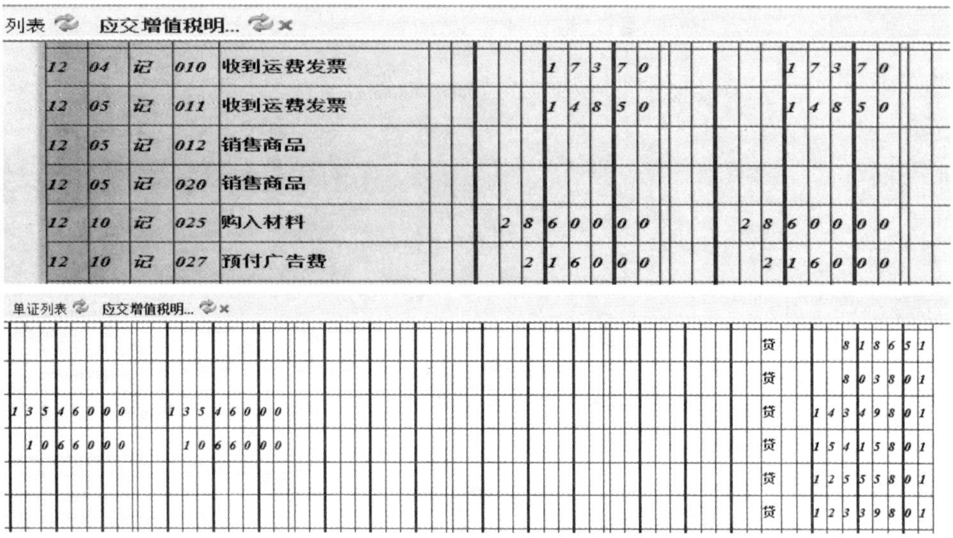

图 3-2-25　登记应交增值税明细账

5. 加旺转账支票作废

实训操作：支票作废。

操作步骤：

支票作废：出纳分别在转账支票上盖“作废”章，并在支票登记簿上盖“此栏作废”章（见图 3-2-26）。

图 3-2-26　支票作废

6. 加旺收到银行代扣本月社保费回单

实训任务：（1）收到银行回单；

（2）填制凭证、登账。

操作步骤：

（1）收到银行回单：出纳根据系统已有的付款凭证取出银行存款日记账进行登记（见图 3-2-27）。

单证列表　银行存款日记...

账　号：110001859765635147703

2019年 月	日	凭证 种类	号数	摘要	借方（亿千百十万千百十元角分）	贷方（亿千百十万千百十元角分）	余额（亿千百十万千百十元角分）	核对
12	09			承前页	1472040441	1261798161	318025072	□
12	10	记	027	预付广告费		3816000	314209072	□
12	10			本日合计		3816000	314209072	□
12	13	记	031	预收极地货款	2915400		317124472	□
12	13			本日合计	2915400		317124472	□
12	14	记	032	支付辉达货款		8000000	309124472	□
12	14	记	032	支付手续费		1000	309123472	□
12	14	记	033	支付成海货款		6900000	302223472	□
12	14			本日合计		14901000	302223472	□
12	15			缴纳社会保险费		44988480	257234992	□

图 3-2-27　登记

（2）填制凭证、登账：费用会计取出记账凭证，填制记账凭证交总账会计审核（见图 3-2-28），审核后交由出纳补充登记银行存款日记账，并由费用会计自己登记应付职工薪酬明细分类账（见图 3-2-29）。

记 账 凭 证

记字第 034 号

2019 年 12 月 15 日

摘要	总账科目	明细科目	借方金额（亿千百十万千百十元角分）	贷方金额（亿千百十万千百十元角分）	√
缴纳社会保险费	应付职工薪酬	短期薪酬-医疗保险	14169600		□
	应付职工薪酬	短期薪酬-工伤保险	354240		□
	应付职工薪酬	短期薪酬-生育保险	944640		□
	应付职工薪酬	离职后福利-养老保险	28339200		□
	应付职工薪酬	离职后福利-失业保险	1180800		□
	银行存款	交通银行北京海淀支行		44988480	□
合		计	¥44988480	¥44988480	□

附单据 1 张

会计主管：　　记账：　　出纳：　　复核：　　制单：范岭

图 3-2-28　登记

分页：______总页：______

应付职工薪酬明细账

二　级科目：短期薪酬-医疗保险　　　　级科目：

2019年 月	日	凭证 种类	号数	摘要	日页	借方（亿千百十万千百十元角分）	贷方（亿千百十万千百十元角分）	借或贷	余额（亿千百十万千百十元角分）
11	30			承前页		131862291	131862291	平	000
12	15	记	034	缴纳社会保险费		14169600		借	14169600

（1）

分页:______总页:______

应付职工薪酬明细账

二级科目：短期薪酬-工伤保险　　　　级科目：

2019年 月	日	凭证 种类	号数	摘要	日页	借方	贷方	借或贷	余额
11	30			承前页		10988527	10988527	平	000
12	15	记	034	缴纳社会保险费		354240		借	354240

（2）

分页:______总页:______

应付职工薪酬明细账

二级科目：短期薪酬-生育保险　　　　级科目：

2019年 月	日	凭证 种类	号数	摘要	日页	借方	贷方	借或贷	余额
11	30			承前页		87908205	87908205	平	000
12	15	记	034	缴纳社会保险费		944640		借	944640

（3）

分页:______总页:______

应付职工薪酬明细账

二级科目：离职后福利-养老保险　　　　级科目：

2019年 月	日	凭证 种类	号数	摘要	日页	借方	贷方	借或贷	余额
11	30			承前页		307678690	307678690	平	000
12	15	记	034	缴纳社会保险费		28339200		借	28339200

（4）

分页:______总页:______

应付职工薪酬明细账

二级科目: 离职后福利-失业保险　　　级科目:

2019年 月	日	凭证 种类	号数	摘要	日页	借方	贷方	借或贷	余额
11	30			承前页		10988527	10988527	平	000
12	15	记	034	缴纳社会保险费		1180800		借	1180800

（5）

图 3-2-29　登记应付职工薪酬明细账

7. 加旺缴纳本月住房公积金

实训任务：（1）缴纳住房公积金；

（2）填制凭证、登账。

操作步骤：

（1）缴纳住房公积金：出纳根据付款凭证登记银行存款日记账（见图 3-2-30）。

银行存款日记...

账号: 110001859763635147703

2019年 月	日	凭证 种类	号数	摘要	借方	贷方	余额	核对
12	09			承前页	1472040441	1261798161	318025072	□
12	10	记	027	预付广告费		3816000	314209072	□
12	10			本日合计		3816000	314209072	□
12	13	记	031	预收极地货款	2915400		317124472	□
12	13			本日合计	2915400		317124472	□
12	14	记	032	支付辉达货款		8000000	309124472	□
12	14	记	032	支付手续费		1000	309123472	□
12	14	记	033	支付成海货款		6900000	302223472	□
12	14			本日合计		14901000	302223472	□
12	15	记	034	缴纳社会保险费		44988480	257234992	□
12	15			缴纳住房公积金		13421760	243813232	□

图 3-2-30　登记银行存款日记账

（2）填制凭证、登账：费用会计填制记账凭证，并交由总账会计审核，交出纳补充登记银行存款日记账凭证种类号数栏，再由费用会计取出三栏式明细分类账登记应付职工薪酬明细账（见图 3-2-31 和图 3-2-32）。

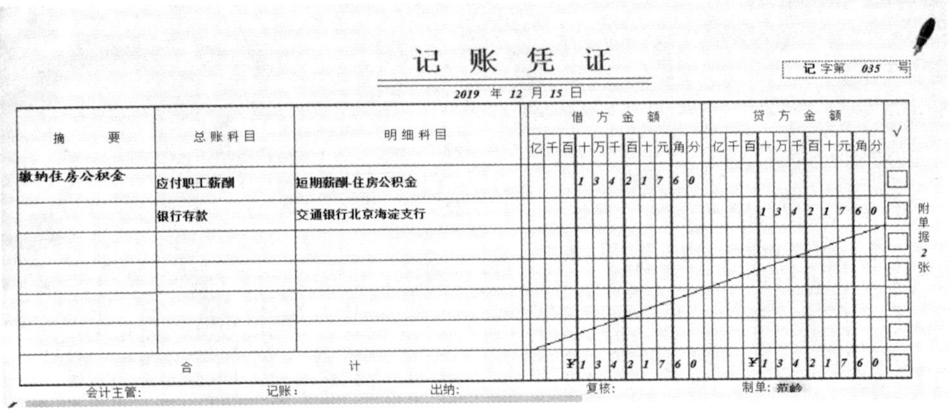

记 账 凭 证

2019 年 12 月 15 日　　记字第 035 号

摘要	总账科目	明细科目	借方金额（亿千百十万千百十元角分）	贷方金额（亿千百十万千百十元角分）	√
缴纳住房公积金	应付职工薪酬	短期薪酬-住房公积金	13421760		
	银行存款	交通银行北京海淀支行		13421760	
合　　计			￥13421760	￥13421760	

附单据 2 张

会计主管：　记账：　出纳：　复核：　制单：蔚岭

图 3-2-31　填制记账凭证

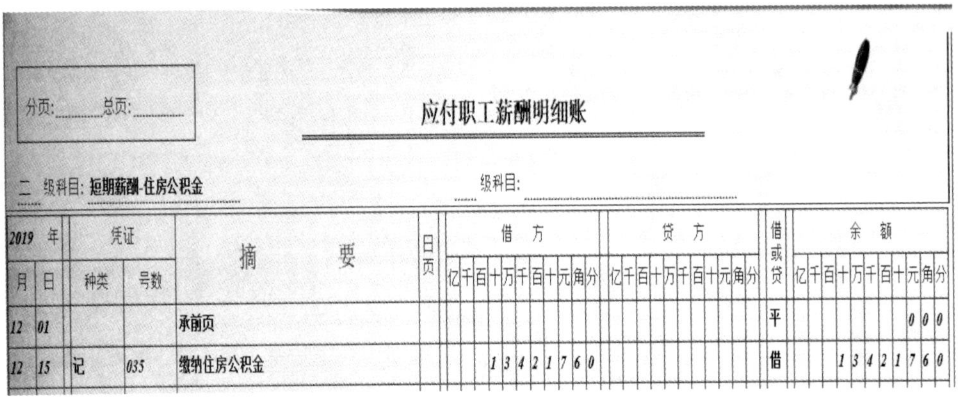

分页:______ 总页:______

应付职工薪酬明细账

二级科目: 短期薪酬-住房公积金　　级科目:

2019年 月	日	凭证 种类	号数	摘要	日页	借方（亿千百十万千百十元角分）	贷方（亿千百十万千百十元角分）	借或贷	余额（亿千百十万千百十元角分）
12	01			承前页				平	000
12	15	记	035	缴纳住房公积金		13421760		借	13421760

图 3-2-32　登记应付职工薪酬明细账

8. 加旺支付员工上月工资

实训任务：（1）付款、登账；

（2）填制凭证、登账。

操作步骤：

（1）付款、登账：出纳抽取转账支票、转账支票登记簿、进账单并根据经济业务内容分别填写转账支票、转账支票登记簿和进账单（见图 3-2-33~3-2-35）。进账单所需代扣工资信息在企业资料-企业证照信息里查找。出纳找财务经理和总经理审核全部单据，然后去银行办理，出纳自己登记银行存款日记账（见图 3-2-36）。

交通银行
转账支票存根
30109320
00023326
附加信息

出票日期 2019 年 12 月 15 日
收款人：北京加旺电器有限公司
金 额：￥427305.38
用 途：支付工资
单位主管 会计

交通银行 转账支票 30109320 00023326

出票日期（大写）贰零壹玖年 壹拾贰月 壹拾伍日 付款行名称：交通银行北京海淀支行
收款人：北京加旺电器有限公司 出票人账号：110001859765635147703
人民币（大写）肆拾贰万柒仟叁佰零伍元叁角捌分 ￥427305.38
用途 支付工资 密码 2870-4949-9076-0382
上列款项请从 行号
我账户内支付
出票人签章 复核 记账

付款期限自出票之日起十天

正面 背面

图 3-2-33 转账支票

12	15	缴纳工会经费			1	00023325	缴纳工会经费	北京海淀区工会委员会	￥12346.91	5		教师
12	15	支付工资			1	00023326	支付工资	北京加旺电器有限公司	￥427305.38	4		教师

图 3-2-34 转账支票登记簿

联次：回单 贷方凭证 收账通知

交通银行 进账单（回 单） 1

2019 年 12 月 15 日

出票人	全 称	北京加旺电器有限公司	收款人	全 称	北京加旺电器有限公司
	账 号	110001859765635147703		账 号	110001878655754874547
	开户银行	交通银行北京海淀支行		开户银行	交通银行北京海淀支行
金额	人民币（大写）	肆拾贰万柒仟叁佰零伍元叁角捌分			￥42730538
票据种类	转账支票	票据张数	1		
票据号码	30109320-00023326				
	复核 记账			开户银行签章	

此联是开户银行交给持票人的回单

图 3-2-35 进账单

月	日	字	号	摘要	借方	贷方	余额
12	14	记	033	支付旅游货款		6900000	302223472
12	14			本日合计		14901000	302223472
12	15	记	034	缴纳社会保险费		44988480	257234992
12	15	记	035	缴纳住房公积金		13421760	243813232
12	15	记	036	收到极地货款	6000000		249813232
12	15	记	037	缴纳工会经费		1234691	248578541
12	15			支付员工工资		42730538	205848003

图 3-2-36 登记银行存款日记账

（2）填制凭证、登账：费用会计填制记账凭证，找总账会计审核，找出纳签字画钩，自己登记三栏式应付职工薪酬明细分类账（见图 3-2-37 和图 3-2-38）。

记 账 凭 证

记字第 039 号

2019 年 12 月 15 日

摘要	总账科目	明细科目	借方金额	贷方金额	√
支付员工工资	应付职工薪酬	短期薪酬-职工薪酬	4273053 8		□
	银行存款	交通银行北京海淀支行		4273053 8	□
					□
					□
					□
					□
合		计	¥4273053 8	¥4273053 8	□

附单据 4 张

会计主管: 记账: 出纳: 复核: 制单:范岭

图 3-2-37 填制记账凭证

分页:________总页:________

应付职工薪酬明细账

二 级科目: 短期薪酬-职工薪酬 级科目:

2019 年 月	日	凭证 种类	号数	摘要	日页	借方	贷方	借或贷	余额
11	30			承前页		194274155	1838316 40	贷	4273053 8
12	15	记	039	支付员工工资		4273053 8		平	000

图 3-2-38 登记应付职工薪酬明细账

9. 加旺收到银行代扣本月电话费回单

实训任务:(1)收到银行回单;

(2)填制凭证、登账。

操作步骤:

(1)收到银行回单:出纳根据增值税专用发票等登记银行存款日记账(见图 3-2-39)。

单证列表 银行存款日记... ×

账 号: 110001859765635147703

2019年 月	日	凭证 种类	号数	摘要	借方	贷方	余额	核对
12	21			承前页	1480972341	1392890630	195864503	□
12	21	记	049	收到极地货款	26238600		222103103	□
12	21			本日合计	26255100		222103103	□
12	24	记	054	预收极地货款	1943600		224046703	□
12	24			本日合计	1943600		224046703	□
12	25	记	056	收到海文货款	40899240		264945943	□
12	25			本日合计	40899240		264945943	□
12	26	记	058	支付海天货款		888272	264057671	□
12	26			本日合计		888272	264057671	□
12	31			银行代扣电话费		351368	263706303	□

图 3-2-39 登记银行存款日记账

(2)填制凭证、登账:费用会计填制记账凭证并找总账会计审核,找出纳补充登记银行存款日记账,自己登记管理费用明细分类账(见图 3-2-40 和图 3-2-41)。

记　账　凭　证

2019 年 12 月 31 日　　　　记字第 063 号

摘要	总账科目	明细科目	借方金额（亿千百十万千百十元角分）	贷方金额（亿千百十万千百十元角分）	√
银行代扣电话费	管理费用	通讯费	351368		
	银行存款	交通银行北京海淀支行		351368	
合　计			¥351368	¥351368	

附单据 2 张

会计主管：　记账：　出纳：　复核：　制单：范岭

图 3-2-40　填制记账凭证

管理费用明细账

正面　分页：　总页：

背面　级科目：

级科目：

2019年 月	日	凭证号数	摘要	借方	贷方	借或贷	余额	职工薪酬	办公费	水电费	差旅费	交通费	无形资产摊销	通讯费
12	01		承前页	168947010	168947010	平	000							
12	10	记-026	费用报销	6350		借	6350		3950			2400		
12	13	记-030	报销差旅费	221266		借	227616				221266			
12	31	记-063	银行代扣电话费	351368		借	578984							351368

（借）方项目

图 3-2-41　登记费用明细账

10. 加旺将现金存入银行

实训任务：（1）现金送存银行；

（2）填制凭证、登账。

操作步骤：

（1）现金送存银行：出纳根据收款收据填写现金解款单（见图 3-2-42），将填好的现金解款单交银行办理，待银行办理完成后，出纳自己根据现金解款单回单填制银行存款和库存现金日记账（见图 3-2-43 和图 3-2-44）。

联次：回单 收入凭证

交通银行（海淀支行）现金解款单（回 单）①

2020 年 01 月 01 日

此联由银行盖章后退回单位

收款单位	全称	北京加旺电器有限公司	款项来源	销售边角料
	账号	110001859765635147703	解款部门	财务部
人民币（大写）：壹万元整			十万千百十元角分	¥ 1 0 0 0 0 0 0

票面	张数	种类	千百十元角分
壹佰元		一元	
五十元		角票	
十元		分币	
五元		封包	
二元			

（收款银行盖章）

银行打印：

图 3-2-42 填写现金解款单

第 01 页

银行存款日记账

开户行：交通银行北京海淀支行

账号：110001859765635147703

2020年 月	日	凭证 种类	号数	摘要	借方	贷方	余额	核对
01	01			上年结转			261984853	□
01	01	记	001	开具银行本票		100000000	251984853	□
01	01			现金缴存银行	1000000		252984853	□

图 3-2-43 填制银行存款日记账

库存现金日记账

第 1 页

2020年 月	日	凭证 种类	号数	票据号数	摘要	借方	贷方	余额	核对
01	01				上年结转			4800795	□
01	01	记	002		收到北京恒利废品收购厂回收边角料款	1000000		5800795	□
01	01				现金缴存银行		1000000	4800795	□

图 3-2-44 填制库存现金日记账

（2）填制记账凭证、登账：费用会计填制记账凭证，找总账会计审核，再找出纳补充登记日记账，结束（见图 3-2-45）。

记账凭证

2020 年 01 月 01 日　　　　记字第 003 号

摘要	总账科目	明细科目	借方金额	贷方金额	√
现金缴存银行	银行存款	交通银行北京海淀支行	100000		
	库存现金			100000	
合计			¥100000	¥100000	

附单据 1 张

会计主管：　记账：　出纳：　复核：　制单：马雪玲

图 3-2-45　填制记账凭证

11. 加旺购买转账支票

实训任务：（1）购买票据；

（2）填制凭证、登账。

操作步骤：

（1）购买票据：出纳抽取空白凭证领用单（银行金融类）并填写单据（见图 3-2-46 和图 3-2-47），在经领人处签字，找财务经理盖章，再找总经理盖章，携带空白凭证领用单的所有联次和身份证到银行办理（见图 3-2-48）。

交通银行

空白凭证领用单　①

领用单位	名称	账号	
	北京加旺电器有限公司	110001859765635147703	领用日期：2020 年 01 月 02 日

凭证名称	起讫号码	数量（本）	单价	金额（百 十 元 角 分）
转账支票		1		
合计金额(大写)				

此联作转账付出传票

上列空白凭证工本费请由我存款户内划拨。
此致
开户银行
领用单位盖章　（盖齐预留印鉴）　经领人马雪玲

银行会计分录：
科目（借）______
对方科目（贷）收费凭证工本费入户
记账日期：　年　月　日
复核　记账　经售人员

图 3-2-46　空白凭证领用单

支票领、用、存登记簿

支票种类 转账支票　　　　编号 008

2020 年		摘要	购入		使用					结存数量	签名
月	日		数量	支票起止号码	数量	支票号码	用途	收款人	金额		
01	02	支付货款			1	00023330	支付货款	北京富强钢铁有限公司	¥109524.85	0	教师
01	02	购买转账支票	25	00026321-00026345						25	教师

图 3-2-47　填写支票登领用登记簿

第 01 页

银行存款日记账

开户行：交通银行北京海淀支行

账　号：110001859765635147703

2020年		凭证		摘要	借方（亿千百十万千百十元角分）	贷方（亿千百十万千百十元角分）	余额（亿千百十万千百十元角分）	核对
月	日	种类	号数					
01	01			上年结转			261984853	
01	01	记	001	开具银行本票		10000000	251984853	
01	01	记	003	现金缴存银行	10000000		252984853	
01	02	记	004	支付北京富强钢铁有限公司货款		10952485	242032368	
01	02			购买转账支票		1500	242030868	

图 3-2-48　登记银行存款日记账

（2）填制凭证、登账：费用会计填制记账凭证，找总账会计审核，找出纳补充登记银行存款日记账，自己登记管理费用明细分类账（见图 3-2-49）。

记 账 凭 证

记字第 005 号

2020 年 01 月 02 日

摘要	总账科目	明细科目	借方金额（亿千百十万千百十元角分）	贷方金额（亿千百十万千百十元角分）	√
购买转账支票	管理费用	办公费	1500		√
	银行存款	交通银行北京海淀区支行		1500	√
合计			¥1500	¥1500	

附单据 1 张

会计主管：　记账：马雪玲　出纳：李立　复核：陈冰　制单：马雪玲

图 3-2-49　登记管理费用明细账

3.3 日常业务课后实训

（1）加旺缴纳上月工会经费。

（2）领购发票，报销相关费用。

（3）员工借款、还款（爱辉）。

（4）报销业务招待费。

（5）收到银行存款利息。

第 4 章　购销业务虚拟仿真项目

4.1 金税-开票软件介绍

1. 系统设置

该主菜单包含“初始化”“参数设置”“客户编码”“商品编码”“税收编码”“购货单位”“费用项目”“收发货人”“车辆编码”等 9 个子菜单，分别用于设置和维护各个编码库（见图 4-1-1）。其中“初始化”“参数设置”子菜单不需要操作。

图 4-1-1　系统子菜单

注：“购货单位”“费用项目”“收发货人”“车辆编码”4 个编码操作参考客户编码与商品编码。

1）参数设置

主要功能：用于显示开票企业的基本信息，如图 4-1-2 所示。

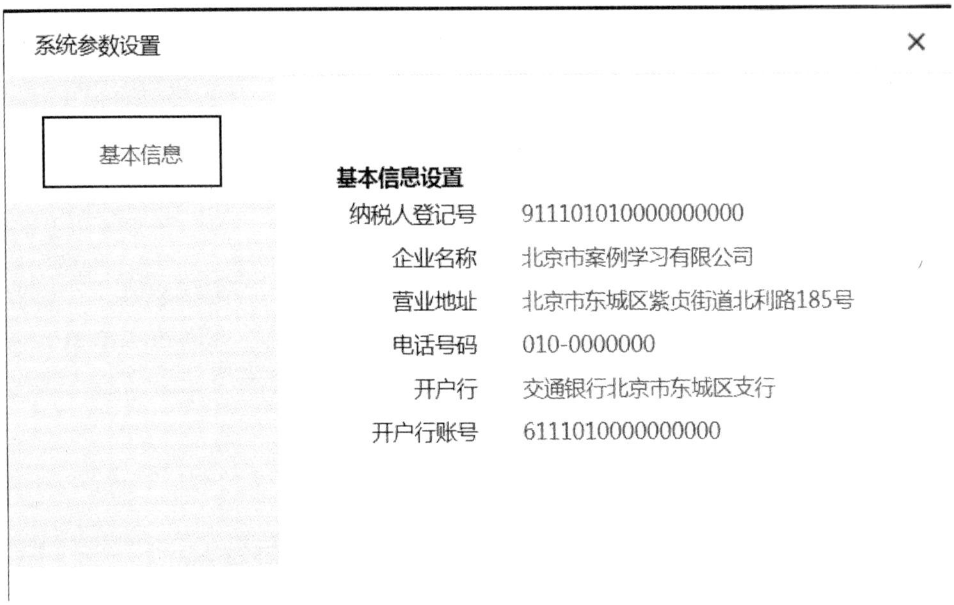

图 4-1-2 参数设置

2）客户编码

主要功能：用来录入与企业发生业务关系，需要为其开具发票的客户信息，也可以对已录入的客户信息进行修改和删除。填开发票时，“购方信息”可以从该客户编码中选取。

操作步骤：

第一步：点击“系统设置/客户编码”菜单项，便弹出“编码组管理”窗口，如图 4-1-3 所示。

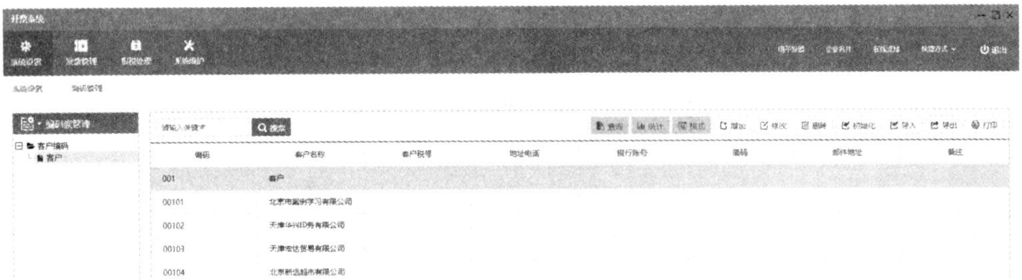

图 4-1-3 “编码组管理”窗口

第二步：在“编码组管理”窗口中，可以对客户编码数据进行增加、修改、删除等一系列编辑操作。

第三步：数据编辑完毕，点击保存即可，如图 4-1-4 所示。

图 4-1-4　保存数据

3）商品编码

主要功能：用来录入本企业所销售的商品信息，也可以对已录入的商品信息进行修改和删除。填开发票时，“商品信息”可以从该商品编码库中选取。

操作步骤：

第一步：点击“系统设置/商品编码”菜单项，便弹出“编码组管理”窗口，如图 4-1-5 所示。

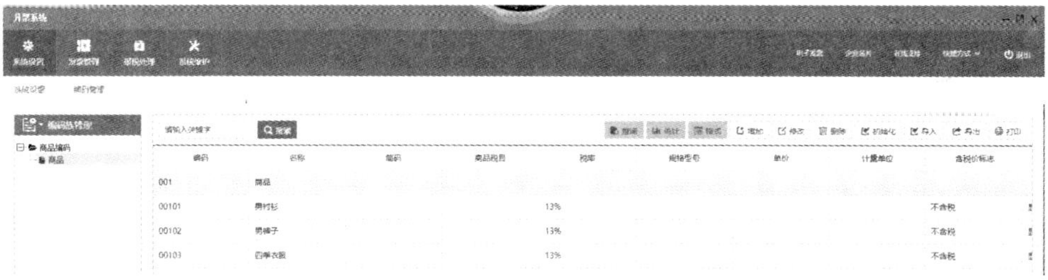

图 4-1-5　“编码组管理”窗口

第二步：在“编码组管理”窗口中，可以对商品编码数据进行增加、修改、删除等一系列编辑操作。

第三步：数据编辑完毕，点击商品编码编辑窗口工具条中的“保存” 按钮，系统将当前编辑的数据存入数据库。当前行数据输入完毕后，点击“取消”按钮，系统退出当前编辑窗口且当前编辑的数据不存入数据库。

4）商品和服务税收分类编码

商品和服务税收分类编码（以下简称“税收编码”）是系统的、多用途的货物和劳务分类体系，采用 19 位编码。商品大类由税务局维护，小类由纳税人自行维护。填开发票时，“货物或应税劳务名称”必须从商品和服务税收分类编码库中选取，原有商品编码如果未赋码则不能使用。

操作步骤：

第一步：打开软件，在界面点击“编码管理—商品和服务税收分类编码”（见图 4-1-6）。

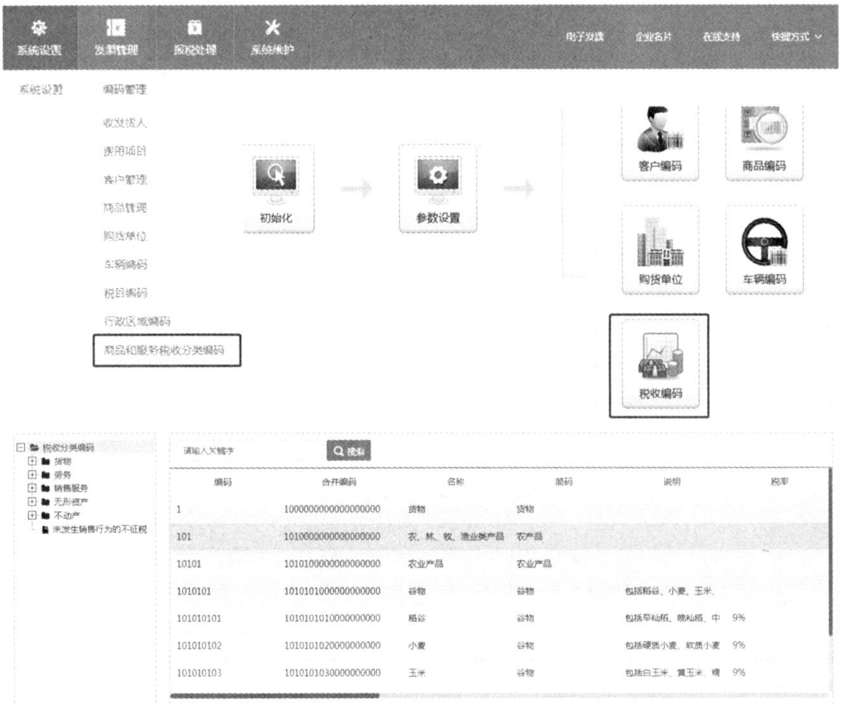

图 4-1-6　“编码管理”界面

第二步：在“商品编码”添加过程中使用“商品和服务税收分类编码”（见图 4-1-7）。

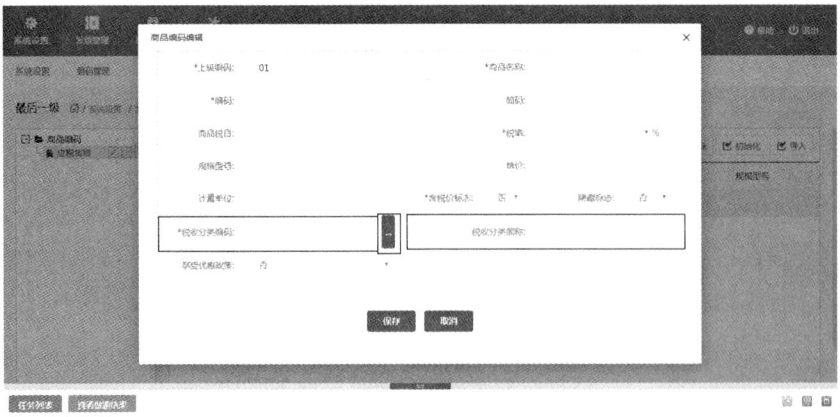

图 4-1-7　添加编码

2. 发票管理

本模块是开票软件的核心，用于管理销项发票的领用存信息、开具发票；查询、作废发票；红字信息表填开。

通过点击系统主界面上的“发票管理”按钮，便可以打开“发票管理”导航界面，如图 4-1-8 所示。

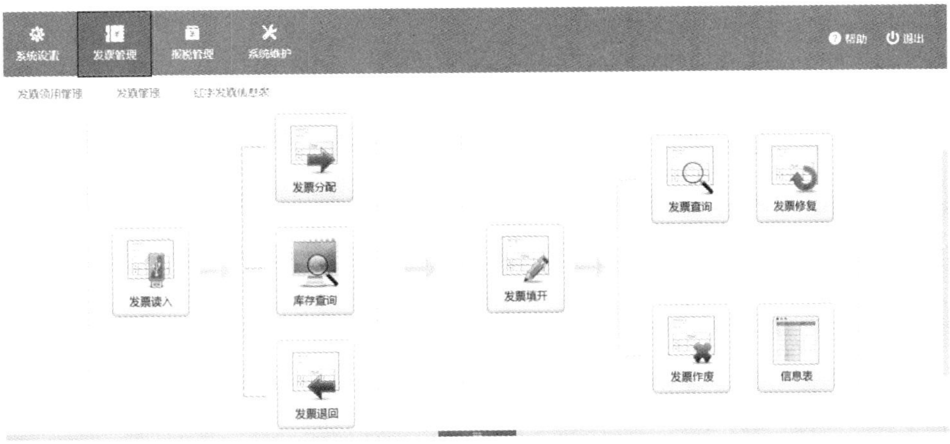

图 4-1-8　“发票管理”界面

1）发票读入

主要功能：用于将企业购买的存放于金税盘或报税盘中的电子发票读入开票系统中。该功能是开具发票的前提。

操作步骤：

第一步：首先点击“发票管理”—“发票领用管理”—“网上申领管理”—“发票申领”—“申领确认”—“网上领票管理”—“领用发票”，如图 4-1-9 所示。

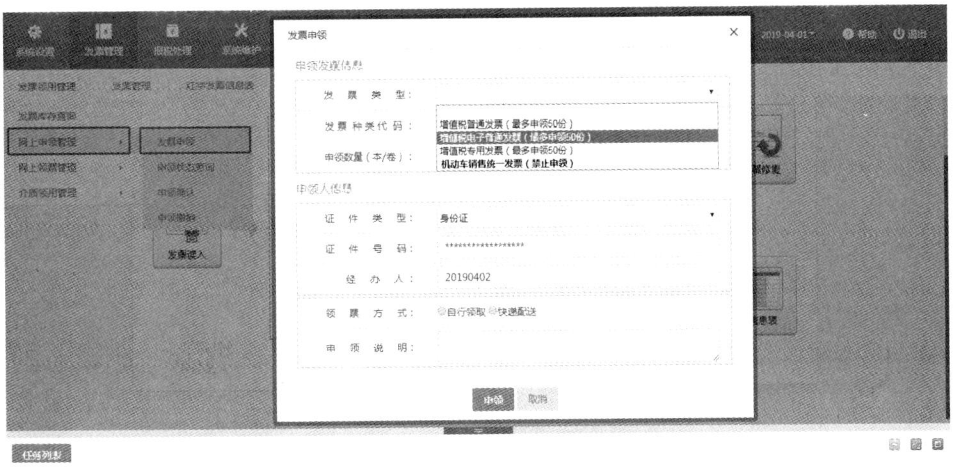

图 4-1-9　发票读入

系统弹出发票领用界面，通过“发票类型”按钮，选择你所需要领用的增值税发票（见图 4-1-10），选择好需要的发票和份数，点击“申领”按钮。

图 4-1-10　领用发票

然后点击“申领确认”进入确认界面，勾选后点击“确认”（见图 4-1-11）。

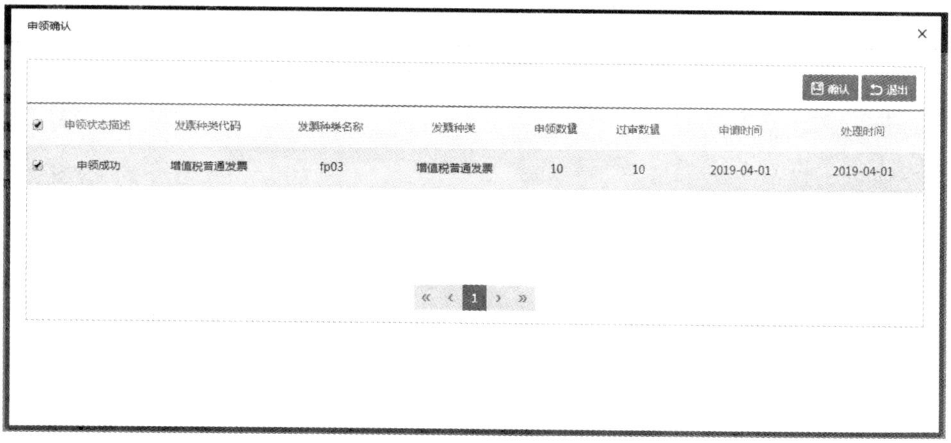

图 4-1-11　“申领确认”界面

确认后点击“网上领票管理”进行发票数据导出（见图 4-1-12）。

图 4-1-12 导出数据

第二步：点击“发票读入”按钮，系统显示“操作完成”，即代表发票读入成功（见图 4-1-13）。

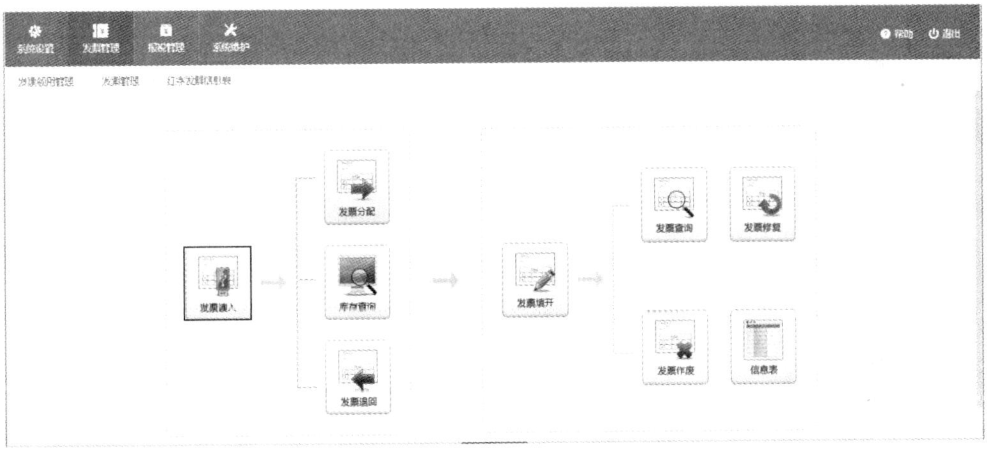

图 4-1-13 发票读入成功

2）库存查询

主要功能：用于查询金税盘中可用的各种发票库存信息。企业在读入新购发票后可通过查询知道发票信息是否已正确读入，在开具了部分发票后可通过查询知道金税盘中还有多少发票库存。

操作步骤：

点击“库存查询”便弹出“金税盘库存发票查询”窗口，显示信息中包含发票种类和发票份数等，如图 4-1-14 所示。另外，发票库存查询还可以通过主界面工具条上的“发票领用管理/发票库存查询”菜单项查询。

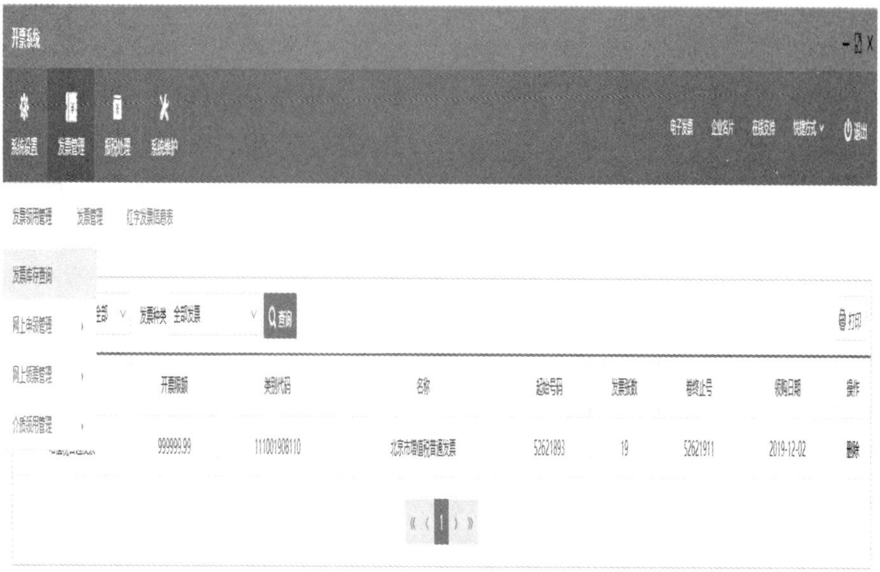

图 4-1-14 库存查询

3）发票填开

主要功能：企业用来填开和打印各种发票。发票填开功能是开票软件的核心功能（见图 4-1-15）。

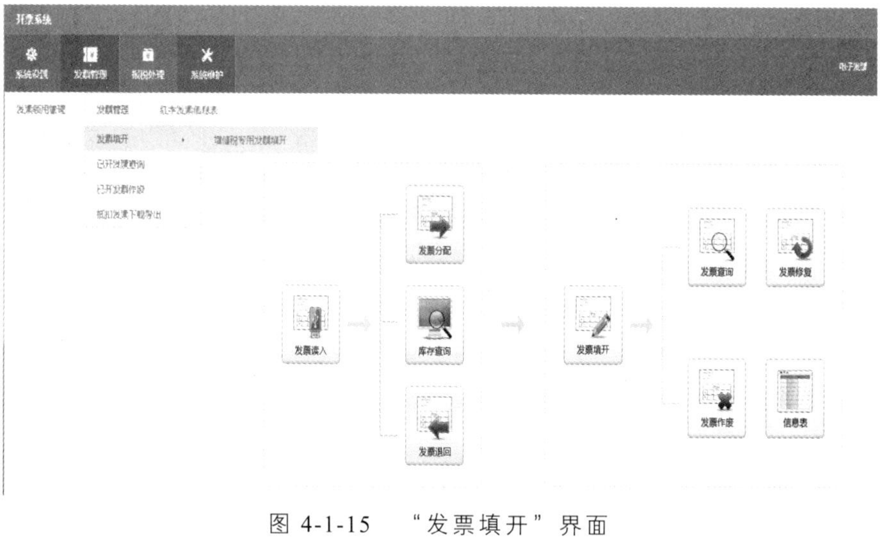

图 4-1-15 “发票填开”界面

（1）填开正数发票：增值税专用发票和增值税普通发票。

增值税专用发票与增值税普通发票的正数发票填开方法相同，以下仅以正数增值税专用发票为例进行介绍。

操作步骤：

第一步：从点击图中的“发票填开”，系统弹出“选择发票类型”提示框，如图 4-1-16 所示。

注：填开发票前先选择开票任务。

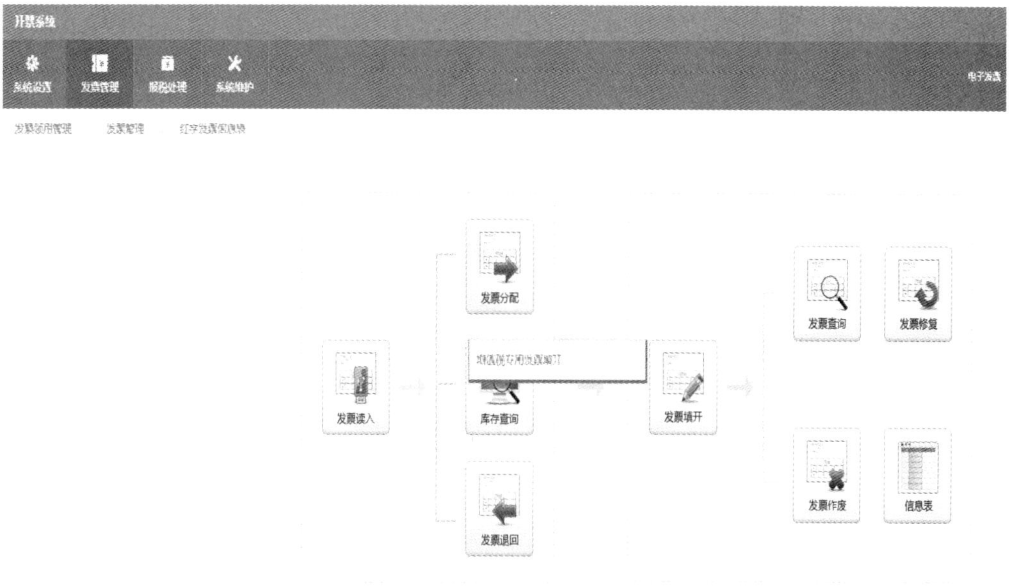

图 4-1-16　选择发票类型

或者通过“发票管理”—“发票填开” —“增值税专用发票填开/增值税普通发票填开/增值税电子普通发票填开”，如图 4-1-17 所示。

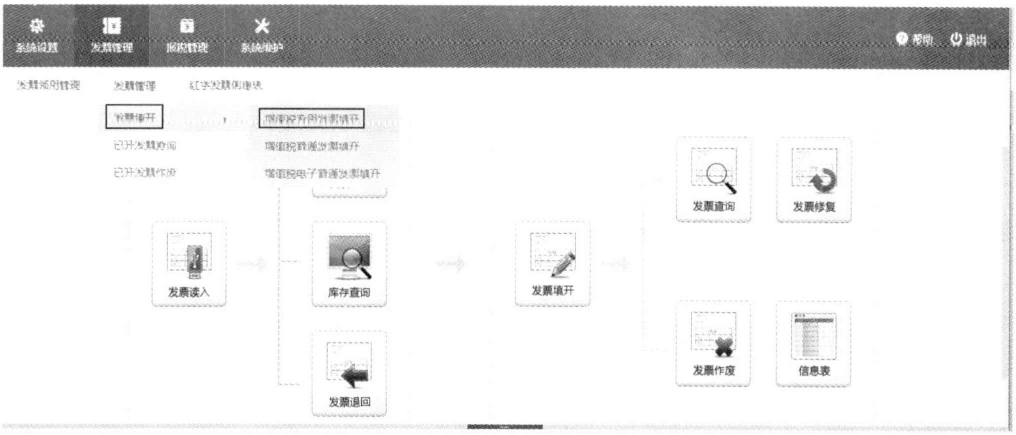

图 4-1-17　填开发票

第二步：选择“增值税专用发票填开”类型，系统弹出“号码确认”窗口，如图 4-1-18 所示。

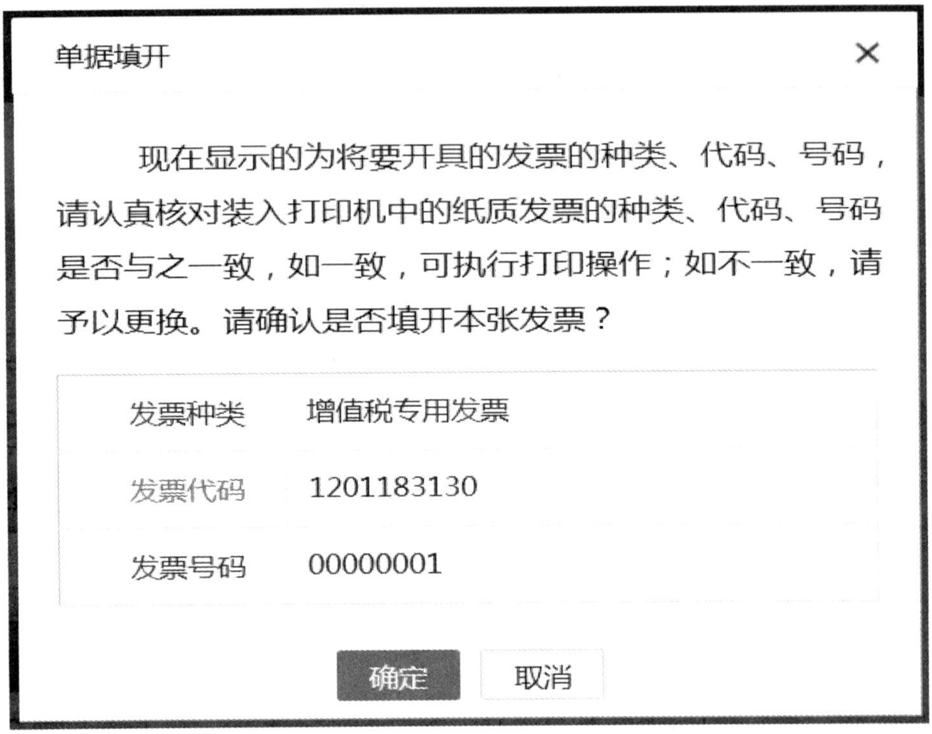

图 4-1-18　确认填开

第三步：核对无误后点击“确认”按钮，系统弹出“增值税专用发票填开”窗口，如图 4-1-19 所示。该窗口的格式与实际票面格式基本相同。

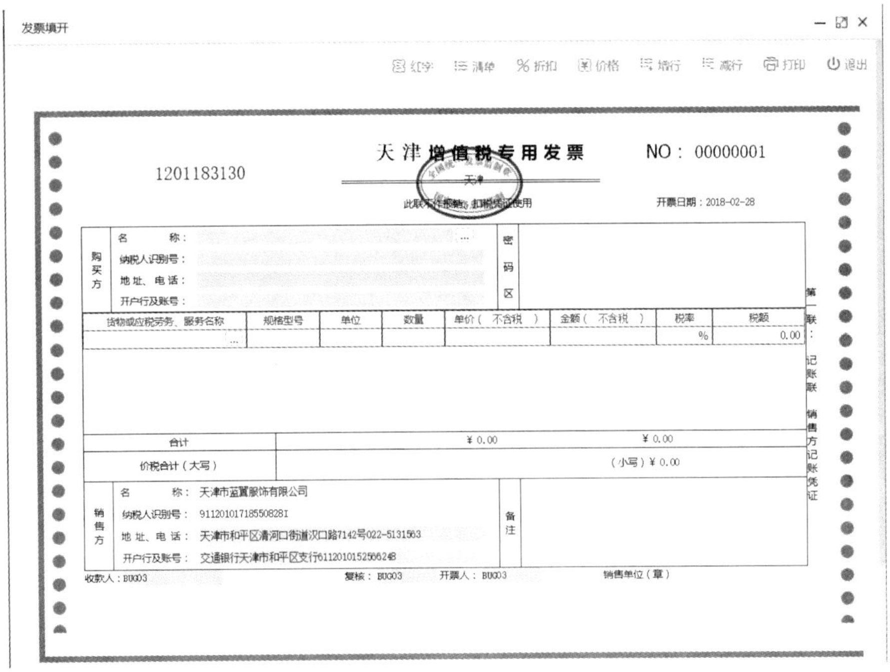

图 4-1-19　增值税专用发票填开

第四步：填写购买方信息，方法如下：

方法一：从客户编码库中获取数据。点击“名称”编辑框右侧的按钮，便弹出“选择客户”窗口，如图 4-1-20 所示。可以通过“搜索”功能选取相应客户并双击，则本条客户信息便写入发票界面的购买方信息栏。

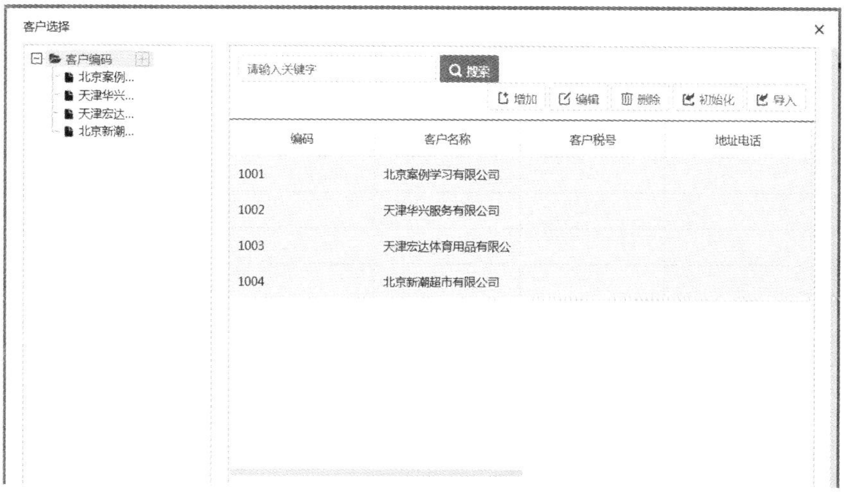

图 4-1-20　客户选择

方法二：直接填写。若用户填开发票时的客户信息不在客户编码库中，则用户可以在客户信息的各文本框中直接输入相应信息。用此方法输入的客户信息并不能直接添加到客户编码库中，但可以通过点击“客户编码”中的“增加”按钮，便弹出“新增对话框”窗口，如图 4-1-21 所示。然后将相关信息填写完整后，点击“保存”按钮，将其添加保存在客户编码库中。

图 4-1-21　添加客户编码

第五步：填写商品信息，具体操作方法分为以下几种情况：

第一种：不带清单和折扣的发票。

①点击“商品名称”编辑框右侧的按钮，便弹出“选择商品”窗口，如图 4-1-22 所示。用户可从中选取一种商品，然后双击，则本条商品的名称、规格型号、单位、单价和税率等信息便写入发票界面的商品信息行。其中，“单价”与“税率”数值可以修改。

图 4-1-22　商品选择

②在“数量”一栏填写销售本商品的数量，然后按“回车”键，如图 4-1-23 所示，系统会自动计算出金额、税额、价税合计金额。

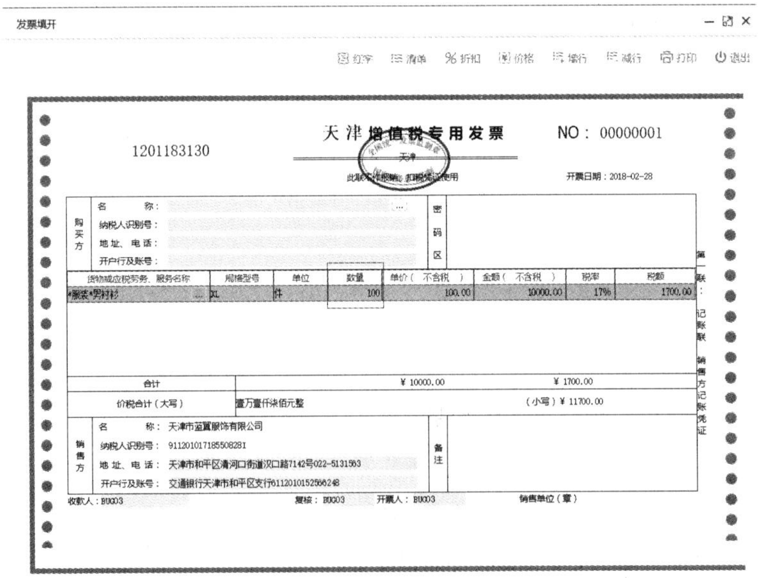

图 4-1-23　填写销售数量

③若要修改“单价”与“税率”数值可在单价（不含税）栏和税率栏直接修改。金额和税额系统会根据改后的数据自动计算，如图 4-1-24 所示。

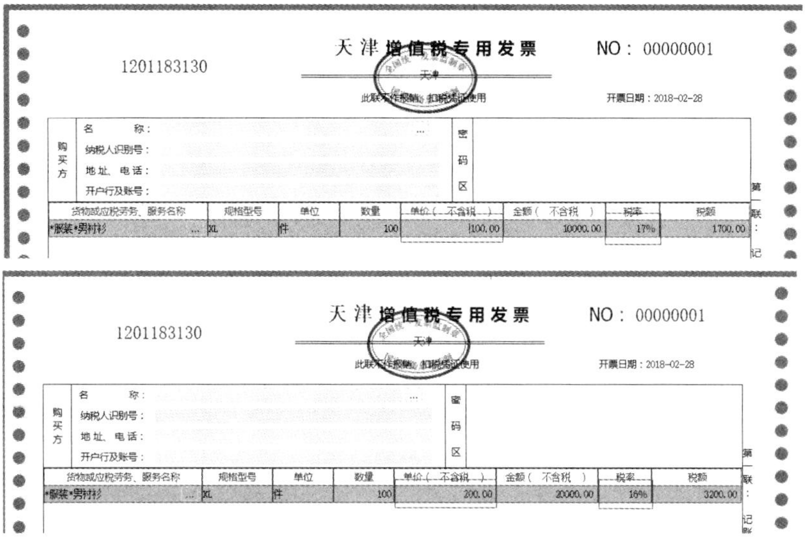

图 4-1-24　修改单价和税率

第二种：带折扣的发票。

当企业在业务上需要及时融资或因产品质量等问题所销货物需进行折扣处理时，就要用到本系统提供的折扣功能开具折扣发票。

①利用第一种填开商品信息的方法开具若干行商品后，首先选中欲加折扣的某个商品行或多行商品行的最后一行，然后点击工具条上的“折扣”按钮（若本商品处于编辑状态或不允许加折扣则按钮被禁用），便弹出“添加折扣行”对话框，填写具体信息后，点击“确定”按钮，如图 4-1-25 所示。

图 4-1-25　添加折扣

②在此窗口的折扣行数框中填写从当前选中行向上几行（含本行）商品需要统一加折扣，然后在折扣率或折扣金额处输入所要加折扣的数值，确认后即可对一行或多行商品加折扣。例如，在折扣行数处输入“3”，则代表从当前选中行向上的 3 行商品（含本行）都按本折扣率或折扣金额进行折扣（见图 4-1-26 和图 4-1-27）。

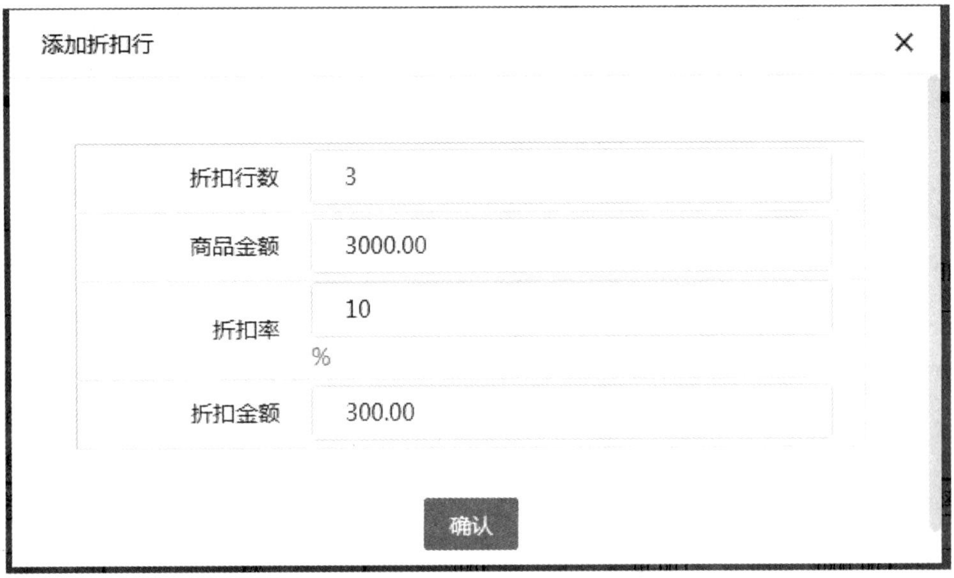

图 4-1-26　添加折扣行

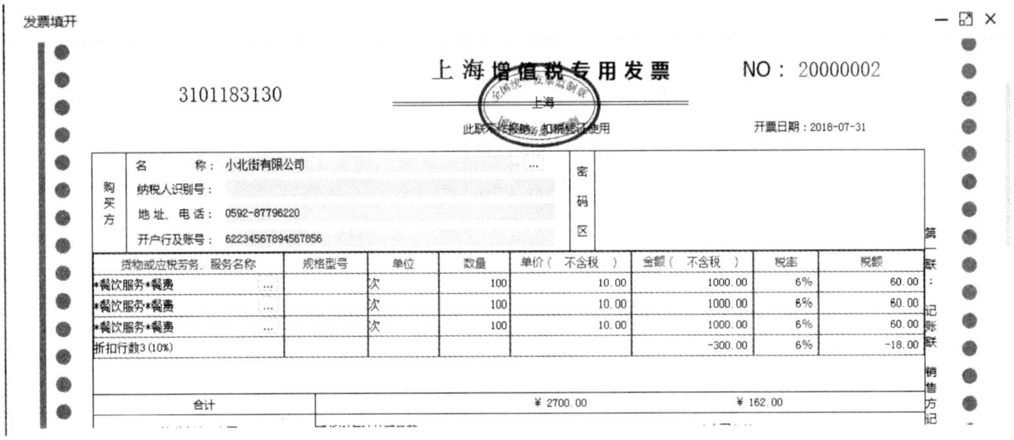

货物或应税劳务、服务名称	规格型号	单位	数量	单价（不含税）	金额（不含税）	税率	税额
*餐饮服务*餐费		次	100	10.00	1000.00	6%	60.00
*餐饮服务*餐费		次	100	10.00	1000.00	6%	60.00
*餐饮服务*餐费		次	100	10.00	1000.00	6%	60.00
折扣行数3 (10%)					-300.00	6%	-18.00
合计					¥ 2700.00		¥ 162.00

图 4-1-27　开具折扣发票

说明：

①当某一行商品加折扣后，便不允许修改。若需要修改，应先将折扣行删除，待修改完毕再加折扣。

②每一个商品行都可以加折扣，也可以对多行商品统一加折扣。

③如果是对多行商品统一加折扣，商品名称处将标识统一加折扣的行数。

第三种：带销货清单的发票。

填开发票时，当客户所购商品的种类或项目较多，在一张发票上填写不下时，即商品行超过本类别发票所允许的最大开具行数时，可利用系统提供的销货清单的功能来开具带销货清单的发票。

①进入发票填开界面后，直接点击工具条上的“清单”按钮，系统弹出“清单填开”窗口，如图 4-1-28 所示，在此窗口中添加商品。

图 4-1-28　添加商品

②利用第一种填开商品信息的方法将清单填写完毕，点击工具条上的“完成”按钮，返回到发票填开界面，如图 4-1-29 所示。此时，商品信息表中出现“详见销货清单”，所有栏目则不允许修改。

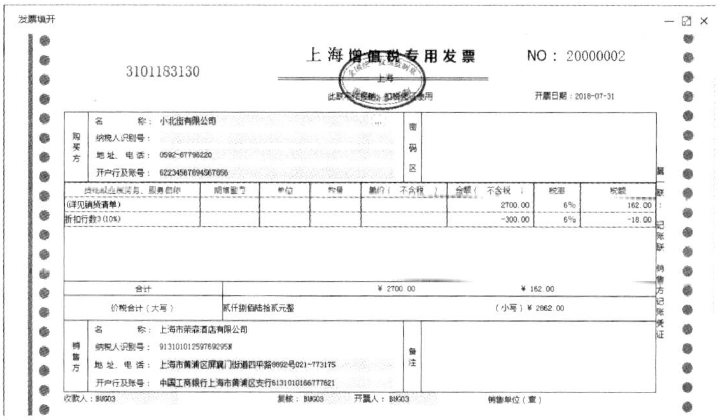

图 4-1-29　填开发票

说明：

①每一张发票只允许填写一张销货清单。

②发票上只有一条“详见销货清单”的记录，显示清单中所有商品的合计金额和税额，在发票上不能再开具其他商品。

③可以利用销售清单填开窗口开具条上的“折扣”按钮对清单中单行加折扣，也可以对清单中连续的多行商品统一加折扣。

③填写清单的过程中也可通过点击“转发票” 按钮，将明细行信息带到发票明细行中（清单明细行数不能超过发票明细行的最大行数）。

第六步：填写销售方信息。销售方信息中企业名称、纳税人登记号和地址、电话均由系统自动从金税盘和系统参数设置中的企业税务信息中提取，开票时不能修改（见图 4-1-30）。

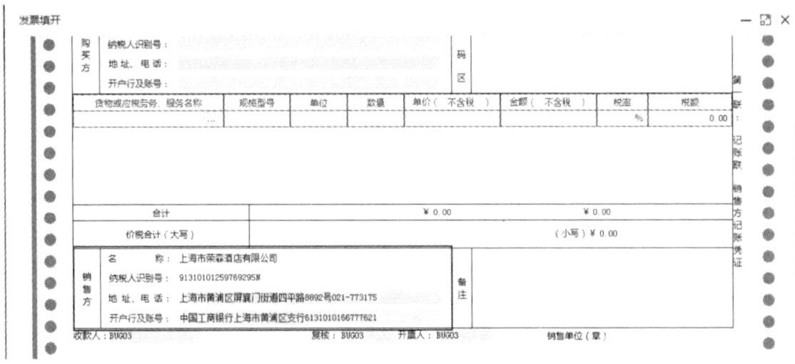

图 4-1-30　开具销售方发票

第七步：打印发票。当发票填写完毕且检查无误时，请点击工具条上的“打印”按钮，即完成开票。实务中可连接打印机打印发票。

注意：实务中所填开的发票一经保存即记入金税盘，无法修改。因此，在填开之初应仔细比对系统给出的发票类型及号码与打印机上安装的纸质发票是否完全一致；填写数据时应尽量避免错误。若出现问题，可以重置或者将该发票作废，然后重新填开；否则只能作废发票，然后重新填开。

（2）填开红字发票。

当企业所开发票有误或者因商品质量等问题购方退货时，若对应的该张发票已抄税，则不能作废，必须利用该功能来开具负数发票进行冲销。

增值税专用发票的负数发票（以下简称“红字专用发票”）与增值税普通发票和机动车销售统一发票的负数发票开具方法存在差异，以下将分别进行介绍。

操作步骤：

第一步：在发票填开界面中，点击“红字发票信息表”按钮，点击“红字增值税专用发票信息表填开”按钮（见图 4-1-31）。

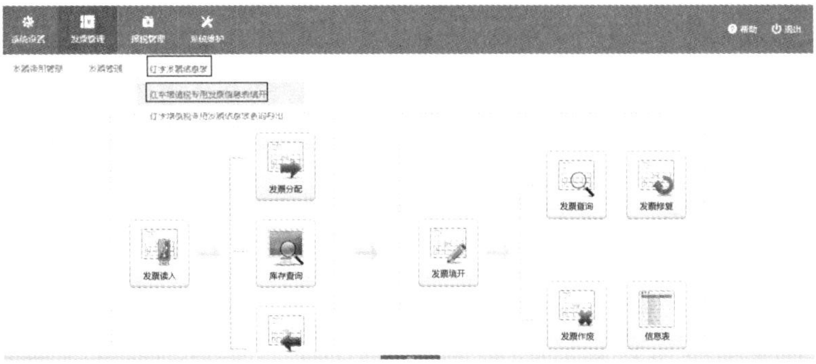

图 4-1-31　红字增值税专用发票信息表填开

或者直接点击页面“信息表”按钮，如图 4-1-32 所示。

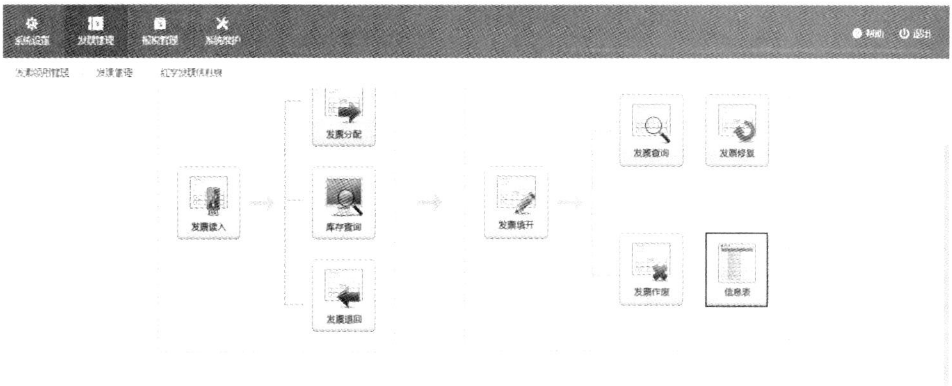

图 4-1-32　“信息表”界面

系统会弹出对应信息表信息填写。根据资料填完信息后，点击“下一步”，如图 4-1-33 所示。

图 4-1-33　红字信息填开

第二步：对于信息表上有对应蓝字专用发票代码、号码的，需填写蓝字专用发票代码、号码，否则，不需要填写蓝字专用发票代码、号码，直接点击“下一步”按钮，系统根据不同情况显示不同的确认窗口。

若填写蓝字专用发票代码、号码后，数据库中有对应蓝字发票，则显示出本张负数发票对应的正数发票票面信息，并可通过点击“查看发票明细”按钮来查看发票明细，如图 4-1-34 所示。

图 4-1-34　查看发票明细

第三步：如果系统能够从发票库中查找到对应正数发票信息，则点击“确定”按钮后，系统进入负数发票填开界面并自动调出票面信息，如图 4-1-35 所示；否则需要在负数发票填开界面手动填写各项信息。其中，备注栏中自动显示对应的信息表编号。

图 4-1-35　发票信息

第四步：确认发票填开界面上的所有信息正确后，点击“打印”按钮开具红字专用发票，如图 4-1-36 所示。

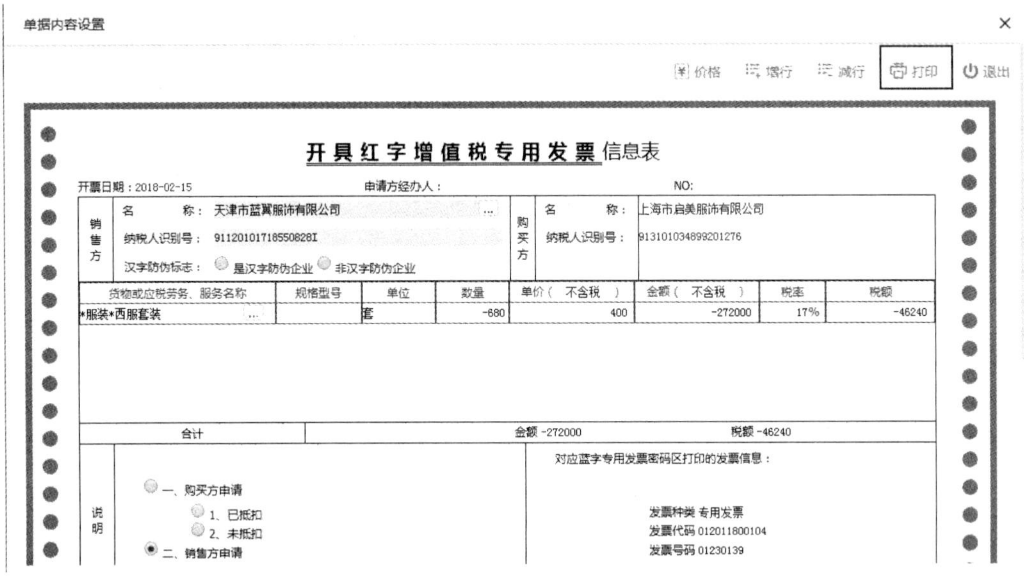

图 4-1-36 确认发票信息

说明：

①一张信息表只能对应开具一张红字发票，不能重复使用。

②对带有折扣的蓝字专用发票开具相应红字专用发票时，若数据库中有蓝字发票信息，则系统会自动调出票面信息并将折扣分摊反映在对应的商品行中。如开具一张带 10%折扣的蓝字发票，1 行商品行记录的是折扣前原价，折扣行记录的是对 1 行商品折扣掉的总金额和税额。

（3）填开负数增值税普通发票。

负数增值税普通发票的开具与负数增值税专用发票的开具有所不同。在开具负数增值税普通发票时，不需要填写红字发票信息表编号，可以在开票系统中直接开具。

操作步骤：

第一步：点击“发票填开”，选择增值税普通发票填开，在弹出“发票号码确认”提示框中点击“确认”按钮后，打开发票填开界面，如图 4-1-37 所示。

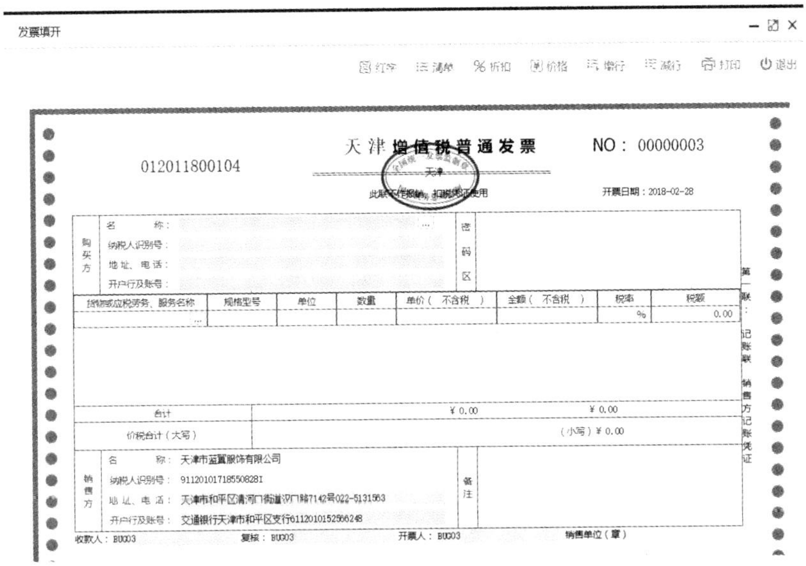

图 4-1-37　“发票填开”界面

第二步：点击增值税普通发票填开界面工具条上的“红字”按钮，便弹出“销项正数发票代码/号码确认”窗口，如图 4-1-38 所示。

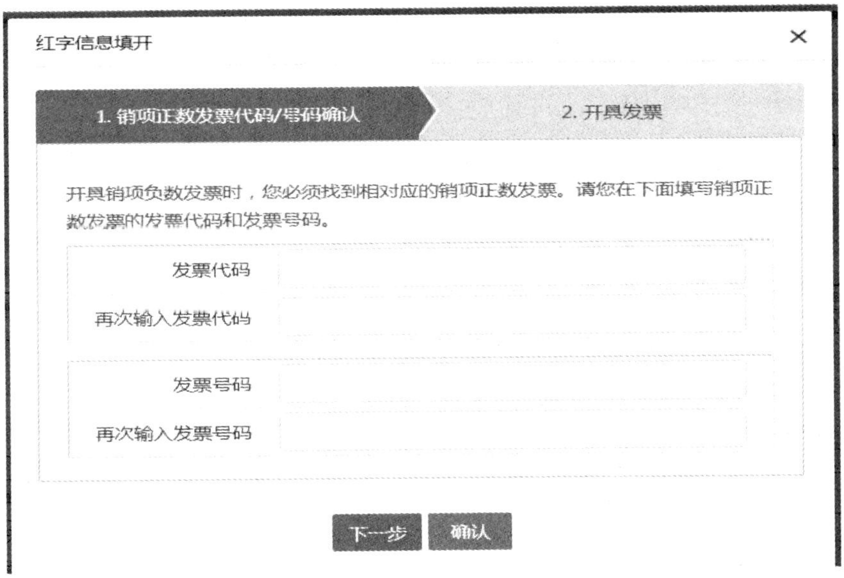

图 4-1-38　红字信息填开

第三步：在此窗口中直接填写负数发票所对应正数发票的“发票代码”“发票号码”。为保证用户输入数据的准确性，系统采用加密方式显示发票代码和发票号码，并且需要输入两次进行准确性校验。两次输入完全相同时，“下一步”按钮被激活，才可继续操作。

第四步：发票代码和发票号码填写完毕后，点击“下一步”按钮，系统将根据所填写发票的情况显示不同的确认窗口。如果本张发票已在发票库中找到，且为可开具负数发票的正数发票，则系统将该张发票的明细显示在确认框中，如图4-1-39所示。

图 4-1-39　确认发票信息

用户需确认是否为此张发票开具负数发票，如果确认则点击“确定”按钮，该张发票的发票数据自动填充到负数发票的发票行上，同时将其数量和金额自动填充为负数，并将该张发票对应的正数发票信息填写到备注行中。如果负数发票的金额与对应正数发票的金额不一致，可直接修改金额数据项，但是负数发票的金额、税额不能超过对应正数发票的金额和税额。

4.2 ERP 系统介绍

点击“ERP”进入操作界面（见图4-2-1）。

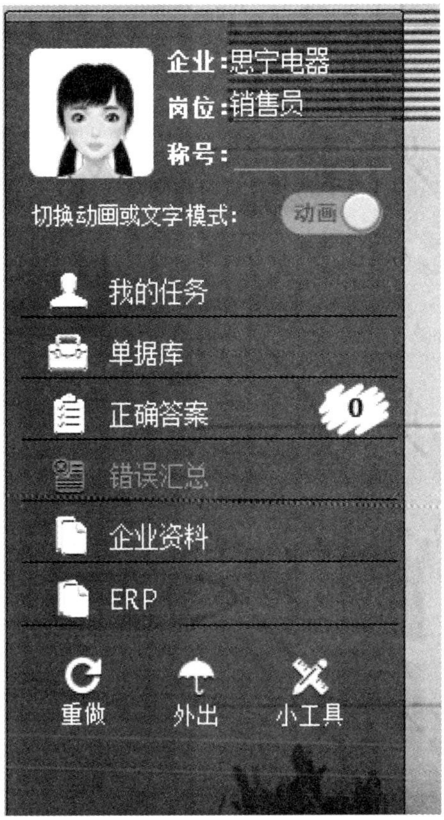

图 4-2-1　ERP 系统

基础档案：ERP 系统基础信息有商品信息、分店/仓库信息、供应商信息等数据录入口（见图 4-2-2）。

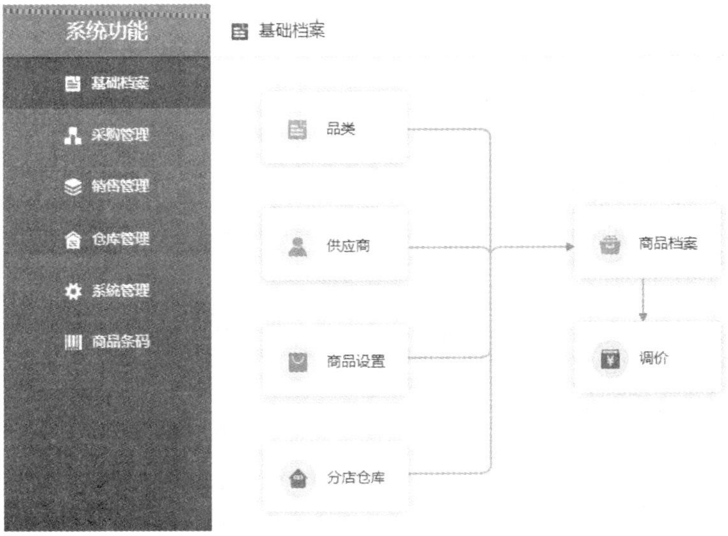

图 4-2-2　基础档案

采购管理即管理采购订单、收货入库单、采购退货单、查询订单模块，也为基础档案中的供应商提供信息管理入口（见图 4-2-3）。

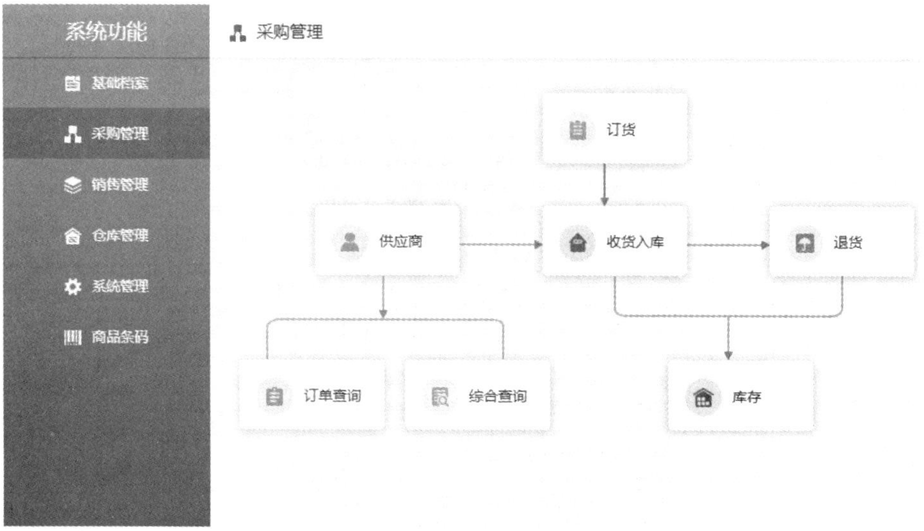

图 4-2-3 采购管理

销售管理：对客户信息的管理、商品销售订单（批发订单、批发销售、批发退货）的管理，提供商品库存查询（见图 4-2-4）。

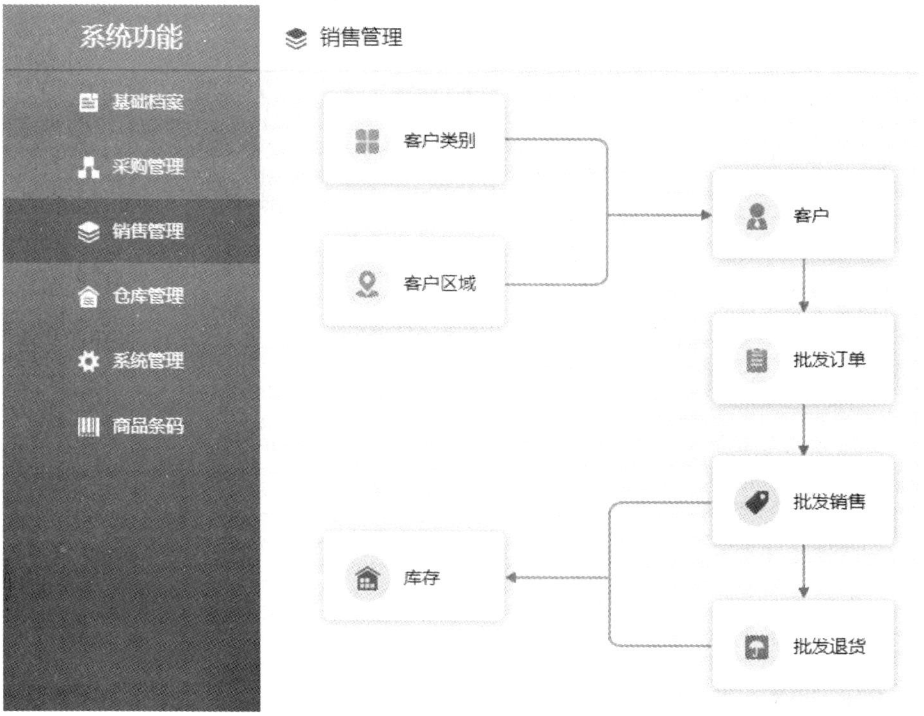

图 4-2-4 销售管理

仓库管理：对商品库存的管理，具有商品结余盘点、各个仓库/分店间商品调度等功能（见图 4-2-5）。

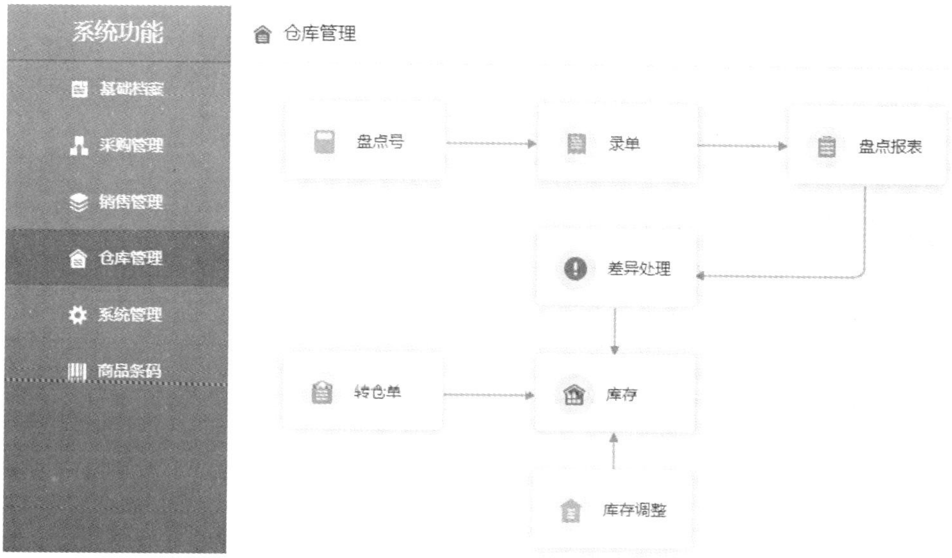

图 4-2-5　仓库管理

系统管理：对部门信息、系统操作人员信息、收银员信息、商品设置对商品零售价计算方式进行管理（见图 4-2-6）。

图 4-2-6　系统管理

商品条码：增加生成/打印商圈条形码功能，供收银系统使用扫码枪读取输入商品编码（见图 4-2-7）。

图 4-2-7 商品条码

4.3 购销业务操作演示

1. 加旺向佳尚销售空调（零售）

实训任务：（1）填制单据；

（2）发出货物；

（3）开具发票；

（4）登账；

（5）填制凭证、登账；

（6）登账。

操作步骤：

（1）填制单据：销售员填制销售单，并在四联销售单上经手人处签字，找销售经理审核，再找往来会计审核，最后找总经理审核（见图 4-3-1）。

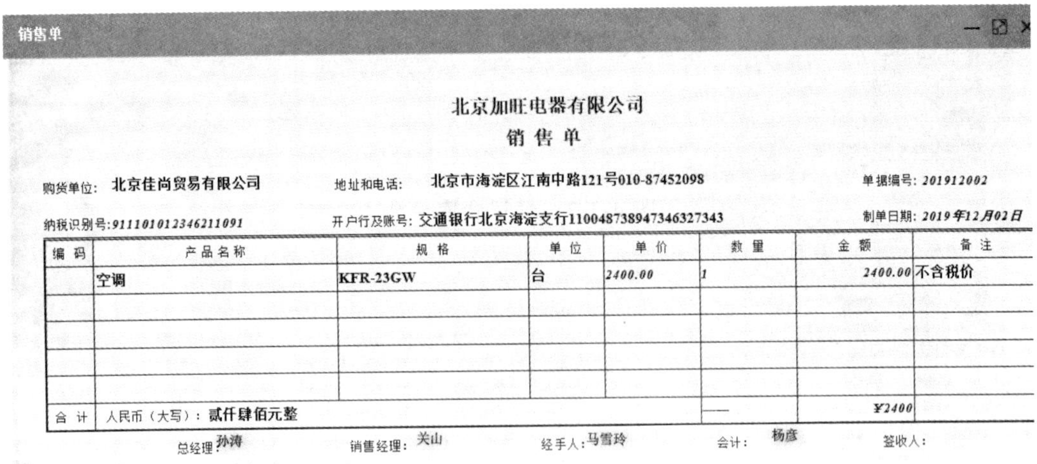
销售单

北京加旺电器有限公司

销 售 单

购货单位：北京佳尚贸易有限公司　地址和电话：北京市海淀区江南中路121号010-87452098　单据编号：201912002

纳税识别号：911101012346211091　开户行及账号：交通银行北京海淀支行110048738947346327343　制单日期：2019年12月02日

编码	产品名称	规格	单位	单价	数量	金额	备注
	空调	KFR-23GW	台	2400.00	1	2400.00	不含税价
合计	人民币（大写）：贰仟肆佰元整				—	¥2400	

总经理：孙涛　销售经理：关山　经手人：马雪玲　会计：杨彦　签收人：

图 4-3-1 填制单据

（2）发出货物：仓库管理员取出库单，填写一式四联的出库单并分别在四联仓库处签字，找销售员审核并在经办人处签字，找销售部经理签字，再找财产物资会计签字，自己取出仓库台账并登记（见图 4-3-2）。

出库单

联次：**仓库联**　存根联

出　库　单

出货单位：北京加旺电器有限公司　　　2019 年 12 月 02 日　　　单号：20196002

提货单位或领货部门	北京佳尚贸易有限公司	销售单号	201912002	发出仓库	成品仓库	出库日期	2019年12月02日

编号	名称及规格	单位	数量 应发	数量 实发	单价	金额
	空调KFR-23GW	台	1	1		
合计						

仓库联

部门经理：关山　　　会计：温青　　　仓库：马雪玲　　　经办人：蓝水山

仓库台账-库存商品-空调KFR-23GW

仓库台账

分页＿＿＿＿　总页＿＿＿＿

最高存量＿＿＿＿　　　编号、名称 空调

最低存量＿＿＿＿　储备天数＿＿＿＿　存放地点 成品仓库　计量单位 台　规格 KFR-23GW　类别 产成品

2019年 月	日	原始单据号	摘要	对应单位/部门	期初库存	入库数	出库数	结存数	备注
11	30		承前页			***	***	130	
12	01	20196001	代销出库	天津海文商贸有限公			130	0	
12	02	20195001	车间入库	装配一车间		80		80	
12	02	20196002	销售出库	北京佳尚贸易有限公			1	79	

图 4-3-2　登记仓库台账

（3）开具发票：税务会计进入开票系统，点击“开票软件”按钮—“立即开票”—登录，选择“发票管理”，点击“发票领用管理”—网上申领管理—发票申领，进入申领窗口，选择“增值税普通发票”—点击“申领”，返回“网上申领管理”—点击“申领确认”，选择“网上领票管理”—点击“领用发票”，选择“按日期导出”，然后返回开票系统点击“发票读入”，读入完毕，选择库存查询，如果有库存，下一步才可以开票。点击“发票填开”，点击“确定”，税务会计输入开票内容（购货单位和名称点击表格右边选择内容就可以）。填开完毕关闭开票系统，点击“发票填开”命令，进入“发票打印”环节，在打印好的普票记账联和发票联盖章，结束业务（见图 4-3-3）。

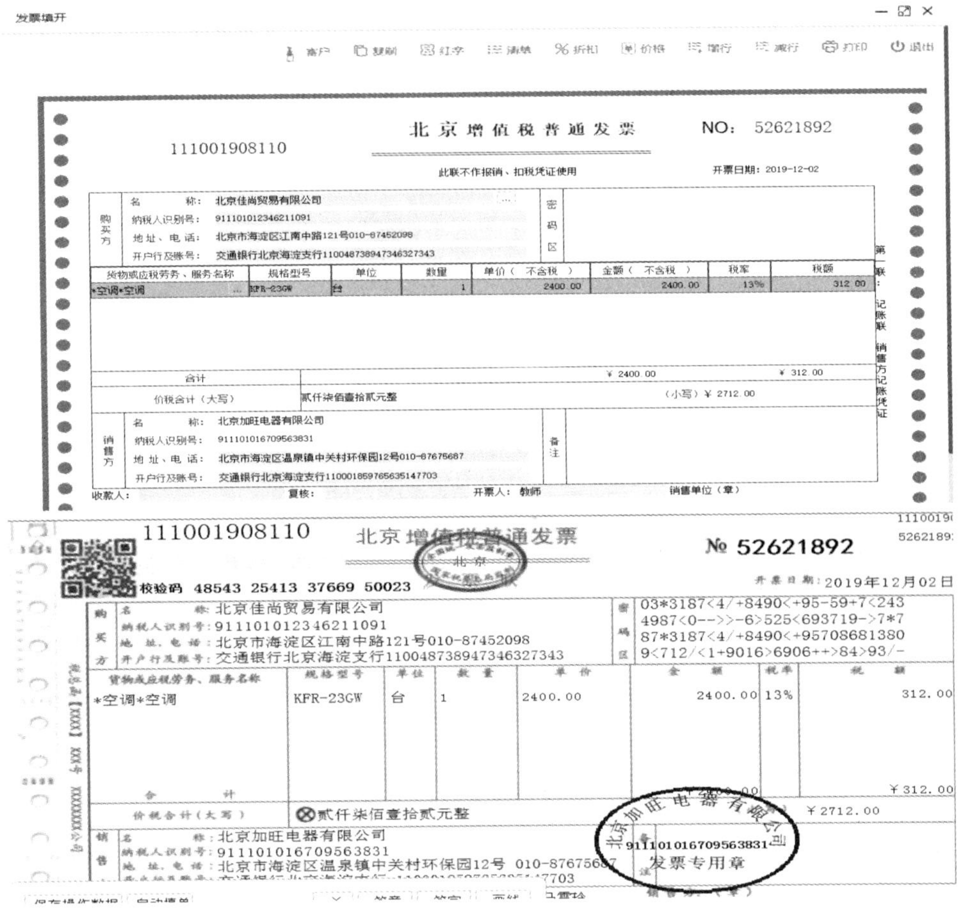

图 4-3-3　开具发票

（4）登账：出纳登记银行存款日记账（见图 4-3-4）。

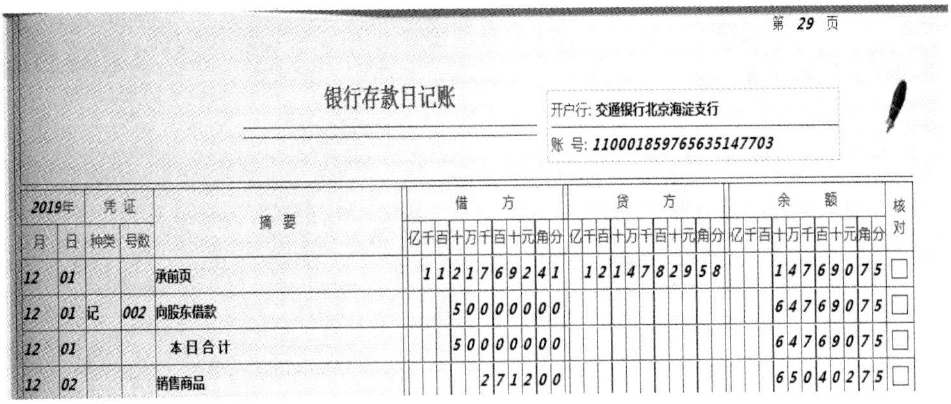
第 29 页

银行存款日记账

开户行：交通银行北京海淀支行

账 号：11000185976563514770З

2019年 月	日	凭证 种类	号数	摘要	借方	贷方	余额	核对
12	01			承前页	1121769241	1214782958	14769075	□
12	01	记	002	向股东借款	5000000		64769075	□
12	01			本日合计	5000000		64769075	□
12	02			销售商品	271200		65040275	□

图 4-3-4　登记银行存款日记账

（5）填制凭证、登账：往来会计填制记账凭证，找总账会计审核，找出纳补充登记银行存款日记账的凭证种类和号码栏，自己登记三栏式主营业务收入明细分类账（见图 4-3-5）。

记 账 凭 证

记 字第 004 号

2019 年 12 月 02 日

摘　要	总账科目	明细科目	借方金额（亿千百十万千百十元角分）	贷方金额（亿千百十万千百十元角分）	√
销售商品	银行存款	交通银行北京海淀支行	271200		√
	主营业务收入	空调KFR-23GW		240000	√
	应交税费	应交增值税（销项税额）		31200	
合	计		¥271200	¥271200	

附单据 3 张

会计主管:　　记账 马雪玲　　出纳: 李立　　复核: 陈冰　　制单 马雪玲

主营业务收入明细账

分页:　　总页:

二 级科目: 空调KFR-23GW　　　　级科目:

2019 年 月	日	凭证 种类	号数	摘　要	日页	借方（亿千百十万千百十元角分）	贷方（亿千百十万千百十元角分）	借或贷	余额（亿千百十万千百十元角分）
11	30			承前页		1056320000	1056320000	平	000
12	02	记	004	销售商品			240000	贷	240000

图 4-3-5　登记主营业务收入明细账

（6）登账：税务会计根据记账凭证登记应交税费明细账（见图 4-3-6）。

应交税

分页: 33　　总页:

2019 年 月	日	凭证 种类	号数	摘　要	借方 合计（千百十万千百十元角分）	借方 进项税额	借方 已交税金	借方 减免税款	借方 出口抵减内销产品应纳税额
12	01			承前页	316516200	234204535			
12	02	记	003	收到委托加工半成品	28829	28829			
12	02	记	004	销售商品					

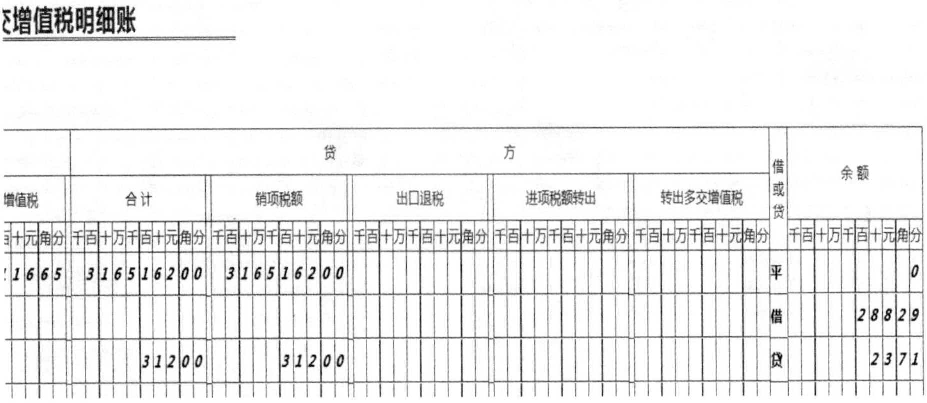

交增值税明细账

增值税	贷方 合计	贷方 销项税额	贷方 出口退税	贷方 进项税额转出	贷方 转出多交增值税	借或贷	余额
1665	3165162 00	3165162 00				平	0
						借	288 29
	312 00	312 00				贷	23 71

图 4-3-6　登记应交税费明细账

2. 加旺向红星采购原材料

实训任务：（1）下达订单；

（2）接受订单；

（3）填制单据；

（4）发出货物；

（5）收到货物；

（6）申请代开发票；

（7）开具完税凭证；

（8）受理代开发票申请；

（9）填制凭证；

（10）填制凭证、登账；

（11）登账；

（12）登账；

（13）付款、登账；

（14）填制凭证。

操作步骤：

（1）下达订单：采购员根据请购单及购货方开票资料取出购销合同并填制购货合同，找总经理盖章（见图 4-3-7）。

购销合同

购方：北京加旺电器有限公司　　　　合同编号：20191201

销方：北京红星贸易有限公司　　　　签订地点：北京

供需双方本着互利互惠、长期合作的原则，根据《中华人民共和国合同法》及双方的实际情况，就需方向供方采购事宜，订立本合同，以使双方在合同履行中共同遵守。

一、产品名称、数量、单价、金额：

产品名称	规格型号	计量单位	数量	单价	金额	备注
制冷剂	R410A	KG	3300	48.41	159753.00	含税价（3%）
PP		KG	1100	18.54	20394.00	
合计	——	——	——	——	¥180147.00	
合计人民币（大写）：壹拾捌万零壹佰肆拾柒元整						

二、质量要求技术标准：供方对质量负责的条件和期限：按合同企业标准。

三、交（提）货地点、方式：销货方送货至购货方仓库。

四、付款时间与付款方式：
购货方收到销货方提供的发票后当月以银行承兑汇票支付158200.00元，余款下月支付。

五、运输方式及到站、港和费用负担：公路运输至购货方仓库，运费由销货方承担。

六、合理损耗及计算方法：以实际数量验收。

七、包装标准、包装物的供应与回收：普通包装，不回收包装物。

八、验收标准、方法及提出异议期限：货到需方七天内提出质量异议，不包括运输过程中造成的质量问题。

九、违约责任：按《合同法》

十、解决合同纠纷的方式：双方协商解决。

十一、其他约定事项：本合同一式两份，需、供双方各一份，经双方盖章后即生效。

购方（盖章）：北京加旺电器有限公司　　　　销方（盖章）：

单位地址：北京市海淀区温泉镇中关村环保园12号　　　　单位地址：

电　话：010-87675687　　　　电　话：

签订日期：2019年12月03日　　　　签订日期：

开户银行：交通银行北京海淀支行　　　　开户银行：

账　号：110001859765635147703　　　　账　号：

图 4-3-7　填制购货合同

（2）接受订单：红星商贸的销售员填制购销合同的销货方信息，并找红星商贸的总经理盖章（见图 4-3-8）。

十、解决合同纠纷的方式：双方协商解决。

十一、其他约定事项：本合同一式两份，需、供双方各一份，经双方盖章后即生效。

购方（盖章）：北京加旺电器有限公司　　　　销方（盖章）：北京红星贸易有限公司

单位地址：北京市海淀区温泉镇中关村环保园12号　　　　单位地址：北京市海淀区顶级大厦501室

电　话：010-87675687　　　　电　话：010-87473498

签订日期：2019年12月03日　　　　签订日期：2019年12月03日

开户银行：交通银行北京海淀支行　　　　开户银行：交通银行北京海淀支行

账　号：110001859765635147703　　　　账　号：110019382048923748184

图 4-3-8　接受订单

（3）填制单据：由红星商贸的销售员根据购销合同和购货方开票资料填制。抽取销售单并填制销售单，并在四联销售单经手人处签字，交会计审核，再交总经理审核（见图 4-3-9）。

销售单

存根联

北京红星贸易有限公司

销 售 单

购货单位：北京加旺电器有限公司　地址和电话：北京市海淀区温泉镇中关村环保园12号010-87675687　单据编号：201912001

纳税识别号：911101016709563831　开户行及账号：交通银行北京海淀支行110001859765635147703　制单日期：2019年12月3日

编码	产品名称	规格	单位	单价	数量	金额	备注
	制冷剂	R410A	KG	47	3300	155100	不含税价
	PP		KG	18	1100	19800	不含税价
合计	人民币（大写）：壹拾柒万肆仟玖佰元整				——	¥174900.00	

存根联

总经理：田度旺　销售经理：　经手：马雪玲　会计：易万飞　签收人：

图 4-3-9　填制单据

（4）发出货物：红星商贸的仓管员根据销售单填制出库单，并在每联次仓库处签字，分别交销售员、会计和总经理审核，自己登记账簿，根据出库单取出 2 张仓库台账登记（见图 4-3-10）。

出库单

联次：仓库联

出　　库　　单

出货单位：北京红星贸易有限公司　2019 年 12 月 03 日　单号：20191201

提货单位或领货部门	北京加旺电器有限公司	销售单号	201912001	发出仓库	成品仓库	出库日期	2019年12月3日

编号	名称及规格	单位	数量 应发	数量 实发	单价	金额
	制冷剂R410A	KG	3300	3300		
	PP	KG	1100	1100		
合计						

仓库联

部门经理：田度旺　会计：易万飞　仓库：马雪玲　经办人：杜兵

库存商品台账

分页＿＿＿＿ 总页＿＿＿＿

最高存量＿＿＿＿　编号、名称 制冷剂

最低存量＿＿＿＿　储备天数＿＿＿＿　存放地点 仓库　计量单位 KG　规格 R410　类别 库存商品

2019年 月	日	原始单据号	摘要	对应单位/部门	期初库存	入库数	出库数	结存数	备注
11	30		承前页			***	***	3000	
12	02	20191001	购入	北京冷达		4500		7500	
12	03	20191201	销售出库	北京加旺电器有限公			3300	4200	

库存商品台账

分页　　总页

最高存量　　编号、名称 PP

最低存量　　储备天数　　存放地点 仓库　　计量单位 KG　　规格　　类别 库存商品

2019 年 月	日	原始单据号	摘要	对应单位/部门	期初库存	入库数	出库数	结存数	备注
11	30		承前页			***	***	2500	
12	03	20191201	销售出库	北京加旺电器有限公			1100	1400	

图 4-3-10　登记台账

（5）收到货物：仓库管理员根据请购单和销售单填制一式四联的收料单，并分别在四联收料单仓库处和销售单签收人处签字，找品质检验员审核，再找采购员审核，最后找采购部经理审核，自己登记两张仓库台账（见图 4-3-11）。

收料单

收 料 单

供应单位：北京红星贸易有限公司　　编号：20191002

材料类别：原材料　　2019 年 12 月 03 日　　收料仓库：原材料仓库

料编号	材料名称	规格	计量单位	数量 应收	数量 实收	实际价格 单价	实际价格 材料金额	实际价格 运杂费	实际价格 合计	计划价格 单价	计划价格 金额
	制冷剂	R410A	KG	3300	3300						
	PP		KG	1100	1100						

部门经理：成宝凤　　质量检验员：乔洁季　　仓库马蕾玲　　经办人：叶广

仓库台账

分页　　总页

最高存量　　编号、名称 制冷剂

最低存量　　储备天数　　存放地点 原材料仓库　　计量单位 KG　　规格 R410A　　类别 原料及主要材料

2019 年 月	日	原始单据号	摘要	对应单位/部门	期初库存	入库数	出库数	结存数	备注
11	30		承前页			***	***	0	
12	03	20191002	外购入库	北京红星贸易有限公		3300		3300	

仓库台账

分页　　总页

最高存量　　编号、名称 PP

最低存量　　储备天数　　存放地点 原材料仓库　　计量单位 KG　　规格　　类别 原料及主要材料

2019 年 月	日	原始单据号	摘要	对应单位/部门	期初库存	入库数	出库数	结存数	备注
11	30		承前页			***	***	0	
12	03	20191002	外购入库	北京红星贸易有限公		1100		1100	

图 4-3-11　登记仓库台账

（6）申请代开发票：红星商贸的会计抽取单据“代开增值税发票缴纳税款申报表”并填制，找总经理审核，自己准备资料。除了已有的票据，再带上营业执照副本和购销合同（单据库找）（见图 4-3-12）。

代开增值税发票缴纳税款申报单

代开人声明：

本次缴纳税款申报单提供的开票信息真实、完整、准确，符合有关法律、法规。

现申请代开增值税专用发票 ☑ 增值税普通发票 ☐ 。

代开人（签章）： 2019 年 12 月 03 日

购买方信息	名称	北京加联电器有限公司	纳税人识别号	911101016709563831
	地址	北京市海淀区温泉镇中关村环保园12号	开户银行	交通银行北京海淀支行
	电话	010-87675687	银行账号	110001859765635147703
销售方信息	名称	北京红星贸易有限公司	纳税人识别号	911101013407923646
	地址	北京市海淀区顶级大厦501室	开户银行	交通银行北京海淀支行
	电话	010-87473498	银行账号	110019382048923748184
代开人类型		自然人 ☐ 其他纳税人 ☑		
减免税标识（代开普通发票，符合条件填写）		是 ☐ 否 ☑		
减免税种		减免税类型		减免原因

货物或应税劳务、服务名称	规格型号（服务类型）	计量单位	数量	单价	不含税销售额	征收率	税额
*化学试剂助剂*制冷剂	R410A	KG	3300	47.00	155100.00	3%	4653
*塑料制品*PP		KG	1100	18.00	19800.00	3%	594
价税合计（大写）	壹拾捌万零壹佰肆拾柒元整				价税合计（小写）	¥180147.00	
减免税（费）额							
应补税额							
备注							
是否为异地代开	是 ☐ 否 ☑						
受理税务机关	税务机关税款征收岗位 （签字）				税收完税凭证号： 年 月 日		
	税务机关代开发票岗位 发票号码： （签字）				发票代码： 年 月 日		

图 4-3-12 申请代开发票

（7）开具完税凭证：国家税务局缴纳税款岗根据“代开增值税发票缴纳税款申报单”分别填制 2 张一式三联的税收通用完税证，填写完分别在填票人处盖私人章和税收机关处盖“国家税务局北京市税务分局”章，然后在三联“代开增值税发票缴纳税款申报单”上补充完税凭证号码和日期并签字，找红星商贸的会计缴纳税款（见图 4-3-13）。

中华人民共和国
税收通用完税证 国

注册类型：其他有限责任公司 填发日期：2019年 12月 03日 国税完电： No:02337497 征收机关：国家税务总局北京市税务局

纳税人代码	911101013407923646		地 址	北京市海淀区顶级大厦501室	
纳税人名称	北京红星贸易有限公司		税款所属期	2019年12月01日至2019年12月3	
税 种	品 目 名 称	计税金额、销售收入或课税数量	税率或单位税额	已缴或扣除额	实缴税额
增值税	商业	174900.00	3%	0.00	5247
金额合计	（大写）人民币伍仟贰佰肆拾柒元整				¥5247.00
税收机关 01号	委托代征单位	填票人 马雪玲	备	国家税务总局北京市税务局 代开发票预收税款 02337497	

第二联（收据）交纳税人作完税凭证

税收通用完税证

中华人民共和国
税收通用完税证　　国

隶属关系：区
注册类型：其他有限责任公司　　填发日期：2019年12月03日
地完电字：　　No:03702152
征收机关：国家税务总局北京市税务局

纳税人代码	911101013407923646	地址	北京市海淀区顶级大厦501室
纳税人名称	北京红星贸易有限公司	税款所属期	2019年12月01日至2019年12月3

税种	品目名称	计税金额、销售收入或课税数量	税率或单位税额	已缴或扣除额	实缴税额
城市维护建设税	城建税-城市市区（增值税）	5247	7%	0.00	367.29
教育费附加收入	教育费附加（增值税）	5247	3%	0.00	157.41
地方教育附加	地方教育附加（增值税）	5247	2%	0.00	104.94
金额合计	（大写）人民币陆佰贰拾玖元陆角肆分				¥629.64
税收机关 01号	委托代征单位	填票人 马雪玲	备	代开发票预收税款_委托代征 国税代征商业-其他	

第二联（收据）交纳税人作完税凭证

代开增值税发票缴纳税款申报单

*化学试剂助剂*制冷剂	R410A	KG	3300	47.00	155100.00	3%	4653.00
*塑料制品*PP		KG	1100	18.00	19800.00	3%	594.00
价税合计（大写）	壹拾捌万零壹佰肆拾柒元整			价税合计（小写）	¥180147.00		
减免税（费）额							
应补税额							
备注							
是否为异地代开	是□ 否☑						
受理税务机关	税务机关税款征收岗位（签字）马雪玲			税收完税凭证号：02337497 2019年12月03日			

图 4-3-13　开具完税凭证

（8）受理代开发票申请：国家税务局代开发票岗根据“代开增值税发票缴纳税款申报单”填制增值税专用发票，并在代开增值税发票缴纳税款申报单上填写发票代码及发票号码并签字，自己打印发票，再在增值税专用发票上盖国家税务总局北京市税务局代开发票专用章，找红星商贸的会计审核（见图 4-3-14）。

1100192140　　北京增值税专用发票　　№ 60532952

此联不作报销、扣税凭证使用　　开票日期：2019年12月03日

购买方	
名称	北京加旺电器有限公司
纳税人识别号	911101016709563831
地址、电话	北京市海淀区温泉镇中关村环保园12号 010-87675687
开户行及账号	交通银行北京海淀支行 110001859765635147703

货物或应税劳务、服务名称	规格型号	单位	数量	单价（不含税）	金额（不含税）	税率	税额
*化学试剂助剂*制冷剂	R410A	KG	3300	47.00	155100.00	3%	4653.00
*塑料制品*PP		KG	1100	18.00	19800.00	3%	594.00

第一联：记账联 销售方记账

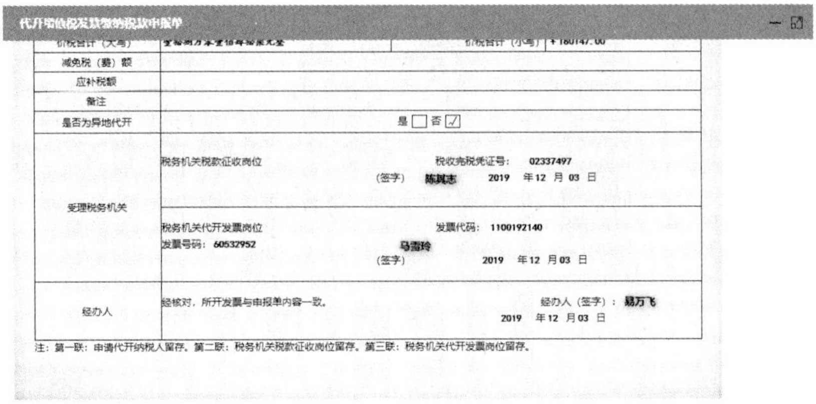

代开增值税发票缴纳税款申报单

价税合计（大写）	壹拾捌万零壹佰肆拾柒元整	价税合计（小写）	¥ 180147.00
减免税（费）额			
应补税额			
备注			
是否为异地代开	是☐ 否☑		
受理税务机关	税务机关税款征收岗位 （签字） 陈其志	税收完税凭证号： 02337497 2019 年12 月 03 日	
	税务机关代开发票岗位 发票号码： 60532952 （签字） 马雪玲	发票代码： 1100192140 2019 年12 月03 日	
经办人	经核对，所开发票与申报单内容一致。	经办人（签字）： 易万飞 2019 年12 月03 日	

注：第一联：申请代开纳税人留存。第二联：税务机关税款征收岗位留存。第三联：税务机关代开发票岗位留存。

图 4-3-14　受理代开发票申请

（9）填制凭证：红星贸易的会计在信息化系统里面填制记账凭证（见图 4-3-15）。

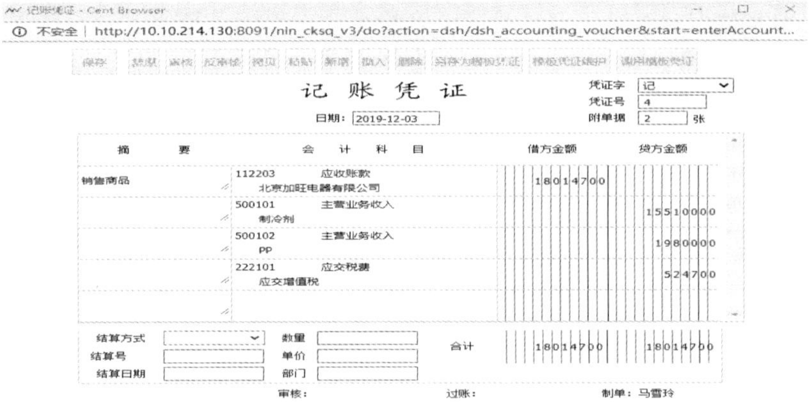

记账凭证 - Cent Browser

不安全 | http://10.10.214.130:8091/nin_cksq_v3/do?action=dsh/dsh_accounting_voucher&start=enterAccount...

保存 剪切 复制 反审核 粘贴 粘贴 新增 插入 删除 另存为模板凭证 模板凭证维护 调用模板凭证

记 账 凭 证

凭证字 记　凭证号 4　附单据 2 张

日期：2019-12-03

摘要	会计科目	借方金额	贷方金额
销售商品	112203 应收账款 北京加旺电器有限公司	18014700	
	500101 主营业务收入 制冷剂		15510000
	500102 主营业务收入 PP		1980000
	222101 应交税费 应交增值税		524700

结算方式　数量　结算号　单价　结算日期　部门　合计 18014700 18014700

审核：　过账：　制单：马雪玲

图 4-3-15　填制记账凭证

（10）填制凭证、登账：加旺电器的财产物资会计根据收到的专用发票等原始凭证填制记账凭证，找总账会计审核，自己登记 2 张数量金额式原材料明细分类账（见图 4-3-16）。

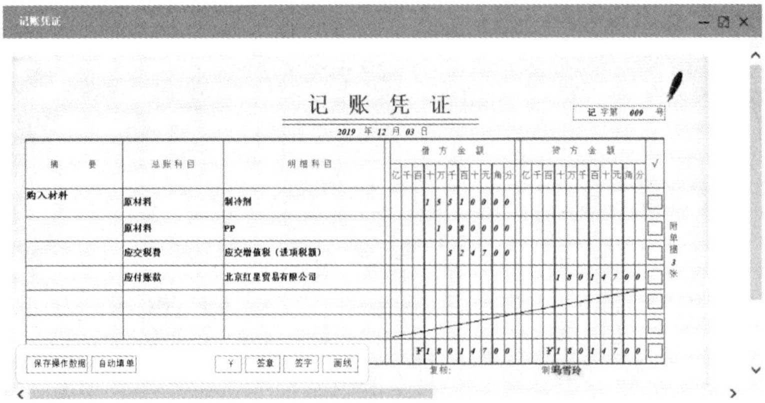

记账凭证

记 账 凭 证

记 字第 009 号

2019 年 12 月 03 日

摘要	总账科目	明细科目	借方金额	贷方金额	√
购入材料	原材料	制冷剂	15510000		
	原材料	PP	1980000		
	应交税费	应交增值税（进项税额）	524700		
	应付账款	北京红星贸易有限公司		18014700	
			¥18014700	¥18014700	

附单据 3 张

复核：　制单马雪玲

保存操作数据 自动填单 ￥ 签章 签字 画线

原材料明细账

分页　总页

编号、名称　制冷剂

储备天数　存放地点 原材料仓库　计量单位 KG　规格 R410A　类别 原料及主要材

摘要	收入 数量	收入 单价	收入 金额	付出 数量	付出 单价	付出 金额	结存 数量	结存 单价	结存 金额
承前页	7989	47.00	37550000	8000	47.00	37600000	0		
购入材料	3300	47.00	15510000				3300	47.00	155

原材料明细账

分页　总页

最高存量　编号、名称　PP

最低存量　储备天数　存放地点 原材料仓库　计量单位 KG　规格

2019年 月	日	凭证字号	摘要	收入 数量	收入 单价	收入 金额	付出 数量	付出 单价	付出 金额	数量	单价
11	30		承前页	3278	18.00	5900000	3500	18.00	6300000	0	
12	03	记-009	购入材料	1100	18.00	1980000				1100	18.00

图 4-3-16　填制凭证、登账

（11）登账：加旺的税务会计根据收到的记账凭证等原始资料登记应交增值税明细账（见图 4-3-17）。

应交增值税明细账

月	日	字	号	摘要	金额	金额	借或贷	余额
12	02	记	007	收到运费发票	4050	4050	借	823279
12	02	记	008	销售商品			贷	1360721
12	03	记	009	购入材料	524700	524700	贷	836021

图 4-3-17　登记应交税明细账

（12）登账：加旺的往来会计根据记账凭证等原始资料登记三栏式应付账款明细账（见图 4-3-18）。

应付账款明细账

分页：　总页：

二级科目：北京红星贸易有限公司　级科目：

2019年 月	日	凭证 种类	号数	摘要	日页	借方	贷方	借或贷	余额
12	01			承前页		46380000	40073500	贷	10000000
12	03	记	009	购入材料			18014700	贷	28014700

图 4-3-18　登记应付账款明细账

（13）付款、登账：红星贸易的出纳根据报销单付款并登记库存现金日记账（见图 4-3-19）。

库存现金日记账　　第 9 页

2019年 月	日	凭证 种类	凭证 号数	票据号数	摘要	借方	贷方	余额	核对
11	30				承前页	22699900	30050600	888945	
12	01	记	003		代开发票预先缴税		168000	720945	
12	01				本日合计		168000	720945	
12	03				代开发票预先缴税		587664	133281	

图 4-3-19　登记库存现金记账

（14）填制凭证：红星贸易的会计在信息化里面填制记账凭证，找出纳补充登记银行存款日记账（见图 4-3-20）。

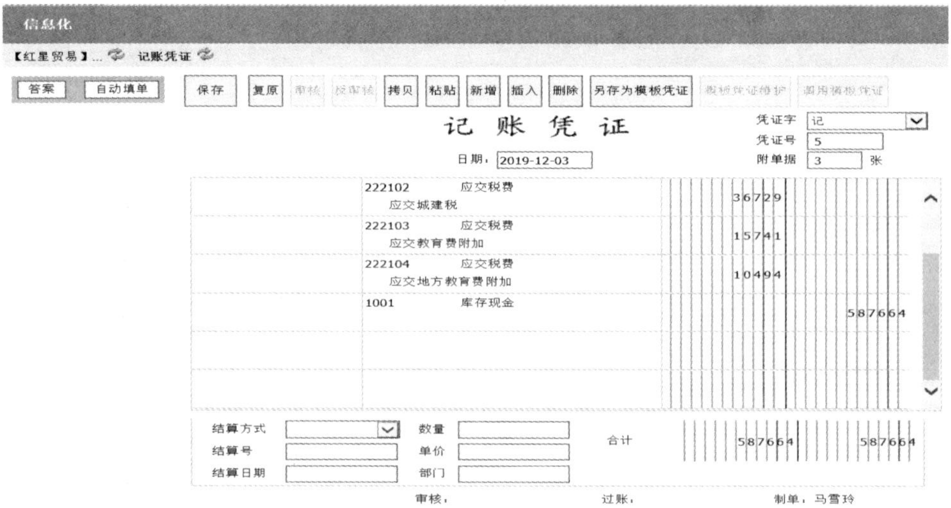

图 4-3-20　登记银行存款日记账

3. 加旺向思宁销售空调，速达承运

实训任务：（1）下达订单；

（2）接受订单；

（3）填制单据；

（4）托运货物；

（5）承运货物；

（6）收到货物；

（7）开具发票、填制凭证；

（8）填制凭证、登账；

（9）登账；

（10）登账；

（11）开具发票；

（12）填制凭证、登账；

（13）登账；

（14）填制凭证；

（15）填制凭证。

（1）下达订单：思宁电器的采购员根据已有资料填制购销合同，找总经理审核（见图 4-3-21）。

购销合同

购方：北京思宁电器有限公司　　合同编号：201912004

销方：北京加旺电器有限公司　　签订地点：北京

供需双方本着互利互惠、长期合作的原则，根据《中华人民共和国合同法》及双方的实际情况，就需方向供方采购事宜，订立本合同，以使双方在合同履行中共同遵守。

一、产品名称、数量、单价、金额：

产品名称	规格型号	计量单位	数量	单价	金额	备注
空调	KFR-23GW	台	80	2712.00	216960.00	含税价（13%）
空调	KFR-26GW	台	150	3164.00	474600.00	
空调	KFR-45LW	台	100	4859.00	485900.00	
合计	——	——	——	——	¥1177460.00	
合计人民币（大写）：壹佰壹拾柒万柒仟肆佰陆拾元整						

图 4-3-21　填制购销合同

（2）接受订单：加旺电器的销售员填制购销合同并找总经理盖章（见图 4-3-22）。

八、验收标准、方法及提出异议期限：货到需方七天内提出质量异议，不包括运输过程中造成的质量问题。

九、违约责任：按《合同法》

十、解决合同纠纷的方式：双方协商解决。

十一、其他约定事项：本合同一式两份，需、供双方各一份，经双方盖章后即生效。

购方（盖章）：北京思宁电器有限公司　　销方（盖章）：北京加旺电器有限公司

单位地址：北京市海淀区南大街15号　　单位地址：北京市海淀区温泉镇中关村环保园12号

电　话：010-82873765　　电　话：010-87675687

签订日期：2019年12月05日　　签订日期：2019年12月05日

开户银行：交通银行北京海淀支行　　开户银行：交通银行北京海淀支行

账　号：1100077226578129873 32　　账　号：110001859765635147705

图 4-3-22　接受订单

（3）填制单据：加旺电器的销售员填制一式四联的销售单，找销售经理审核，再找往来会计审核，最后找总经理审核（见图 4-3-23）。

销售单

联次：**业务联** 会计联 仓库联 存根联

北京加旺电器有限公司

销售单

购货单位：北京思宁电器有限公司　地址和电话：北京市海淀区南大街15号 010-82873765　单据编号：201912004

纳税识别号：911101017686425483　开户行及账号：交通银行北京海淀支行 110007722657812987332　制单日期：2019年12月05E

编码	产品名称	规格	单位	单价	数量	金额	备注
	空调	KFR-23GW	台	2400.00	80	192000.00	不含税价
	空调	KFR-26GW	台	2800.00	150	420000.00	不含税价
	空调	KFR-45LW	台	4300.00	100	430000.00	不含税价
合计	人民币（大写）：壹佰零肆万贰仟元整				——	¥1042000.00	

经手人：马雪玲　会计：　签收人：

保存操作数据　自动填单　¥　签章　签字　画线

图 4-3-23　填制销售单

（4）托运货物：加旺电器的仓库管理员抽取出库单和承运单（内部表单），填制一式四联的出库单并在仓库处签字，填制一式三联承运单（承运单联系人资料在企业资料—企业信息—往来单位信息里找），找销售员审核，再找销售部经理审核，最后找财产物资会计审核，自己登记 3 张仓库台账（见图 4-3-24）。

出库单

出　库　单

出货单位：北京加旺电器有限公司　2019 年 12 月 05 日　单号：20196005

提货单位或领货部门	北京思宁电器有限公司	销售单号	201912004	发出仓库	成品仓库	出库日期	2019年12月05日

编号	名称及规格	单位	数量 应发	数量 实发	单价	金额
	空调KFR-23GW	台	80	80		
	空调KFR-26GW	台	150	150		
	空调KFR-45LW	台	100	100		
合计						

仓库联

部门经理：关山　会计：温青　仓库：马雪玲　经办人：蓝水山

承运单

联次：**存根联** 客户联 跟车联

承运单

发货单位	北京加旺电器有限公司			收货单位	北京思宁电器有限公司		
发货地址	北京市海淀区温泉镇中关村环保园12号			收货地址	北京市海淀区南大街15号		
联系人	吴小平	联系电话	010-876756	联系人	陆单	联系电话	010-82873765
货物名称	空调	件数		330		重量	
全程运费：	（大写：人民币　）					起止日期：	
付款方式：							
承运方				联系电话		车牌号	
司机姓名		联系电话		驾驶证号			
发货方签字				承运人签字		司机签字	

仓库台账

分页______ 总页______

最高存量______　　编号、名称 空调

最低存量______　储备天数______　存放地点 成品仓库　计量单位 台　规格 KFR-23GW　类别 产成品

2019年 月	日	原始单据号	摘要	对应单位/部门	期初库存	入库数	出库数	结存数
11	30		承前页			***	***	130
12	01	20196001	代销出库	天津海文商贸有限公			130	0
12	02	20195001	车间入库	装配一车间		80		80
12	02	20196002	销售出库	北京佳尚贸易有限公			1	79
12	02	20196003	销售出库	北京思宁电器有限公			70	9
12	05	20195003	车间入库	装配一车间		130		139
12	05	20196005	销售出库	北京思宁电器有限公			80	59

仓库台账

分页______ 总页______

最高存量______　　编号、名称 空调

最低存量______　储备天数______　存放地点 成品仓库　计量单位 台　规格 KFR-26GW　类别 产成品

2019年 月	日	原始单据号	摘要	对应单位/部门	期初库存	入库数	出库数	结存数
11	30		承前页			***	***	150
12	01	20196001	代销出库	天津海文商贸有限公			150	0
12	04	20195002	车间入库	装配二车间		200		200
12	05	20196005	销售出库	北京思宁电器有限公			150	50

仓库台账

分页______ 总页______

最高存量______　　编号、名称 空调

最低存量______　储备天数______　存放地点 成品仓库　计量单位 台　规格 KFR-45LW　类别 产成品

2019年 月	日	原始单据号	摘要	对应单位/部门	期初库存	入库数	出库数	结存数
11	30		承前页			***	***	295
12	01	20196001	代销出库	天津海文商贸有限公			50	245
12	05	20196005	销售出库	北京思宁电器有限公			100	145

图 4-3-24　登记仓库台账

（5）承运货物：速达运输的业务员补充填制一式三联的承运单（所需资料在企业资料—企业信息—往来单位相关信息里找），找仓库管理员吴小平确认（见图 4-3-25）。

承运单

联次：**存根联** 客户联 跟车联

承运单

发货单位	北京加旺电器有限公司			收货单位	北京思宁电器有限公司		
发货地址	北京市海淀区温泉镇中关村环保园12号			收货地址	北京市海淀区南大街15号		
联系人	吴小平	联系电话	010-876756	联系人	陆单	联系电话	010-82873765
货物名称	空调	件数		330		重量	
全程运费：	￥1798.50（大写： 人民币 壹仟柒佰玖拾捌元伍角整 ）					起止日期：	
付款方式：	转账支付					2019年12月05日-2019:	
承运方	北京速达运输有限公司			联系电话	010-828778	车牌号	东风牌货车王
司机姓名	黎具梦	联系电话		驾驶证号			
发货方签字	吴小平			承运人签字	马雪玲	司机签字	

图 4-3-25 填制承运单

（6）收到货物：思宁电器的仓管员在 ERP 系统里填制采购收货单（ERP—采购管理—收货入库—采购收货单）。双击选择采购员和供应商编码，双击添加商品，保存后单号自动给出。在销售单签收人处签字，找仓储部经理审核，自己打印采购收货单并在三联制单人处签字，找仓储部经理审核，再找采购员审核，最后找会计审核（见图 4-3-26）。

ERP系统

ERP 采购收货单

保存 删除 商品 删除一行 打印预览

单号	PI201912050001	业务日期	2019-12-05	付款日期	2020-01-05
采购员	采购员	仓库编码	01	仓库名称	总库
供应商编码	004	供应商名称	加旺电器有限公司	经销方式	购销
订单号	浏览	制单人	马雪玲	审核人	
备注					

行号	货号	品名	规格	单位	箱数*
1	44012	空调	KFR-23GW	台	80.00
2	44011	空调	KFR-26GW	台	150.00
3	44007	空调	KFR-45LW	台	100.00
	小计:				
	合计:				

销售单

北京加旺电器有限公司

销 售 单

购货单位：北京思宁电器有限公司 地址和电话：北京市海淀区南大街15号 010-82873765 单据编号：201912004

纳税识别号：911101017686425483 开户行及账号：交通银行北京海淀支行 110007722657812987332 制单日期：2019年12月05日

编码	产品名称	规格	单位	单价	数量	金额	备注
	空调	KFR-23GW	台	2400.00	80	192000.00	不含税价
	空调	KFR-26GW	台	2800.00	150	420000.00	不含税价
	空调	KFR-45LW	台	4300.00	100	430000.00	不含税价
合计	人民币（大写）：壹佰零肆万贰仟元整				——	￥1042000.00	

总经理：孙涛 销售经理：关山 经手人：蓝水山 会计：杨彦 签收人：教师

采购收货单

供应商：004 加旺电器有限公司 教师 戴胡 经销方式：购销 折扣：

仓库：01 总库 制单人：教师 审核人： 备注：

关联单号：

行号	货号	品名	规格	单位	箱数	数量	赠品数	进价	金额
1	44012	空调	KFR-23GW	台	80.00	80.00	0.00	2712.00	216960.00
2	[illegible]011	空调	KFR-26G[illegible]	台	150.00	150.00	0.00	3164.00	474600.00
3	44007	空调	KFR-45LW	台	100.00	100.00	0.00	4859.00	485900.00
合计					330.00	330.00	0.00		1177460.00

经手： 审核： 签收： 白色：仓储部

财务： 仓库： 红色：采购部

公司名称：北京思宁电器有限公司 教师 黄色：财务部

页数 1/1 打印人： 打印时间：2019-12-05

图 4-3-26 收到货物

（7）开具发票、填制凭证：速达运输的会计在开票系统里填开增值税专用发票（填写购买方、货物及劳务行和备注栏），自己打印发票并在三联增值税专用发票上盖发票专用章（见图 4-3-27）。选择承运单和专用发票记账联作为原始单据自己在信息化系统里填制记账凭证。

北京增值税专用发票

1100198270 NO：87652256

此联不作报销、扣税凭证使用 开票日期：2019-12-05

购买方
名 称：北京加旺电器有限公司
纳税人识别号：911101016709563831
地址、电话：北京市海淀区温泉镇中关村环保园12号010-67675687
开户行及账号：交通银行北京海淀支行 110001859765635147703
密码区

货物或应税劳务、服务名称	规格型号	单位	数量	单价（不含税）	金额（不含税）	税率	税额
*运输服务*运费			1	1650.00	1650.00	9%	148.50
合计					¥ 1650.00		¥ 148.50

价税合计（大写） 壹仟柒佰玖拾捌元伍角整 （小写）¥ 1798.50

销售方
名 称：北京速达运输有限公司
纳税人识别号：911101017162387654
地址、电话：北京市海淀区中关物流城12座28A010-82877832
开户行及账号：交通银行北京海淀支行110032312219657510212
备注：京D68135、空调

收款人： 复核： 开票人：马雪玲 销售单位（章）

第一联：记账联 销售方记账凭证

【速达运输】... 记账凭证

答案 自动填单 保存 复原 拷贝 粘贴 新增 插入 删除 另存为模板凭证

记 账 凭 证

凭证字 记 凭证号 5 附单据 2 张

日期：2019-12-05

摘要	会计科目	借方金额	贷方金额
确认运输收入	112201 应收账款 北京加旺电器有限公司	179850	
	600101 主营业务收入 运输收入		165000
	22210105 应交税费 应交增值税 -- 销项税额		14850
合计		179850	179850

结算方式 数量 结算号 单价 结算日期 部门

审核： 过账： 制单：马雪玲

图 4-3-27 开具发展、填制凭证

（8）填制凭证、登账：加旺电器的费用会计根据增值税专用发票填制记账凭证，找总账会计审核，自己登记多栏式销售费用明细账，并在记账凭证上打钩、签字（见图 4-3-28）。

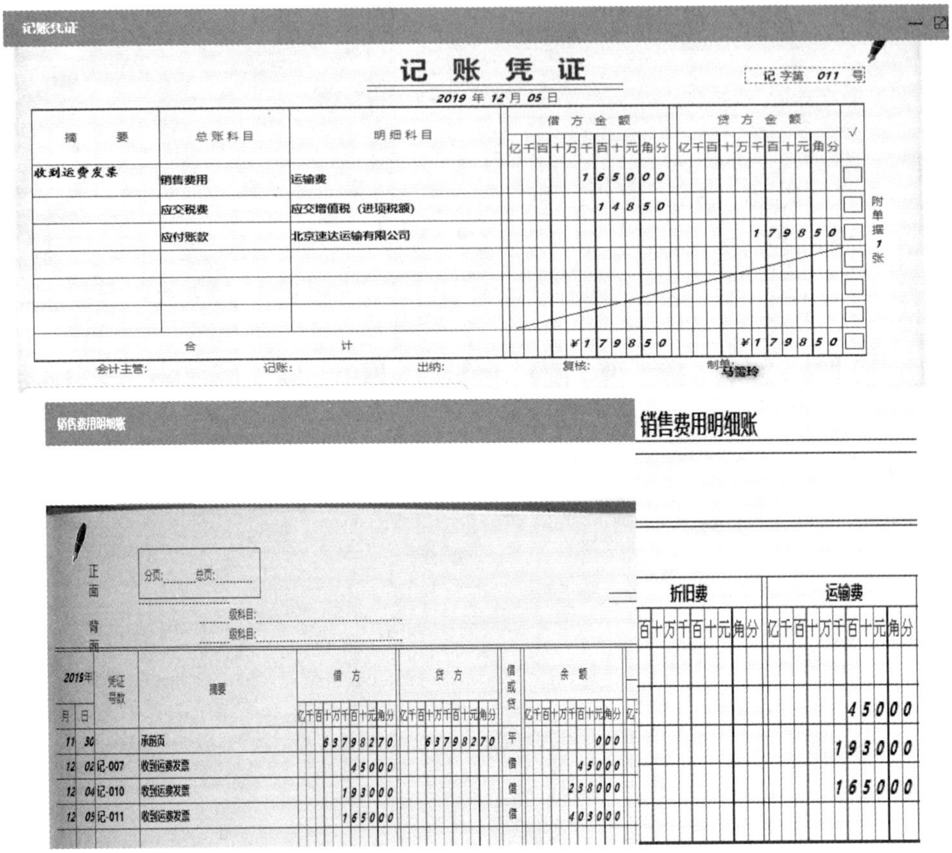

记账凭证

记账凭证

2019 年 12 月 05 日　　记字第 011 号

摘要	总账科目	明细科目	借方金额	贷方金额	√
收到运费发票	销售费用	运输费	165000		
	应交税费	应交增值税（进项税额）	14850		
	应付账款	北京速达运输有限公司		179850	
合计			¥179850	¥179850	

附单据 1 张

会计主管：　记账：　出纳：　复核：　制单：马莹玲

销售费用明细账

销售费用明细账

2019年 月	日	凭证号数	摘要	借方	贷方	借或贷	余额	折旧费	运输费
11	30		承前页	63798270	63798270	平	000		
12	02	记-007	收到运费发票	45000		借	45000		45000
12	04	记-010	收到运费发票	193000		借	238000		193000
12	05	记-011	收到运费发票	165000		借	403000		165000

图 4-3-28　填制凭证、登账

（9）登账：加旺电器的税务会计根据记账凭证登记应交税费明细账，并在记账凭证上打钩、签字（见图 4-3-29）。

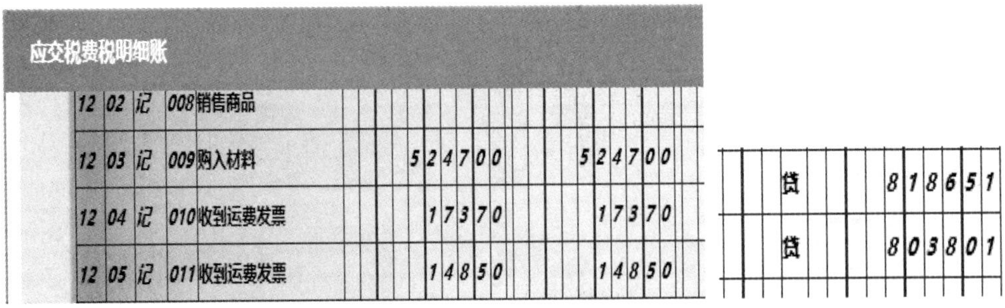

应交税费税明细账

月	日	凭证	摘要	借方	进项税额	借或贷	余额
12	02	记 008	销售商品				
12	03	记 009	购入材料	524700	524700		
12	04	记 010	收到运费发票	17370	17370	贷	818651
12	05	记 011	收到运费发票	14850	14850	贷	803801

图 4-3-29　登记应交税费明细账

（10）登账：加旺电器的往来会计根据记账凭证登记三栏式应付账款明细账，并在记账凭证上打钩、签字（见图 4-3-30）。

分页:______ 总页:______

应付账款明细账

二级科目: 北京速达运输有限公司 级科目:______

2019年 月	日	凭证 种类	号数	摘要	日页	借方	贷方	借或贷	余额
12	01			承前页		3624150	3624150	平	000
12	02	记	007	收到运费发票			49050	贷	49050
12	04	记	010	收到运费发票			210370	贷	259420
12	05	记	011	收到运费发票			179850	贷	439270

图 4-3-30 登记应付款明细账

（11）开具发票：加旺电器的税务会计在税务系统里开具增值税专用发票，自己打印发票，并加盖发票专用章（一式三联）（见图 4-3-31）。

增值税专用发票

1100191210 **北京增值税专用发票** № 60972222 1100191210 60972222

北京

此联不作报销、扣税凭证使用 开票日期：2019年12月05日

购买方 名称：北京思宁电器有限公司
纳税人识别号：911101017686425483
地址、电话：北京市海淀区南大街15号 010-62873765
开户行及账号：交通银行北京海淀支行 110007722657812987332

密码区 02+408-7*85-13/<5/47-5-500-8+5+>16>**89980*-8-9+33434/53+411//385930-0-685999+231 54-1076-79-9*11087<2--29*5/

货物或应税劳务、服务名称	规格型号	单位	数量	单价	金额	税率	税额
*空调*空调	KFR-23GW	台	80	2400.00	192000.00	13%	24960.00
*空调*空调	KFR-26GW	台	150	2800.00	420000.00	13%	54600.00
*空调*空调	KFR-45LW	台	100	4300.00	430000.00	13%	55900.00
合计					¥1042000.00		¥135460.00
价税合计（大写）	⊗壹佰壹拾柒万柒仟肆佰陆拾元整				（小写）¥1177460.00		

销售方 名称：北京加旺电器有限公司
纳税人识别号：911101016709563831
地址、电话：北京市海淀区温泉镇中关村环保园12号 010-87675687

备注

第一联：记账联 销售方记账凭证

马雪玲 销售方：（章）

保存操作数据 自动填单 ¥ 签章 签字 画线

图 4-3-31 开具发票

（12）填制凭证、登账：加旺电器的往来会计岗根据专用发票记账联填制记账凭证，找总账会计审核，自己登记三栏式应收账款明细账和主营业务收入明细账，并在记账凭证上打钩、签字（见图 4-3-32）。

记账凭证

记字第 012 号

2019年12月05日

摘要	总账科目	明细科目	借方金额	贷方金额	√
销售商品	应收账款	北京思宁电器有限公司	117746000		√
	主营业务收入	空调KFR-23GW		19200000	√
	主营业务收入	空调KFR-26GW		42000000	√
	主营业务收入	空调KFR-45LW		43000000	√
	应交税费	应交增值税-销项税额		13546000	
合计			¥117746000	¥117746000	

附单据 2 张

会计主管: 记账:马雪玲 出纳: 复核:陈冰 制单:马雪玲

分页:________总页:________

应收账款明细账

二级科目：北京思宁电器有限公司　　级科目：

2019年 月	日	凭证 种类	号数	摘要	日页	借方	贷方	借或贷	余额
12	01			承前页		681900000	481900000	借	500000000
12	02	记	008	销售商品		18984000		借	518984000
12	05	记	012	销售商品		117746000		借	636730000

分页:________总页:________

主营业务收入明细账

二级科目：空调KFR-23GW　　级科目：

年 月	日	凭证 种类	号数	摘要	日页	借方	贷方	借或贷	余额
11	30			承前页		1056320000	1056320000	平	000
12	02	记	004	销售商品			240000	贷	240000
12	02	记	008	销售商品			16800000	贷	17040000
12	05	记	012	销售商品			19200000	贷	36240000

分页:________总页:________

主营业务收入明细账

二级科目：空调KFR-26GW　　级科目：

2019年 月	日	凭证 种类	号数	摘要	日页	借方	贷方	借或贷	余额
11	30			承前页		817670000	817670000	平	000
12	05	记	012	销售商品			42000000	贷	42000000

分页:________总页:________

主营业务收入明细账

二级科目：空调KFR-45LW　　级科目：

2019年 月	日	凭证 种类	号数	摘要	日页	借方	贷方	借或贷	余额
11	30			承前页		560750000	560750000	平	000
12	05	记	012	销售商品			43000000	贷	43000000

图 4-3-32　填制凭证、登账

（13）登账：加旺电器的税务会计根据记账凭证登记应交税费明细账，并在记账凭证上打钩、签字（见图 4-3-33）。

应交税费明细账　　应交税费明细账

12	04	记	010	收到运费发票			贷	818651
12	05	记	011	收到运费发票			贷	803801
12	05	记	012	销售商品	13546000	13546000	贷	14349801

图 4-3-33　登记应交税费明细账

（14）填制凭证：思宁电器的会计根据专用发票填制记账凭证，找会计主管审核（见图 4-3-34）。

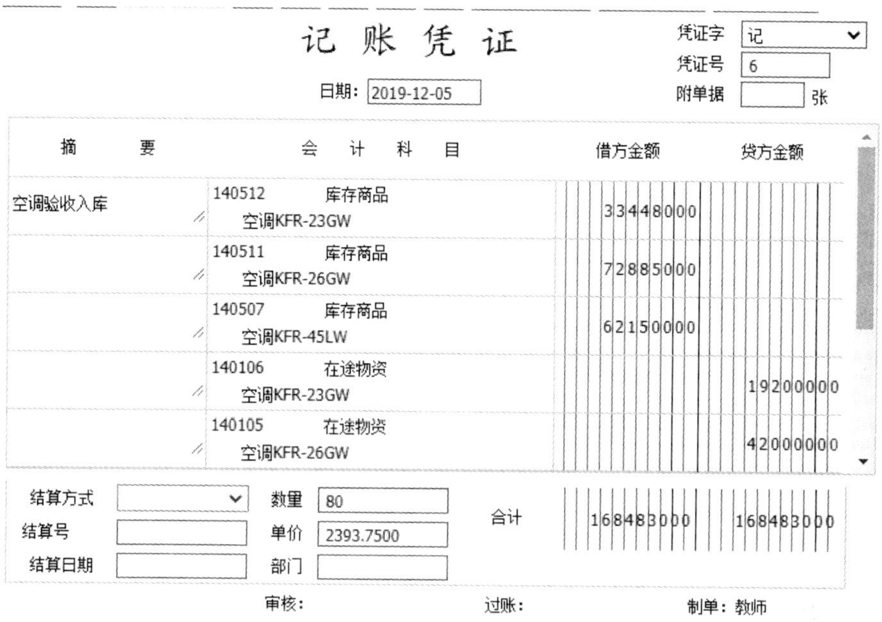

图 4-3-34　填制记账凭证

（15）填制凭证：思宁电器的会计根据专用发票填制记账凭证，找会计主管审核（见图 4-3-35）。

注意：入库的库存商品要填写数量。

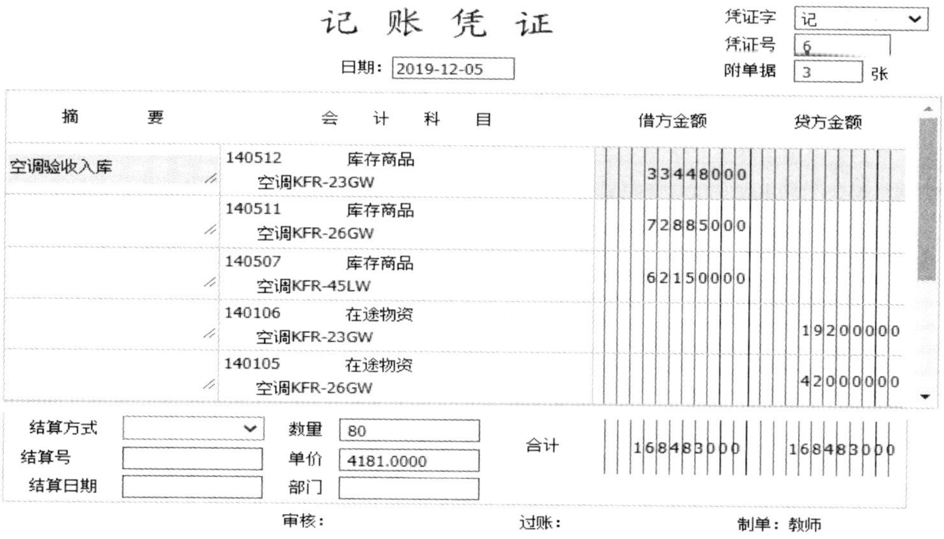

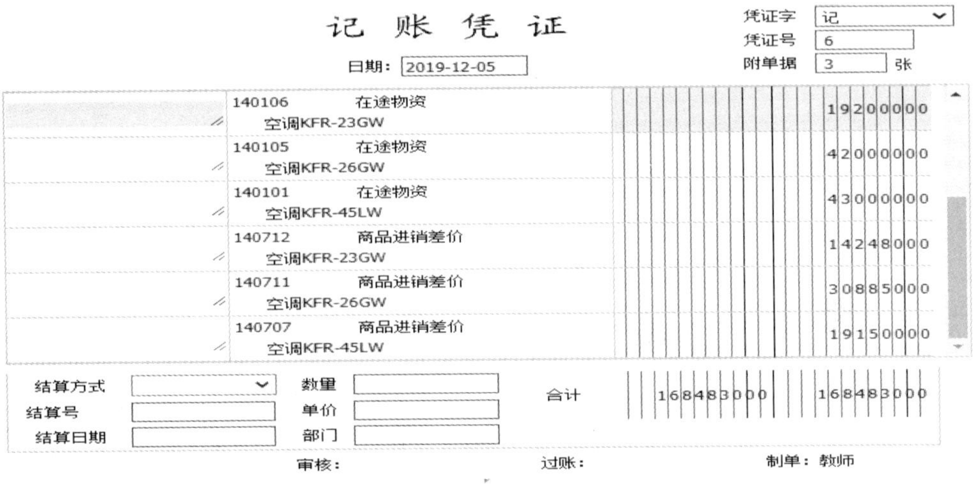

图 4-3-35　填制记账凭证

4. 加旺向辉达采购原材料

实训任务：（1）下达订单；

（2）接受订单；

（3）填制单据；

（4）发出货物；

（5）收到货物；

（6）开具发票；

（7）填制凭证、登账；

（8）登账；

（9）填制凭证、登账；

（10）登账；

（11）登账。

操作步骤：

（1）下达订单：加旺的采购员填制购销合同，找总经理审核盖章（见图 4-3-36）。

购销合同

联次：**购货方**　销货方

购销合同

购方：北京加旺电器有限公司　　合同编号：201912018

销方：辉达（天津）贸易有限公司　　签订地点：北京

供需双方本着互利互惠、长期合作的原则，根据《中华人民共和国合同法》及双方的实际情况，就需方向供方采购事宜，订立本合同，以使双方在合同履行中共同遵守。

一、产品名称、数量、单价、金额：

产品名称	规格型号	计量单位	数量	单价	金额	备注
压缩机	1P	台	1300	734.50	954850.00	含税价(13%)
压缩机	1.5P	台	1280	881.40	1128192.00	
蒸发器	7MM	台	1000	135.60	135600.00	
冷凝器	9.52MM	台	1200	406.80	488160.00	
合计	——	——	——	——	¥2706802.00	

五、运输方式及到站、港和费用负担：**公路运输至购货方仓库，运费由销货方承担。**

六、合理损耗及计算方法：以实际数量验收。

七、包装标准、包装物的供应与回收：普通包装，不回收包装物。

八、验收标准、方法及提出异议期限：货到需方七天内提出质量异议，不包括运输过程中造成的质量问题。

九、违约责任：按《合同法》

十、解决合同纠纷的方式：双方协商解决。

十一、其他约定事项：本合同一式两份，需、供双方各一份，经双方盖章后即生效。

购方（盖章）：北京加旺电器有限公司　　销方（盖章）：

单位地址：北京市海淀区温泉镇中关村环保园12号　　单位地址：

电　话：010-87675687　　电　话：

签订日期：2019年12月16日　　签订日期：

开户银行：交通银行北京海淀支行　　开户银行：

账　号：110001859765635147703　　账　号：

图 4-3-36　填制购销合同

（2）接受订单：辉达贸易的业务员接受订单，补充登记购销合同，找总经理审核（见图 4-3-37）。

购销合同

八、验收标准、方法及提出异议期限：货到需方七天内提出质量异议，不包括运输过程中造成的质量问题。

九、违约责任：按《合同法》

十、解决合同纠纷的方式：双方协商解决。

十一、其他约定事项：本合同一式两份，需、供双方各一份，经双方盖章后即生效。

购方（盖章）：北京加旺电器有限公司　　销方（盖章）：辉达（天津）贸易有限公司

单位地址：北京市海淀区温泉镇中关村环保园12号　　单位地址：天津市滨海新区发达街29号

电　话：010-87675687　　电　话：022-23330628

签订日期：2019年12月16日　　签订日期：2019年12月16日

开户银行：交通银行北京海淀支行　　开户银行：农业银行天津津滨支行

账　号：110001859765635147703　　账　号：120001040018592

图 4-3-37　接受订单

（3）填制单据：辉达贸易的业务员根据购销合同填制一式四联的销售单并签字，找业务部经理审核，再找主办会计审核，最后找总经理审核（见图 4-3-38）。

销售单

联次：业务联 会计联 仓库联 存根联

辉达（天津）贸易有限公司

销 售 单

购货单位：北京加旺电器有限公司　地址和电话：北京市海淀区温泉镇中关村环保园12号 010-87675687　单据编号：201912009

纳税识别号：911101016709563831　开户行及账号：交通银行北京海淀支行 110001859765635147703　制单日期：2019年12月16E

编码	产品名称	规格	单位	单价	数量	金额	备注
	压缩机	1P	台	650.00	1300	845000.00	不含税价
	压缩机	1.5P	台	780.00	1280	998400.00	不含税价
	蒸发器	7MM	台	120.00	1000	120000.00	不含税价
	冷凝器	9.52MM	台	360.00	1200	432000.00	不含税价
合计	人民币（大写）：贰佰叁拾玖万伍仟肆佰元整				——	¥2395400.00	

经手人：马雪玲　会计：　签收人：

图 4-3-38　填制销售单

（4）发出货物：辉达贸易的仓管员根据销售单填制一式四联的出库单并签字，找业务员审核，并在经办人处签字，再找业务部经理审核，最后找主办会计审核，自己登记 4 张仓库台账（见图 4-3-39）。

出库单

联次：仓库联

出　库　单

出货单位：辉达（天津）贸易有限公司　2019 年 12 月 16 日　单号：201912012

提货单位或领货部门	北京加旺电器有限公司	销售单号	201912009	发出仓库	成品仓库	出库日期	2019年12月16日

编号	名称及规格	单位	数量 应发	数量 实发	单价	金额
	压缩机1P	台	1300	1300		
	压缩机1.5P	台	1280	1280		
	蒸发器7MM	台	1000	1000		
	冷凝器9.52MM	台	1200	1200		
	合　计					

仓库联

部门经理：林荆玉　会计：傅好冉　仓库：马雪玲　经办人：綦涂璇

仓库台账

分页　总页

最高存量　编号、名称 压缩机

最低存量　储备天数　存放地点 仓库　计量单位 台　规格 1P　类别 库存商品

2019年 月	日	原始单据号	摘要	对应单位/部门	期初库存	入库数	出库数	结存数
11	30		承前页			***	***	1782
12	02	201912001	退货入库	北京加旺电器有限公		20		1802
12	16	201912012	销售出库	北京加旺电器有限公			1300	502

仓库台账

分页　总页

最高存量　编号、名称 压缩机

最低存量　储备天数　存放地点 仓库　计量单位 台　规格 1.5P　类别 库存商品

2019年 月	日	原始单据号	摘要	对应单位/部门	期初库存	入库数	出库数	结存数
11	30		承前页			***	***	2000
12	16	201912012	销售出库	北京加旺电器有限公			1280	720

仓库台账

分页　　总页

最高存量　　编号、名称 蒸发器

最低存量　　储备天数　　存放地点 仓库　　计量单位 台　　规格 7MM　　类别 库存商品

2019年 月	日	原始单据号	摘　要	对应单位/部门	期初库存	入库数	出库数	结存数
11	30		承前页			***	***	1080
12	16	201912012	销售出库	北京加旺电器有限公			1000	80

仓库台账

分页　　总页

最高存量　　编号、名称 冷凝器

最低存量　　储备天数　　存放地点 仓库　　计量单位 台　　规格 9.52MM　　类别 库存商品

2019年 月	日	原始单据号	摘　要	对应单位/部门	期初库存	入库数	出库数	结存数
11	30		承前页			***	***	2000
12	16	201912012	销售出库	北京加旺电器有限公			1200	800

图 4-3-39　填制仓库台账

（5）收到货物：加旺电器的仓库管理员填制一式四联的收料单，在销售单签收人处签字，找品质检验员审核，再找经办人审核，最后找采购部经理审核，自己登记 4 张仓库台账（见图 4-3-40）。

收料单

联次：业务联　会计联　仓库联　存根联

收 料 单

供应单位：辉达（天津）贸易有限公司　　编号：20191(

材料类别：原材料　　2019 年 12 月 16 日　　收料仓库：原标

材料编号	材料名称	规　格	计量单位	数　量 应　收	实　收	实际价格 单　价	材料金额	运杂费	合　计	计划价 单　价
	压缩机	1P	台	1300	1300					
	压缩机	1.5P	台	1280	1280					
	蒸发器	7MM	台	1000	1000					
	冷凝器	9.52MM	台	1200	1200					

备注：

部门经理：　　质量检验员：　　仓库：马雪玲　　经办人：

销售单

联次：业务联

辉达（天津）贸易有限公司

销 售 单

购货单位：北京加旺电器有限公司　　地址和电话：北京市海淀区温泉镇中关村环保园12号 010-87675687　　单据编号：201912009

纳税识别号：911101016709563831　　开户行及账号：交通银行北京海淀支行 110001859765635147703　　制单日期：2019年12月16E

编　码	产品名称	规格	单　位	单　价	数　量	金　额	备　注
	压缩机	1P	台	650.00	1300	845000.00	不含税价
	压缩机	1.5P	台	780.00	1280	998400.00	不含税价
	蒸发器	7MM	台	120.00	1000	120000.00	不含税价
	冷凝器	9.52MM	台	360.00	1200	432000.00	不含税价
合 计	人民币（大写）：贰佰叁拾玖万伍仟肆佰元整				——	¥2395400.00	

经手人：秦淦璇　　会计：傅好冉　　签收人：马雪玲

仓库台账

分页 总页

编号、名称 压缩机

最高存量

最低存量 储备天数 存放地点 原材料仓库 计量单位 台 规格 1P 类别 原料及主要材料

2019年 月	日	原始单据号	摘要	对应单位/部门	期初库存	入库数	出库数	结存数
11	30		承前页			***	***	120
12	02	20196004	退货出库	辉达（天津）贸易有			20	100
12	16	20191004	外购入库	辉达（天津）贸易有		1300		1400

仓库台账

分页 总页

编号、名称 压缩机

最高存量

最低存量 储备天数 存放地点 原材料仓库 计量单位 台 规格 1.5P 类别 原料及主要材料

2019年 月	日	原始单据号	摘要	对应单位/部门	期初库存	入库数	出库数	结存数
11	30		承前页			***	***	120
12	16	20191004	外购入库	辉达（天津）贸易有		1280		1400

仓库台账

分页 总页

编号、名称 蒸发器

最高存量

最低存量 储备天数 存放地点 原材料仓库 计量单位 台 规格 7MM 类别 原料及主要材料

2019年 月	日	原始单据号	摘要	对应单位/部门	期初库存	入库数	出库数	结存数
11	30		承前页			***	***	400
12	16	20191004	外购入库	辉达（天津）贸易有		1000		1400

仓库台账

分页 总页

编号、名称 冷凝器

最高存量

最低存量 储备天数 存放地点 原材料仓库 计量单位 台 规格 9.52MM 类别 原料及主要材料

2019年 月	日	原始单据号	摘要	对应单位/部门	期初库存	入库数	出库数	结存数
11	30		承前页			***	***	200
12	16	20191004	外购入库	辉达（天津）贸易有		1200		1400

图 4-3-40　登记仓库台账

（6）开具发票：辉达贸易的税务会计根据销售单在开票系统开具增值税专用发票（填写购买方、货物及劳务行和备注栏），自己打印发票并在三联增值税专用发票上盖发票专用章（见图 4-3-41）。

联次：记账联　抵扣联　发票联

1200193160　天津增值税专用发票　№ 00023156　1200193160 00023156

此联不作报销、扣税凭证使用　开票日期：2019年12月16日

购买方	名称：北京加旺电器有限公司 纳税人识别号：911101016709563831 地址、电话：北京市海淀区温泉镇中关村环保园12号 010-87675687 开户行及账号：交通银行北京海淀支行 110001859765635147703	密码区	02+408-7*85-13/<5/47-5-500- 8+5+>16>**89980*-8-9+33434/ 53+411//385930-0-685999+231 54-1076-79-9*11087<2--29*5/

货物或应税劳务、服务名称	规格型号	单位	数量	单价	金额	税率	税额
*气体压缩机*压缩机	1P	台	1300	650.00	845000.00	13%	109850.00
*气体压缩机*压缩机	1.5P	台	1280	780.00	998400.00	13%	129792.00
*制冷空调设备*蒸发器	7MM	台	1000	120.00	120000.00	13%	15600.00
*制冷空调设备*冷凝器	9.52MM	台	1200	360.00	432000.00	13%	56160.00
合计					¥2395400.00		¥311402.00
价税合计（大写）	⊗贰佰柒拾万零陆仟捌佰零贰元整				（小写）¥2706802.00		

销售方	名称：辉达（天津）贸易有限公司 纳税人识别号：911201017949508592 地址、电话：天津市滨海新区发达街29号 022-23330628 开户行及账号：农业银行天津津滨支行 120001040018592	备注	

收款人：　复核：　开票人：icer　销售方：（章）

第一联：记账联　销售方记账凭证

联次：记账联　抵扣联　发票联

1200193160　天津增值税专用发票　№ 00023156　1200193160 00023156

此联不作报销、扣税凭证使用　开票日期：2019年12月16日

购买方	名称：北京加旺电器有限公司 纳税人识别号：911101016709563831 地址、电话：北京市海淀区温泉镇中关村环保园12号 010-87675687 开户行及账号：交通银行北京海淀支行 110001859765635147703	密码区	02+408-7*85-13/<5/47-5-500- 8+5+>16>**89980*-8-9+33434/ 53+411//385930-0-685999+231 54-1076-79-9*11087<2--29*5/

货物或应税劳务、服务名称	规格型号	单位	数量	单价	金额	税率	税额
*气体压缩机*压缩机	1P	台	1300	650.00	845000.00	13%	109850.00
*气体压缩机*压缩机	1.5P	台	1280	780.00	998400.00	13%	129792.00
*制冷空调设备*蒸发器	7MM	台	1000	120.00	120000.00	13%	15600.00
*制冷空调设备*冷凝器	9.52MM	台	1200	360.00	432000.00	13%	56160.00
合计					¥2395400.00		¥311402.00
价税合计（大写）	⊗贰佰柒拾万零陆仟捌佰零贰元整				（小写）¥2706802.00		

销售方	名称：辉达（天津）贸易有限公司 纳税人识别号：911201017949508592 地址、电话：天津市滨海新区发达街29号 022-23330628 开户行及账号：农业银行天津津滨支行 120001040018592	备注	辉达（天津）贸易有限公司 911201017949508592 发票专用章

收款人：　复核：　开票人：icer　销售方：（章）

第一联：记账联　销售方记账凭证

图 4-3-41　开具发票

（7）填制凭证、登账：辉达贸易主办会计在单据库中抽取记账凭证，并填制凭证，找会计主管审核，并登记账簿（抽取三栏式明细账 5 张，分别填写主营收入明细账 4 张，应收账款明细账 1 张），在记账凭证对应项目外打钩、签字（见图 4-3-42）。

记账凭证

记字第 015 号

2019 年 12 月 16 日

摘要	总账科目	明细科目	借方金额	贷方金额	√
销售商品	应收账款	北京加旺电器有限公司	270680200		
	主营业务收入	压缩机1P		84500000	
	主营业务收入	压缩机1.5P		99840000	
	主营业务收入	冷凝器9.52MM		43200000	
	主营业务收入	蒸发器7MM		12000000	
	应交税费	应交增值税-销项税额		31140200	
合计			¥270680200	¥270680200	

附单据 2 张

会计主管：　记账：　出纳：　复核：　制单：icer

分页:________总页:________

主营业务收入明细账

二级科目: 蒸发器7MM　　　级科目:

2019年 月	日	凭证 种类	号数	摘要	日页	借方（亿千百十万千百十元角分）	贷方（亿千百十万千百十元角分）	借或贷	余额（亿千百十万千百十元角分）
11	30			承前页		96000000	96000000	平	000
12	16	记	015	销售商品			12000000	贷	12000000

分页:________总页:________

主营业务收入明细账

二级科目: 冷凝器9.52MM　　　级科目:

2019年 月	日	凭证 种类	号数	摘要	日页	借方（亿千百十万千百十元角分）	贷方（亿千百十万千百十元角分）	借或贷	余额（亿千百十万千百十元角分）
11	30			承前页		432000000	432000000	平	000
12	16	记	015	销售商品			43200000	贷	43200000

分页:________总页:________

主营业务收入明细账

二级科目: 压缩机1.5P　　　级科目:

2019年 月	日	凭证 种类	号数	摘要	日页	借方（亿千百十万千百十元角分）	贷方（亿千百十万千百十元角分）	借或贷	余额（亿千百十万千百十元角分）
11	30			承前页		991800000	991800000	平	000
12	16	记	015	销售商品			99840000	贷	99840000

分页:________总页:________

主营业务收入明细账

二级科目: 压缩机1P　　　级科目:

2019年 月	日	凭证 种类	号数	摘要	日页	借方（亿千百十万千百十元角分）	贷方（亿千百十万千百十元角分）	借或贷	余额（亿千百十万千百十元角分）
11	30			承前页		872065000	872065000	平	000
12	02	记	001	销售退回			1300000	借	1300000
12	16	记	015	销售商品			84500000	贷	83200000

分页:________总页:________

应收账款明细账

二级科目: 北京加旺电器有限公司　　　级科目:

2019年 月	日	凭证 种类	号数	摘要	日页	借方（亿千百十万千百十元角分）	贷方（亿千百十万千百十元角分）	借或贷	余额（亿千百十万千百十元角分）
11	30			承前页				借	11521000
12	02	记	001	销售退回		1469000		借	10052000
12	05	记	003	收到银行汇票			10000000	借	52000
12	10	记	005	销售商品		24860000		借	24912000
12	12	记	006	销售折让		1695000		借	23217000
12	14	记	012	收到货款			8000000	借	15217000
12	16	记	015	销售商品		270680200		借	285897200

记 账 凭 证

记字第 015 号

2019 年 12 月 16 日

摘要	总账科目	明细科目	借方金额（亿千百十万千百十元角分）	贷方金额（亿千百十万千百十元角分）	√
销售商品	应收账款	北京加旺电器有限公司	270680200		√
	主营业务收入	压缩机1P		84500000	√
	主营业务收入	压缩机1.5P		99840000	√
	主营业务收入	冷凝器9.52MM		43200000	√
	主营业务收入	蒸发器7MM		12000000	√
	应交税费	应交增值税-销项税额		31140200	
合		计	¥270680200	¥270680200	

附单据 2 张

会计主管:　　记账: icer　　出纳:　　复核: 丁道发　　制单: icer

图 4-3-42　填制凭证、登账

（8）登账：辉达贸易税务会计抽取应交增值税明细账登账，在记账凭证对应项目处打钩、签字（见图 4-3-43）。

2019年 月	日	凭证 种类	凭证 号数	摘要	合计 税	贷 合计	贷 销项税额	贷 ...交增值税	借或贷	余额
11	30			承前页		000			平	000
12	02	记	001	销售退回，开具红字发		169000	169000		借	169000
12	10	记	005	销售商品		2860000	2860000		贷	2691000
12	12	记	006	给予10日所售商品折让		195000	195000		贷	2496000
12	16	记	015	销售商品		31140200	31140200		贷	33636200

记　账　凭　证

记 字第 015 号

2019 年 12 月 16 日

摘　要	总账科目	明细科目	借方金额	贷方金额	√
销售商品	应收账款	北京加旺电器有限公司	270680200		√
	主营业务收入	压缩机1P		84500000	√
	主营业务收入	压缩机1.5P		99840000	√
	主营业务收入	冷凝器9.52MM		43200000	√
	主营业务收入	蒸发器7MM		12000000	√
	应交税费	应交增值税-销项税额		31140200	√
合　　计			¥270680200	¥270680200	

附单据 2 张

会计主管:　记账：傅好冉 icer　出纳:　复核:丁道发　制单:傅好冉

图 4-3-43　登记记账凭证

（9）填制凭证、登账：加旺财产物资会计根据辉达发来的增值税专用发票填制记账凭证，找总账会计审核，自己根据记账凭证抽取并填写 4 张数量金额式原材料明细账，在记账凭证对应项目处打钩、签字（见图 4-3-44）。

记　账　凭　证

记 字第 041 号

2019 年 12 月 16 日

摘　要	总账科目	明细科目	借方金额	贷方金额	√
购入材料	原材料	压缩机1P	84500000		
	原材料	压缩机1.5P	99840000		
	原材料	冷凝器9.52MM	43200000		
	原材料	蒸发器7MM	12000000		
	应交税费	应交增值税-进项税额	31140200		
	应付账款	辉达（天津）贸易有限公司		270680200	
合　　计			¥270680200	¥270680200	

附单据 3 张

会计主管:　记账：　出纳:　复核:　制单: icer

原材料明细账

分页 ______ 总页 ______

最高存量 ______
最低存量 ______ 储备天数 ______ 存放地点 原材料仓库 计量单位 台 编号、名称 冷凝器 规格 9.52MM 类别 原料及主要材料

2019年 月	日	凭证字号	摘要	收入 数量	收入 单价	收入 金额（亿千百十万千百十元角分）	付出 数量	付出 单价	付出 金额（亿千百十万千百十元角分）	结存 数量	结存 单价	结存 金额（亿千百十万千百十元角分）
11	30		承前页	3222	360.02	116000000	3500	360.00	126000000	200	360.00	7200000
12	16	记-041	购入材料	1200	360.00	43200000				1400	360.00	50400000

原材料明细账

分页 ______ 总页 ______

最高存量 ______
最低存量 ______ 储备天数 ______ 存放地点 原材料仓库 计量单位 台 编号、名称 蒸发器 规格 7MM 类别 原料及主要材料

2019年 月	日	凭证字号	摘要	收入 数量	收入 单价	收入 金额（亿千百十万千百十元角分）	付出 数量	付出 单价	付出 金额（亿千百十万千百十元角分）	结存 数量	结存 单价	结存 金额（亿千百十万千百十元角分）
11	30		承前页	4166	120.02	50000000	4500	120.00	54000000	400	120.00	4800000
12	16	记-041	购入材料	1000	120.00	12000000				1400	120.00	16800000

原材料明细账

分页 ______ 总页 ______

最高存量 ______
最低存量 ______ 储备天数 ______ 存放地点 原材料仓库 计量单位 台 编号、名称 压缩机 规格 1.5P 类别 原料及主要材料

2019年 月	日	凭证字号	摘要	收入 数量	收入 单价	收入 金额（亿千百十万千百十元角分）	付出 数量	付出 单价	付出 金额（亿千百十万千百十元角分）	结存 数量	结存 单价	结存 金额（亿千百十万千百十元角分）
11	30		承前页	3836	780.00	299200000	5000	780.00	390000000	120	780.00	9360000
12	16	记-041	购入材料	1280	780.00	99840000				1400	780.00	109200000

原材料明细账

分页 ______ 总页 ______

最高存量 ______
最低存量 ______ 储备天数 ______ 存放地点 原材料仓库 计量单位 台 编号、名称 压缩机 规格 1P 类别 原料及主要材料

2019年 月	日	凭证字号	摘要	收入 数量	收入 单价	收入 金额（亿千百十万千百十元角分）	付出 数量	付出 单价	付出 金额（亿千百十万千百十元角分）	结存 数量	结存 单价	结存 金额（亿千百十万千百十元角分）
11	30		承前页	3330	648.65	216000000	4500	649.00	292050000	120	636.33	7660000
12	02	记-006	退货给辉达	20	650.00	1300000				100	636.00	6360000
12	16	记-041	购入材料	1300	650.00	84500000				1400	649.00	90860000

记账凭证

记字第 041 号

2019 年 12 月 16 日

摘要	总账科目	明细科目	借方金额（亿千百十万千百十元角分）	贷方金额（亿千百十万千百十元角分）	√
购入材料	原材料	压缩机1P	84500000		√
	原材料	压缩机1.5P	99840000		√
	原材料	冷凝器9.52MM	43200000		√
	原材料	蒸发器7MM	12000000		√
	应交税费	应交增值税-进项税额	31140200		
	应付账款	辉达（天津）贸易有限公司		270680200	
合		计	¥270680200	¥270680200	

附单据 3 张

会计主管：　记账：icer　出纳：　复核：陈冰　制单：icer

图 4-3-44　填制凭证、登记

（10）登账：往来会计抽取三栏式明细账登账，并在记账凭证处打钩签字（见图 4-3-45）。

应付账款明细账

二级科目：辉达（天津）贸易有限公司　　级科目：

2019年月	日	凭证种类	号数	摘要	日页	借方	贷方	借或贷	余额
11	30			承前页		40000000	136290000	贷	115210000
12	02	记	006	退货给辉达			14690000	贷	100520000
12	05	记	018	支付辉达货款		100000000		贷	520000
12	10	记	025	购入材料			248600000	贷	249120000
12	12	记	028	发票退回重开，冲账			248600000	贷	520000
12	12	记	029	购入材料			231650000	贷	232170000
12	14	记	032	支付辉达货款		8000000		贷	15217000
12	16	记	041	购入材料			270680200	贷	285897200

记账凭证

记字第 041 号

2019年12月16日

摘要	总账科目	明细科目	借方金额	贷方金额	√
购入材料	原材料	压缩机1P	84500000		√
	原材料	压缩机1.5P	99840000		√
	原材料	冷凝器9.52MM	43200000		√
	原材料	蒸发器7MM	12000000		√
	应交税费	应交增值税-进项税额	31140200		√
	应付账款	辉达（天津）贸易有限公司		270680200	√
合计			¥270680200	¥270680200	

附单据 3 张

会计主管：　记账：温青 icer　出纳：　复核：陈冰　制单：温青

图 4-3-45　往来会计登账

（11）登账：税务会计抽取应交增值税明细账登账，在记账凭证对应项目处打钩、签字（见图 4-3-46）。

分页：34　总页：

2019年月	日	凭证种类	号数	摘要	合计	进项税额	…值税	借或贷	余额
12	13			承前页	3208193333	2385076668		贷	1252406 67
12	15	记	038	收到委托加工半成品	98018	98018		贷	124260 49
12	15	记	040	收到运费发票	6750	6750		贷	124192 99
12	16	记	041	购入材料	31140200	31140200		借	187209 01

记账凭证

记字第 041 号

2019年12月16日

摘要	总账科目	明细科目	借方金额	贷方金额	√
购入材料	原材料	压缩机1P	84500000		√
	原材料	压缩机1.5P	99840000		√
	原材料	冷凝器9.52MM	43200000		√
	原材料	蒸发器7MM	12000000		√
	应交税费	应交增值税-进项税额	31140200		√
	应付账款	辉达（天津）贸易有限公司		270680200	
合计			¥270680200	¥270680200	

附单据 3 张

会计主管：　记账：温青 icer　出纳：　复核：陈冰　制单：温青

图 4-3-46　税务会计登账

4.4 购销业务课后实训

（1）加旺以销售折扣方式向极地销售空调。

（2）思宁买一赠一处理。

（3）加旺向宇飞销售空调。

（4）销售商品。

（5）加旺向海天采购原材料。

第 5 章 委托加工虚拟仿真项目

5.1 委托加工操作演示

加旺收到成海加工好的货物实训操作如下：

实训任务：（1）填制单据；

（2）发出货物；

（3）登账；

（4）开具发票；

（5）填制凭证、登账；

（6）收到货物；

（7）填制凭证、登账；

（8）登账；

（9）登账。

操作步骤：

（1）填制单据：成海加工的业务员根据系统给出的“委托加工订单”在单据库里面抽取并填制“受托加工发货单”，在四联经办人处分别签字后找业务部经理审核并在部门经理处签字，再找会计审核在会计处签字，最后找总经理在总经理处签字（见图 5-1-1）。

受托加工发货单

委托单位：北京加旺电器有限公司 地址和电话：北京市海淀区温泉镇中关村环保园12号 010-87675687 单据编号：201912001

纳税识别号：911101016709563831 开户行及账号：交通银行北京海淀支行 110001859765635147703 制单日期：2019年12月02日

编码	产 品 名 称	规 格	单位	加工程度	数 量	加工单价	加工费金额
	空调外机外壳	KFR-23GW	件	喷塑	480	4.62	2217.60
合计	（人民币）大写：贰仟贰佰壹拾柒元陆角整				——	——	￥2217.60

总经理：田换枝 部门经理：周固麦 经办人马雪玲 会计：段基鹏 签收人：

图 5-1-1 填制受托加工发货单

（2）发出货物：成海加工的仓库管理员从单据库里拿出出库单，根据业务员传递过来的委托加工发货单填制出库单，并分别在四联出库单的仓库处签字，带上委托加工发货单和四联出库单先找业务员审核在经办人处签字，再找业务部经理审核在部门经理处签字，最后找会计审核签字，自己从单据库里面取出仓库台账并登记（见图 5-1-2）。

出　库　单

出货单位：北京成海喷塑加工有限公司　　2019 年 12 月 02 日　　单号：201912001

提货单位或领货部门	北京加旺电器有限公司		销售单号	201912001	发出仓库	成品仓库	出库日期	2019年12月02日
编号	名称及规格	单位	数量		单价	金额		
			应发	实发				
	空调外机外壳KFR-23GW	件	480	480				
合计								

仓库联

部门经理：周固麦　　会计：段基鹏　　仓库：马雪玲　　经办人柴财秀

仓库台账

分页　　总页

最高存量　　编号、名称 空调外机外壳

最低存量　　储备天数　　存放地点 成品仓库　　计量单位 件　　规格 KFR-23GW　　类别 受托加工成品

2019年 月	日	原始单据号	摘要	对应单位/部门	期初库存	入库数	出库数	结存数	备注
11	30		承前页			***	***	480	
12	02	201912001	受托加工出库	北京加旺电器有限公			480	0	

图 5-1-2　发出货物

（3）登账：成海加工的会计根据已有的出库单登记受托加工物资备查簿（见图 5-1-3）。

受托加工物资备查账

分页　　总页

最高存量　　编号、名称 空调外机外壳

最低存量　　储备天数　　存放地点 成品仓库　　计量单位 件　　规格 KFR-23GW　　类别 受托加工成品

2019年 月	日	原始单据号	摘要	对应单位/部门	期初库存	入库数	出库数	结存数	备注
11	30		承前页			***	***	480	
12	02	201912001	受托加工出库	北京加旺电器有限公			480	0	

图 5-1-3　登记受托加工物资备查簿

（4）开具发票：成海加工的会计进入开票系统，领取增值税专用发票（之前领过的，这里直接填开就可以），根据受托加工发货单填制增值税专用发票并打印，然后在三联专用发票上分别加盖发票专用章（见图 5-1-4）。

受托加工发货单

委托单位：北京加旺电器有限公司 地址和电话：北京市海淀区温泉镇中关村环保园12号 010-87675687 单据编号：201912001

纳税识别号：91110101670956383l 开户行及账号：交通银行北京海淀支行 110001859765635147703　制单日期：2019年12月02日

编码	产品名称	规格	单位	加工程度	数量	加工单价	加工费金额
	空调外机外壳	KFR-23GW	件	喷塑	480	4.62	2217.60
合计	（人民币）大写：贰仟贰佰壹拾柒元陆角整				——	——	￥2217.60

总经理：田换枝　部门经理：周困麦　经办人：柴财秀　会计：马雪玲　签收人：

增值税专用发票

联次：记账联 抵扣联 发票联

1100193420　北京增值税专用发票　№ 50831751　1100193420 50831751

此联不作报销、扣税凭证使用　开票日期：2019年12月02日

购买方　名称：北京加旺电器有限公司
纳税人识别号：911101016709563831
地址、电话：北京市海淀区温泉镇中关村环保园12号 010-87675687
开户行及账号：交通银行北京海淀支行 110001859765635147703

密码区：02+408-7*85-13/<5/47-5-500-
8+5+>16>**89980*-8-9+33434/
53+411//385930-0-685999+231
54-1076-79-9*11087<2--29*5/

货物或应税劳务、服务名称	规格型号	单位	数量	单价	金额	税率	税额
*劳务*加工费			1	2217.60	2217.60	13%	288.29
合计					￥2217.60		￥288.29
价税合计（大写）	⊗贰仟伍佰零伍元捌角玖分				（小写）￥2505.89		

销售方　名称：北京成海喷塑加工有限公司
纳税人识别号：911101016588734451
地址、电话：北京市海淀区黄村镇西庄西九号 010-60275896
开户行及账号：交通银行北京海淀支行 110010104001305864392
备注：

收款人：　复核：　开票人：马雪玲　销售方：（章）

第一联：记账联　销售方记账凭证

图 5-1-4　开具发票

（5）填制凭证、登账：成海加工的会计根据受托加工发货单和增值税专用发票填制记账凭证，找主管会计审核，自己登记应收账款（三栏式）、主营业务收入（三栏式）及应交税费明细分类账；在记账凭证相应金额后打钩，并在记账凭证记账处签字（见图 5-1-5）。

记 账 凭 证

记字第 001 号

2019 年 12 月 02 日

摘 要	总账科目	明细科目	借方金额（亿千百十万千百十元角分）	贷方金额（亿千百十万千百十元角分）	√
加工收入	应收账款	北京加旺电器有限公司	250589		√
	主营业务收入	喷漆加工		221760	√
	应交税费	应交增值税-销项税额		28829	√
合 计			¥250589	¥250589	

附单据 2 张

会计主管： 记账 马雪玲 出纳： 复核： 白皋珠 制单： 马雪玲

分页：________ 总页：________

应收账款明细账

二 级科目：北京加旺电器有限公司　　级科目：

2019 年 月	日	凭证 种类	号数	摘 要	日页	借方（亿千百十万千百十元角分）	贷方（亿千百十万千百十元角分）	借或贷	余额（亿千百十万千百十元角分）
11	30			承前页		183800000	145900000	借	16900000
12	02	记	001	加工收入		250589		借	17150589

分页：________ 总页：________

主营业务收入明细账

二 级科目：喷漆加工　　级科目：

2019 年 月	日	凭证 种类	号数	摘 要	日页	借方（亿千百十万千百十元角分）	贷方（亿千百十万千百十元角分）	借或贷	余额（亿千百十万千百十元角分）
11	30			承前页		156286486	156286486	平	000
12	02	记	001	加工收入			221760	贷	221760

应交税费

分页： 总页：

2019年 月	日	凭证 种类	号数	摘要	借方 合计	进项税额	已交税金	减免税款	出口抵减内销产品应纳税额
11	30			承前页	221656.55	211989.67			
12	02	记	001	加工收入					

-应交增值税明细账

转出未交增值税	贷方 合计	销项税额	出口退税	进项税额转出	转出多交增值税	借或贷	余额
9666.88	221656.55	221656.55				平	0.00
	288.29	288.29				贷	288.29

图 5-1-5 填制凭证、登账

（6）收到货物：加旺电器的仓库管理员收到北京成海喷塑加工有限公司加工完后发货的货物，填制委托加工收料单，分别在四联收料单仓管员处和受托加工发货单签收人处签字，找品质检验员审核签字，再找采购员审核签字，最后找采购部经理审核签字（见图 5-1-6）。

委托加工收料单

收料仓库：半成品仓库　　　　单据编号：20197001

受托单位：北京成海喷塑加工有限公司　　　　制单日期：2019年12月02日

编码	材料名称	规格	单位	加工程度	数量	单价	金额
	空调外机外壳	KFR-23GW	件	喷塑	480		
合计							

主管：成宝凤　　质量检验员 乔涪季　　仓管员：马雪玲　　经办人：广淮

仓库台账

分页______总页______

最高存量______ 编号、名称 空调外机外壳

最低存量______ 储备天数______ 存放地点 半成品仓库 计量单位 件 规格 KFR-23GW 类别 委托加工半成品

2019年 月	日	原始单据号	摘 要	对应单位/部门	期初库存	入库数	出库数	结存数	备注
11	30		承前页			***	***	0	
12	02	20197001	委托加工入库	北京成海喷塑加工有		480		480	

图 5-1-6 收到货物签字

（7）填制凭证、登账：加旺电器的财产物资会计根据增值税专用发票和委托加工收料单编制记账凭证，找总账会计审核后登记委托加工物资明细分类账（三栏式），并在记账凭证相应金额处打钩，在记账处签字（见图 5-1-7）。

记 账 凭 证

记字第 003 号

2019 年 12 月 02 日

摘 要	总账科目	明细科目	借方 亿	千	百	十	万	千	百	十	元	角	分	贷方 亿	千	百	十	万	千	百	十	元	角	分	√
收到委托加工半成品	委托加工物资	加工费-空调外机外壳KFR-23GW						2	2	1	7	6	0												√
	应交税费	应交增值税-进项税额							2	8	8	2	9												
	应付账款	北京成海喷塑加工有限公司																	2	5	0	5	8	9	
合 计								¥2	5	0	5	8	9						¥2	5	0	5	8	9	

附单据 2 张

出纳： 复核：陈冰 制单：马雪玲

保存操作数据 ¥ 签章 签字 画线

分页:______总页:______

委托加工物资明细账

二级科目: 加工费 ______级科目:______

2019年 月	日	凭证 种类	号数	摘 要	日页	借方 亿	千	百	十	万	千	百	十	元	角	分	贷方 亿	千	百	十	万	千	百	十	元	角	分	借或贷	余额 亿	千	百	十	万	千	百	十	元	角	分
11	30			承前页						4	8	7	8	7	2	0					4	8	7	8	7	2	0	平									0	0	0
12	02	记	003	收到委托加工半成品							2	2	1	7	6	0												借						2	2	1	7	6	0

图 5-1-7 填制凭证、登账

（8）登账：加旺电器的往来会计根据记账凭证登记三栏式应付账款明细账，并在记账凭证上打钩签字（见图 5-1-8）。

分页:________ 总页:________

应付账款明细账

二 级科目：北京成海喷塑加工有限公司　　　　级科目：________

2019 年		凭证		摘要	日页	借方	贷方	借或贷	余额
月	日	种类	号数			亿千百十万千百十元角分	亿千百十万千百十元角分		亿千百十万千百十元角分
12	01			承前页		84500000	85685481	贷	16900000
12	02	记	003	收到委托加工半成品			250589	贷	17150589

图 5-1-8　登记应付账款明细账

（9）登账：加旺电器的税务会计根据记账凭证登记应交增值税明细账，并在记账凭证上打钩签字。

5.2 委托加工课后实训

（1）加旺发出半成品委托成海加工。

（2）加旺收到成海加工好的货物。

第 6 章 往来业务虚拟仿真项目

6.1 往来业务操作演示

1. 加旺支付辉达货款（银行汇票）

实训任务：（1）申请付款；

（2）申请银行汇票；

（3）填制凭证、登账；

（4）银行汇票支付；

（5）填制凭证、登账；

（6）登账；

（7）取得银行汇票；

（8）填制凭证。

操作步骤：

（1）申请付款：采购员（经办人）叶广淮在单据库内部表单中抽取付款申请书，并填写付款申请书，在经办人处签字；找采购部经理、往来会计、财务经理、总经理审核，已经预付 10 000 元）（见图 6-1-1）。

付款申请书

2019 年 12 月 05 日

用途及情况	金额											收款单位(人):辉达（天津）贸易有限公司
申请银行汇票支付货款	亿	千	百	十	万	千	百	十	元	角	分	账 号: 120001040018592
			¥	1	0	0	0	0	0	0	0	开户行: 农业银行天津津滨支行
金额（大写）合计:	人民币壹拾万元整											电汇:□ 信汇:□ 汇票:☑ 转账:□ 其他:□
总经理	孙涛		财务部门		经 理	王方		业务部门		经 理		成宝风
					会 计	杨彦				经 办 人		叶广淮

图 6-1-1 填写付款申请书

（2）出纳申请银行汇款：出纳在单据库银行金融类中抽取结算业务申请单（交通银行），填好单据；由财务经理、总经理审核；出纳拿结算业务申请书一二三联、购销合同复印件去银行办理对公业务；出纳自己抽取银行存款日记账、备查簿（银行汇票备查簿），并登账（见图 6-1-2）。

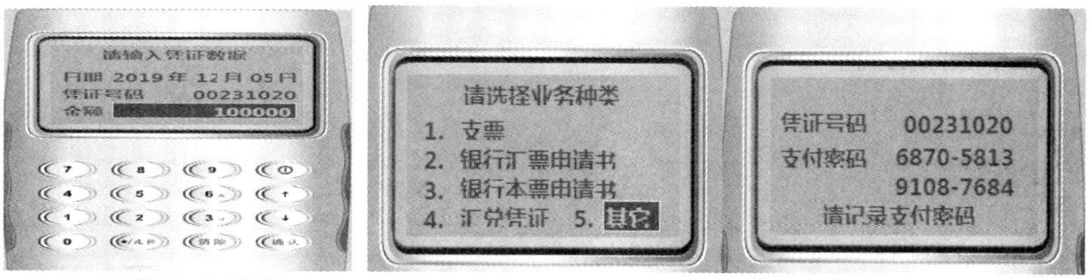

联次：**第一联**　第二联　第三联

交通银行 BANK OF COMMUNICATIONS　　**结算业务申请书** RMB SETTLEMENT APPLICATION FORM

申请日期 Date 2019 年 12 月 05 日　　AB 00231020

业务类型 Type of Business：电汇 T/T ☐　信汇 M/T ☐　汇票申请书 D/D ☑　本票申请书 P/N ☐　其他 Other ☐

申请人 Applicant	全称 Full Name	北京加旺电器有限公司	收款人 Beneficiary	全称 Full Name	辉达（天津）贸易有限公司
	账号或地址 A/C NO. Address	110001859765635147703		账号或地址 A/C NO. Address	120001040018592
	开户银行 A/C Bank	交通银行北京海淀支行		开户银行 A/C Bank	农业银行天津津滨支行
金额 Amount	人民币（大写）RMB in Words	壹拾万元整		亿千百十万千百十元角分	￥10000000

上列相关款项请从我账户内支付：In Payment please Debit My Account No.

支付密码 Payment Pin NO.：6870581391087684

电汇时需选择 Please Tick Where Applicable：普通 Regular ☐　加急 Urgent ☐

附加信息及用途 Message and Purpose：支付货款

申请人签章 Applicant's Authorized Signature(s) and/or Stamp(s)

会计主管：　授权：　复核：　记账：

第一联 此联银行作记账凭证

银行存款日记账

开户行：交通银行北京海淀支行
账号：110001859765635147703

2019年 月	日	凭证 种类	号数	摘要	借方	贷方	余额	核对
12	01			承前页	1121769241	1214782958	14769075	☐
12	01	记	002	向股东借款	50000000		64769075	☐
12	01			本日合计	50000000		64769075	☐
12	02	记	004	销售商品	271200		65040275	☐
12	02			本日合计	271200		65040275	☐
12	05	记	013	缴纳印花税		307662	64732613	☐
12	05	记	014	缴纳增值税		1095950	63636663	☐
12	05	记	015	缴纳个人所得税		248986	63387677	☐
12	05	记	016	缴纳税费		131515	63256162	☐
12	05			开具银行汇票		10000000	53256162	☐

银行汇票备查簿

出票人	承兑号码	汇票签发日	汇票到期日	票面金额	收款人\被背书人	贴现金额	备注
北京加旺电器有限公司	23001448	2019-10-30		￥120000.00	北京红星贸易有限公司		2019-11-15支付货款
北京加旺电器有限公司	23081288	2019-12-05		￥100000.00	辉达（天津）贸易有限公司		

联次：**借方凭证**　解讫通知

银行汇票　2　30110045 23081288

出票日期（大写）：贰零壹玖年 壹拾贰月 零伍日　　代理付款行：农业银行天津津滨支行　　行号：121100000345

收款人：辉达（天津）贸易有限公司

出票金额 人民币（大写）：壹拾万元整　　￥100000.00

实际结算金额 人民币（大写）：　　亿千百十万千百十元角分

申请人：北京加旺电器有限公司　　账号：110001859765635147703

出票行：交通银行北京海淀支行　　行号：101100000345

备注：贷款

凭票付款

出票行签章　（印章：交通银行北京海淀支行 101100000345 汇票专用章）　刘婷婷

密押：

多余金额　千百十万千百十元角分

复核　记账

提示付款期限自出票之日起壹个月

此联代理付款行付款后作联行往账借方凭证附件

正面　背面

图 6-1-2　出纳申请银行汇款

（3）填制凭证、登账：财产物资会计抽取记账凭证，填制记账凭证，找总账会计审核，出纳登账；抽取三栏式明细账分类账并登记，登记完成后在记账凭证上签字（见图 6-1-3）。

记 账 凭 证

记字第 017 号

2019 年 12 月 05 日

摘要	总账科目	明细科目	借方金额（亿千百十万千百十元角分）	贷方金额（亿千百十万千百十元角分）	√
开具银行汇票	其他货币资金	银行汇票存款	10000000		☐
	银行存款	交通银行北京海淀支行		10000000	☐
					☐
					☐
					☐
					☐
合计			¥10000000	¥10000000	☐

附单据 3 张

会计主管：　记账：　出纳：　复核：　制单：温青

分页：________ 总页：________

其他货币资金明细账

二级科目：银行汇票存款　　级科目：

2019年 月	日	凭证 种类	号数	摘要	日页	借方（亿千百十万千百十元角分）	贷方（亿千百十万千百十元角分）	借或贷	余额（亿千百十万千百十元角分）
01	01			上年结转				平	000
12	05	记	017	开具银行汇票		10000000		借	10000000

记 账 凭 证

记字第 017 号

2019 年 12 月 05 日

摘要	总账科目	明细科目	借方金额（亿千百十万千百十元角分）	贷方金额（亿千百十万千百十元角分）	√
开具银行汇票	其他货币资金	银行汇票存款	10000000		√
	银行存款	交通银行北京海淀支行		10000000	√
					☐
					☐
					☐
					☐
合计			¥10000000	¥10000000	☐

附单据 3 张

会计主管：　记账：icer　出纳：李立　复核：陈冰　制单：icer

图 6-1-3　填制凭证、登账

（4）银行汇票支付：用银行汇票支付辉达贸易的货款，据此登记相关账簿（见图 6-1-4）。

银行汇票备查簿

出票人	承兑号码	汇票签发日	汇票到期日	票面金额	收款人\被背书人	贴现金额	备注
北京加联电器有限公司	23001448	2019-10-30		¥120000.00	北京红星贸易有限公司		2019-11-15支付货款
北京加联电器有限公司	23081288	2019-12-05		¥100000.00	辉达（天津）贸易有限公司		2019-12-05支付货款

图 6-1-4　登记银行汇票备查簿

（5）填制凭证、登账：往来会计根据银行汇票填制记账凭证，交总账会计审核，并登记三栏式应付账款明细账簿，在记账凭证上打钩签字（见图 6-1-5）。

记账凭证

记字第 018 号

2019 年 12 月 05 日

摘要	总账科目	明细科目	借方金额	贷方金额	√
支付辉达货款	应付账款	辉达（天津）贸易有限公司	10000000		
	其他货币资金	银行汇票存款		10000000	
合计			¥10000000	¥10000000	

附单据 2 张

会计主管：　记账：　出纳：　复核：　制单：icer

应付账款明细账

分页：　总页：

二级科目：辉达（天津）贸易有限公司　级科目：

2019年 月	日	凭证 种类	号数	摘要	日页	借方	贷方	借或贷	余额
11	30			承前页		40000000	13629000	贷	11521000
12	02	记	006	退货给辉达			1469000	贷	10052000
12	05	记	018	支付辉达货款		10000000		贷	52000

图 6-1-5　填制凭证、登账

（6）登账：财产物资会计在三栏式其他货币资金明细账上登账，并在记账凭证上打钩签字（见图 6-1-6）。

其他货币资金明细账

分页：　总页：

二级科目：银行汇票存款　级科目：

2019年 月	日	凭证 种类	号数	摘要	日页	借方	贷方	借或贷	余额
01	01			上年结转				平	000
12	05	记	017	开具银行汇票		10000000		借	10000000
12	05	记	018	支付辉达货款			10000000	平	000

记账凭证

记字第 018 号

2019 年 12 月 05 日

摘要	总账科目	明细科目	借方金额	贷方金额	√
支付辉达货款	应付账款	辉达（天津）贸易有限公司	10000000		√
	其他货币资金	银行汇票存款		10000000	√
合计			¥10000000	¥10000000	

附单据 2 张

会计主管：　记账：杨彦 icer　出纳：　复核：陈冰　制单：杨彦

图 6-1-6　填制记账凭证

（7）取得银行汇票：辉达贸易的出纳根据银行汇票登记银行汇票备查簿（见图 6-1-7）。

银行汇票备查簿

出票人	承兑号码	汇票签发日	汇票到期日	票面金额	收款人\被背书人	贴现金额	备注
北京佳商贸易有限公司	22081461	2019-11-25		¥50000.00	辉达（天津）贸易有限公司	¥50000.00	2019-11-30收到货款
北京加旺电器有限公司	23081288	2019-12-05		¥100000.00	辉达（天津）贸易有限公司		2019-12-05收到货款

图 6-1-7　登记银行汇票备查簿

（8）填制凭证：辉达贸易的主办会计根据银行汇票抽取通用记账凭证 1 张，填写记账凭证，交会计主管审核；抽取 2 张三栏式明细账，登记应收账款明细账和其他货币资金明细账，并在记账凭证上打钩签字（见图 6-1-8）。

记账凭证

记 字第 003 号

2019 年 12 月 05 日

摘要	总账科目	明细科目	借方金额（亿千百十万千百十元角分）	贷方金额（亿千百十万千百十元角分）	√
收到银行汇票	其他货币资金	银行汇票存款	10000000		□
	应收账款	北京加旺电器有限公司		10000000	□
					□
					□
					□
					□
合计			¥10000000	¥10000000	□

附单据 1 张

会计主管：　记账：　出纳：　复核：　制单：icer

分页：　总页：

其他货币资金明细账

二级科目：银行汇票存款　级科目：

2019年 月	日	凭证 种类	号数	摘要	日页	借方（亿千百十万千百十元角分）	贷方（亿千百十万千百十元角分）	借或贷	余额（亿千百十万千百十元角分）
12	01			上年结转				平	000
12	05	记	003	收到银行汇票		10000000		借	10000000

分页：　总页：

应收账款明细账

二级科目：北京加旺电器有限公司　级科目：

2019年 月	日	凭证 种类	号数	摘要	日页	借方（亿千百十万千百十元角分）	贷方（亿千百十万千百十元角分）	借或贷	余额（亿千百十万千百十元角分）
11	30			承前页				借	11521000
12	02	记	001	销售退回		1469000		借	10052000
12	05	记	003	收到银行汇票			10000000	借	52000

记账凭证

记 字第 003 号

2019 年 12 月 05 日

摘要	总账科目	明细科目	借方金额（亿千百十万千百十元角分）	贷方金额（亿千百十万千百十元角分）	√
收到银行汇票	其他货币资金	银行汇票存款	10000000		√
	应收账款	北京加旺电器有限公司		10000000	√
					□
					□
					□
					□
合计			¥10000000	¥10000000	□

附单据 1 张

会计主管：　记账：icer　出纳：　复核：丁遍发　制单：icer

图 6-1-8 填制凭证

2. 加旺支付成海货款（转账）

实训任务：（1）申请付款；

（2）付款、登账；

（3）填制凭证、登账；

（4）收款、登账；

（5）填制凭证、登账。

操作步骤：

（1）申请付款：采购员（经办人）叶广淮在单据库内部表单中抽取付款申请书，填写付款申请书，交采购部经理、往来会计、财务经理、总经理审核（见图 6-1-9）。

付款申请书

2019年12月05日

用途及情况	金额											收款单位(人):北京成海喷塑加工有限公司
支付加工费	亿	千	百	十	万	千	百	十	元	角	分	账 号: 110010104001305864392
			¥	1	0	0	0	0	0	0	0	开户行：交通银行北京海淀支行
金额（大写）合计：	人民币壹拾万元整											电汇：☐　信汇：☐　汇票：☐　转账：☑　其他：☐

总经理		财务部门	经理		业务部门	经理	
			会计			经办人	icer

图 6-1-9　填写付款申请书

（2）付款、登账：出纳抽取账簿类—支票登记簿、银行金融类　进账单（交通银行）、转账支票（交通银行），并填写；交财务经理、总经理审核；带上转账支票的正联和进账单三联去银行办理对公业务，然后登记银行存款日记账业务（见图 6-1-10）。

支票领、用、存登记簿

支票种类 转账支票　　　　编号008

2019年		摘要	购入		使用					结存数量	签名
月	日		数量	支票起止号码	数量	支票号码	用途	收款人	金额		
11	30	支付货款			1	00023320	支付货款	北京富强钢铁有限公司	¥100000.00	10	icer
12	05	支付货款			1	00023321	支付货款	北京成海喷塑加工有限公司	¥100000.00	9	icer

交通银行
转账支票存根
30109320
00023321
附加信息

出票日期2019年12月05日
收款人：北京成海喷塑加工有限公司
金额：￥100000.00
用途：支付货款
单位主管　会计

27 交通银行 转账支票　30109320 00023321

出票日期（大写）贰零壹玖年 壹拾贰月 零伍日　付款行名称：交通银行北京海淀支行
收款人：北京成海喷塑加工有限公司　出票人账号：110001859765635147703

付款期限自出票之日起十天

人民币（大写）	壹拾万元整	亿	千	百	十	万	千	百	十	元	角	分
				￥	1	0	0	0	0	0	0	0

用途 支付货款　密码 2870-5813-9108-7688
上列款项请从　行号
我账户内支付
出票人签章　复核　记账

正面　背面

交通银行 进账单（回　单）　1

2019 年 12 月 05 日

出票人	全　称	北京加旺电器有限公司	收款人	全　称	北京成海喷塑加工有限公司
	账　号	110001859765635147703		账　号	110010104001305864392
	开户银行	交通银行北京海淀支行		开户银行	交通银行北京海淀支行
金额	人民币（大写）	壹拾万元整		亿 千 百 十 万 千 百 十 元 角 分	￥ 1 0 0 0 0 0 0 0
票据种类	转账支票	票据张数	1		
票据号码	30109320-00023321				
	复核　记账				开户银行签章

此联是开户银行交给持票人的回单

8.5×17.5公分　交9 南京印刷 0512-6501866

银行存款日记账

开户行：交通银行北京海淀支行
账号：110001859765635147703

2015年 月	日	凭证 种类	号数	摘要	借方	贷方	余额	核对
12	01			承前页	1121769241	1214782958	14769075	☐
12	01	记	002	向股东借款	50000000		64769075	☐
12	01			本日合计	50000000		64769075	☐
12	02	记	004	销售商品	271200		65040275	☐
12	02			本日合计	271200		65040275	☐
12	05	记	013	缴纳印花税		307662	64732613	☐
12	05	记	014	缴纳增值税		1095950	63636663	☐
12	05	记	015	缴纳个人所得税		248986	63387677	☐
12	05	记	016	缴纳税费		131515	63256162	☐
12	05	记	017	开具银行汇票		10000000	53256162	☐
12	05			支付成海货款		10000000	43256162	☐

图 6-1-10　付款、登账

（3）填制凭证、登账：往来会计登记记账凭证，交总账会计审核；出纳登记银行存款日记账；往来会计自己登记三栏式应付账款日记账，并在记账凭证处打钩签字（见图 6-1-11）。

记 账 凭 证

记 字第 019 号

2019 年 12 月 05 日

摘要	总账科目	明细科目	借方金额（亿千百十万千百十元角分）	贷方金额（亿千百十万千百十元角分）	√
支付成海加工费	应付账款	北京成海喷塑加工有限公司	10000000		□
	银行存款	交通银行北京海淀支行		10000000	□
					□
					□
					□
					□
合计			¥10000000	¥10000000	□

附单据 3 张

会计主管：　记账：　出纳：　复核：　制单：icer

二级科目：北京成海喷塑加工有限公司　级科目：

2019年 月	日	凭证 种类	号数	摘要	日页	借方（亿千百十万千百十元角分）	贷方（亿千百十万千百十元角分）	借或贷	余额（亿千百十万千百十元角分）
12	01			承前页		84500000	85685481	贷	16900000
12	02	记	003	收到委托加工半成品			2505589	贷	17150589
12	05	记	019	支付成海货款		10000000		贷	7150589

记 账 凭 证

记 字第 019 号

2019 年 12 月 05 日

摘要	总账科目	明细科目	借方金额（亿千百十万千百十元角分）	贷方金额（亿千百十万千百十元角分）	√
支付成海加工费	应付账款	北京成海喷塑加工有限公司	10000000		√
	银行存款	交通银行北京海淀支行		10000000	√
					□
					□
					□
					□
合计			¥10000000	¥10000000	□

附单据 3 张

会计主管：　记账：icer　出纳：李立　复核：陈冰　制单：icer

图 6-1-11　填制凭证、登账

（4）收款、登账：出纳根据同城电子贷方补充记账凭证，登记银行存款日记账（见图 6-1-12）。

北京市同城电子贷方补充记账凭证

No: 0281083

20191205　正确　20191205　01121222　1

0345	000345	0345	000345

付款人		收款人	
名称	北京加旺电器有限公司	名称	北京成海喷塑加工有限公司
账号	110001859765635147703	账号	110010104001305864392
	交通银行北京海淀支行		交通银行北京海淀支行

金额（大写）人民币壹拾万元整	￥100000.00
加工费	

09　0345　0345

08　支票

01　20191205

20191205

交通银行北京海淀支行 回单专用章 (01)

银行存款日记账

开户行：交通银行北京海淀支行

账号：110010104001305864392

2019年 月	日	凭证 种类	号数	摘要	借方	贷方	余额	核对
11	30			承前页	136900000	139232412	12497166	□
12	02	记	002	本月购入材料		6669000	5828166	□
12	02			本日合计		6669000	5828166	□
12	05	记	003	缴纳税费		7289	5820877	□
12	05	记	003	缴纳税费		635716	5185161	□
12	05	记	003	缴纳税费		63571	5121590	□
12	05			收到加旺货款	10000000		15121590	□

图 6-1-12 收款、登账

（5）填制凭证、登账：会计抽取记账凭证 1 张，并填制记账凭证，交会计主管审核；出纳登记银行存款日记账，自己抽取三栏式明细账簿，登记应收账款日记账，并在记账凭证上打钩签字（见图 6-1-13）。

记账凭证

记 账 凭 证

记字第 006 号

2019 年 12 月 05 日

摘要	总账科目	明细科目	借方金额	贷方金额	√
收到加工费	银行存款	交通银行北京海淀支行	10000000		□
	应收账款	北京加旺电器有限公司		10000000	□
合计			￥10000000	￥10000000	□

附单据 1 张

会计主管： 记账： 出纳： 复核： 制单：icer

分页：______ 总页：______

应收账款明细账

二级科目：北京加旺电器有限公司 级科目：

2019 年 月	日	凭证 种类	号数	摘要	日页	借方	贷方	借或贷	余额
11	30			承前页		183800000	145900000	借	16900000
12	02	记	001	加工收入		250589		借	17150589
12	05	记	006	收到加工费			10000000	借	7150589

记 账 凭 证

记字第 006 号

2019 年 12 月 05 日

摘要	总账科目	明细科目	借方金额	贷方金额	√
收到加工费	银行存款	交通银行北京海淀支行	10000000		√
	应收账款	北京加旺电器有限公司		10000000	√
合计			￥10000000	￥10000000	□

附单据 1 张

会计主管： 记账：icer 出纳：杨磁功 复核：白泉珠 制单：icer

保存操作数据 自动填单 ￥ 签章 签字 画线

图 6-1-13 填制凭证、登账

3. 加旺收到思宁货款

实训任务：（1）申请付款；

（2）付款、登账；

（3）填制凭证；

（4）收款、登账；

（5）填制凭证、登账。

操作步骤：

（1）申请付款：采购员抽取内部表单中的付款申请书，并填写，然后交采购部经理、会计、会计主管、总经理审核（见图 6-1-14）。

付款申请书

2019 年 12 月 07 日

用途及情况	金额											收款单位(人):北京加旺电器有限公司
支付货款	亿	千	百	十	万	千	百	十	元	角	分	账 号: 110001859765635147703
		¥	3	0	0	0	0	0	0	0	0	开户行: 交通银行北京海淀支行
金额（大写）合计:	人民币叁佰万元整											电汇:☐ 信汇:☐ 汇票:☐ 转账:☑ 其他:☐

总经理		财务部门	经理		业务部门	经理	
			会计			经办人	icer

图 6-1-14　填写付款申请书

（2）付款、登账：出纳抽取转账支票、进账单、转账支票登记簿并填写，交会计主管、总经理审核，拿转账支祟的止联和进账单到银行“对公业务”窗口办理，然后抽取银行存款日记账，并登记（见图 6-1-15）。

支票领、用、存登记簿

支票种类 转账支票　　　　编号 02

2019 年 月	日	摘要	购入 数量	支票起止号码	使用 数量	支票号码	用途	收款人	金额	结存数量	签名
11	29	支付货款			1	23900560	支付货款	北京诚呈电器有限公司	¥200000.00	9	icer
12	07	支付工资			1	23900561	支付工资	北京思宁电器有限公司	¥345388.58	8	icer
12	07	支付货款			1	23900562	支付货款	北京加旺电器有限公司	¥3000000.00	7	icer

转账支票（交通银行）

交通银行
转账支票存根
30109810
23900562
附加信息
出票日期 2019 年 12 月 07 日
收款人：北京加旺电器有限公司
金　额：¥3000000.00
用　途：支付货款
单位主管　　会计

交通银行　转账支票　　30109810　23900562　　正面　背面

出票日期（大写）贰零壹玖年 壹拾贰月 零柒日　　付款行名称：交通银行北京海淀支行

收款人：北京加旺电器有限公司　　出票人账号：110007722657812987332

付款期限自出票之日起十天

人民币（大写）	亿	千	百	十	万	千	百	十	元	角	分
叁佰万元整		¥	3	0	0	0	0	0	0	0	0

用途 支付货款　　密码 2870-5641-0818-7688

上列款项请从　　行号

我账户内支付

出票人签章　　复核　　记账

交通银行 进账单（回 单） 1

2019 年 12 月 07 日

出票人	全　称	北京思宁电器有限公司	收款人	全　称	北京加旺电器有限公司
	账　号	110007722657812987332		账　号	110001859765635147703
	开户银行	交通银行北京海淀支行		开户银行	交通银行北京海淀支行
金额	人民币（大写）	叁佰万元整		亿千百十万千百十元角分	¥300000000
票据种类	转账支票	票据张数	1		
票据号码	30109810-23900562				
	复核　　记账			开户银行签章	

此联是开户银行交给持票人的回单

银行存款日记账

开户行：交通银行北京海淀支行
账 号：110007722657812987332

2019年 月	日	凭证 种类	号数	摘要	借方	贷方	余额	核对
12	04			承前页	592381463.6	511574262.4	8330500.41	□
12	05	记	008	银行代扣社保费		257860.80	8072639.61	□
12	05	记	012	零售收入	91260.00		8163899.61	□
12	05	记	012	手续费		912.60	8162987.01	□
12	05	记	009	存现	500000.00		8662987.01	□
12	05			本日合计	591260.00	258773.40	8662987.01	□
12	06	记	012	零售收入	1336140.0		8796601.01	□
12	06	记	012	手续费		13361.4	8795264.87	□
12	06			本日合计	1336140.0	13361.4	8795264.87	□
12	07			转账支付加旺货款		3000000.00	5795264.87	□
								□
								□

图 6-1-15　付款、登账

（3）填制凭证：思宁的会计根据原始凭证登记记账凭证，交主管会计审核，交出纳登记账簿（见图 6-1-16）。

保存 | 复原 | 审核 | 反审核 | 拷贝 | 粘贴 | 新增 | 插入 | 删除 | 另存为模板凭证 | 模板凭证维护 | 调用模板凭证

记 账 凭 证

凭证字：记　凭证号：7　附单据：3 张

日期：2019-12-07

摘　要	会 计 科 目	借方金额	贷方金额
转账支付货款	220202 应付账款 北京加旺电器有限公司	300000000	
	100201 银行存款 交通银行北京海淀支行		300000000
结算方式　数量	结算号　单价	结算日期　部门	合计 300000000　300000000

审核：　　过账：　　制单：icer

图 6-1-16　填制记账凭证

（4）收款、登账：加旺的出纳根据同城电子贷方补充记账凭证，登记银行存款日记账（见图 6-1-17）。

银行存款日记账

开户行：交通银行北京海淀支行
账　号：11000185976563514770 3

2019年 月	日	凭证 种类	号数	摘要	借方（亿千百十万千百十元角分）	贷方（亿千百十万千百十元角分）	余额（亿千百十万千百十元角分）	核对
12	01			承前页	1121769241	1214782958	14769075	□
12	01	记	002	向股东借款	50000000		64769075	□
12	01			本日合计	50000000		64769075	□
12	02	记	004	销售商品	271200		65040275	□
12	02			本日合计	271200		65040275	□
12	05	记	013	缴纳印花税		307662	64732613	□
12	05	记	014	缴纳增值税		1095950	63636663	□
12	05	记	015	缴纳个人所得税		248986	63387677	□
12	05	记	016	缴纳税费		131515	63256162	□
12	05	记	017	开具银行汇票		10000000	53256162	□
12	05	记	019	支付威海货款		10000000	43256162	□
12	05			本日合计		21784113	43256162	□
12	06	记	021	提现		4900000	38356162	□
12	06			本日合计		4900000	38356162	□
12	07			收到思宁货款	300000000		338356162	□
								□

图 6-1-17　登记银行存款日记账

（5）填制凭证、登账：加旺的往来会计登记记账凭证，交总账会计审核，交出纳登记账簿，自己抽取三栏式明细账登记应收账款明细账，并在记账凭证上打钩签字（见图 6-1-18）。

记　账　凭　证

记字第 022 号

2019 年 12 月 07 日

摘　要	总账科目	明细科目	借方金额（亿千百十万千百十元角分）	贷方金额（亿千百十万千百十元角分）	√
收到思宁货款	银行存款	交通银行北京海淀支行	3000000000		□
	应收账款	北京思宁电器有限公司		3000000000	□
					□
					□
					□
					□
合　　计			￥3000000000	￥3000000000	□

附单据 1 张

会计主管：　记账：　出纳：　复核：　制单：icer

分页：＿＿＿总页：＿＿＿

应收账款明细账

二　级科目：北京思宁电器有限公司　　　级科目：

2019年 月	日	凭证 种类	号数	摘　要	日页	借方（亿千百十万千百十元角分）	贷方（亿千百十万千百十元角分）	借或贷	余额（亿千百十万千百十元角分）
12	01			承前页		681900000	481900000	借	500000000
12	02	记	008	销售商品		18984000		借	518984000
12	05	记	012	销售商品		117746000		借	636730000
12	07	记	022	收到思宁货款			300000000	借	336730000

记 账 凭 证

2019 年 12 月 07 日　　　　记 字第 022 号

摘要	总账科目	明细科目	借方金额（亿千百十万千百十元角分）	贷方金额（亿千百十万千百十元角分）	√
收到思宁货款	银行存款	交通银行北京海淀支行	300000000		√
	应收账款	北京思宁电器有限公司		300000000	√
合　　计			¥300000000	¥300000000	

附单据 1 张

会计主管:　　记账: icer　　出纳: 李立　　复核: 陈冰　　制单: icer

图 6-1-18　填制凭证、登账

4. 加旺签发给辉达的商业承兑汇票到期付款

实训任务：（1）票据托收；

（2）票据兑付；

（3）填制凭证、登账；

（4）填制凭证。

操作步骤：

（1）票据托收：出纳抽取银行金融类托收凭证，并填写。会计主管审核后在贷方凭证上盖财务专用章，总经理在贷方凭证上盖法人代表签章，银行对公业务人员在托收凭证（受理回单）上盖业务受理章，出纳据此登记银行存款日记账、商业承兑汇票备查簿（见图 6-1-19）。

托收凭证（受理回单）　　1

委托日期 2019 年 12 月 09 日

业务类型	委托收款（□邮划、□电划）　托收承付（□邮划、□电划）				
付款人 全称	北京加旺电器有限公司		收款人 全称	辉达（天津）贸易有限公司	
付款人 账号	110001859765635147703		收款人 账号	120001040018592	
付款人 地址	北京 省 市/县	开户行 交通银行北京海淀支行	收款人 地址	天津 省 市/县	开户行 农业银行天津津滨支行
金额	人民币（大写）贰拾万叁仟叁佰壹拾元玖角整			亿千百十万千百十元角分	¥20331090
款项内容	货款	托收凭据名称	商业承兑汇票	附寄单证张数	1
商品发运情况	货物已发		合同名称号码	购销合同 201910011	
备注：2019年12月09日到期 复核　记账		年　月　日		收款人开户银行签章 年　月　日	

（2005）10×17.5公分　交 15 角查印刷　0512-65011886

此联作收款人开户银行给收款人的受理回单

托收凭证（贷方凭证）　2

委托日期 2019 年 12 月 09 日

业务类型	委托收款（☐邮划、☑电划）　托收承付（☐邮划、☐电划）				
付款人 全称	北京加旺电器有限公司		收款人 全称	辉达（天津）贸易有限公司	
账号	110001859765635147703		账号	120001040018592	
地址	北京 省 市/县	开户行 交通银行北京海淀支行	地址	天津 省 市/县	开户行 农业银行天津津滨支行
金额 人民币（大写）	贰拾万叁仟叁佰壹拾元玖角整		亿千百十万千百十元角分	￥20331090	
款项内容	货款	托收凭据名称	商业承兑汇票	附寄单证张数	1
商品发运情况	货物已发		合同名称号码	购销合同 201910011	

备注：

上列款项随附有关债务证明，请予办理。

辉达（天津）贸易有限公司 财务专用章

收款人开户银行收到日期　年　月　日　　收款人签章　　复核：　记账：

此联收款人开户银行作贷方凭证

(2005) 10×17.5公分　交 15 鱼首印制　0512-65011866

第 23 页

银行存款日记账

开户行：农业银行天津津滨支行

账　号：120001040018592

2019年 月	日	凭证 种类	号数	摘要	借方	贷方	余额	核对
11	30			承前页	9657712518	9656066623	1443783500	☐
12	09			商业承兑汇票到期、办理收款	20331090		1647094400	☐
								☐
								☐

商业承兑汇票备查簿

出票人	承兑号码	汇票签发日	汇票到期日	票面金额	收款人\被背书人	贴现金额	备注
北京加旺电器有限公司	39002245	2019-10-09	2019-12-09	￥203310.90	辉达（天津）贸易有限公司		

商业承兑汇票备查簿

出票人	承兑号码	汇票签发日	汇票到期日	票面金额	收款人\被背书人	贴现金额	备注
北京加旺电器有限公司	39002245	2019-10-09	2019-12-09	￥203310.90	辉达（天津）贸易有限公司		2019-12-09委托收款

图 6-1-19　票据托收

（2）票据兑付：加旺电器的出纳从单据库中取出银行存款日记账和商业承兑汇票备查簿，根据托收凭证登记账簿（见图 6-1-20）。

银行存款日记账

开户行：交通银行北京海淀支行
账 号：110001859765635147703

2019年 月	日	凭证 种类	号数	摘要	借方	贷方	余额	核对
12	01			承前页	1121769241	1214782958	14769075	□
12	01	记	002	向股东借款	5000000		64769075	□
12	01			本日合计	5000000		64769075	□
12	02	记	004	销售商品	271200		65040275	□
12	02			本日合计	271200		65040275	□
12	05	记	013	缴纳印花税		307662	64732613	□
12	05	记	014	缴纳增值税		1095950	63636663	□
12	05	记	015	缴纳个人所得税		248986	63387677	□
12	05	记	016	缴纳税费		131515	63256162	□
12	05	记	017	开具银行汇票		10000000	53256162	□
12	05	记	019	支付成海货款		10000000	43256162	□
12	05			本日合计		21784113	43256162	□
12	06	记	021	提现		4900000	38356162	□
12	06			本日合计		4900000	38356162	□
12	07	记	022	收到思宁货款	300000000		338356162	□
12	07			本日合计	300000000		338356162	□
12	09			银行承兑汇票到期付款		20331090	318025072	□
								□

商业承兑汇票备查簿

出票人	承兑号码	汇票签发日	汇票到期日	票面金额	收款人\被背书人	贴现金额	备注
北京加旺电器有限公司	39002245	2019-10-09	2019-12-09	¥203310.9(	辉达（天津）贸易有限公司		2019-12-09到期付款

图 6-1-20 票据兑付

（3）填制凭证、登账：往来会计抽取并填制记账凭证，交主管会计审核，出纳登记账簿；自己登记三栏式应付票据明细账，并在记账凭证上打钩签字（见图 6-1-21）。

记 账 凭 证

2019 年 12 月 09 日　　　　记 字第 024 号

摘要	总账科目	明细科目	借方金额	贷方金额	√
商业承兑汇票到期付款	应付票据	辉达（天津）贸易有限公司	20331090		□
	银行存款	交通银行北京海淀支行		20331090	□
					□
					□
					□
					□
合计			¥20331090	¥20331090	□

附单据 2 张

会计主管：　记账：　出纳：　复核：　制单：icer

应付票据明细账

分页：　总页：

二级科目：辉达（天津）贸易有限公司　　级科目：

2019年 月	日	凭证 种类	号数	摘要	日页	借方	贷方	借或贷	余额
11	30			承前页		51655450	50000000	贷	20331090
12	09	记	024	商业承兑汇票到期付款		20331090		平	000

记账凭证

记字第 024 号

2019 年 12 月 09 日

摘要	总账科目	明细科目	借方金额	贷方金额	√
商业承兑汇票到期付款	应付票据	辉达（天津）贸易有限公司	20331090		√
	银行存款	交通银行北京海淀支行		20331090	√
合计			¥20331090	¥20331090	

附单据 2 张

会计主管：　记账：icer　出纳：李立　复核：陈冰　制单：icer

图 6-1-21　填制凭证、登账

（4）填制凭证：主办会计抽取记账凭证 1 张并填制，交会计主管审核、出纳登记账簿；自己登记三栏式应收票据明细账，并在记账凭证处打钩签字（见图 6-1-22）。

记账凭证

记字第 004 号

2019 年 12 月 09 日

摘要	总账科目	明细科目	借方金额	贷方金额	√
商业承兑汇票到期、办理收款	银行存款	人民币户	20331090		
	应收票据	北京加旺电器有限公司		20331090	
合计			¥20331090	¥20331090	

附单据 1 张

会计主管：　记账：　出纳：　复核：　制单：icer

分页：　总页：

应收票据明细账

二级科目：北京加旺电器有限公司　级科目：

2019 年 月	日	凭证种类	号数	摘要	日页	借方	贷方	借或贷	余额
11	30			承前页		30331090	10000000	借	20331090
12	09	记	004	银行汇票到期、办理收款			20331090	平	000

记账凭证

记字第 004 号

2019 年 12 月 09 日

摘要	总账科目	明细科目	借方金额	贷方金额	√
商业承兑汇票到期、办理收款	银行存款	人民币户	20331090		√
	应收票据	北京加旺电器有限公司		20331090	√
合计			¥20331090	¥20331090	

附单据 1 张

会计主管：　记账：icer　出纳：陆语兰　复核：丁遍发　制单：icer

图 6-1-22　填制凭证

5. 加旺预收极地货款（转账）

实训任务：（1）下达订单；

（2）接受订单；

（3）申请付款；

（4）付款、登账；

（5）填制凭证；

（6）收款、登账；

（7）填制凭证、登账。

操作步骤：

（1）下达订单：采购员抽取购销合同并填制，交总经理在销售合同上盖公章（见图 6-1-23）。

购销合同

购方：北京极地酒店有限公司　　合同编号：201912006

销方：北京加旺电器有限公司　　签订地点：北京

供需双方本着互利互惠、长期合作的原则，根据《中华人民共和国合同法》及双方的实际情况，就需方向供方采购事宜，订立本合同，以使双方在合同履行中共同遵守。

一、产品名称、数量、单价、金额：

产品名称	规格型号	计量单位	数量	单价	金额	备注
空调	KFR-45LW	台	60	4859.00	291540.00	含税价（13%）
合计	——	——	——	——	￥291540.00	
合计人民币（大写）： 贰拾玖万壹仟伍佰肆拾元整						

二、质量要求技术标准：供方对质量负责的条件和期限：按合同企业标准。

三、交（提）货地点、方式：销货方送货至购货方仓库。

四、付款时间与付款方式：

合同签订之日转账预付10%，其余货到付款。

五、运输方式及到站、港和费用负担：公路运输至购货方仓库，运费由销货方承担。

六、合理损耗及计算方法：以实际数量验收。

七、包装标准、包装物的供应与回收：普通包装，不回收包装物。

八、验收标准、方法及提出异议期限：货到需方七天内提出质量异议，不包括运输过程中造成的质量问题。

九、违约责任：按《合同法》

十、解决合同纠纷的方式：双方协商解决。

十一、其他约定事项：本合同一式两份，需、供双方各一份，经双方盖章后即生效。

购方（盖章）：北京极地酒店有限公司　　销方（盖章）：

单位地址：北京市海淀区上地三街23号　　单位地址：

电　话：010-82874568　　电　话：

签订日期：2019年12月13日　　签订日期：

开户银行：交通银行北京海淀支行　　开户银行：

账　号：110003289456563587789　　账　号：

图 6-1-23　填制购销合同

（2）接受订单：加旺的销售员填写购销合同中的销售方信息，并找总经理盖公章（见图 6-1-24）。

八、验收标准、方法及提出异议期限：货到需方七天内提出质量异议，不包括运输过程中造成的质量问题。

九、违约责任：按《合同法》

十、解决合同纠纷的方式：双方协商解决。

十一、其他约定事项：本合同一式两份，需、供双方各一份，经双方盖章后即生效。

购方（盖章）：北京极地酒店有限公司	销方（盖章）：北京加旺电器有限公司
单位地址：北京市海淀区上地三街23号	单位地址：北京市海淀区温泉镇中关村环保园12号
电　话：010-82874568	电　话：010-87676687
签订日期：2019年12月13日	签订日期：2019年12月13日
开户银行：交通银行北京海淀支行	开户银行：交通银行北京海淀支行
账　号：11000328945656358 7769	账　号：11000185976563514 7703

图 6-1-24　接受订单

（3）申请付款：极地酒店的采购员从内部表单中抽取付款申请书并填写，交采购部经理、会计、财务经理、总经理审核（见图 6-1-25）。

付款申请书

2019年 12月 13日

用途及情况	金额											收款单位(人)：北京加旺电器有限公司
支付货款	亿	千	百	十	万	千	百	十	元	角	分	账 号：11000185976563514 7703
				¥	2	9	1	5	4	0	0	开户行：交通银行北京海淀支行
金额（大写）合计：	人民币贰万玖仟壹佰伍拾肆元整											电汇：☐ 信汇：☐ 汇票：☐ 转账：☑ 其他：☐
总经理		财务部门	经 理		业务部门	经 理						
			会 计			经 办 人	icer					

付款申请书

2019年 12月 13日

用途及情况	金额											收款单位(人)：北京加旺电器有限公司
支付货款	亿	千	百	十	万	千	百	十	元	角	分	账 号：11000185976563514 7703
				¥	2	9	1	5	4	0	0	开户行：交通银行北京海淀支行
金额（大写）合计：	人民币贰万玖仟壹佰伍拾肆元整											电汇：☐ 信汇：☐ 汇票：☐ 转账：☑ 其他：☐
总经理	钱进飘	财务部门	经 理	王明	业务部门	经 理	石寒进					
			会 计	叶根磊		经 办 人	丁百蕊					

图 6-1-25　填写付款申请书

（4）付款、登账：极地酒店的出纳抽取并填写支票登记簿、转账支票、进账单，然后由财务经理在支票上盖财务章、总经理在支票正面盖法人章；剪下支票存根，带上进账单、转账支票正联找对公柜台办理业务；根据转账支票存根和进账单、付款申请书登记银行存款日记账（见图 6-1-26）。

支票领、用、存登记簿

票种类 转账支票

年		摘要	购入		使用			
月	日		数量	支票起止号码	数量	支票号码	用途	[redacted]
1	30	支付货款			1	00043176	支付货款	北京兴洪水产品有限公司
2	05	预付工程款			1	00043177	预付工程款	北京宏发装饰有限公司
2	10	预付租金			1	00043178	预付租金	北京华天物业有限公司
2	13	预付货款			1	00043179	预付货款	北京加旺电器有限公司

交通银行
转账支票存根
30227812
00043179
附加信息
出票日期 2019年 12月 13日
收款人：北京加旺电器有限公司
金 额：¥29154.00
用 途：支付货款
单位主管 会计

27 交通银行 转账支票 30227812 00043179

正面 背面

出票日期（大写）贰零壹玖年 壹拾贰月 壹拾叁日 付款行名称：交通银行北京海淀支行
收款人：北京加旺电器有限公司 出票人账号：11000328945656358 7789
付款期限自出票之日起十天
人民币（大写）贰万玖仟壹佰伍拾肆元整 ¥2915400
用途 支付货款 密码 2870-5122-7115-8534
上列款项请从 行号
我账户内支付
出票人签章 复核 记账

交通银行 进账单（回 单） 1

2019 年 12月 13日

出票人	全 称	北京极地酒店有限公司	收款人	全 称	北京加旺电器有限公司
	账 号	11000328945656358 7789		账 号	110001859765635147703
	开户银行	交通银行北京海淀支行		开户银行	交通银行北京海淀支行
金额	人民币（大写）	贰万玖仟壹佰伍拾肆元整			¥2915400
票据种类	转账支票	票据张数 1			
票据号码	30227812-00043179				
	复核 记账				开户银行签章

此联是开户银行交给持票人的回单

银行存款日记账

开户行：交通银行北京海淀支行
账 号：11000328945656358 7789

2019年 月	日	凭证 种类	号数	摘要	借方	贷方	余额	核对
12	09			承前页	2433991939	5902722266	698265077	
12	09	记	017	手续费		10320	698254757	
12	09	记	009	取现		1000000	697254757	
12	09			本日合计	1032000	1010320	697254757	
12	10	记	017	营业收入	1695700		698950457	
12	10	记	017	手续费		16957	698933500	
12	10	记	010	预付租金		240000000	458933500	
12	10			本日合计	1695700	240016957	458933500	
12	11	记	017	营业收入	1569900		460503400	
12	11	记	017	手续费		15699	460487701	
12	11			本日合计	1569900	15699	460487701	
12	12	记	017	营业收入	1264900		461752601	
12	12	记	017	手续费		12649	461739952	
12	12			本日合计	1264900	12649	461739952	
12	13			预付加旺货款		2915400	458824552	

图 6-1-26 付款、登账

（5）填制凭证：极地酒店的会计填制信息化的记账凭证，交财务经理审核、出纳登记账簿（见图 6-1-27）。

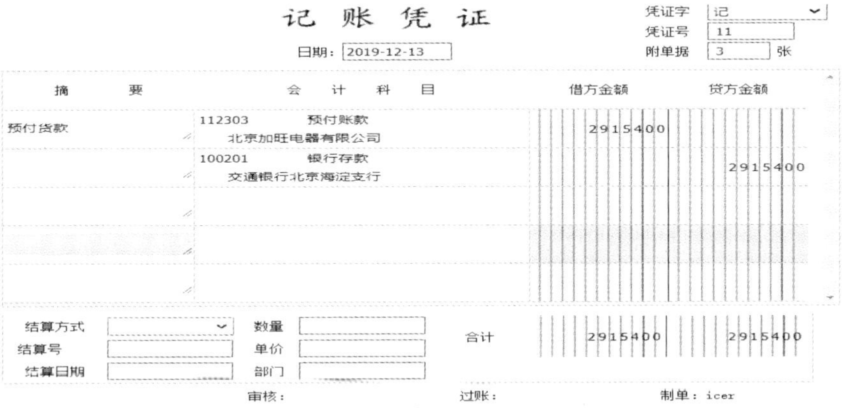

记 账 凭 证

凭证字 记　凭证号 11　附单据 3 张

日期：2019-12-13

摘要	会计科目	借方金额	贷方金额
预付货款	112303 预付账款 北京加旺电器有限公司	2915400	
	100201 银行存款 交通银行北京海淀支行		2915400

结算方式　数量　结算号　单价　结算日期　部门

合计 2915400　2915400

审核：　过账：　制单：icer

图 6-1-27　填制凭证

（6）收款、登账：加旺的出纳根据进账单登记银行存款日记账（见图 6-1-28）。

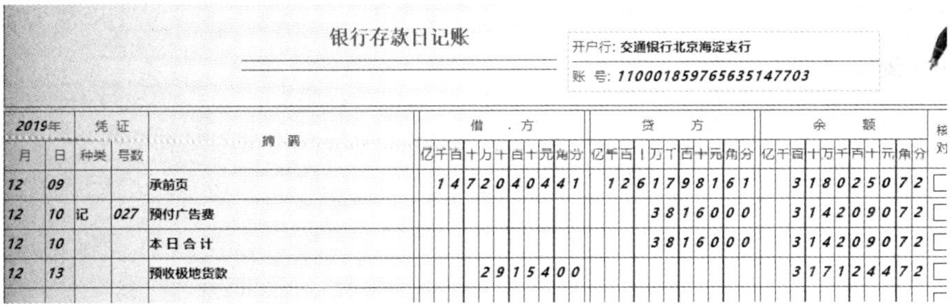

银行存款日记账

开户行：交通银行北京海淀支行

账　号：11000185976563514770３

2019年月	日	凭证种类	号数	摘要	借方	贷方	余额	核对
12	09			承前页	1472040441	1261798161	318025072	
12	10	记	027	预付广告费		3816000	314209072	
12	10			本日合计		3816000	314209072	
12	13			预收极地货款	2915400		317124472	

图 6-1-28　登记银行存款日记账

（7）填制凭证、登账：往来会计抽取并填制记账凭证，交总账会计审核签字。出纳登记账簿凭证字号、记账凭证签字。记录会计登记合同负债明细账，并在记账凭证上打钩签字（见图6-1-29）。

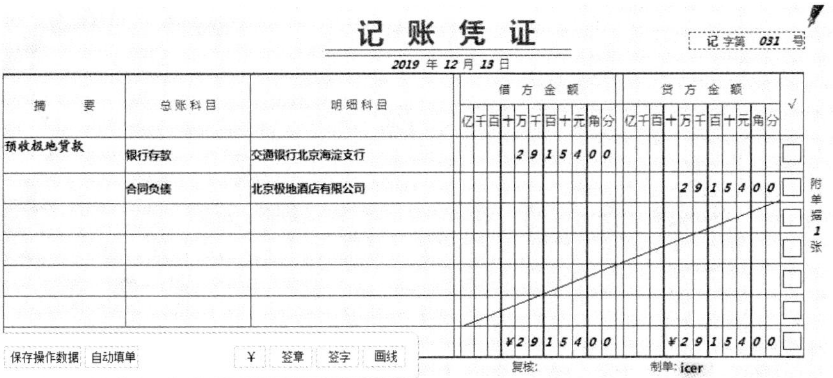

记 账 凭 证

记字第 031 号

2019 年 12 月 13 日

摘要	总账科目	明细科目	借方金额	贷方金额	√
预收极地货款	银行存款	交通银行北京海淀支行	2915400		
	合同负债	北京极地酒店有限公司		2915400	
			¥2915400	¥2915400	

附单据 1 张

复核：　制单：icer

保存操作数据　自动填单　¥　签章　签字　画线

分页:……总页:……

合同负债明细账

二级科目：北京极地酒店有限公司　　级科目：

2019年 月	日	凭证 种类	号数	摘要	日页	借方（亿千百十万千百十元角分）	贷方（亿千百十万千百十元角分）	借或贷	余额（亿千百十万千百十元角分）
12	01			承前页				平	000
12	13	记	031	预收极地货款			2915400	贷	2915400

记账凭证

2019年12月13日　　记字第 031 号

摘要	总账科目	明细科目	借方金额（亿千百十万千百十元角分）	贷方金额（亿千百十万千百十元角分）	√
预收极地货款	银行存款	交通银行北京海淀支行	2915400		√
	合同负债	北京极地酒店有限公司		2915400	√
合计			¥2915400	¥2915400	

附单据 1 张

会计主管：　记账：icer　出纳：李立　复核：陈冰　制单：icer

图 6-1-29　填制凭证、登账

6. 加旺支付辉达货款（网银）

实训任务：（1）申请付款；

（2）付款、登账；

（3）填制凭证、登账；

（4）登账；

（5）收款、登账；

（6）填制凭证。

操作步骤：

（1）申请付款：加旺的采购员从单据库中抽取付款申请书，并填写，找采购部经理、往来会计、财务经理、总经理审核（见图6-1-30）。

付款申请书

2019年12月14日

用途及情况	金额 亿	千	百	十	万	千	百	十	元	角	分	收款单位(人)：辉达（天津）贸易有限公司
支付货款				¥	8	0	0	0	0	0	0	账号：120001040018592
												开户行：农业银行天津津滨支行
金额（大写）合计：人民币捌万元整												电汇：☐ 信汇：☐ 汇票：☐ 转账：☐ 其他：☑

总经理		财务部门	经理		业务部门	经理	
			会计			经办人	icer

付款申请书

2019年12月14日

用途及情况	金额											收款单位(人):辉达（天津）贸易有限公司
支付货款	亿	千	百	十	万	千	百	十	元	角	分	账 号: 120001040018592
				¥	8	0	0	0	0	0	0	开户行：农业银行天津津滨支行
金额（大写）合计：	人民币捌万元整											电汇：□ 信汇：□ 汇票：□ 转账：□ 其他：√

总经理	孙涛	财务部门	经理	王方	业务部门	经理	成宝凤
			会计	杨彦		经办人	icer

图 6-1-30　填写付款申请书

（2）付款、登账：出纳点击左边网银—登录—企业单笔付款—付款录入以下信息，交财务经理审核。出纳根据银行电子回单登记银行存款日记账（包括货款和手续费）（见图 6-1-31）。

付款人信息	
*付款户名	北京加旺电器有限公司
*付款账号	110001859765635147703 ▼ 查询余额

收款人信息	
*收款方所在银行	○ 交通银行 ◉ 其他银行
*汇款方式	◉ 实时 ○ 预约(延迟)
特别说明:	请输入收款方账号，点击“查询户名”即可显示收款方户名，完成授权审批后立即发起资金汇划。
*收款账号	120001040018592
*收款户名	辉达（天津）贸易有限公司

款项信息			
*汇款金额	80000.00		
大写金额	捌万元整		
*摘要	手工录入 ▼	手工录入	支付货款
企业业务编号			
给授权员留言			

银行存款日记账

开户行：交通银行北京海淀支行
账 号：11000185976563514770З

2019年 月	日	凭证 种类	号数	摘要	借方	贷方	余额	核对
12	09			承前页	1472040441	1261798161	318025072	□
12	10	记	027	预付广告费		3816000	314209072	□
12	10			本日合计		3816000	314209072	□
12	13	记	031	预收极地货款	2915400		317124472	□
12	13			本日合计	2915400		317124472	□
12	14			支付辉达货款		8000000	309124472	□
12	14			支付手续费		1000	309123472	□

图 6-1-31　付款、登账

（3）填制凭证、登账：加旺的往来会计抽取并填制记账凭证，交总账会计审核。出纳登记账簿，往来会计抽取三栏式明细账登记应付账款明细账，并在记账凭证上打钩签字（见图 6-1-32）。

记 账 凭 证

2019 年 12 月 14 日　　　　记字第 032 号

摘要	总账科目	明细科目	借方金额	贷方金额	√
支付辉达货款	应付账款	辉达（天津）贸易有限公司	8000000		□
	财务费用	手续费	1000		□
	银行存款	交通银行北京海淀支行		8001000	□
					□
					□
					□
合		计	¥8001000	¥8001000	□

附单据 3 张

会计主管：　　记账：　　出纳：　　复核：　　制单：icer

应付账款明细账

分页：________ 总页：________

二级科目：辉达（天津）贸易有限公司　　　　级科目：________

年 月	日	凭证 种类	号数	摘要	日页	借方	贷方	借或贷	余额
11	30			承前页		40000000	13629000	贷	11521000
12	02	记	006	退货给辉达			1469000	贷	10052000
12	05	记	018	支付辉达货款		10000000		贷	52000
12	10	记	025	购入材料			24860000	贷	24912000
12	12	记	028	发票退回重开，冲账			24860000	贷	52000
12	12	记	029	购入材料			23165000	贷	23217000
12	14	记	032	支付辉达货款		8000000		贷	15217000

记账凭证

2019 年 12 月 14 日　　记字第 032 号

摘要	总账科目	明细科目	借方金额	贷方金额	√
支付辉达货款	应付账款	辉达（天津）贸易有限公司	8000000		√
	财务费用	手续费	1000		
	银行存款	交通银行北京海淀支行		8001000	√
合计			¥8001000	¥8001000	

附单据 3 张

会计主管：　记账：icer　出纳：李立　复核：陈冰　制单：icer

图 6-1-32　填制凭证、登账

（4）登账：费用会计抽取多栏式账簿，填写财务费用明细账，并在记账凭证上打钩签字（见图 6-1-33）。

级科目：

2015年 月	日	凭证号数	摘要	借方	贷方	借或贷	余额	利息收入	手续费
11	30		承前页	142890	142890	平	000		
12	14	记-032	支付辉达货款	1000		借	1000		1000

记账凭证

2019 年 12 月 14 日　　记字第 032 号

摘要	总账科目	明细科目	借方金额	贷方金额	√
支付辉达货款	应付账款	辉达（天津）贸易有限公司	8000000		√
	财务费用	手续费	1000		√
	银行存款	交通银行北京海淀支行		8001000	√
合计			¥8001000	¥8001000	

附单据 3 张

会计主管：　记账：杨彦 icer　出纳：李立　复核：陈冰　制单：杨彦

图 6-1-33　填写财务费用明细账

（5）收款、登账：辉达的出纳抽取并填制银行存款日记账（见图 6-1-34）。

银行存款日记账

开户行：农业银行天津津滨支行

账号：120001040018592

2015年 月	日	凭证种类	号数	摘要	借方	贷方	余额	核对
11	30			承前页	9657712518	9656066623	1443783550	□
12	09	记	004	商业承兑汇票到期、办理收款	20331090		1647094440	□
12	09			本日合计	20331090		1647094440	□
12	10	记	006	收到退税款	39776433		2044858733	□
12	10			本日合计	39776433		2044858733	□
12	13	记	008	缴纳社保费		4931476	1995543397	□
12	13	记	009	缴纳住房公积金		968000	1985863397	□
12	13	记	011	缴纳印花税		180735	1984056662	□
12	13			本日合计		6080211	1984056662	□
12	14			收到货款	8000000		2064056662	□

图 6-1-34　填制银行存款日记账

（6）填制凭证：主办会计抽取并填制通用记账凭证，交主管会计审核、出纳登记账簿。主办会计抽取三栏式明细账登记应收账款明细账，并在记账凭证上打钩签字（见图 6-1-35）。

记 账 凭 证

2019 年 12 月 14 日　　记 字第 012 号

摘要	总账科目	明细科目	借方金额	贷方金额	√
收到货款	银行存款	人民币户	8000000		
	应收账款	北京加旺电器有限公司		8000000	
合计			¥8000000	¥8000000	

附单据 1 张

会计主管：　记账：　出纳：　复核：　制单：icer

分页：　总页：

应收账款明细账

二级科目：北京加旺电器有限公司　　级科目：

2019年 月	日	凭证 种类	号数	摘要	日页	借方	贷方	借或贷	余额
11	30			承前页				借	11521000
12	02	记	001	销售退回		1469000		借	10052000
12	05	记	003	收到银行汇票			10000000	借	52000
12	10	记	005	销售商品		24860000		借	24912000
12	12	记	006	销售折让		1695000		借	23217000
12	14	记	012	收到货款			8000000	借	15217000

记 账 凭 证

2019 年 12 月 14 日　　记 字第 012 号

摘要	总账科目	明细科目	借方金额	贷方金额	√
收到货款	银行存款	人民币户	8000000		√
	应收账款	北京加旺电器有限公司		8000000	√
合计			¥8000000	¥8000000	

附单据 1 张

会计主管：　记账：icer　出纳：陆露兰　复核：丁遍发　制单：icer

图 6-1-35　填制凭证

7. 加旺将银行承兑汇票背书给红星，红星申请贴现

实训任务：（1）申请付款；

（2）付款、登账；

（3）填制凭证、登账；

（4）收款、登账；

（5）填制凭证；

（6）办理贴现；

（7）填制凭证。

操作步骤：

（1）申请付款：采购员填制付款申请书，交采购部经理、往来会计、财务经理、总经理审核（见图 6-1-36）。

付款申请书

2019年12月24日

用途及情况	金额											收款单位(人):北京红星贸易有限公司
转让银行承兑汇票支付货款	亿	千	百	十	万	千	百	十	元	角	分	账 号: 110019382048923748184
			¥	1	5	8	2	0	0	0	0	开户行：交通银行北京海淀支行
金额（大写）合计：	人民币壹拾伍万捌仟贰佰元整											电汇：☐ 信汇：☐ 汇票：☑ 转账：☐ 其他：☐

总经理		财务部门	经理		业务部门	经　理	
			会计			经办人	icer

付款申请书

2019年12月24日

用途及情况	金额											收款单位(人):北京红星贸易有限公司
转让银行承兑汇票支付货款	亿	千	百	十	万	千	百	十	元	角	分	账 号: 110019382048923748184
			¥	1	5	8	2	0	0	0	0	开户行：交通银行北京海淀支行
金额（大写）合计：	人民币壹拾伍万捌仟贰佰元整											电汇：☐ 信汇：☐ 汇票：☑ 转账：☐ 其他：☐

总经理	孙涛	财务部门	经理	王方	业务部门	经　理	成宝凤
			会计	杨彦		经办人	叶广淮

图 6-1-36　填制付款申请书

（2）付款、登账：出纳在银行承兑汇票背面填写背书人信息，找财务经理盖财务章，总经理盖法定代表人章；出纳在单据库中抽取承兑汇票备查簿，登记银行承兑汇票备查簿（见图 6-1-37）。

背面

被背书人 北京红星贸易有限公司	被背书人	被背书人	（贴粘单处）
北京加旺电器有限公司 财务专用章　孙涛 背书人签章 2019 年 12 月 24 日	背书人签章 年　月　日	背书人签章 年　月　日	

银行承兑汇票备查簿

出票人	承兑号码	汇票签发日	汇票到期日	票面金额	收款人\被背书人	贴现金额	备注
北京加旺电器有限公司	68231209	2019-09-09	2019-11-09	¥203310.90	辉达（天津）贸易有限公司		2019-11-09到期付款
北京思宁电器有限公司	68225689	2019-12-24	2020-03-24	¥158200.00	北京加旺电器有限公司		2019-12-24背书转让给红星贸易有限公司

图 6-1-37　付款、登账

（3）填制凭证、登账：加旺的往来会计抽取记账凭证，填制记账凭证，交总账会计审核后，自己抽取 2 张三栏式账簿，登记应付账款、应收票据明细账，并在记账凭证上打钩签字（见图 6-1-38）。

记 账 凭 证

记字第 053 号

2019 年 12 月 24 日

摘要	总账科目	明细科目	借方金额（亿千百十万千百十元角分）	贷方金额（亿千百十万千百十元角分）	√
银行承兑汇票背书转让	应付账款	北京红星贸易有限公司	15820000		
	应收票据	北京思宁电器有限公司		15820000	
合计			¥15820000	¥15820000	

附单据 2 张

会计主管：　记账：　出纳：　复核：　制单：icer

应付账款明细账

分页：________总页：________

二级科目：北京红星贸易有限公司　　级科目：________

2019 年 月	日	凭证 种类	号数	摘要	日页	借方（亿千百十万千百十元角分）	贷方（亿千百十万千百十元角分）	借或贷	余额（亿千百十万千百十元角分）
12	01			承前页		46380000	40073500	贷	10000000
12	03	记	009	购入材料			18014700	贷	28014700
12	19	记	046	支付红星货款		10000000		贷	18014700
12	24	记	053	银行承兑汇票背书转让		15820000		贷	2194700

分页：______ 总页：______

应收票据明细账

二级科目：北京思宁电器有限公司　　级科目：

2019年 月	日	凭证 种类	号数	摘要	日页	借方	贷方	借或贷	余额
12	01			承前页		81900000	81900000	平	000
12	24	记	052	收到思宁银行承兑汇票		15820000		借	15820000
12	24	记	053	银行承兑汇票背书转让			15820000	平	000

记 账 凭 证

记字第 053 号

2019 年 12 月 24 日

摘要	总账科目	明细科目	借方金额	贷方金额	√
银行承兑汇票背书转让	应付账款	北京红星贸易有限公司	15820000		√
	应收票据	北京思宁电器有限公司		15820000	√
合计			¥15820000	¥15820000	

附单据 2 张

会计主管：　记账：icer　出纳：　复核：陈冰　制单：icer

图 6-1-38　填制凭证、登账

（4）收款、登账：红星贸易的出纳根据承兑汇票抽取单据库——承兑汇票备查簿，登记银行承兑汇票备查簿（见图 6-1-39）。

银行承兑汇票备查簿

出票人	承兑号码	汇票签发日	汇票到期日	票面金额	收款人\被背书人	贴现金额	备注
北京红星贸易有限公司	56112342	2019-11-09	2020-02-09	¥100000.00	北京翔飞科技有限公司		
北京思宁电器有限公司	68225689	2019-12-24	2020-03-24	¥158200.00	北京红星贸易有限公司		

图 6-1-39　登记银行承兑汇票备查簿

（5）填制凭证：红星贸易的会计根据银行承兑汇票复印件进入信息化填制记账凭证（见图 6-1-40）。

记 账 凭 证

凭证字：记
凭证号：18
日期：2019-12-24　　附单据：1 张

摘要	会计科目	借方金额	贷方金额
收到银行承兑汇票抵货款	112101 应收票据 北京加旺电器有限公司	1582000	
	112203 应收账款 北京加旺电器有限公司		1582000

结算方式		数量		合计	1582000 / 1582000
结算号		单价			
结算日期		部门			

审核：　　过账：　　制单：马雪玲

图 6-1-40　填制记账凭证

（6）办理贴现：红星贸易的出纳抽取银行金融类贴现凭证和银行承兑汇票贴现协议，填写银行承兑汇票被背书人栏和抽取两个单据。会计在汇票背面被背书人处盖财务专用章，贴现凭证第一联盖财务专用章。总经理在银行承兑汇票贴现协议（借方凭证）（贷方凭证）（贴现企业留存）上盖法人章、公章；购销合同（复印件）盖公章，银行承兑汇票（背面）盖法人章，贴现凭证（代申请书）盖法人章，增值税专用发票（复印件）盖法人章。找到银行对公业务，在银行承兑汇票贴现协议（借方凭证）上盖公章法人章，银行承兑汇票贴现协议（贷方凭证）上盖公章法人章，银行承兑汇票贴现协议（贴现企业留存）上盖公章法人章，贴现凭证（收账通知）上盖办讫章。出纳自己抽取单据库：账簿类—银行存款日记账，承兑汇票备查簿，登记银行存款日记账和银行承兑汇票备查簿（见图 6-1-41）。

贴现凭证（代申请书） ①

填写日期 2019 年 12 月 24 日　　　　第 011 号

贴现汇票	种类	银行承兑汇票 号码 68225689	申请人	名称	北京红星贸易有限公司	
	出票日	2019 年 12 月 24 日		账号	110019382048923748184	
	到期日	2020 年 03 月 24 日		开户银行	交通银行北京海淀支行	
汇票承兑人（或银行）	名称	交通银行北京海淀支行	账号		开户银行	
汇票金额（即贴现金额）	人民币（大写）	壹拾伍万捌仟贰佰元整			千百十万千百十元角分	¥ 1 5 8 2 0 0 0 0
贴现率每月	‰	贴现利息	千百十万千百十元角分	实付贴现金额	千百十万千百十元角分	
兹根据《银行结算办法》的规定，附送承兑汇票申请贴现，请审核。 此致 交通银行北京海淀支行（贴现银行） 申请人盖章	银行审批	负责人　信贷员		科目（借）____ 对方科目（贷）____ 复核　记账		

此联银行作帖现借方凭证

银行承兑汇票贴现协议

编号：（ 65480091 ） 字第 20191212 号

贴现申请人（下称甲方）：北京红星贸易有限公司

法定代表人（或授权代理人）：

开户银行：交通银行北京海淀支行

账号：110019382048923748184

企业（法人）营业执照号码：911101013407923646

贴现人（下称乙方）：

法定代表人（或授权代理人）：

地址：

甲方因经营周转需要，以其持有的未到期银行承兑汇票壹____张向乙方申请贴现，双方就贴现事宜达成协议如下：

一、汇票内容（见附件三）。

二、申请贴现金额为人民币（大写）壹拾伍万捌仟贰佰元整____（小写）158200.00____元。

三、本协议项下贴现资金只能用于____，未经乙方书面同意，不得挪作他用，如甲方未按约定用途使用本协议项下贴现资金，乙方有权对挪用部分每日按挪用金额的万分之 五 计收利息，并停止对其办理商业汇票贴现业务。

四、贴现期限从本协议生效之日起至票据到期日止，承兑人在异地的，另加3天划款日期。

五、贴现利率为____。

六、甲方声明和保证：

1.甲方是依据中华人民共和国法律登记注册且已在乙方开立往来账户的企业法人或其他组织，具备所有进行经营活动必要的民事权利能力和民事行为能力，并已得到充分和合法授权签署和履行本协议。

2.甲方自愿将本协议项下的银行承兑汇票向乙方贴现，并保证该银行承兑汇票的取得具有真实的交易关系存在，并且其取得行为是合法的、善意的，乙方一经贴现，即拥有有关该汇票的一切票据权利。

3.甲方保证其在票据上的签章真实、有效。

4.汇票不论何种原因而不能按时收到汇票款项，乙方有向甲方追索未付的汇票金额及延误收款期间的利息和有关费用的权利。

5.汇票不论何种原因而遭退票，乙方在退票之日即可从甲方账户中扣收未付的汇票金额及延误收款期间的利息和有关费用，并将剩余未付款项按逾期贷款的规定处理。

6.甲方保证按乙方的要求提供所需的用款情况、财务报告等资料，并对其准确性、真实性和有效性承担责任。

7.无论何种原因导致甲方或承兑人将要或已丧失付款能力的，乙方有权提前向甲方收回汇票金额及利息和费用。

七、本协议如需公证，公证费用由甲方支付。

八、本协议在下列条件实现时生效：

1.本协议经双方法定代表或授权代理人签字并加盖单位印章；

2.乙方经审查同意并且实际办理了本协议下的汇票贴现业务。

九、本协议一式三份，甲方执一份，乙方执两份，均具有同等效力。

贴现申请人（公章）　　　　贴现人（公章）

法定代表人（或授权代理人）　　　　法定代表人（或授权代理人）

2019 年 12 月 24 日

单证列表　贴现凭证

贴现凭证（代申请书）　①

填写日期　2019 年 12 月 24 日　　　第 011 号

贴现汇票	种类	银行承兑汇票	号码 68225689	申请人	名称	北京红星贸易有限公司
	出票日	2019 年 12 月 24 日			账号	110019382048923748184
	到期日	2020 年 03 月 24 日			开户银行	交通银行北京海淀支行
汇票承兑人（或银行）	名称	交通银行北京海淀支行	账号		开户银行	
汇票金额（即贴现金额）	人民币（大写）	壹拾伍万捌仟贰佰元整				¥158200.00
贴现率 每 月	‰	贴现利息			实付贴现金额	

兹根据《银行结算办法》的规定，附送承兑汇票申请贴现，请审核。　此致　交通银行北京海淀支行（贴现银行）　申请人盖章　田度旺

银行审批　负责人　信贷员　　科目（借）　对方科目（贷）　复核　记账

此联银行作贴现借方凭证

凭证　购销合同（复...

合计	——	——	——	——	¥180147.00

合计人民币（大写）：壹拾捌万零壹佰肆拾柒元整

二、质量要求技术标准：供方对质量负责的条件和期限：按合同企业标准。

三、交（提）货地点、方式：销货方送货至购货方仓库。

四、付款时间与付款方式：

购货方收到销货方提供的发票后当月以银行承兑汇票支付158200.00元，余款下月支付。

被背书人 北京红星贸易有限公司	被背书人 交通银行北京海淀支行	被背书人
北京加旺电器有限公司 财务专用章　孙涛	北京红星贸易有限公司 财务专用章　田度旺	
背书人签章 2019 年 12 月 24 日	背书人签章 2019 年 12 月 24 日	背书人签章 年 月 日

（贴粘单处）

联次：发票联

1100192140　　北京增值税专用发票　　№ 60532952　　1100192140 60532952

代开　　开票日期：2019年12月03日

购买方	名称：北京加旺电器有限公司 纳税人识别号：911101016709563831 地址、电话：北京市海淀区温泉镇中关村环保园12号 010-87675687 开户行及账号：交通银行北京海淀支行 110001859765635147703	密码区	02+408-7*85-13/<5/47-5-500- 8+5+>16>**89980*-8-9+33434/ 53+411//385930-0-685999+231 54-1076-79-9*11087<2--29*5/

货物或应税劳务、服务名称	规格型号	单位	数量	单价	金额	税率	税额
*化学试剂助剂*制冷剂	R…	KG	3300.00	47.00	155100.00	3%	4653.00
*塑料制品*PP		KG	1100.00	18.00	19800.00	3%	594.00
合计					¥174900.00		¥5247.00
价税合计（大写）	⊗壹拾捌万零壹佰肆拾柒元整				（小写）¥180147.00		

销售方	名称：国家税务总局北京市税务局（代开机关） 纳税人识别号：11010100DK00110（代开机关） 地址、电话：北京市海淀区纺织大厦501室 010-87473498	备注	代开企业税号：911…07923646 代开企业名称：北京红星贸易有限公司 交通银行北京海淀支行110019382048923748184

第三联：发票联　购买方记账凭证

国家税务总局北京市税务局代开发票专用章

银行承兑汇票贴现协议

5.汇票不论何种原因而遭退票，乙方在退票之日即可从甲方账户中扣收未付的汇票金额及延误收款期间的利息和有关费用，并将剩余未付款项按逾期贷款的规定处理。

6.甲方保证按乙方的要求提供所需的用款情况、财务报告等资料，并对其准确性、真实性和有效性承担责任。

7.无论何种原因导致甲方或承兑人将要或已丧失付款能力的，乙方有权提前向甲方收回汇票金额及利息和费用。

七、本协议如需公证，公证费用由甲方支付。

八、本协议在下列条件实现时生效：

1.本协议经双方法定代表或授权代理人签字并加盖单位印章；

2.乙方经审查同意并实际办理了本协议下的汇票贴现业务。

九、本协议一式叁份，甲方执壹份，乙方执两份，均具有同等效力。

贴现申请人（公章）　　　　　　　　贴现人（公章）

法定代表人（或授权代理人）　田度旺　　法定代表人（或授权代理人）　刘婷婷

2019 年 12 月 24 日

贴现凭证

联次：收账通知

贴现凭证（收款通知）④

填写日期 2019 年 12 月 24 日　　第 011 号

贴现汇票	种类	银行承兑汇票　号码 68225689	申请人　名称	北京红星贸易有限公司
	出票日	2019 年 12 月 24 日	账号	110019382048923748184
	到期日	2020 年 03 月 24 日	开户银行	交通银行北京海淀支行
汇票承兑人（或银行）	名称	交通银行北京海淀支行	账号	开户银行
汇票金额（即贴现金额）	人民币（大写）	壹拾伍万捌仟贰佰元整		¥158200.00
贴现率 每月	7.50 %	贴现利息	实付贴现金额	¥154640.50
上述款项已入你单位账号。此致 贴现申请人		银行盖章	备注：	

此联银行给贴现申请人的收款通知

交通银行北京海淀支行 2019.12.24 办讫章（01）

银行存款日记账

开户行：交通银行北京海淀支行

账号：110019382048923748184

2019年 月	日	凭证 种类	凭证 号数	摘要	借方	贷方	余额	核对
12	21			承前页	135639733	127978069	356917 70	□
12	21			本日合计	7585083		35691770	□
12	24			将汇票贴现	15464050		51155820	□
								□

银行承兑汇票备查簿

出票人	承兑号码	汇票签发日	汇票到期日	票面金额	收款人\被背书人	贴现金额	备注
北京红星贸易有限公司	56112342	2019-11-09	2020-02-09	¥100000.00	北京翔飞科技有限公司		
北京思宁电器有限公司	68225689	2019-12-24	2020-03-24	¥158200.00	北京红星贸易有限公司	¥154640.50	2019-12-24申请贴现

图 6-1-41　办理贴现

（7）填制凭证：会计在信息化中填制凭证，保存后，出纳登记凭证字号（见图 6-1-42）。

记 账 凭 证

凭证字 记
凭证号 19
日期：2019-12-24　　附单据 2 张

摘　　要	会　计　科　目	借方金额	贷方金额
银行承兑汇票贴现	100201 银行存款 交通银行北京海淀支行	15464050	
	560303 财务费用 利息支出	355950	
	112101 应收票据 北京加旺电器有限公司		15820000

结算方式		数量		合计	15820000 / 15820000
结算号		单价			
结算日期		部门			

审核：　　过账：　　制单：icer

图 6-1-42　填制凭证

8. 支付货款（银行汇票）

实训任务：（1）申请付款；

（2）申请银行汇票；

（3）填制凭证（信息化）；

（4）银行汇票支付；

（5）填制凭证（信息化）。

操作步骤：

（1）申请付款：采购员抽取内部表单—付款申请书，并填写，交采购部经理、会计、财务经理、总经理签字（见图 6-1-43）。

付款申请书

2019 年 11 月 17 日

用途及情况	亿	千	百	十	万	千	百	十	元	角	分	收款单位(人):天津中祥商贸有限公司
申请银行汇票支付上月货款												账 号: 120019382048923
			¥	1	2	8	7	0	0	0	0	开户行：农业银行天津津滨支行

金额（大写）合计：人民币壹拾贰万捌仟柒佰元整　　电汇：□　信汇：□　汇票：☑　转账：□　其他：□

总经理		财务部门	经 理		业务部门	经　理	
			会 计			经 办 人	icer

图 6-1-43　填写付款申请书

（2）申请银行汇票：出纳抽取银行金融类—结算业务申请书，交财务经理在三联上盖财务专用章、总经理在三联上盖法人章。对公业务在结算业务申请书（回单）上盖业务受理章，在银行汇票（借方凭证）上盖汇票专用章、法人章，在付款通知书上盖办讫章。

出纳自己抽取单据库：账簿类—银行存款日记账，备查簿，登记银行存款日记账和银行汇票备查簿（见图 6-1-44）。

次：**记账联** 发报或出票依据联 回单联

中国农业银行 结算业务申请书 XVⅡ09773075
AGRICULTURAL BANK OF CHINA RMB SETTLEMENT APPLICATION FROM

申请日期Date 2019 年Y 11 月M 17 日D

客户填写	业务类型 Type	☐电汇 T/T ☐信汇 M/T ☑汇票 D/D ☐本票 P/N ☐其他 Others		汇款方式 Type of Remittance	☐普通 Normal ☐加急 Urgent	
	申请人 Applicant	全称 Full Names	天津海文商贸有限公司	收款人 Payee	全称 Full Names	天津中祥商贸有限公司
		账号或地址 A/C NO. or Address	120003201519468		账号或地址 A/C NO. or Address	120019382048923
		开户行名称 Account Bank Name	农业银行天津津滨支行		开户行名称 Account Bank Name	农业银行天津津滨支行
	金额（大写）人民币 Account in Words RMB	壹拾贰万捌仟柒佰元整		亿千百十万千百十元角分	￥128700000	
	上列款项及相关费用请从我账户内支付 The above remittance and related charges are to be drawn on my account 申请人签章 Applicant Signature and/or Stamp			支付密码 SC	6870-7455-5105-8984	
				附加信息及用途：Message and Purpose	申请银行汇票	
银行						

第一联 记账联

银行存款日记账

开户行：农业银行天津津滨支行
账 号：120003201519468

2015年 月	日	凭证 种类	号数	摘要	借方 (亿千百十万千百十元角分)	贷方 (亿千百十万千百十元角分)	余额 (亿千百十万千百十元角分)	核对
10	31			承前页	355368783	334395283	31855881	☐
11	02	记	001	将现金存入银行	1500000		33355881	☐
11	02			本日合计	1500000		33355881	☐
11	04	记	003	收到万城建筑有限公司上月货款	20475000		53830881	☐
11	04			本日合计	20475000		53830881	☐
11	05	记	004	收到银行代缴税费回单，缴纳上月增值税		3349000	50481881	☐
11	05	记	005	收到银行代缴税费回单，缴纳城建税等		401880	50080001	☐
11	05	记	006	收到银行代缴税费回单，缴纳印花税		12090	50067911	☐
11	05	记	007	收到银行代缴税费回单，缴纳上月个人所得税		40092	50027819	☐
11	05	记	008	支付诚康商贸有限公司上月货款（电汇）		2926050	47101769	☐
11	05			本日合计		6729112	47101769	☐
11	15	记	011	发放上月工资		7791674	39310095	☐
11	15	记	012	收到银行代扣本月社保费回单		3676800	35633295	☐
11	15	记	013	缴纳本月住房公积金		1699200	33934095	☐
11	15	记	014	支付上月工会经费		193211	33740884	☐
11	15			本日合计		13360885	33740884	☐
11	17			支付中祥商贸有限公司上月货款（银行汇票）		12870000	20870884	☐
								☐

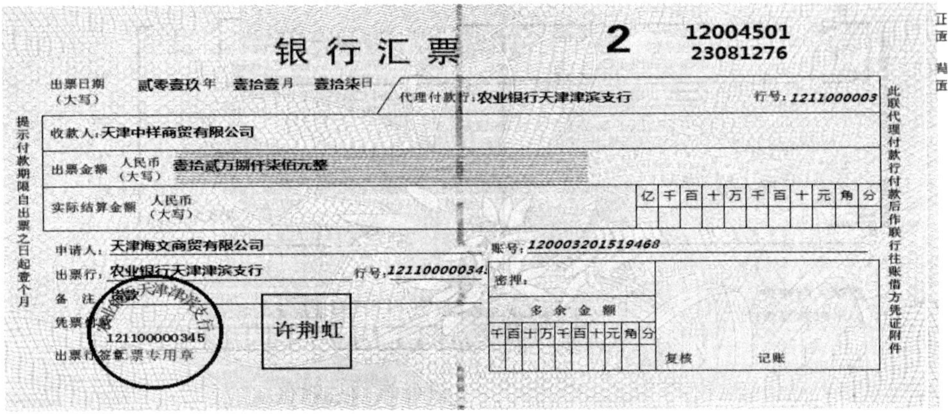

银行汇票备查簿

出票人	承兑号码	汇票签发日	汇票到期日	票面金额	收款人\被背书人	贴现金额	备注
天津海文商贸有限公司	23081276	2019-11-17	2019-12-17	¥128700.00	天津中祥商贸有限公司		

图 6-1-44　申请银行汇票

（3）填制凭证（信息化）：会计在信息化中填制凭证，交财务经理审核（见图 6-1-45）。出纳登记账簿。

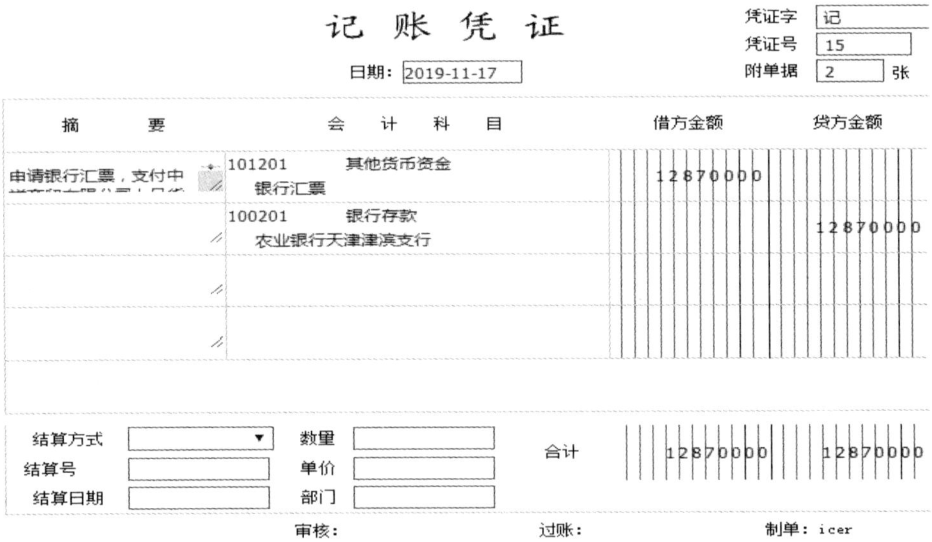

图 6-1-45　填制凭证

（4）银行汇票支付：出纳抽取账簿类—备查簿，填写银行汇票备查簿（见图 6-1-46）。会计登记信息化记账凭证，交财务经理审核。

银行汇票备查簿

出票人	承兑号码	汇票签发日	汇票到期日	票面金额	收款人\被背书人	贴现金额	备注
天津海文商贸有限公司	23081276	2019-11-17	2019-12-17	¥128700.00	天津中祥商贸有限公司		2019-11-17支付货款

图 6-1-46　银行汇票备查簿

（5）填制凭证（信息化）：会计在信息化中填制凭证（见图 6-1-47）。

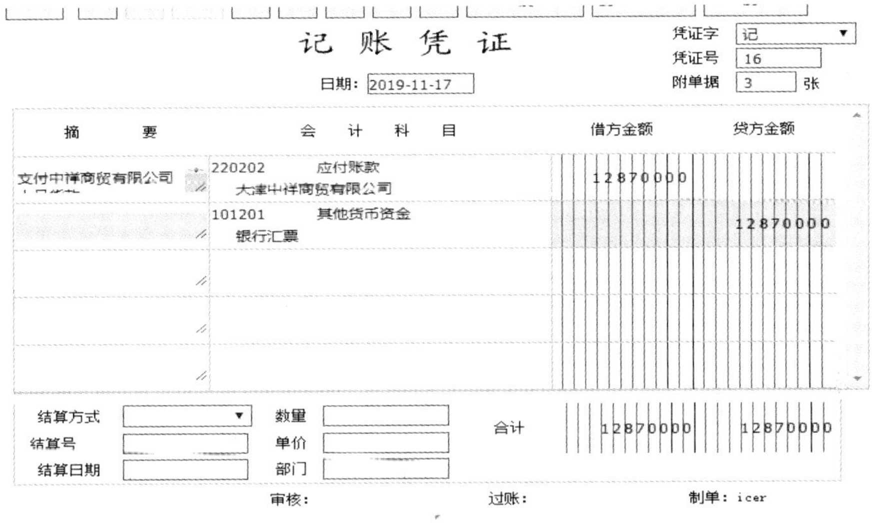

图 6-1-47　银行汇票支付

6.2 往来业务课后实训

（1）加旺支付成海货款（转账）。

（2）加旺收到海文代销款（电汇）。

（3）预付装修工程款。

（4）申请银行本票支付货款（爱辉）。

（5）支付上月运费（爱辉）。

第 7 章 涉税业务虚拟仿真项目

7.1 金税—网上报税（电子税务局）介绍

1. 我要办税—税费申报

税费申报：①申报清册（二级菜单：按期应申报、其他申报、逾期申报）；②清缴税款；③申报更正；④申报作废；⑤申报查询及打印；⑥缴款查询及打印（见图 7-1-1）。

图 7-1-1 税费申报

2. 申报税

1）按期应申报

界面包括：申报月份、税费申报、财务报表报送。

主要功能包括：税费的纳税申报及财务报表报送。

（1）增值税一般纳税申报。

按照“税费申报及缴款”—“按期应申报”的顺序进入本模块（见图 7-1-2）。

图 7-1-2 按期应申报页面

系统显示当期应报表列表页面。

选择“增值税”，点击“填写申报表”，进入填写申报表页面（见图 7-1-3）。

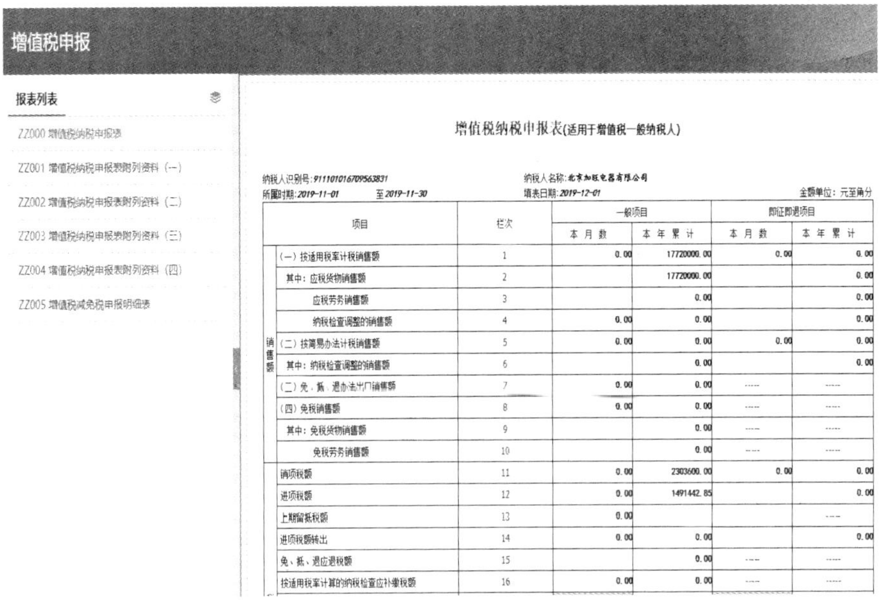

增值税申报

报表列表

ZZ000 增值税纳税申报表

ZZ001 增值税纳税申报表附列资料（一）

ZZ002 增值税纳税申报表附列资料（二）

ZZ003 增值税纳税申报表附列资料（三）

ZZ004 增值税纳税申报表附列资料（四）

ZZ005 增值税减免税申报明细表

增值税纳税申报表(适用于增值税一般纳税人)

纳税人识别号:91110101670956383l　　纳税人名称:北京加旺电器有限公司

所属时期:2019-11-01　至2019-11-30　　填表日期:2019-12-01　　金额单位：元至角分

项目		栏次	一般项目		即征即退项目	
			本月数	本年累计	本月数	本年累计
销售额	（一）按适用税率计税销售额	1	0.00	17720000.00	0.00	0.00
	其中：应税货物销售额	2		17720000.00		0.00
	应税劳务销售额	3		0.00		0.00
	纳税检查调整的销售额	4	0.00	0.00		0.00
	（二）按简易办法计税销售额	5	0.00	0.00	0.00	0.00
	其中：纳税检查调整的销售额	6		0.00		0.00
	（二）免、抵、退办法出口销售额	7	0.00	0.00	-----	-----
	（四）免税销售额	8	0.00	0.00	-----	-----
	其中：免税货物销售额	9		0.00	----	-----
	免税劳务销售额	10		0.00	----	-----
	销项税额	11	0.00	2303600.00	0.00	0.00
	进项税额	12	0.00	1491442.85		0.00
	上期留抵税额	13	0.00			----
	进项税额转出	14	0.00	0.00		0.00
	免、抵、退应退税额	15		0.00	----	-----
	按适用税率计算的纳税检查应补缴税额	16	0.00	0.00	----	-----

图 7-1-3　申报表页面

填写申报表数据，需暂存数据的，点击申报界面右上角“保存”。保存成功后通过其他计算机登录也能查询到已保存的报表数据。点击“申报”，进入申报结果页面，需缴税的点击“缴税”进入缴税页面划缴税款，无须缴税的点击“关闭”。

（2）财务报表报送。

如果未在申报期则不显示，提示“本月非报送期！”

选择“财务报表报送”，点击“填写申报表”，进入填写申报表页面。

进入财务报表填写页面，申报表数据填写完成后点击“申报”。

2）其他申报

其他申报模块包含其他税费的纳税申报，如增值税预缴申报表、印花税申报表、工会经费申报表、环境保护税基础信息采集表、环境保护税申报 A 表、环境保护税申报 B 表、房产税税源信息采集、房产税申报表、城镇土地使用税税源信息采集、城镇土地使用税申报表、社会保险费信息采集、社会保险费申报表、车船税纳税申报表、土地增值税纳税申报表（一）预征适用、土地增值税纳税申报表（二）清算适用等其他税费申报（见图 7-1-4）。

注：申报操作参照按期申报中的税种申报流程。

图 7-1-4　其他申报页面

3）逾期申报

逾期申报指对在申报期限内未申报的税费进行申报（见图 7-1-5）。

图 7-1-5　逾期申报页面

4）清缴税款

申报成功后可通过“三方协议缴款”和“银联缴款”2 种缴款方式缴款（见图 7-1-6）。

图 7-1-6　税费缴纳页面

5）申报更正

如发现申报填写错误可以通过“申报更正”功能进行申报表更正，点击“更正申报”（见图 7-1-7）。

图 7-1-7　申报更正页面

进入做题界面进行重新修改与申报（见图 7-1-8）。

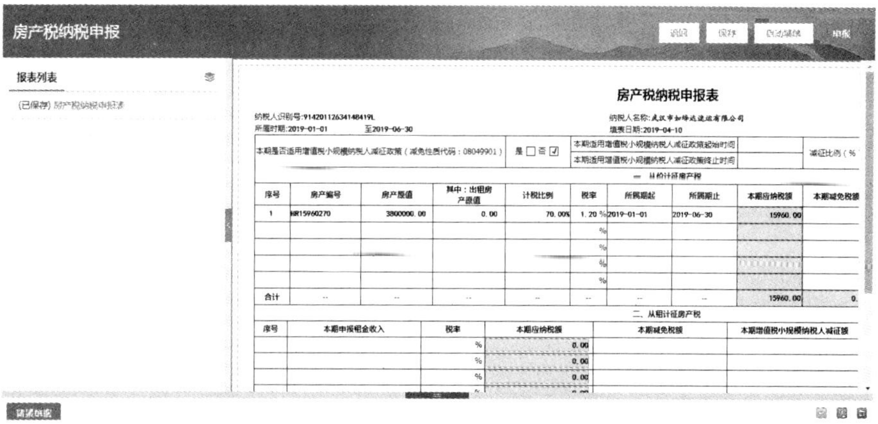

图 7-1-8　重新修改与申报

6）申报作废

如发现申报填写错误可以通过“申报作废”功能进行申报表作废。重新填写纳税申报表，点击“申报作废”（见图 7-1-9）。

图 7-1-9　申报作废页面

点击作废，进入作废界面。作废描述可以随意填写，点击“作废提交”即作废成功；“取消”，退回上一页（见图 7-1-10）。

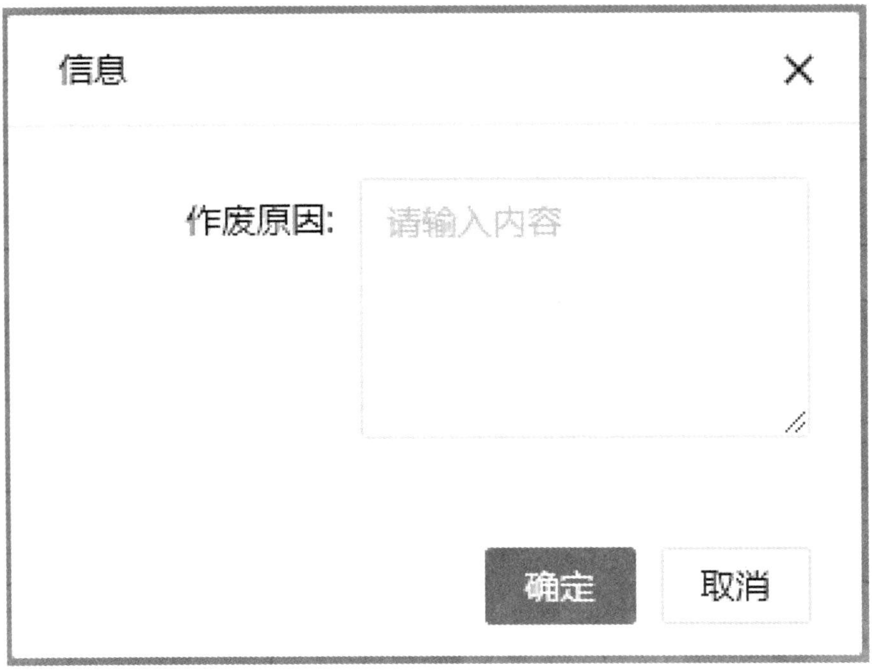

图 7-1-10　作废页面

7）申报查询及打印

申报成功后可以进行查询与打印（见图 7-1-11）。

图 7-1-11　申报查询及打印

8）缴款查询及打印

税款缴纳后就可以查询及打印电子缴款凭证（见图 7-1-12）。

图 7-1-12　缴款查询及打印页面

7.2 发票查询及作废

1. 已开发票查询

主要功能：用来按月查询所开的各种发票，并打印发票。对于增值税专用发票和增值税普通发票，还可以查询打印销货清单。

操作步骤：

第一步：点击“发票管理”便弹出“发票管理”窗口，点击“已开发票查询”按钮（见图 7-2-1）。

图 7-2-1　发票管理窗口

第二步：弹出“发票查询”，点击“确认”按钮后，如图 7-2-2 所示。

图 7-2-2　“发票查询”页面

说明：若要打印发票列表，或者打印发票清单，可以点击该窗口上的“打印”进行选择，直接连到打印机上进行打印。增值税专用发票和增值税普通发票的销货清单票样如图 7-2-3 所示。

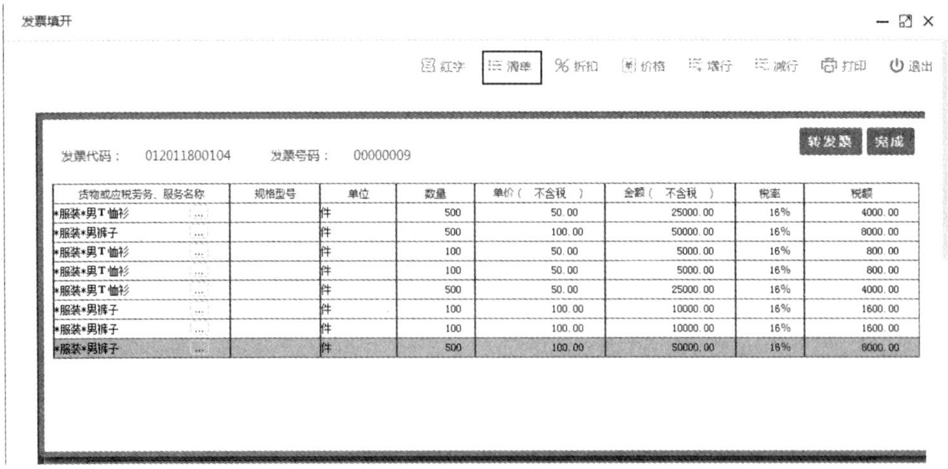

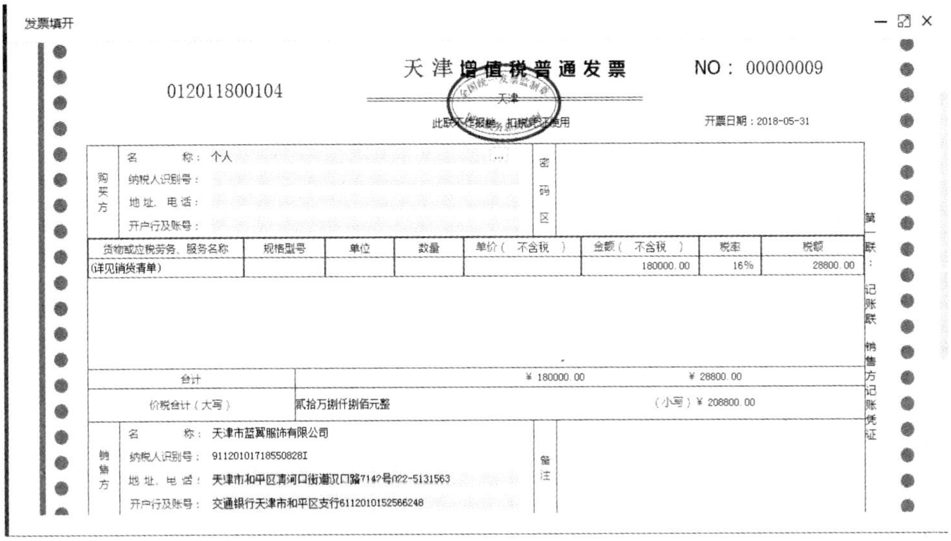

发票填开

天津增值税普通发票　NO：00000009

012011800104

此联不作报销、扣税凭证使用　开票日期：2018-05-31

购买方	名称：个人				密码区		
	纳税人识别号：						
	地址、电话：						
	开户行及账号：						
货物或应税劳务、服务名称	规格型号	单位	数量	单价（不含税）	金额（不含税）	税率	税额
（详见销货清单）					180000.00	16%	28800.00
合计					¥180000.00		¥28800.00
价税合计（大写）	贰拾万捌仟捌佰元整				（小写）¥208800.00		
销售方	名称：天津市蓝翼服饰有限公司				备注		
	纳税人识别号：91120101718550828I						
	地址、电话：天津市和平区清河口街道汉口路7142号022-5131563						
	开户行及账号：交通银行天津市和平区支行6112010152566248						

第一联：记账联　销售方记账凭证

图 7-2-3　销货清单票样

第三步：查找并选择欲查看的发票号码。在弹出的“选择发票号码查询”窗口中，系统列出了所选定月份内的全部已开发票（包括作废发票）可以在此查找到欲查看的发票（见图 7-2-4）。如果已开发票数量很多可用右侧滑动条直接浏览查找。

开票系统

系统设置　发票管理　报税处理　系统维护

发票领用管理　发票管理　红字发票信息表

查询范围 2019年　11月　发票种类 全部发票　请输入发票号　查询

发票种类	发票代码	发票号码	开票机号	购方名称	开票日期	报送状态	所属月份	合计金额	税率	合计税额
增值税专用发票	1100191210	60972219	01	北京宇飞科技有限公司	2019-11-30	已报送	11	2092000	13%	271960
增值税专用发票	1100191210	60972218	01	北京思宁电器有限公司	2019-11-27	已报送	11	172000	13%	22360
增值税专用发票	1100191210	60972217	01	北京极地酒店有限公司	2019-11-25	已报送	11	172000	13%	22360
增值税专用发票	1100191210	60972216	01	北京思宁电器有限公司	2019-11-24	已报送	11	280000	13%	36400
增值税专用发票	1100191210	60972215	01	天津海文商贸有限公司	2019-11-20	已报送	11	1667400	13%	216762
增值税专用发票	1100191210	60972214	01	北京极地酒店有限公司	2019-11-18	已报送	11	516000	13%	67080
增值税专用发票	1100191210	60972213	01	北京思宁电器有限公司	2019-11-17	已报送	11	72000	13%	9360
增值税专用发票	1100191210	60972212	01	北京极地酒店有限公司	2019-11-05	已报送	11	86000	13%	11180
增值税专用发票	1100191210	60972211	01	北京思宁电器有限公司	2019-11-05	已报送	11	1234000	13%	160420
增值税专用发票	1100191210	60972210	01	北京思宁电器有限公司	2019-11-02	已报送	11	336000	13%	43680

图 7-2-4　查看发票号码

第四步：选中某个发票号码后点击“查看明细”按钮，以查发票票面详细信息，如图 7-2-5 所示。

图 7-2-5　查看发票明细

2. 已开发票作废

主要功能：当企业所开发票有误或者由于商品质量等问题购方退货时，若该张所开发票未抄税，则可利用该功能作废该张发票的电子信息。

操作步骤：

第一步：点击“发票作废”或主界面工具栏的发票管理/发票开具管理/已开发票作废菜单项，系统弹出“选择发票号码作废”窗口，如图 7-2-6 所示。

图 7-2-6　“选择发票号码作废”窗口

第二步：在此窗口中选中某个发票号码后，点击右上角的“作废”按钮，系统自动显示作废标志（见图 7-2-7）。

图 7-2-7　发票作废标志

说明：

①已经抄税的发票不能作废，只能填开负数发票冲销。

②对已开发票进行作废时，通常情况下要遵守“谁开具，谁作废”的原则。

系统提示“将要作废发票，您要继续吗？”点击“确定”按钮后，系统提示“作废发票成功”（见图 7-2-8）。

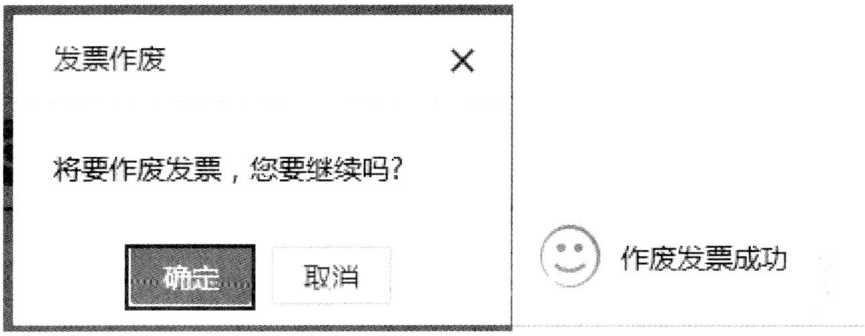

图 7-2-8　发票作废

发票作废后，发票界面的“作废标志”一栏会显示“是”，代表该张发票已作废（见图 7-2-9）。

图 7-2-9　作废成功

3. 红字发票信息表

1）红字增值税专用发票信息表填开

主要功能：在开票软件中填开增值税专用发票红字发票信息表。

操作步骤：

第一步：进入“发票管理”界面，点击“信息表”，也可以点击“红字发票申请单/红字增值税专用发票信息表填开”菜单，弹出红字发票信息表信息选择界面，如图 7-2-10 所示。

图 7-2-10 “红字信息填开”界面

第二步：在红字发票信息表信息选择界面中，可以选择购买方申请和销售方申请两种方式。

（1）购买方申请。

由购买方申请开具红字增值税专用发票，根据对应蓝字增值税专用发票抵扣增值税销项税额情况，分已抵扣和未抵扣两种方式：

方式一：当选择已抵扣时，只要选择发票种类后，不需要填写对应蓝字发票代码和发票号码，点击“确定”进入填开界面。

方式二：当选择未抵扣时，应根据实际情况选择对应的具体未抵扣原因后，选择发票种类，并填写对应蓝字发票代码和号码，点击“确定”进入填开界面，如图 7-2-11 所示。

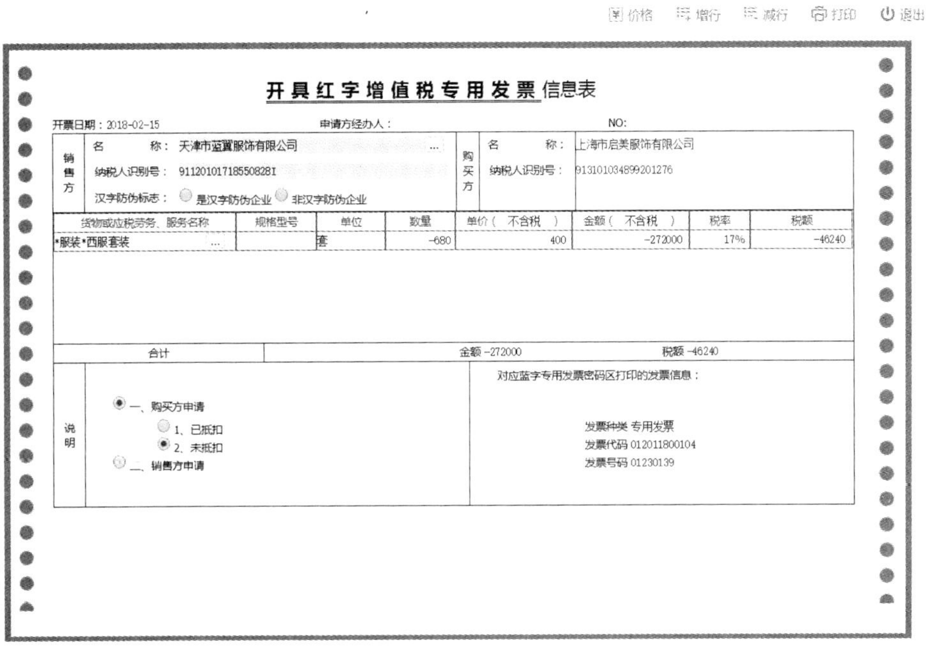

图 7-2-11　进入填开界面

（2）销售方申请。

由销售方申请开具红字增值税专用发票，根据实际情况选择理由后，选择发票种类，并填写对应蓝字发票代码和号码，点击“确定”按钮后，如果数据库中有对应蓝字发票，则弹出如图 7-2-12 所示的界面。

图 7-2-12　“红字信息填开”界面

查看信息无误后点击“确认”按钮进入信息表填开界面。对于销售方申请且数据库中有对应蓝字发票信息的，系统会自动填写信息表，信息如图 7-2-13 所示。

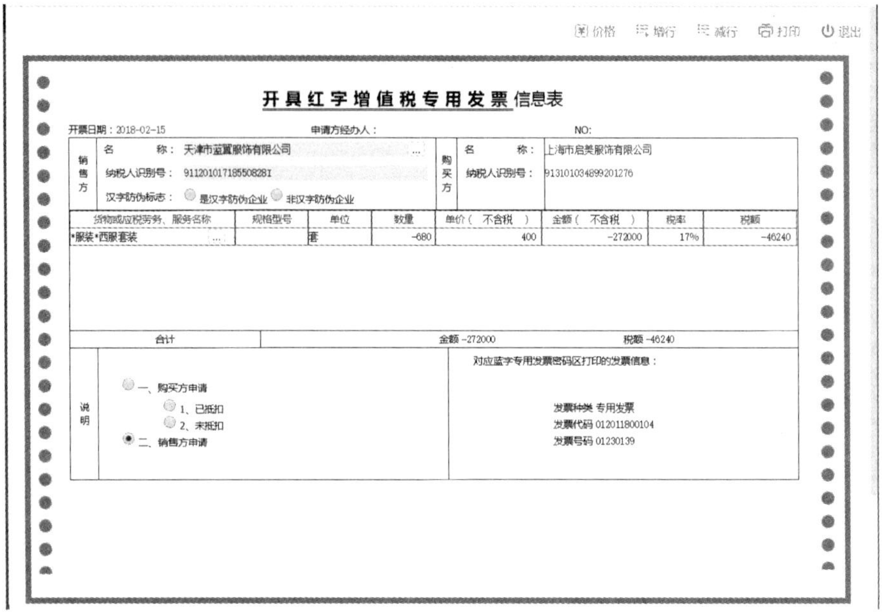

图 7-2-13　红字发票信息表

第三步：对于购买方申请，需要在图 7-2-14 中的红字发票信息表填开界面，手动填写纳税人信息、商品信息和申请理由等信息。对于销售方申请但数据库中无对应蓝字发票信息的，需手动填写各项信息。确认无误后点击“提交”按钮，系统保存此张红字发票信息表。

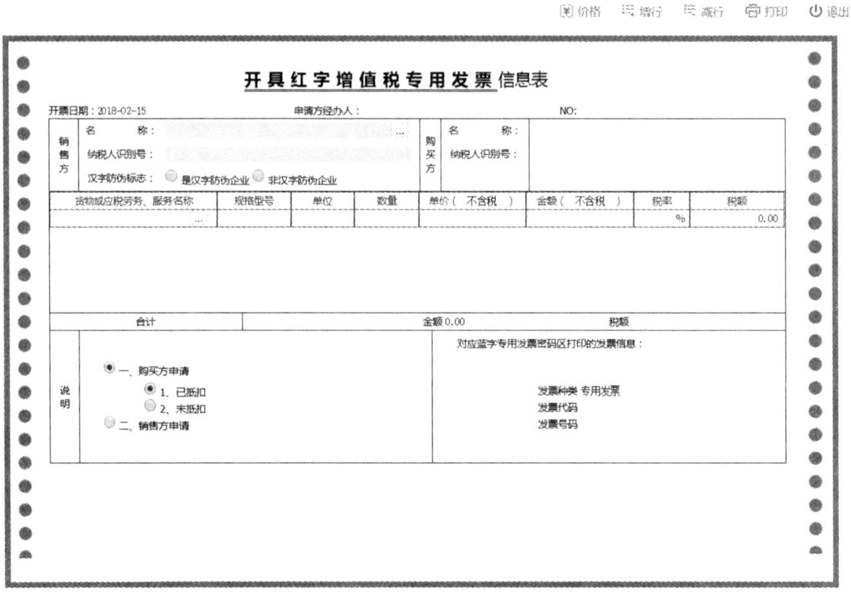

图 7-2-14　红字发票信息表界面

说明：

①信息表中的商品数量和金额必须为负数。

②在红字发票信息表填开界面中，商品信息可以直接手动输入，也可以从商品编码库中选择。

③对带折扣的蓝字发票开具对应信息表时，若数据库中有对应蓝字发票信息，系统会自动将折扣分摊反映在对应的商品行上。

2）红字增值税专用发票信息表查询

主要功能：查看已填开的红字发票信息表。

第一步：选择“红字发票信息表”，点击“红字增值税专用发票信息表查询导出”（见图 7-2-15）。

图 7-2-15　红字增值税专用发票信息表导出

第二步：对于购货方申请开出的红字信息表，通过点击页面上方的“查询”按钮，系统弹出提示框显示，如图 7-2-16 所示。

图 7-2-16　查询信息表

选择其他企业作为购买方填写的红字信息表，点击“确认”按钮，系统自动将已审核通过的信息表显示该信息表编号，如图 7-2-17 所示。

图 7-2-17　红字发票信息表编号

注意：信息表描述为“审核通过”的信息表编号才可以用于开具红字发票。

3）红字增值税专用发票信息表上传

主要功能：上传已填开的红字发票信息表。

选择一张红字发票信息表后，通过点击页面上方的“上传”按钮，系统弹出提示框“上传成功”即代表成功（见图 7-2-18）。

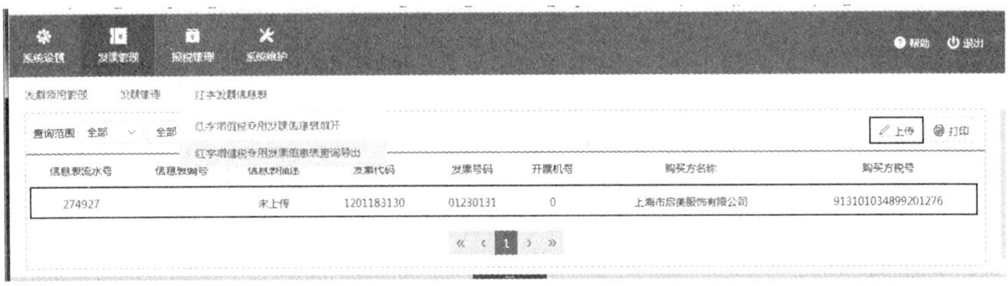

图 7-2-18　上传红字发票

7.3 报税处理

本模块主要用于企业抄报税和发票资料统计，实现功能包括：办税厅抄报、上报汇总、状态查询、月度统计等。

点击主界面上的“报税管理”按钮，打开“报税管理”窗口，如图 7-3-1 所示。该模版的功能菜单列于主窗口菜单上，其常用的菜单功能及基本流程则以导航图的形式显示于子窗口上。

图 7-3-1　报税管理窗口

1. 办税厅抄报

主要功能：进行征期抄税和非征期抄税。“抄税处理”功能可将金税盘中的各种发票明细与汇总数据抄到本机金税盘上，为报税系统提供报税的电子数据。

操作步骤：

第一步：点击开票系统里报税处理—报税管理下拉菜单中的“办税厅抄报”，系统提示办税厅抄税提醒，如图 7-3-2 所示。

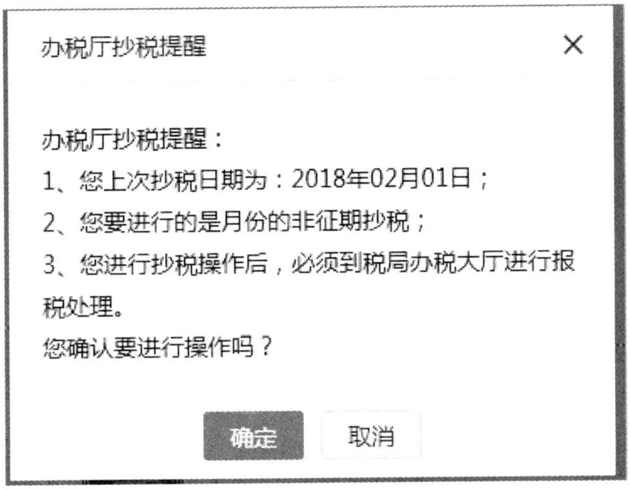

图 7-3-2　抄税提醒

第二步：选择需要抄税的票种后点击“确认”按钮，弹出抄税成功窗口，如图 7-3-3 所示。

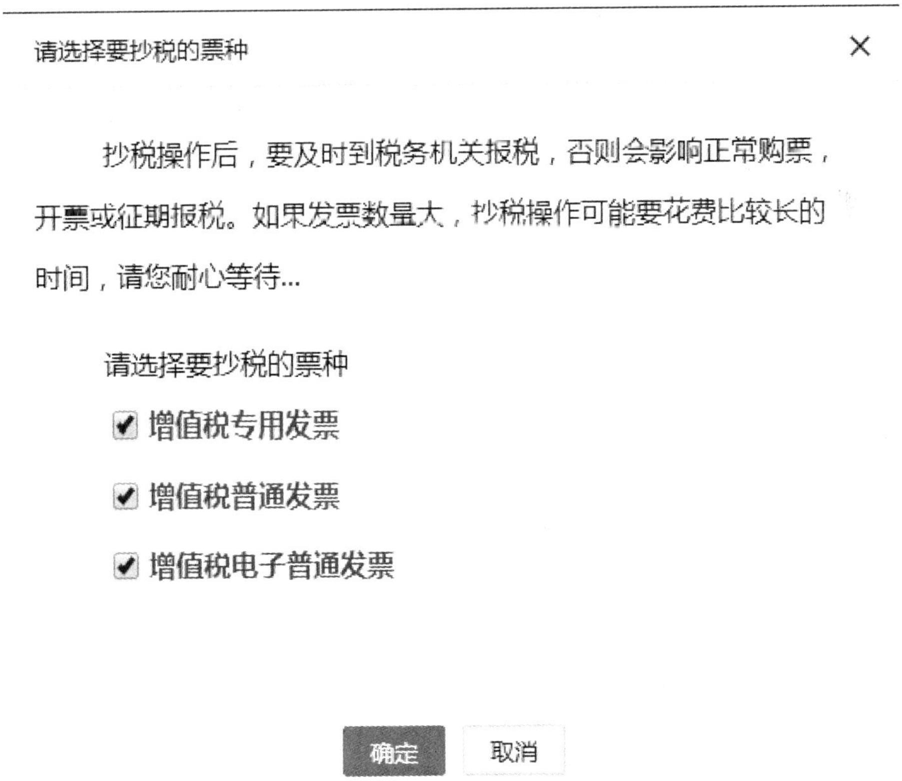

图 7-3-3　选择票种

2. 上报汇总

主要功能：企业可以利用此功能通过网络报税并在网上清卡。

操作步骤：

第一步：点击“报税管理/上报汇总”，弹出“数据上传成功”界面，如图 7-3-4 所示。

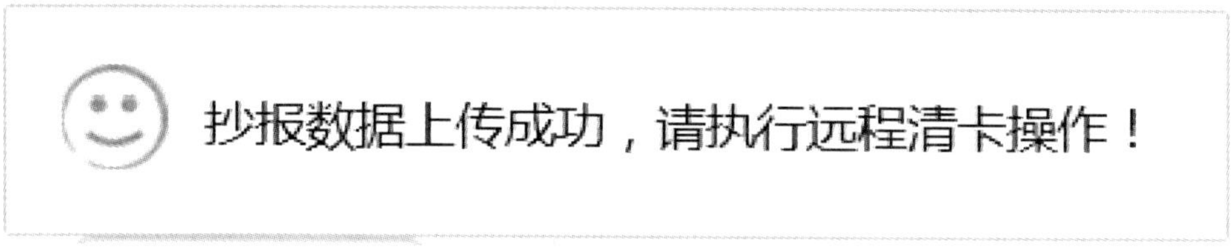

图 7-3-4　数据上传成功

第二步：点击“确认”按钮以后，点击“远程清卡”按钮执行清卡操作。清卡完成后，弹出清卡成功提示框，如图 7-3-5 所示，确定后退出并重新启动开票软件。

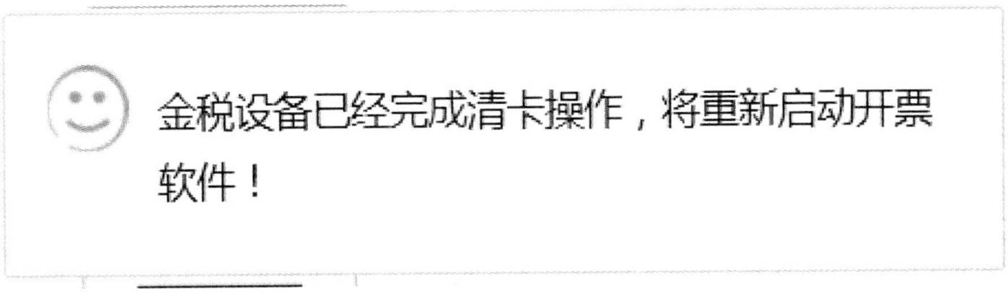

图 7-3-5 清卡成功

注意：

①必须保证授权票种均未进行征期报税。

②上报汇总不支持非征期抄报。

③上报汇总前必须确保所有离线开具的发票已上传，否则系统给出错误提示。

3. 状态查询

主要功能：用于查询金税盘和报税盘当前状态的信息，以及一些其他信息。

操作步骤：

点击“报税管理/状态查询”，便弹出“金税设备状态查询”对话框，如图 7-3-6 所示。

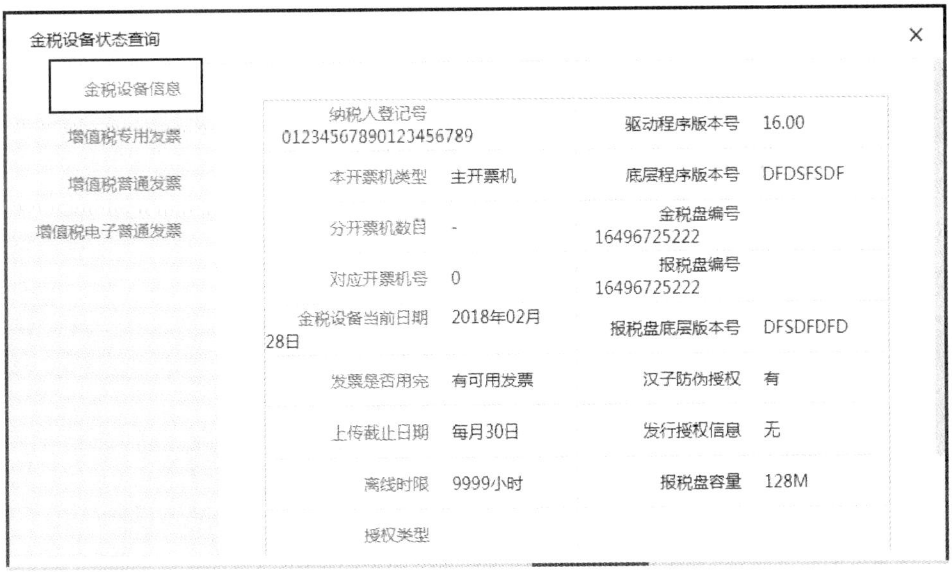

图 7-3-6 “金税状态查询”对话框

4. 月度统计

主要功能：用于查询企业金税盘某一个会计月的各种发票领用存及销项金额、税额等统计资料，并能对当月发票资料按期进行查询统计。

操作步骤：

第一步：点击“报税管理/月度统计”，弹出“指定汇总范围”对话框，如图7-3-7所示。

图 7-3-7 “指定汇总范围”对话框

第二步：选择年份、月份和所属期。

第三步：选定年份、月份和所属期后，点击“确认”按钮，便可打开金税设备月度资料统计窗口，如图7-3-8所示。

图 7-3-8 月度资料统计窗口

5. 发票资料

主要功能：企业进行报税时，当地税局会要求企业携带各种报表，此时需要利用该功能按照当地税局的要求打印各种报表。发票资料查询打印功能可以按照发票种类、月份、所属税期等条件生成销项发票的汇总表与各种明细表，以供查询和打印。

操作步骤：

第一步：点击“报税管理/发票资料”，系统便弹出“发票资料查询打印”对话框，如图 7-3-9 所示。

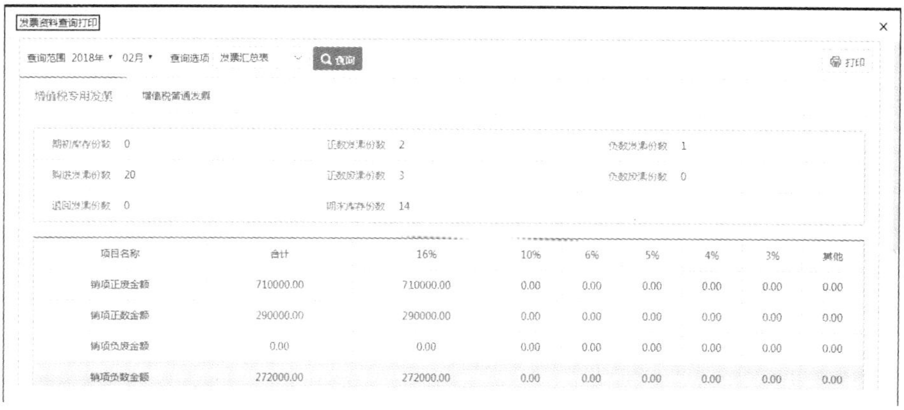

图 7-3-9　“发票资料查询打印”对话框

第二步：用户可依次选择查询的发票种类、月份、所属税期的报表，然后点击“确认”按钮，则系统将根据选择项而查询相应的数据，如图 7-3-10 所示。

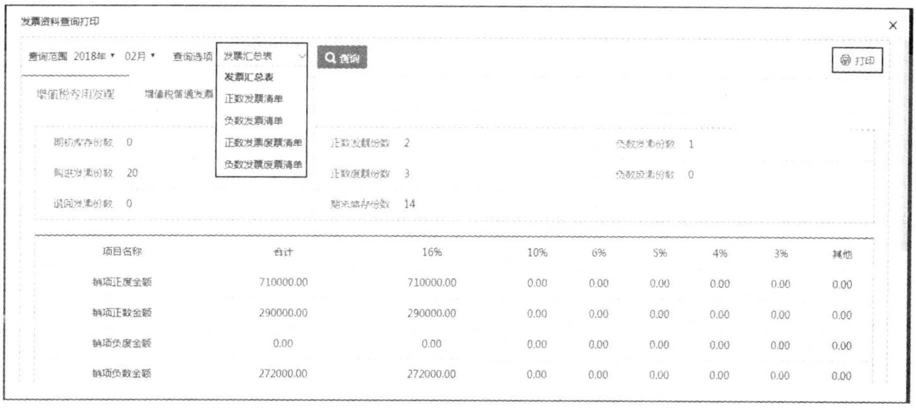

图 7-3-10　查询数据

第三步：点击该界面的“打印”按钮，可以下载相应的 PDF 格式报表。

6. 电子发票系统

增值税电子发票系统是用于增值税电子普通发票凭证生成、发票凭证查询、发票交付的软件系统。

1）首页

登录后直接进入就可以看到之前已开具的增值税专用发票（见图 7-3-11）。

图 7-3-11　电子发票系统首页

开票系统开具增值税电子普通发票，选择电子发票填开（见图 7-3-12）。

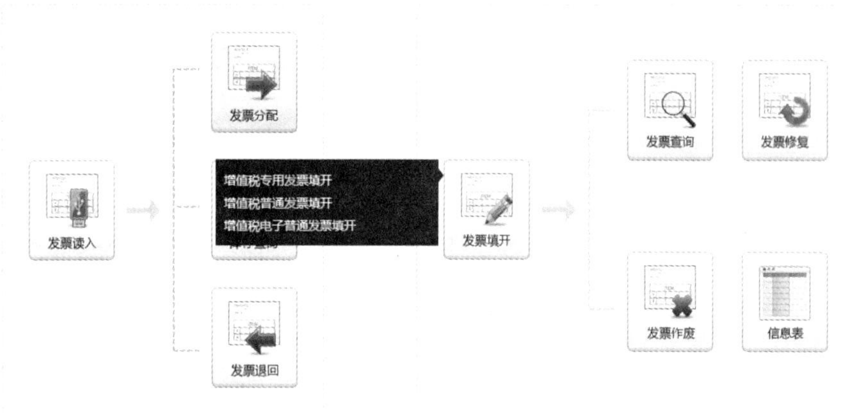

图 7-3-12　选择电子发票填开

进入电子发票填开界面，填写相应的发票资料信息，点击“打印”完成发票开具（见图 7-3-13）。

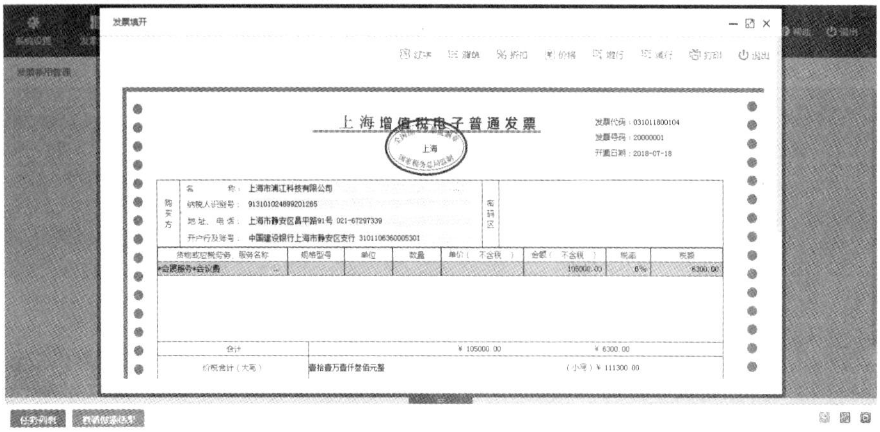

图 7-3-13　打印发票

发票开具后即可以在增值税电子普通发票界面进行查询与交付。

2）系统维护

可以查询增值税电子普通发票系统所登记的纳税人信息（见图 7-3-14）。

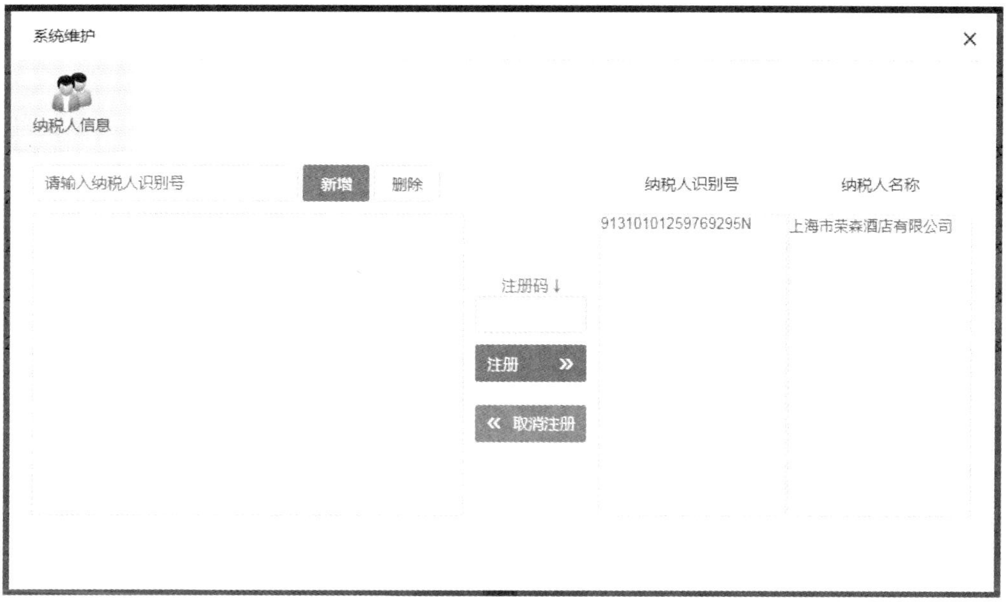

图 7-3-14　“系统维护”界面

3）发票预览

开票系统开具的增值税电子普通发票可以在电子发票系统界面查询（见图 7-3-15）。

图 7-3-15　发票预览

点击“Q 查询”可以查询已开具的发票（见图 7-3-16）。

上海增值税电子普通发票

发票代码：031011800104
发票号码：20000001
开票日期：2018-07-18

全国统一发票监制章 上海 国家税务总局监制

购买方
名　　称：上海市浦江科技有限公司
纳税人识别号：913101024899201265
地址、电话：上海市静安区昌平路91号 021-67297339
开户行及账号：中国建设银行上海市静安区支行 3101106360005301
密码区

货物或应税劳务、服务名称	规格型号	单位	数量	单价（不含税）	金额（不含税）	税率	税额
*会展服务*会议费					105000.00	6%	6300.00
合计					¥ 105000.00		¥ 6300.00

价税合计（大写）　壹拾壹万壹仟叁佰元整　（小写）¥ 111300.00

销售方
名　　称：上海市荣森酒店有限公司
纳税人识别号：91310101259769295N
地址、电话：上海市黄浦区屏襄门街道四平路8892号021-773175
开户行及账号：中国工商银行上海市黄浦区支行6131010166777621
备注

收款人：金税　复核：金税　开票人：金税　销售单位（章）

图 7-3-16　查询发票

4）发票交付

刚从开票软件开具的增值税电子普通发票的状态是“未交付”（见图 7-3-17）。

发票代码	发票号码	开票机号	开票日期	购方名称	价税合计	文件状态	交付状态	预览	操作
031011800104	20000001	01	2018-07-18	上海市浦江科技有限公司	105000	正常	未交付		发票交付
031011800104	22000147	01	2018-06-08	个人	1000	正常	已交付		发票交付
031011800104	22000148	01	2018-06-16	个人	1500	正常	已交付		发票交付
031011800104	22000149	01	2018-06-23	个人	500	正常	已交付		发票交付
031011800104	22000150	01	2018-06-28	个人	2500	正常	已交付		发票交付

图 7-3-17　发票状态

点击“发票交付”就可以将发票交付给销售方（见图 7-3-18）。

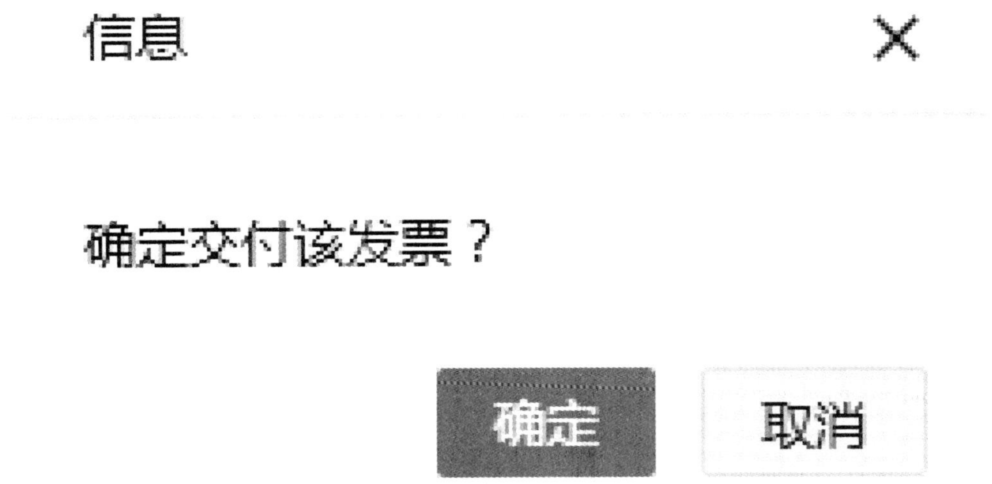

图 7-3-18　交付发票

点击确定交付后，发票的交付状态变成“已交付”（见图 7-3-19）。

图 7-3-19　已交付

7. 网上认证系统

网上认证系统是一款防伪税控增值税专用发票抵扣联信息网上认证软件（见图 7-3-20）。企业可通过登录浏览器或客户端软件，自行识别或人工录入发票票面信息，生成电子数据，并通过互联网传送到税务局端，由税务机关完成解密、认证，并将认证结果信息返回企业。

图 7-3-20　网上认证系统

1）企业信息维护

依次点击左边的树形菜单：系统管理—企业信息维护，界面如图 7-3-21 所示。

图 7-3-21　企业信息维护

2）业务描述

企业第一次使用本系统，需要先通过本模块进行企业基本信息维护。如果企业信息发生了变化，也通过该模块进行维护。企业基本信息主要有纳税人名称、纳税人识别号、税务机关代码、税务机关名称、用户账号、企业地址、开户银行、银行账号、电话号码。该页面中每一项都带有校验规则，若不按照真实情况录入或者为空，则不会成功保存。

3）发票认证

点击背景下侧单据的“增值税专用发票”，点击左侧“认证管理”→“发票管理”→“填制开票数据”，如图 7-3-22 所示。

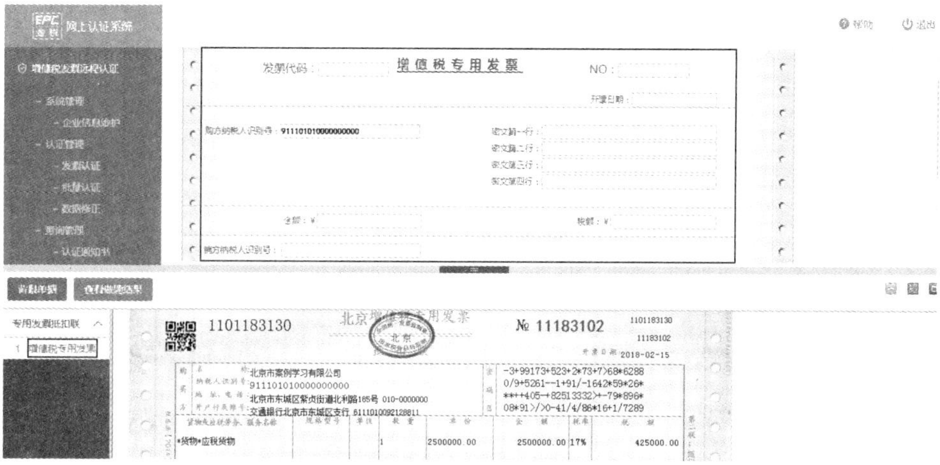

图 7-3-22　发票认证

手工认证发票，是指通过手动的方式把发票信息录入该系统，以供认证。

数据修正模块针对认证未通过的发票，进行数据修正、重新认证、删除记录等操作。

批量认证采用逐票勾选（支持同时勾选多份发票）的操作方式，实现纳税人选择次月征收期内用于申报抵扣的增值税进项发票清单信息的功能。

4）查询管理

企业认证清单模块可以查询发票认证情况，并查看详细信息。

认证结果通知书模块可以打印认证通知书，将认证相符的发票抵扣联与本通知书一块装订成册，作为纳税检查的备查资料。

8. 增值税发票选择确认平台

1）系统登录

输入金税盘或税控盘的证书密码后点击“登录”按钮即可（见图7-3-23）。

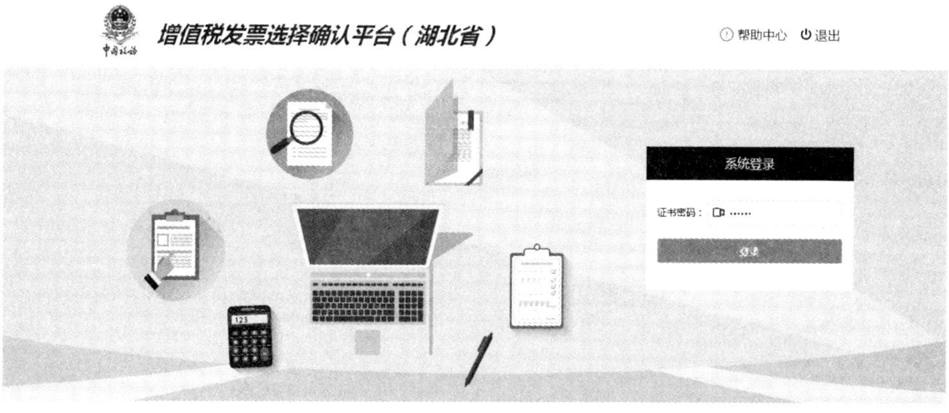

图 7-3-23　增值税发票选择确认平台

2）主页面

登录成功后，系统会自动跳转至主页面中。主页面如图7-3-24所示。

主页面分为3大区域。

图 7-3-24　主页面

（1）上部分为系统的主要功能菜单，包括：发票勾选、批量勾选、确认勾选、发票查询、抵扣统计、档案信息维护等功能菜单。

（2）中间部分为工作台区域。用户可以查看当年或之前年度内各月增值税进项发票的认证情况（含勾选认证和扫描认证的发票数量、税额）。对于误申报的税款所属期，只要符合条件，可以进行回退税款所属期操作，还可以查看关于回退功能的相关帮助信息。根据每月勾选确认的操作情况，工作台区域有3种颜色来标识不同的业务状态：

①月份卡片为橙色底色，对应"□已过税款所属期"图例，表示该月份已过期，只可查询不能进行操作。

②月份卡片为绿色底色，对应"□当前所属期"图例，则表示该月为当前正在处理的税款所属期，可进行勾选和确认操作。

③月份卡片为灰色底色，对应"□未到税款所属期"图例，则表示该月份为当前月以后的月份，不能进行勾选、确认等操作。

（3）右上侧区域为企业信息维护和退出系统的功能按钮，可以保存纳税人的企业信息，用于后续的纳税服务管理和安全退出。纳税人可通过鼠标点击企业名称来进行企业信息维护。

3）发票勾选

本功能主要提供按照税款所属期查询和逐票勾选（支持同时勾选多份发票）

的操作方式，实现纳税人选择相应申报期内用于申报抵扣的增值税进项发票清单信息的功能。该功能页面如图 7-3-25 所示。

图 7-3-25　发票勾选功能页面

功能分为上、下两个区域，即查询条件区域和发票查询结果勾选操作区域。

（1）上区域：条件查询区域（见图7-3-26）。

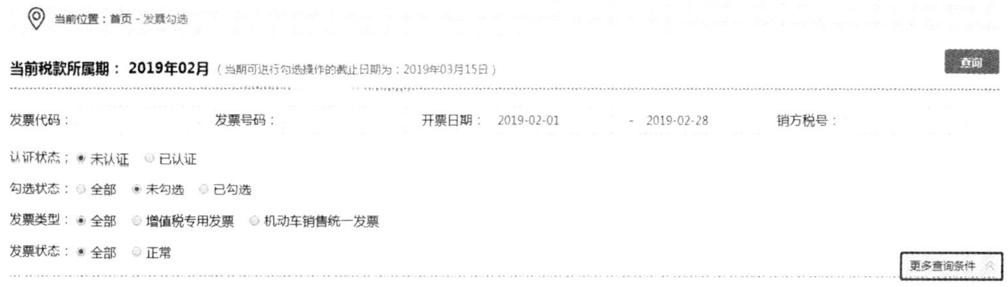

图 7-3-26　条件查询区域

每个税款所属期的勾选、确认时间范围根据您前后两期申报完成的时间由平台进行自动判断。即当期勾选、确认的开始时间为完成上一期申报的当天，结束时间为完成当期申报的当天；若一直未进行当期申报，当期勾选确认的截止时间为所在省份税务机关设置的当期申报截止期当天。

（2）下部为查询结果的勾选操作区域（见图7-3-27）。本期可勾选发票的截止日期为201X年X月15日。

图 7-3-27 勾选操作区域

说明：

①选择“勾选”可以修改查询结果页面中每页显示的发票记录数量（默认50条）。

②点击“勾选”，可以对当前查询结果页中显示的发票明细进行批量打钩处理（最多100份）。

具体操作方法：

①在上述功能界面中，根据需要输入或选择相关查询条件，然后点击“查询”按钮。

②系统自动返回相关的查询结果信息，用户可以根据需要选择发票进行勾选操作。确认本次需要勾选的发票全部勾选完成后，可以点击“保存”按钮，即可将本次勾选的操作进行保存处理（未执行确认勾选操作前，可以对已勾选且未确认的发票进行取消勾选的回退处理）。

在已选择开票日期的前提下，点选“已勾选”，并点击“查询”按钮（见图7-3-28）。

图 7-3-28　已勾选查询

选中一张勾选标志为“已勾选”的发票，可取消第一列的勾选状态，实现对前次勾选操作的回退处理。

在已选择开票日期的前提下，点选“未勾选”，并点击“查询”按钮（见图 7-3-29）。

图 7-3-29　未勾选查询

选中一张勾选标志为“未勾选”的发票，选中第一列的勾选状态，即可实现对该份发票的勾选处理。

完成当前页发票的勾选或撤销操作后，需点击“保存”按钮操作（见图7-3-30）。

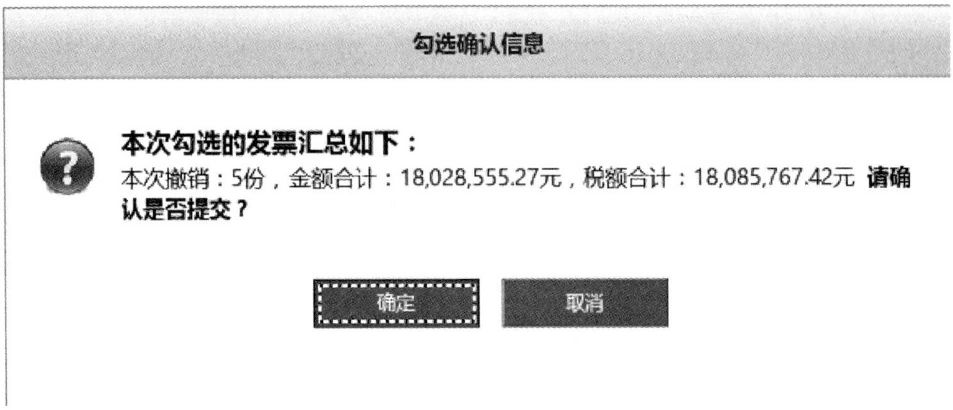

图 7-3-30　勾选确认

系统提示如下信息，点击“确定”按钮即可（见图7-3-31）。

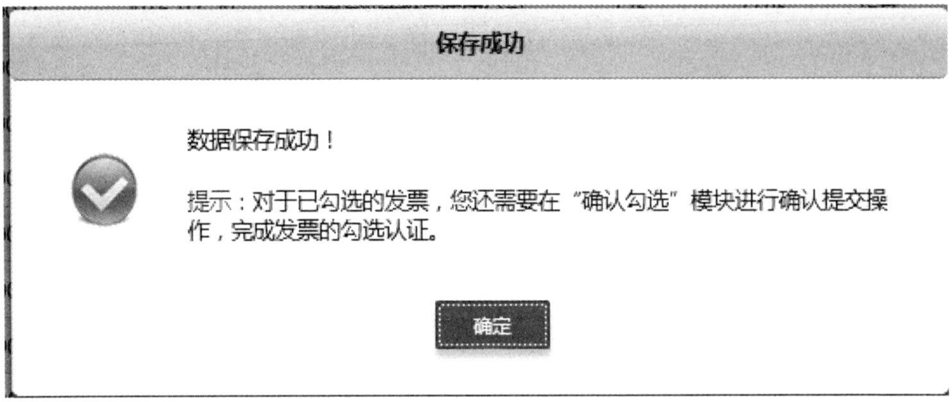

图 7-3-31　保存成功

4）批量勾选

批量勾选功能模块，是针对发票数据量较大、逐票勾选模式不太适用的状况给纳税人提供的一项优化服务。以文件导入的形式实现批量勾选，达到提高发票勾选效率、降低勾选工作量的目的。其功能示意如下：

（1）可以通过选择开票日期、销方税号、勾选标志和接收日期（更多查询条件），点击“查询”后，可以在数据汇总情况表格里看到符合条件的发票信息，点击“全部勾选”或“全部撤销”，可以勾选或撤销符合条件的全部发票，点击“查询发票明细”，可以查看符合条件的发票明细信息；还可以通过设置“开票日期”“销方税号”“勾选标志”和接收日期（更多查询条件），点击“下载发票文件”按钮后，下载一个符合设置筛选条件、发票状态为正常且未确认的发票清单文件（文件名规则：纳税人识别号_随机数.zip），使用winrar等解压缩软件解压后可以得到一个Excel文件（Excel 2003格式）。具体如图7-3-32所示。

图 7-3-32　勾选页面

（2）当一个Excel文件中的发票数量超过2000份时，平台将自动下载多个Excel文件。操作员对每一个Excel文件分别进行修改、保存后，逐个上传（见图7-3-33）。

是否勾选(是-否)	发票代码	发票号码	开票日期	销方名称	销方税号	金额	税额
否	9990000001	91120240	2016-10-01	测试企业	19990000001O987XXXXX	2208	375.36
否	9990000001	91120247	2016-10-15	测试企业	19990000001O987XXXXX	2820	479.4
否	9990000001	91120252	2016-10-14	测试企业	19990000001O987XXXXX	189	32.13
否	9990000001	91110100	2016-10-23	测试企业	19990000001O987XXXXX	1152	195.84
否	9990000001	91120082	2016-10-22	测试企业	19990000001O987XXXXX	2529	429.93
否	9990000001	91110074	2016-10-10	测试企业	19990000001O987XXXXX	1822	309.74

图 7-3-33　上传文件

（3）纳税人根据需要筛选出需要勾选的发票清单，单独保存为1个Excel 2003格式的xls文件，并将对应的“是否勾选”列改为“是”，即可实现勾选数据的准备。如果要对当月已勾选（尚未执行勾选确认操作）的发票进行回退处理（仅限于未扫描认证过的发票），将已勾选过的发票信息填写到文件中，并将“是否勾选”列改为“否”，即可实现勾选操作的回退处理（见图7-3-34）。

是否勾选(是-否)	发票代码	发票号码	开票日期	销方名称	销方税号	金额	税额
是	9990000001	91120240	2016-10-01	测试企业	19990000001O987XXXXX	2208	375.36
是	9990000001	91120247	2016-10-15	测试企业	19990000001O987XXXXX	2820	479.4
否	9990000001	91120252	2016-10-14	测试企业	19990000001O987XXXXX	189	32.13
否	9990000001	91110100	2016-10-23	测试企业	19990000001O987XXXXX	1152	195.84
否	9990000001	91120082	2016-10-22	测试企业	19990000001O987XXXXX	2529	429.93
否	9990000001	91110074	2016-10-10	测试企业	19990000001O987XXXXX	1822	309.74

图 7-3-34　是否勾选操作

（4）点击“上传”按钮，然后点击“浏览”按钮选择之前准备好的勾选清单文件（Excel 2003格式的xls文件，建议文件大小不超过500k），再点击“打开”按钮，最后点击“上传”按钮，即可实现文件的上传和批量勾选处理（见图7-3-35）。

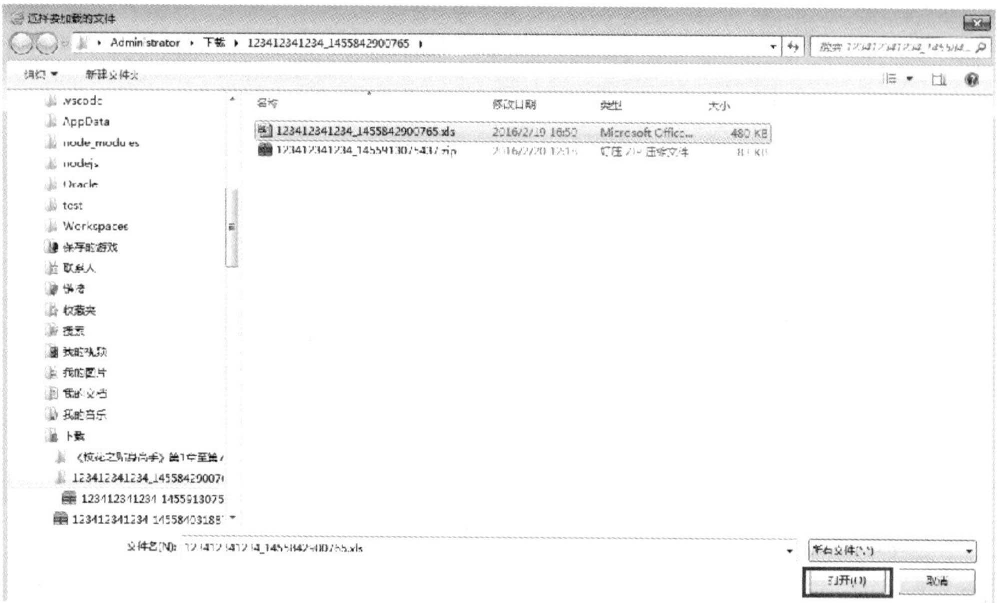

图 7-3-35　上传文件

（5）批量勾选操作成功后，系统会先显示如下提示信息，对本次文件批量勾选操作中的勾选和撤销勾选情况进行汇总显示。点击确定按钮后，系统会以红色字体标识出最近一次的日志记录（见图7-3-36）。

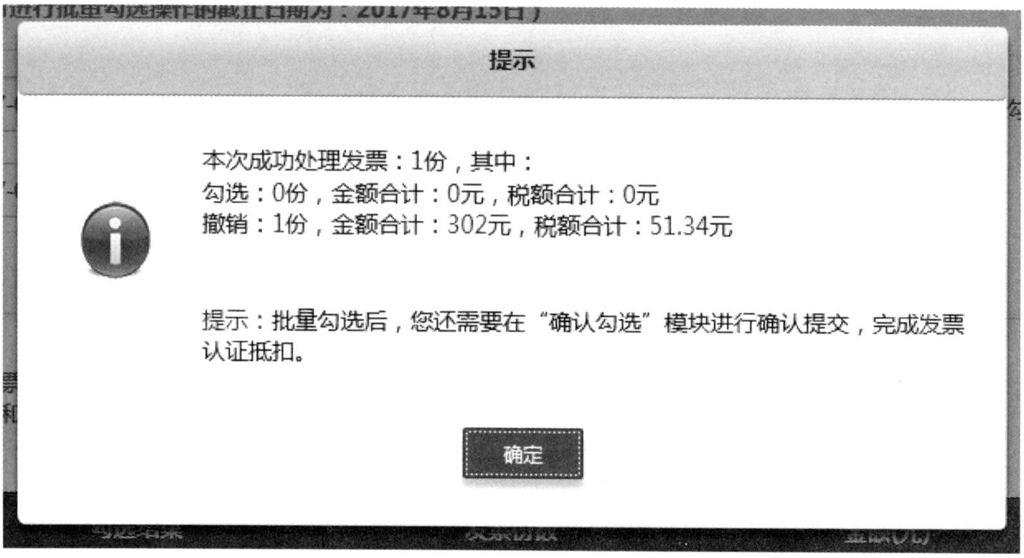

图 7-3-36　批量勾选

（6）如果上传的文件类型不正确，系统会出现如下提示（见图7-3-37）。

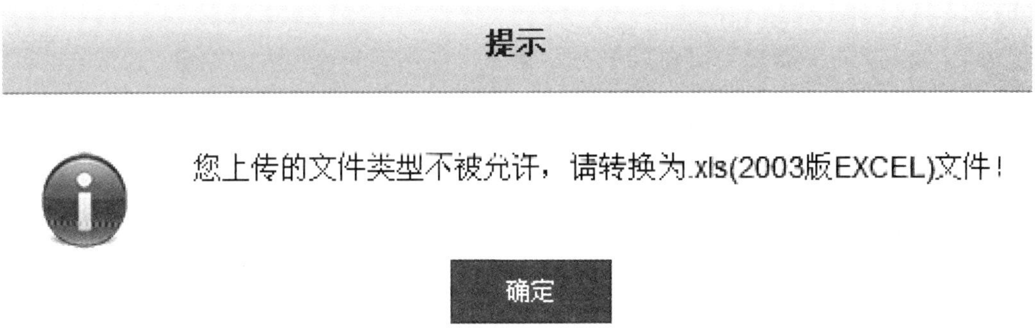

图 7-3-37　上传不正确提示

5）确认勾选

此功能模块是对当期已勾选的发票信息进行确认操作。纳税人可在每个税款所属期的勾选和确认操作窗口期内（完成当期申报之前），对当期勾选的发票进行多次确认。

（1）在“确认勾选”模块中，选择确认标志为“已勾选未确认”，则系统将实时查询出当期已勾选未确认的发票明细情况，具体如图7-3-38所示。

图 7-3-38　已勾选未确认的发票明细

（2）如果确认以上发票均需要进行申报抵扣（或退税）时，则点击“确定”按钮，系统出现如下提示，确认无误则点击“提交”按钮。平台会显示出这是本期的第几次确认操作，以及当期累计确认次数和当次的确认汇总数量。此时当次确认的发票还未完成确认，状态仍为“待提交”。

需要确认页面显示的当次确认的发票数量、金额、税额是否无误，确认无误时，需要点击“提交”按钮。

（3）点击“提交”按钮后平台自动弹出如图7-3-39所示的提示。

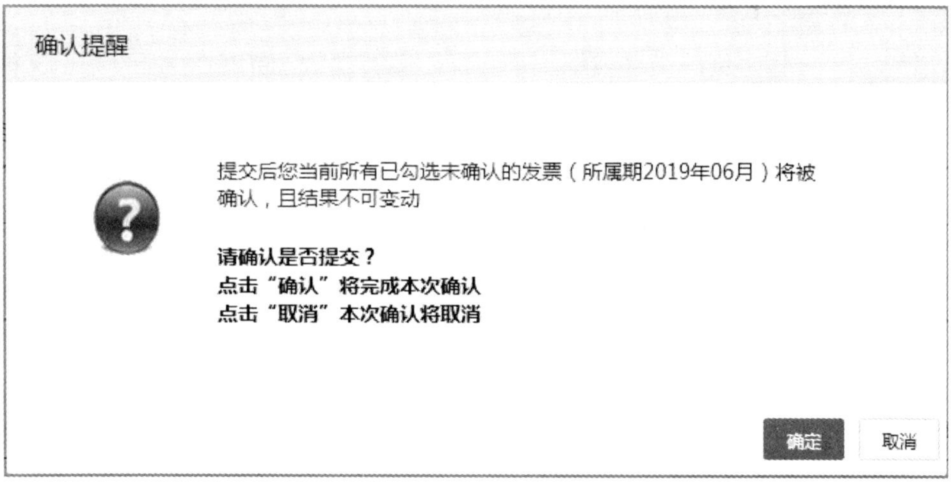

图 7-3-39　确认提醒

（4）在当期勾选确认操作成功后，系统弹出信息提交状态的提示如图7-3-40所示。

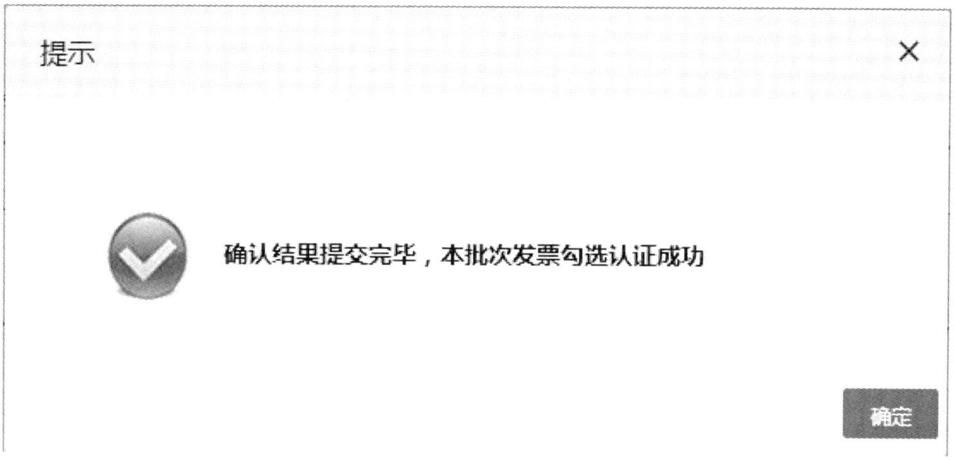

图 7-3-40　确认结果提示

（5）平台将显示当次及当期累计的发票确认汇总数量，如图7-3-41所示。

图 7-3-41　发票汇总信息

页面显示当前状态为“已提交”时，说明当次确认操作成功，且已确认数据不可修改。

（6）在申报期内进行确认操作时，平台会自动获取当期的申报结果。

①当平台成功获取“已申报”的申报结果时，平台会提示“本次确认不成功，原因：您税款所属期XXXX年XX月的申报工作已完成，本批次发票请您在下期进行勾选认证操作！”本次确认的数据无效且被平台自动回退至“未勾选”状态，请到“发票勾选”模块查看税款所属期是否已成功变更为下期，成功变更为

下期后，请重新进行后续的勾选和确认操作。

②当平台成功获取“未申报”的申报结果或未成功获取您当期的申报结果时，平台将提示：“尊敬的纳税人：因获取您税款所属期XXXX年XX月的申报结果信息有延迟，请您选择是否已完成税款所属期XXXX年XX月的增值税申报工作！”

请您按照当前税款所属期的实际申报情况，进行选择：

选择“未完成申报”，可以继续进行当前税款所属期的勾选确认操作，当期确认操作可继续。平台提示如图7-3-42所示。

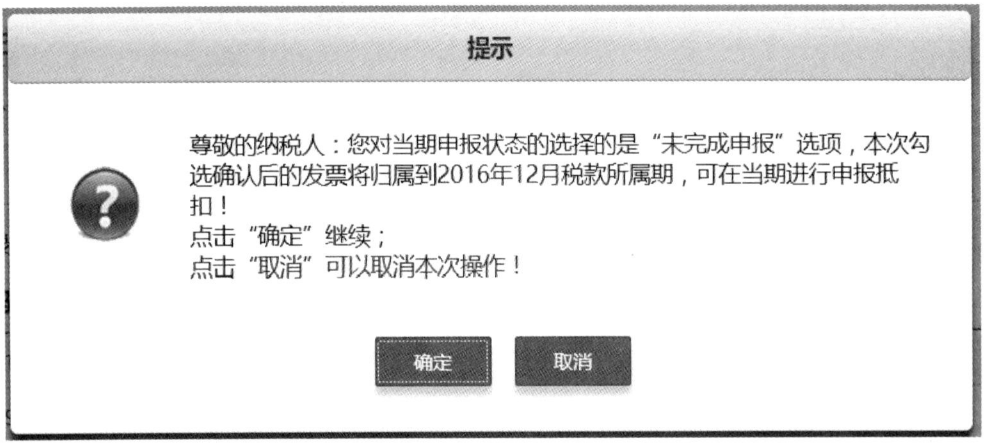

图 7-3-42　未完成申报提示

选择“已完成申报”，本次确认的数据无效且被平台自动回退至“未勾选”状态，请到“发票勾选”模块查看税款所属期是否已成功变更为下期，成功变更为下期后，请重新进行后续的勾选和确认操作。平台提示如图7-3-43所示。

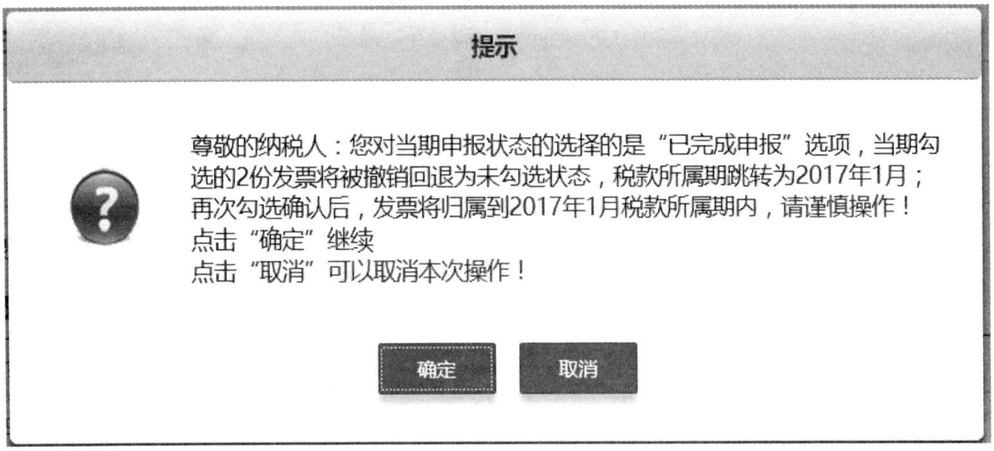

图 7-3-43　已完成申报提示

选择“不确定”，为避免当期发票的误确认，需要先确定当前税款所属期的申报工作，再进行当次发票的确认。平台提示如图7-3-44所示。

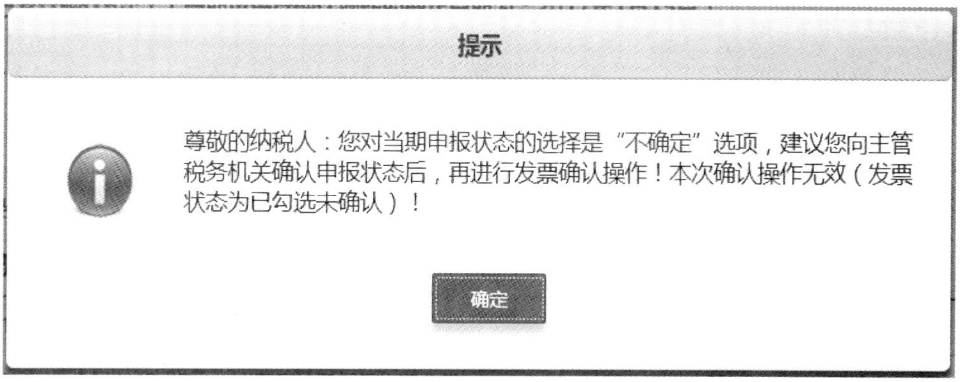

图 7-3-44　“不确定”提示

（7）成功确认后，可通过打印功能打印本页面。点击“打印本页”按钮后，连接打印机可以直接打印汇总表。

（8）进行确认后，可通过导出明细功能导出当次确认的发票明细数据。点击“导出明细”按钮后，平台显示如图7-3-45所示。

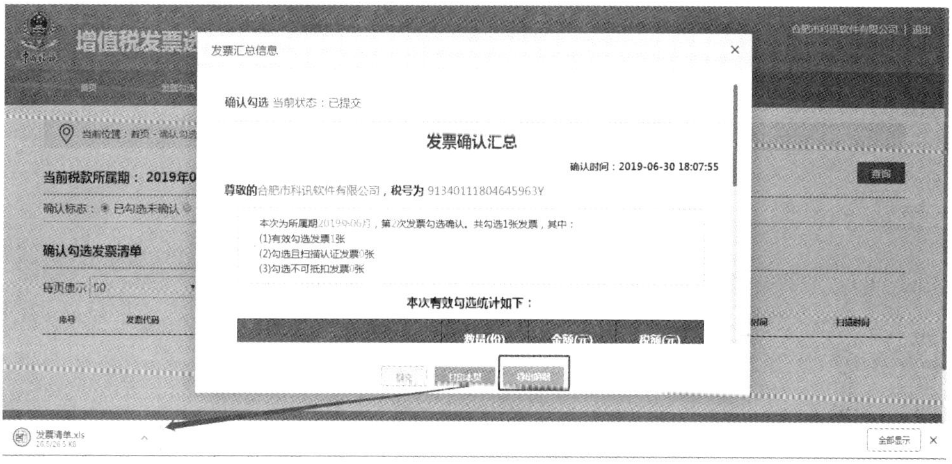

图 7-3-45　发票确认信息

将导出的Excel文件保存至本地后再打开使用，如图7-3-46所示。

发票清单								
纳税人识别号	340111804645963Y		税款所属期:	2019年06月			单位:	合肥市科讯软件有限公司
序号	发票代码	发票号码	开票日期	销方名称	金额	税额	发票状态	发票类型
1	3401193130	00496253	2019-06-04	合肥市京东贸易有限公司	60000	7800	正常	增值税专用发票

图 7-3-46　发票清单

6）抵扣统计

该功能主要向用户提供可用于申报抵扣的发票汇总统计表，包括发票份数、金额、税额合计等。本统计表包括指定属期内所有勾选认证（即勾选确认）和扫描认证的发票。

抵扣统计的频率为每天准实时执行，新增勾选认证数据和扫描认证数据会触发报表更新。其中，当天勾选认证的数据会准实时在本统计表中体现，当天扫描认证的数据第二天在本统计表中体现，请关注统计表上方的“报表更新时间”。

具体操作如下：

（1）选择税款所属期后，点击统计查询按钮，在下方出现查询统计结果（见图7-3-47）。

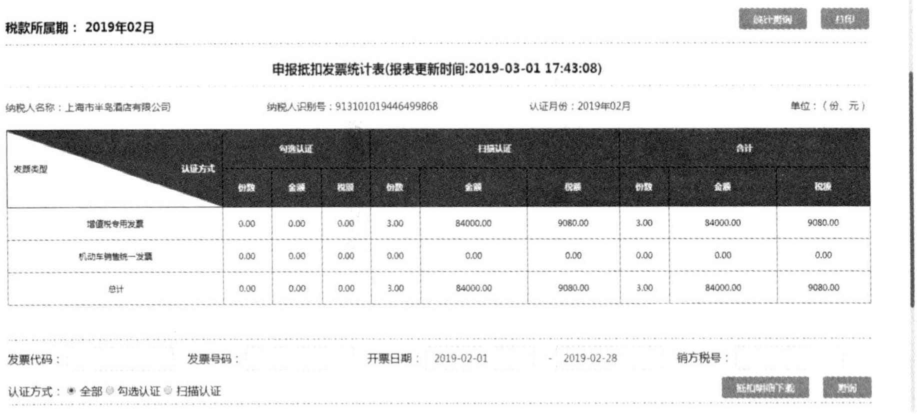

税款所属期： 2019年02月

申报抵扣发票统计表(报表更新时间:2019-03-01 17:43:08)

纳税人名称：上海市半岛酒店有限公司　纳税人识别号：913101019446499868　认证月份：2019年02月　单位：（份、元）

发票类型 \ 认证方式	勾选认证			扫描认证			合计		
	份数	金额	税额	份数	金额	税额	份数	金额	税额
增值税专用发票	0.00	0.00	0.00	3.00	84000.00	9080.00	3.00	84000.00	9080.00
机动车销售统一发票	0.00	0.00	0.00	0.00	0.00	0.00	0.00	0.00	0.00
总计	0.00	0.00	0.00	3.00	84000.00	9080.00	3.00	84000.00	9080.00

发票代码：　发票号码：　开票日期： 2019-02-01 - 2019-02-28　销方税号：

认证方式： 全部 勾选认证 扫描认证

图 7-3-47　查询统计结果

（2）纳税人通过统计结果，可获知查询月份用于申报抵扣的发票份数、金额及税额合计。

（3）统计结果分栏展现3种票种的统计情况数据。

（4）统计结果以2种认证方式（勾选认证、扫描认证）展现，并显示两者的合计数据。

（5）在申报抵扣发票统计表的表头会显示当前税款所属期报表最新的更新时间，下方可查询本次统计结果的发票明细数据，查看统计表中汇总数据的明细（见图7-3-48）。

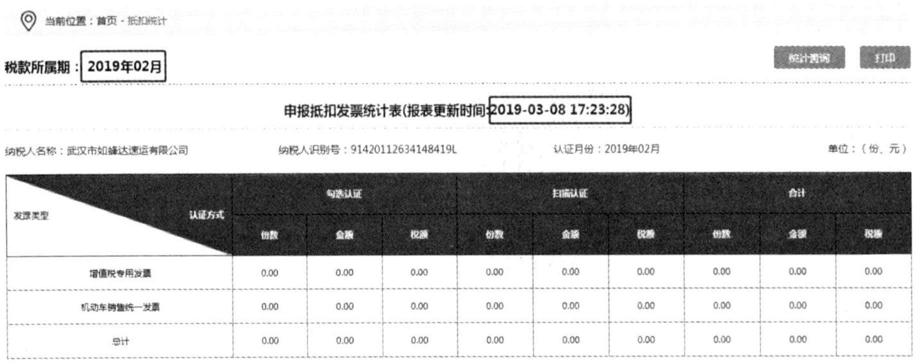

当前位置：首页 - 抵扣统计

税款所属期：2019年02月

申报抵扣发票统计表(报表更新时间:2019-03-08 17:23:28)

纳税人名称：武汉市如缘达速运有限公司　纳税人识别号：91420112634148419L　认证月份：2019年02月　单位：（份、元）

发票类型 \ 认证方式	勾选认证			扫描认证			合计		
	份数	金额	税额	份数	金额	税额	份数	金额	税额
增值税专用发票	0.00	0.00	0.00	0.00	0.00	0.00	0.00	0.00	0.00
机动车销售统一发票	0.00	0.00	0.00	0.00	0.00	0.00	0.00	0.00	0.00
总计	0.00	0.00	0.00	0.00	0.00	0.00	0.00	0.00	0.00

图 7-3-48　汇总数据明细

通过输入发票代码、发票号码、确认/认证日期、销方税号、认证方式（全部/勾选认证/扫描认证），点击“查询”按钮后，显示符合条件的发票明细信息（见图7-3-49）。

图 7-3-49　符合条件的发票明细

（6）通过输入发票代码、发票号码、确认/认证日期、销方税号、认证方式（全部/勾选认证/扫描认证），点击“查询抵扣明细下载”按钮后，下载一个符合设置筛选条件的发票清单文件（见图7-3-50）。

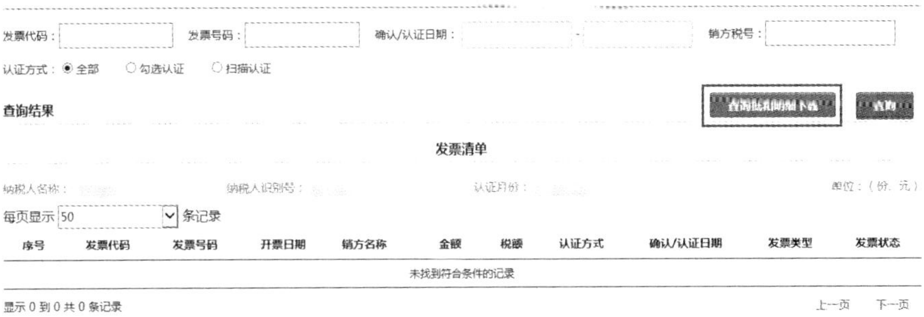

图 7-3-50　符合设置条件的发票清单

将导出的Excel文件保存至本地后再打开使用，如图7-3-51所示。

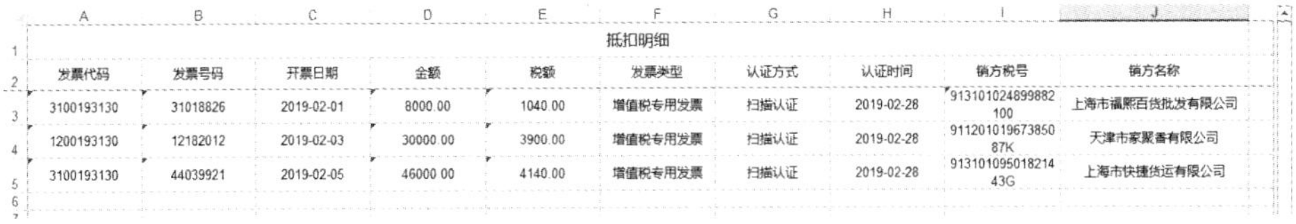

图 7-3-51　保存明细

（7）还可以通过点击申报抵扣发票统计表右上方的“打印”按钮，对统计表进行打印操作（见图7-3-52）。

发票类型 \ 认证方式	勾选认证			扫描认证			合计		
	份数	金额	税额	份数	金额	税额	份数	金额	税额
增值税专用发票	107	165,299.00	28,100.83	40	21,905,848.35	1,911,694.93	147	22,071,147.35	1,939,795.76
货物运输业增值税专用发票	1	225.00	38.25	0	0.00	0.00	1	225.00	38.25
机动车销售统一发票	1	2,621.00	445.57	0	0.00	0.00	1	2,621.00	445.57
通行费发票	4	2,786.00	473.62	0	0.00	0.00	4	2,786.00	473.62
总计	113	170,931.00	29,058.27	40	21,905,848.35	1,911,694.93	153	22,076,779.35	1,940,753.20

图 7-3-52　打印发票统计表

点击“打印”按钮后，平台显示：链接打印机即可打印（见图7-3-53）。

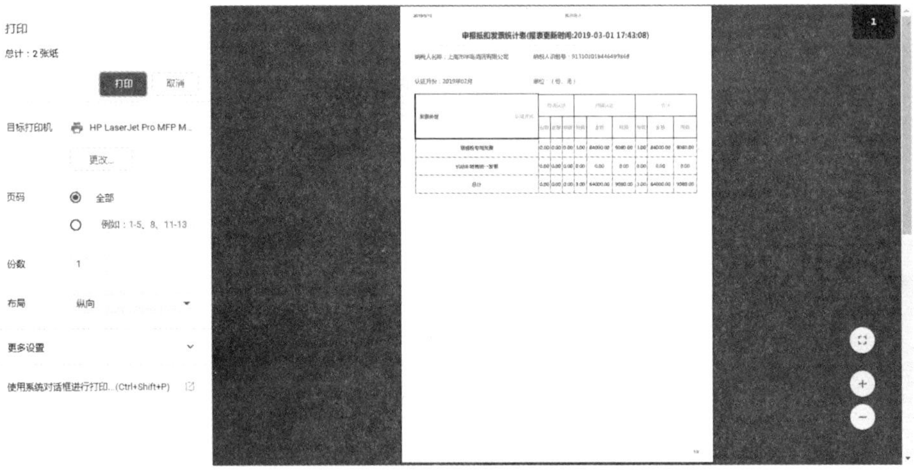

图 7-3-53　打印发票

7）发票查询

该功能主要向用户提供发票明细的查询功能，分为单票查询和未到期发票查询。单票查询：根据发票代码、号码查询可抵扣期限内的发票明细；未到期发票查询：还未到发票抵扣期限的发票明细，如征期内开票数据在征期内可在该功能中进行查询。

（1）点选“单票查询”，并且输入发票代码及发票号码（必需条件），点击查询可查看发票状态。

（2）点选“未到期的发票”，并输入相应查询条件（发票代码、发票号码、开票日期），可查询未到抵扣期限的发票明细，如征期内查询征期内开具的发票（见图7-3-54）。

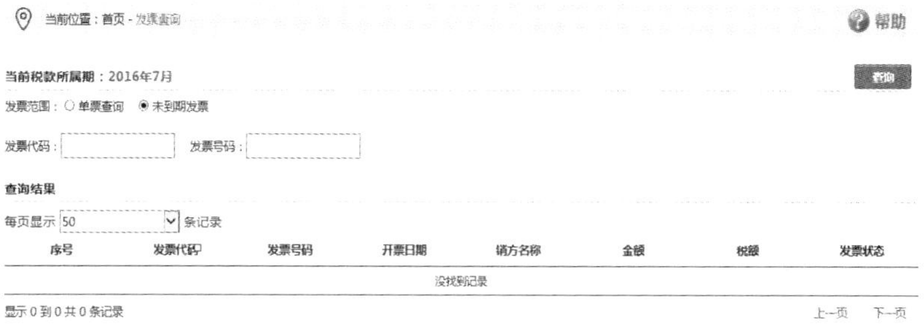

图 7-3-54　未到期的发票

8）档案信息维护

此功能模块可用来完善、补充企业办税信息，以及进行后续的纳税服务优化和平台密码设置等操作。点击“档案信息维护”模块或平台右上角红色框中的纳税人名称，如图7-3-55所示。

图 7-3-55　信息维护界面

9）退出系统

用户在使用完本系统后，如要退出系统，点击主页面右上角的“退出”按钮（见图7-3-56）。

图 7-3-56　退出系统

9. 自然人税收管理系统

1）人员信息采集

《中华人民共和国个人所得税法》第九条规定：纳税人有中国公民身份号码的，以中国公民身份号码为纳税人识别号；纳税人没有中国公民身份号码的，由税务机关赋予其纳税人识别号。

扣缴义务人可通过扣缴客户端采集报送自然人基本信息。

人员信息采集主要包括添加、导入、报送、获取反馈、导出、展开查询条件和更多操作功能（见图 7-3-57）。

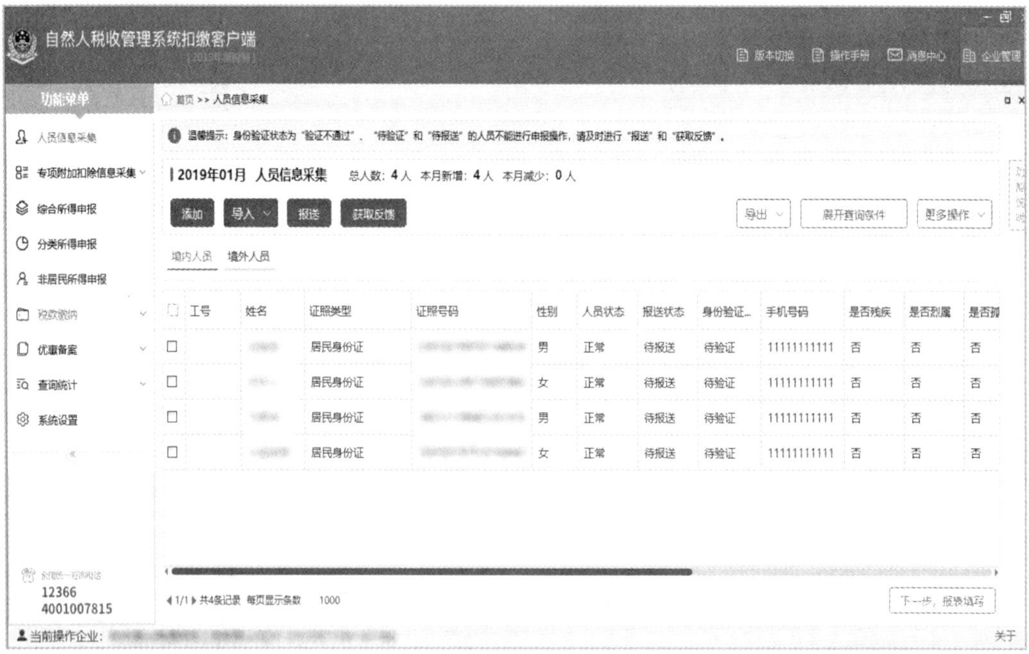

图 7-3-57　人员信息采集

2）人员信息登记

将人员信息采集到客户端中有两种方式：单个添加和批量导入。人员信息采集分为境内人员和境外人员。下面以境内人员信息采集操作为例进行介绍。

（1）单个添加。

点击“添加”，进入“境内人员信息”界面，录入人员基本信息，点击“保存”即可添加成功（见图 7-3-58）。

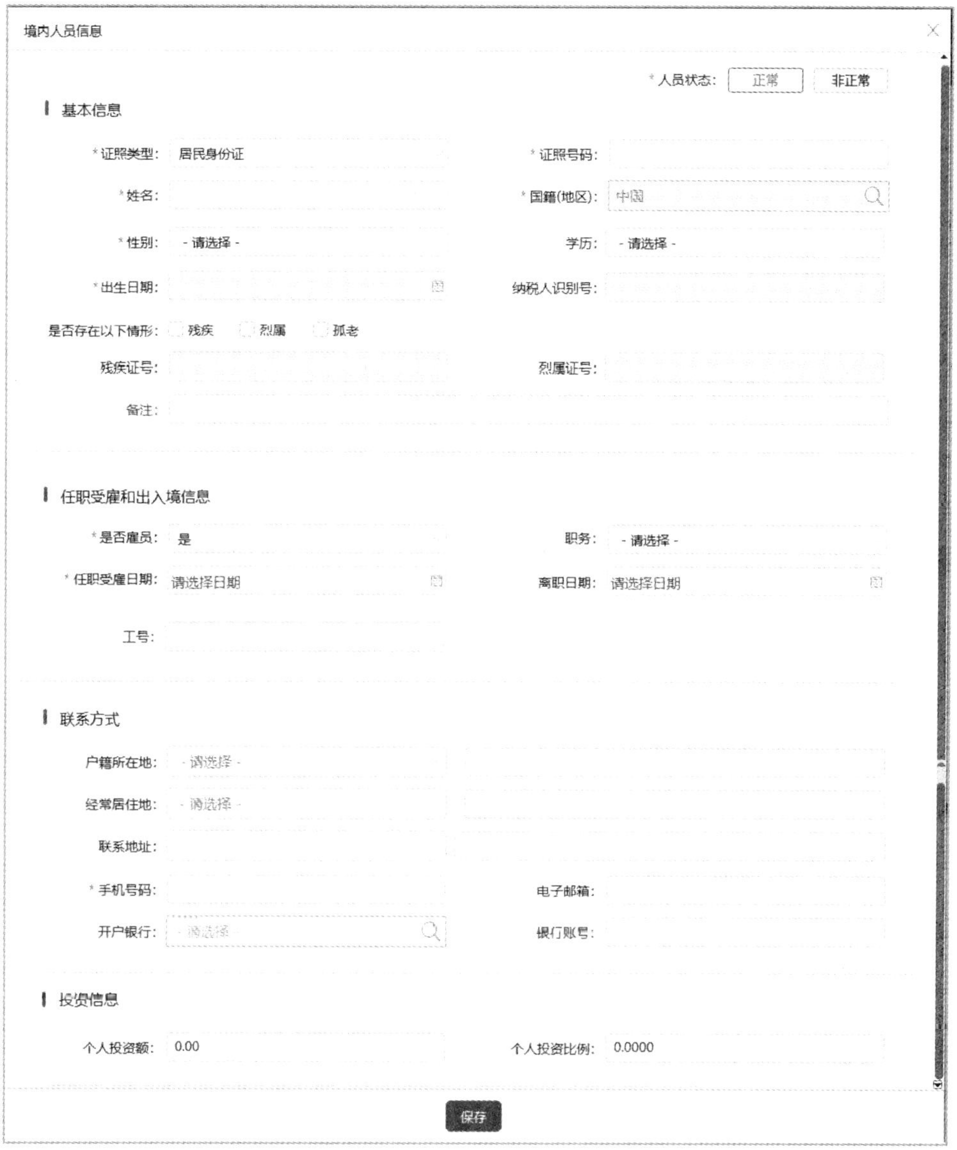

图 7-3-58　录入人员信息

人员状态：选择“正常”或“非正常”。正常状态的人员才能填写申报表，对离职、离退等不再从本单位取得所得的人员，设置为“非正常”。

证照类型：境内人员支持的证照类型包括居民身份证、中国护照；境外人员支持的证照类型包括外国护照、港澳居民来往内地通行证、台湾居民来往大陆通行证等。

证照号码：根据所选证照类型填写正确的证照号码。使用居民身份证登记的，证照号码必须是正确的 18 位身份证号码。

姓名：严格按照所选证照上的真实姓名填写。

国籍（地区）：境内人员，国籍自动带出“中国”且无法修改；境外人员，填写所选证照上的国籍/地区即可。

性别、出生日期：选择居民身份证采集的，此两项信息会根据身份证号码信息自动带出，无须填写；使用其他证件，则需手动据实填写。

学历：下拉选择纳税人取得的最高学历。

纳税人识别号：人员信息采集报送成功后，系统自动生成纳税人唯一的纳税人识别号。本数据项自动带出，无须填写。

是否存在以下情形：有本项所列情况的进行勾选，包括残疾、烈属、孤老。勾选“残疾”，则残疾证号必填。

是否雇员：与单位存在任职受雇关系的人员，选择“是”；反之则选择“否”。正常状态的雇员必须申报正常工资薪金（包括零工资收入）；非雇员无法申报工资薪金所得，据实填写对应所得（如劳务报酬）。

职务：可据实下拉选择“高层”或“普通”。

任职受雇日期：纳税人入职受雇单位的日期。

离职日期：纳税人从单位离职的日期。当人员状态修改为“非正常”时，该项必填。

工号：填写该纳税人在单位的工号或编号。

户籍所在地、经常居住地、联系地址：填写纳税人的地址信息，下拉选择省、市、区、街道后，必须填写详细地址。

手机号码：填写纳税人真实的手机号码。

电子邮箱：填写纳税人的电子邮箱。

开户银行：选择纳税人银行账号对应的开户银行。

银行账号：填写纳税人本人名下的银行账号。

注意：人员信息采集表中，带“*”号项为必填项，其他非必填项，可根据实际情况选填。

单个添加人员的业务场景，适用于单位人员较少的情况。单位人员较多时，建议使用 Excel 模板批量导入功能。

（2）批量导入。

点击“导入”—“模板下载”，下载客户端中提供的标准 Excel 模板。将人员各项信息填写到模板对应列，然后点击“导入”—“导入文件”，选择 Excel 文件，导入客户端中（见图 7-3-59）。

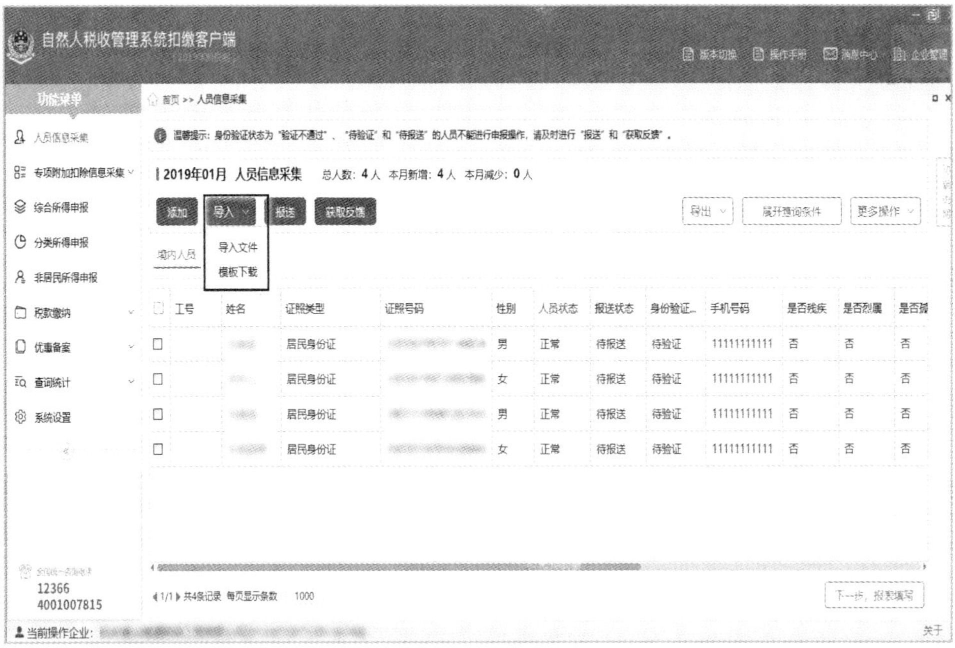

图 7-3-59　批量导入

注意：当填写信息不符合规范时，在“添加”或“导入”时会有相应的提示。如：身份证号码不满足校验规则、姓名中不能有特殊字符等。须按照提示要求，更正相应信息后，再重新保存。

3）人员信息编辑

人员信息编辑，指对已添加人员的修改和删除操作。人员信息采集到系统后，人员信息存在错误或发生变化时，需修改或删除人员信息后再重新采集。

人员已报送成功，则人员信息不允许删除，只能修改；未报送的人员，既可删除重新采集，也可直接修改错误信息。

（1）人员信息修改。

①报送成功情况下，关键信息（包括姓名、国籍、证照类型、证照号码）修改：

证照类型、证照号码、国籍：此 3 项信息不允许修改。若录入错误，需将人员状态改为“非正常”，再重新采集正确的人员信息。

姓名：若身份验证状态为“验证通过”，则不可修改，其他状态允许修改，需谨慎操作。

②报送成功情况下，非关键信息修改：

人员非关键信息修改，可在人员信息采集页双击该条人员信息记录的任何位置，打开“境内人员信息”/“境外人员信息”界面修改信息后保存即可。

多个人员非关键信息需修改为同一信息时，勾选多人后，点击“更多操作”—“批量修改”，选择需要修改的项目，录入正确的内容保存即可。

（2）人员信息删除。

只有未报送的人员可以删除，勾选人员后，点击“更多操作”—“删除”进行信息删除。

4）人员信息报送验证

人员信息采集完毕后，须先将人员信息报送至税务机关端进行验证，再获取报送结果和身份验证结果，报送成功的人员才能填写、报送申报表。

（1）报送。

点击“报送”，客户端会将报送状态为“待报送”的人员信息报送至税务机关进行验证。

（2）获取反馈。

报送成功后，税务机关系统将对居民身份证信息进行验证（其他类型证件的验证会陆续增加），点击“获取反馈”获取报送的人员信息身份验证结果。

①身份验证状态为“验证通过”的，表示该自然人身份信息与公安机关的居民身份登记信息一致。

②身份验证状态为“验证不通过”的，表示该自然人身份信息与公安机关的居民身份登记信息不一致，扣缴单位应对其进行核实，经核实确存在问题的，应予以修正；如果经核实自然人身份信息准确无误的，则该自然人需前往办税服务厅进行登记。

③身份验证状态为“验证中”的，表示尚未获取到公安机关的居民身份登记信息。扣缴单位可以忽略该结果，正常进行后续操作。

④身份验证状态为“暂不验证”的，表示税务系统暂未与第三方系统联通交互，目前尚无法进行验证。扣缴单位可以忽略该结果，正常进行后续操作。

5）人员信息查询

（1）展开查询条件。

客户端的查询功能，是指人员众多的情况下，需要查找某个人员的具体信息时，点击“展开查询条件”来展开具体的查询条件，而后按钮名称变成“收折查询条件”。

可通过工号、姓名、证照号码等信息，模糊查找相应的人员信息；也可根据身份验证状态、报送状态、是否残孤烈、是否雇员、更新时间进行筛选（见图7-3-60）。

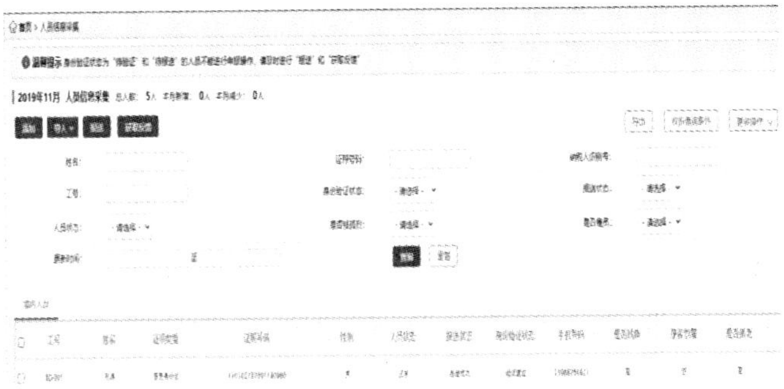

图 7-3-60 展开查询条件

（2）导出。

点击“导出”，可选择“选中人员”或“全部人员”将人员信息导出到 Excel 表格中进行查看（见图 7-3-61）。

图 7-3-61 导出人员信息

（3）更多操作。

更多操作包括删除等（见图 7-3-62）。

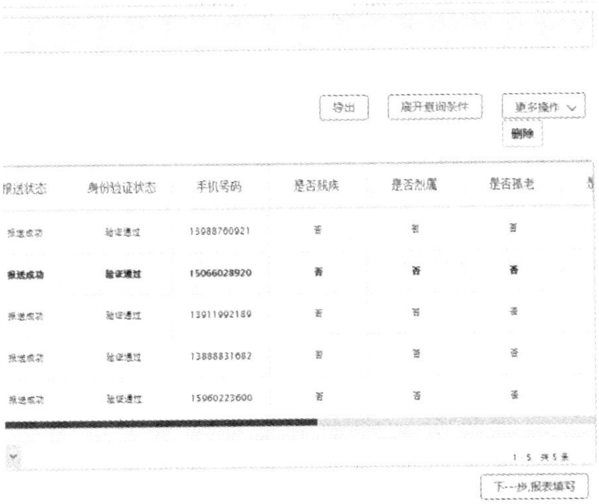

图 7-3-62 删除操作

当选中单个人员信息，点击“删除”，可删除单个人员信息。

当选中多个人员信息，点击“删除”，可批量删除人员信息。

10. 专项附加扣除信息采集

个人所得税专项附加扣除，是指个人所得税法规定的子女教育、继续教育、大病医疗（暂未开放）、住房贷款利息、住房租金和赡养老人等6项专项附加扣除。

个人所得税专项附加扣除在纳税人本年度综合所得应纳税所得额中扣除，本年度扣除不完的，不得结转以后年度扣除。

符合子女教育、继续教育、住房贷款利息或住房租赁、赡养老人专项附加扣除范围和条件的纳税人，自其符合条件开始，可以向取得工资、薪金所得的扣缴义务人提供上述专项附加扣除有关信息，由扣缴义务人在次月预扣预缴税款时办理扣除；也可以在次年3月1日至6月30日内，向税务机关办理汇算清缴申报时扣除。

填写说明：首页功能菜单下点击“专项附加扣除信息采集”，显示可采集的专项附加扣除项目，分别为子女教育支出、继续教育支出、住房贷款利息支出、住房租金支出、赡养老人支出（见图7-3-63）。

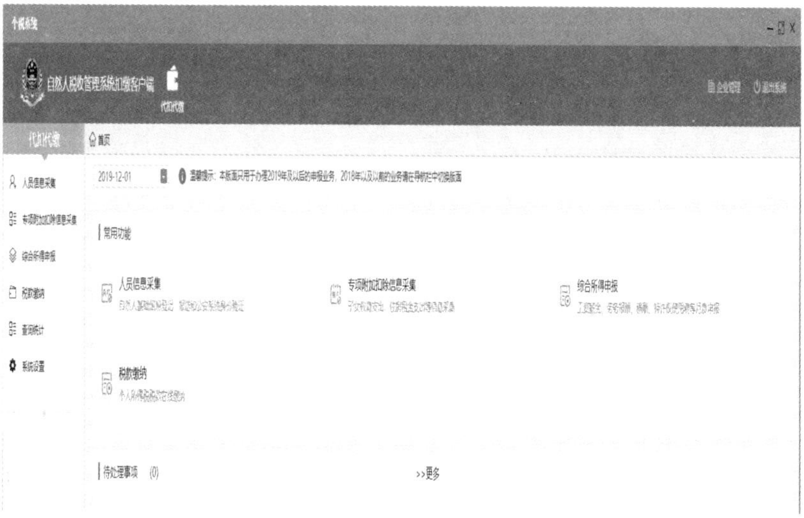

图 7-3-63　专项附加扣除信息采集

所有专项附加扣除信息的采集操作基本类似，只是各项专项附加扣除采集的数据项有所不同。下文主要介绍各类专项附加扣除需要采集的各类具体数据项。

注意事项：专项附加扣除采集报送功能计划在2018年12月底开放，但不影响计算2019年1月份“综合所得申报”的税款。

1）子女教育支出

本功能用于采集单位员工的子女教育专项附加扣除信息（见图 7-5-64）。

图 7-3-64　子女教育支出

填写说明：

新增：单个采集纳税人子女教育支出专项附加扣除信息（见图 7-3-65）。

导入：下拉包括“导入文件”和“模板下载”。点击“模板下载”，下载专项附加扣除标准 Excel 模板，纳税人填写信息后，点击“导入文件”选择 Excel 模板所在的文件夹，即可将模板中的所有专项附加扣除信息导入客户端中。

删除：对于采集的专项附加扣除信息，可勾选进行删除。

报送：将报送状态为未报送的信息发送至税务机关。

获取反馈：勾选所有待反馈的采集信息，点击后获取税务机关反馈的专项附加信息报送结果。

下载更新：从税务局端下载获取纳税人通过各渠道（税务局端、扣缴客户端、WEB 端、APP 端）采集并指定给该扣缴业务人预扣预缴扣除的专项附加扣除信息。

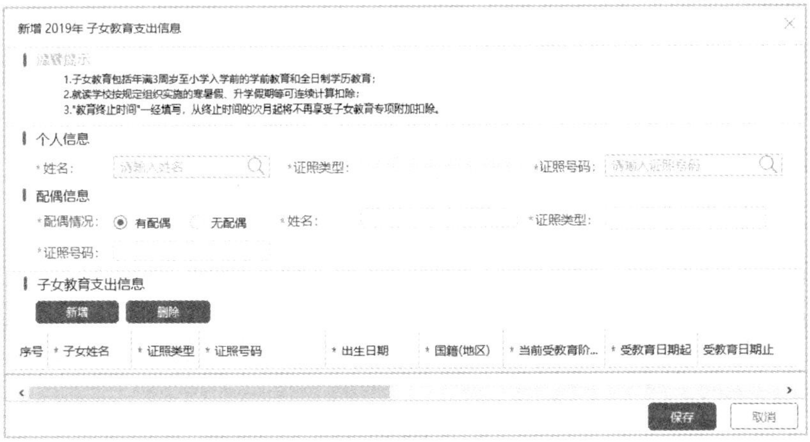

图 7-3-65　新增子女教育专业信息

姓名、证照类型、证照号码：从人员信息中自动带出，要求为正常状态人员且通过自然人信息报送。

子女姓名、证照类型、证照号码、国籍：如实填写申请扣除的纳税人子女信息。

出生日期：证照类型为居民身份证时自动带出；为其他类型时，自行如实填写。

当前受教育阶段：下拉选择“学前教育阶段”“义务教育”“高中阶段教育”“高等教育”。

受教育日期起：填写受教育的起始日期，选择学前教育阶段时，填写子女年满三周岁当月日期。

受教育日期止：不能早于受教育日期起。

教育终止日期：采集时非必录，不再接受学历教育时填写。

就读国家（地区）、就读学校名称：填写子女接受教育的国家（地区）和学校名称，对于学前教育阶段没有就读学校的，可填写“无”。

本人扣除比例（%）：可选择 50%、100%。

扣除有效期起：系统自动带出，（受教育日期起，政策生效日期起，扣除年度的 1 月）取时间最后值。

扣除有效期止：系统自动带出，（教育终止时间，扣除有效期起所在年份的 12 月）取时间最前值。

采集来源：分为扣缴客户端采集、自然人端（Web/APP）自行采集和税务局端采集。

新增：点击则新增一行空白数据，能新增的数据行不限制。

删除：可选择一条或多条数据进行删除。

2）继续教育支出

本功能用于采集单位员工的继续教育专项附加扣除信息（见图 7-3-66）。

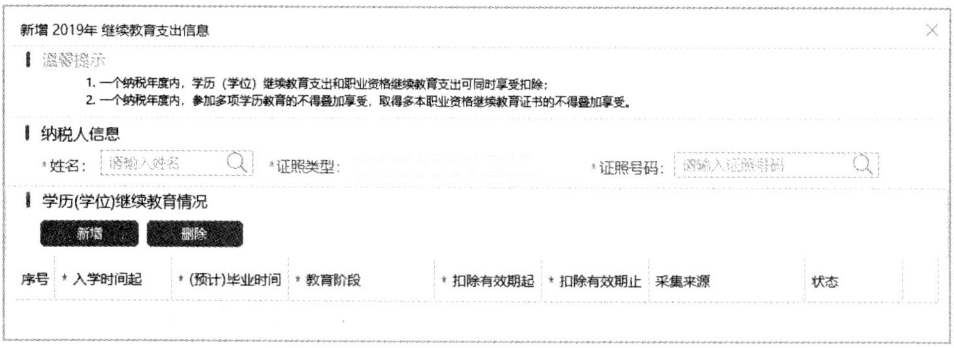

图 7-3-66　继续教育支出

填写说明：

（1）学历（学位）继续教育情况：

入学时间起：填写学历教育入学时间。

（预计）毕业时间：填写预计学历教育结束时间。

教育阶段：下拉据实选择“大学专科、大学本科、硕士研究生、博士研究生、其他”。

扣除有效期起：系统自动带出，（入学时间起，政策生效日期起所在月份，扣除年度的 1 月）取时间最后值。

扣除有效期止：系统自动带出，[扣除有效期起所在年份的 12 月，（预计）毕业时间]取时间最前值。

（2）职业资格继续教育情况：

继续教育类型：下拉选择“技能人员职业资格继续教育、专业技术人员职业资格继续教育”。

发证（批准）日期：填写证书上注明的发证日期。

证书名称、证书编号：填写取得证书名称和证书上注明的编号。

发证机关：填写证书上注明的发证机关。

扣除有效期起：默认为发证（批准）日期所在年度的 1 月。

扣除有效期止：默认为发证（批准）日期所在年度的 12 月。

3）住房贷款利息支出

本功能用于采集单位员工的住房贷款利息专项附加扣除信息（见图 7-3-67）。

图 7-3-67　住房贷款信息支出

填写说明：

（1）住房信息：

房屋坐落地址：填写房屋具体的坐落地址。下拉选择省、市、区、乡镇街道，具体规则与人员信息采集中的居住地址一致。

房屋楼牌号：填写房屋详细地址。

证书类型：下拉选择“房屋所有权证、不动产权证、房屋买卖合同、房屋预售合同”。

房屋证书号：录入房屋证书上的编号。

本人是否借款人：如实选择“是”或“否”。

是否婚前各自首套贷款，且婚后分别扣除 50%：根据实际情况选择“是”或“否”。

（2）公积金贷款和商业贷款信息必须填写其中一项：

贷款合同编号：填写与金融机构签订的住房贷款合同编号。

首次还款日期：选择住房贷款合同上注明的首次还款日期。

贷款期限（月数）：填写住房贷款合同上注明的贷款月数。

扣除有效期起：系统自动带出，（政策生效日期起所在月份，首次还款日期，扣除年度 1 月）取时间最后值，精确到年、月。

扣除有效期止：系统自动带出，（扣除有效期起所在年份的 12 月，首次还款日期+贷款期限）取时间最前值，精确到年、月。

4）住房租金支出

本功能用于采集单位员工的住房租金专项附加扣除信息（见图 7-3-68）。

图 7-3-68　住房租金支出

填写说明：

工作城市：填写纳税人任职受雇的直辖市、计划单列市、副省级城市、地级市（地区、州、盟）。

出租方类型：下拉选择“个人”或“组织”。

出租方姓名（单位名称）、证照号码（统一社会信用代码）：如实填写出租方名称和证照号码（统一社会信用代码）。

证照类型：出租方类型选择“个人”时必填，选择“组织”时无须填写。

房屋坐落地址、房屋坐落楼牌号：填写房屋具体的坐落地址。下拉选择省、市、区、乡镇街道后录入详细地址。

住房租赁合同编号：填写签订的住房租赁合同编号。

租赁日期起、租赁日期止：填写住房租赁合同注明的租赁起止时间。

扣除有效期起：系统自动带出，（政策生效日期起所在月份，租赁日期起，扣除年度 1 月）取时间最后值。

扣除有效期止：系统自动带出，（扣除有效期起所在年份的 12 月，租赁日期止）取时间最前值。

5）赡养老人支出

本功能用于采集单位员工的赡养老人专项附加扣除信息（见图 7-3-69）。

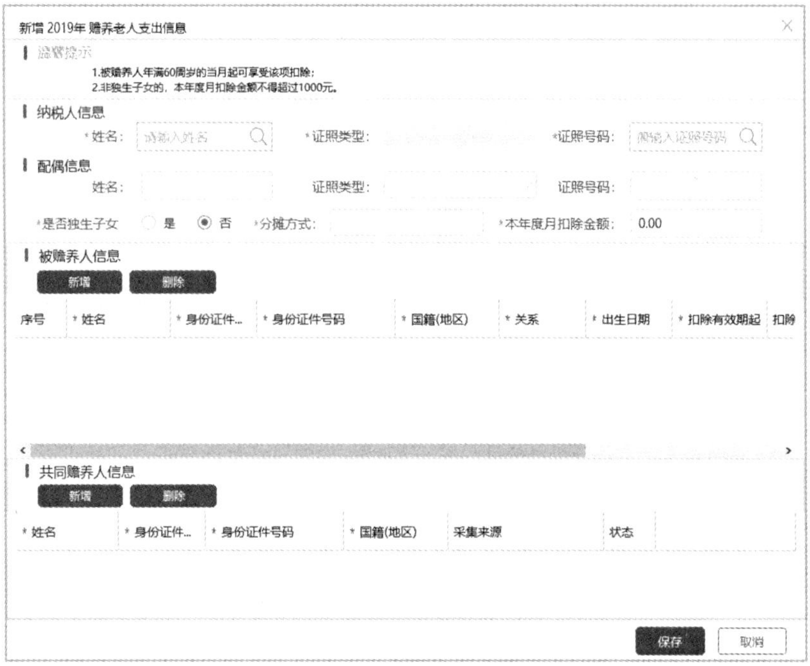

图 7-3-69 赡养老人支出

填写说明：

是否独生子女：选择“是”或“否”。

分摊方式：下拉选择“赡养人平均分摊”“被赡养人指定分摊”，或者“赡养人约定分摊”。

本年度月扣除金额：是独生子女时，默认为 2 000 元；非独生子女时，手工录入分摊金额，必须大于 0 且小于等于 1 000 元。

被赡养人信息：

姓名、身份证件类型、身份证件号码：如实填写被赡养人身份信息。

关系：下拉选择“父母”“其他”。

出生日期：证件类型为居民身份证时自动带出；其他类型时自行填写。

扣除有效期起：系统自动带出，[（出生日期+60 年）的当月，政策生效日期起月份，扣除年度 1 月]取时间最后值。

扣除有效期止：默认为扣除年度的 12 月。

共同赡养人信息：

姓名、身份证件类型、身份证件号码：如实填写共同赡养人身份信息。

以上 6 项专项附加扣除信息采集报送后，可在综合所得预扣预缴“工资薪金所得”所得项目下进行税前申报扣除。

纳税人取得劳务报酬所得、稿酬所得、特许权使用费所得需要享受专项附加扣除的，应当在次年3月1日至6月30日内，自行向税务机关办理综合所得年度汇算清缴时自行申报扣除。

11. 综合所得预扣预缴申报

综合所得个人所得税预扣预缴申报，是指扣缴义务人在向居民个人支付综合所得时，根据已采集的个人身份信息，结合当期收入、扣除等情况，在支付所得的月度终了之日起15日内，向主管税务机关报送《综合所得个人所得税预扣预缴报告表》和主管税务机关要求报送的其他有关材料，进行综合所得个人所得税预扣预缴申报。

实行个人所得税预扣预缴申报的综合所得包括：工资、薪金所得；劳务报酬所得；稿酬所得；特许权使用费所得。

填写说明：首页功能菜单下点击“综合所得申报”，进入“综合所得预扣预缴表”页面，页面上方为申报主流程导航栏，根据“1收入及减除填写”“2税款计算”“3附表填写”“4申报表报送”4步流程完成综合所得预扣预缴申报。

1）收入及减除填写

用于录入综合所得各项目的收入及减除项数据，所得项目包括“正常工资薪金所得”“全年一次性奖金收入”“企业年金”“劳务报酬所得”“稿酬所得”和“特许权使用费所得”。点击界面下方综合所得申报表名称或“填写”进入表单，即可进行数据的录入（见图7-3-70）。各项表单的填写方式，与“人员信息采集”操作类似，都可选择使用单个添加，或下载模板批量导入。

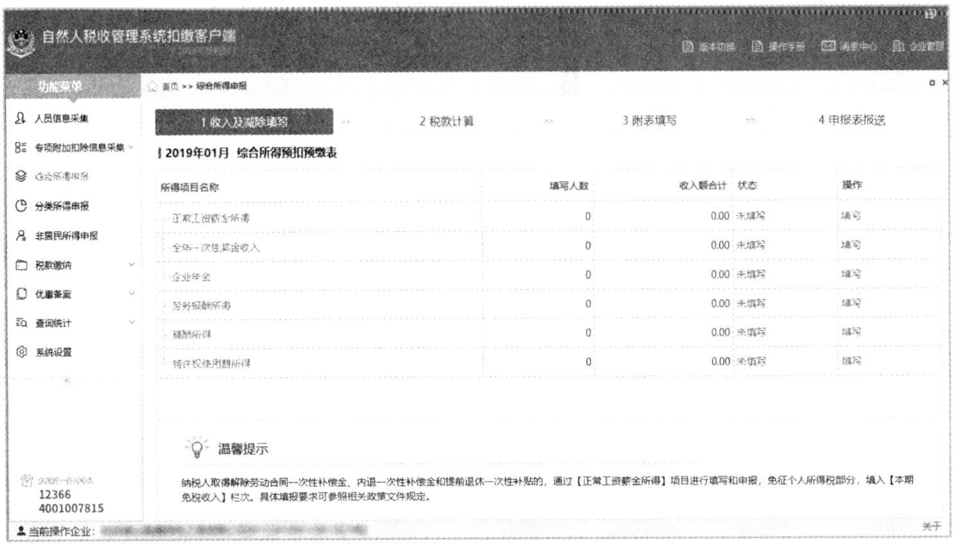

图7-3-70　综合所得申报

点击“正常工资薪金所得”，进入“正常工资薪金所得”界面，包括返回、添加、导入、预填专项附加扣除、导出、展开查询条件和更多操作功能（见图 7-3-71）。

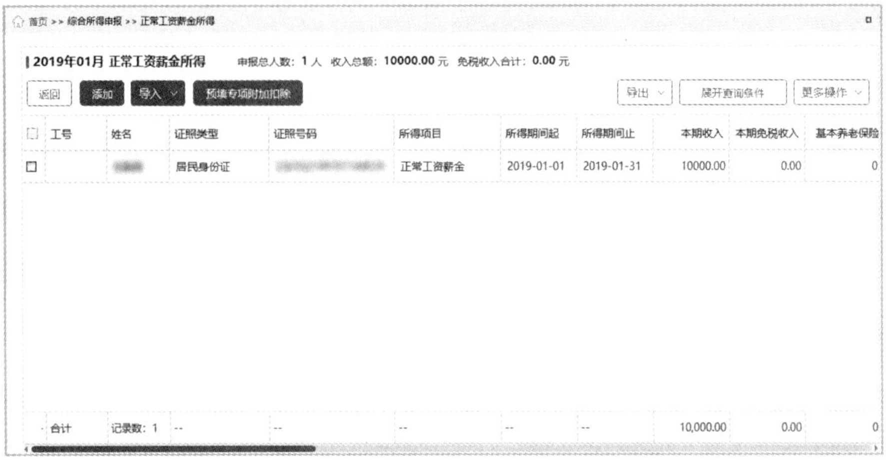

图 7-3-71 “正常工资薪资所得”界面

点击“导入”—“模板下载”下载标准模板，录入数据后，点击“导入数据”—“标准模板导入”选择模板文件批量导入数据（见图 7-3-72）。

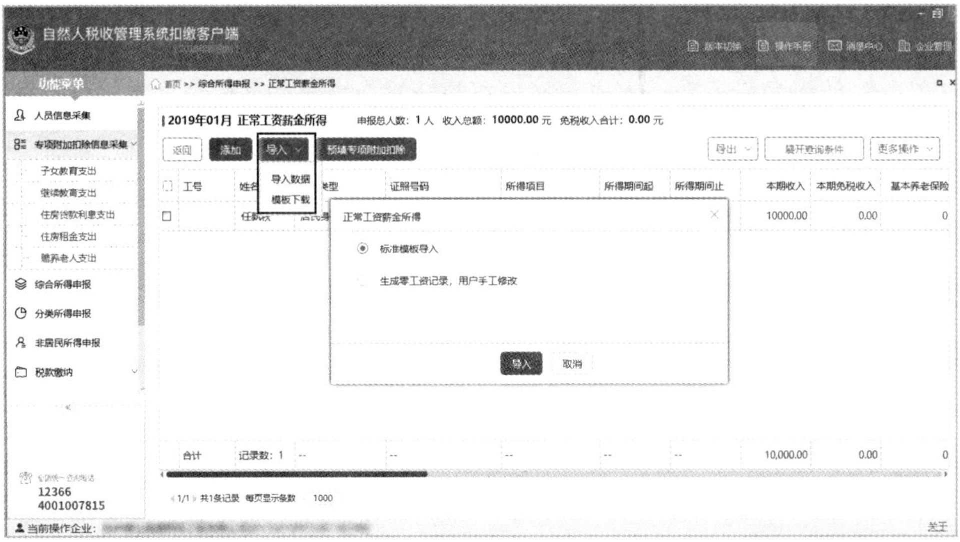

图 7-3-72 批量导入数据

点击“添加”弹出“正常工资薪金所得新增”界面，进行单个数据录入（见图 7-3-73）。

图 7-3-73　正常工资薪金所得新增

本期收入：取得的全部收入，默认保留两位小数。

基本养老保险费、基本医疗保险费、失业保险费、住房公积金：按国家有关规定缴纳的三险一金，填写个人承担且不超过当地规定限额的部分。

子女教育支出、继续教育支出、住房贷款利息支出、住房租金支出、赡养老人支出：点击“正常工资薪金所得”界面预填专项附加扣除自动获取报送成功人员的可扣除额度。根据政策要求，住房租金支出、住房贷款利息支出不允许同时扣除。

商业健康保险：填写按税法规定允许税前扣除的商业健康保险支出金额，扣除限额 2 400 元/年（200 元/月）。

税延养老保险：填写按税法规定允许税前扣除的税延商业养老保险支出金额，扣除限额为年度收入总额的 6%与 12 000 元之间的孰小值。仅试点地区显示。

准予扣除的捐赠额：按照税法规定，个人将其所得对教育、扶贫、济困等公益慈善事业进行捐赠，捐赠额未超过纳税人申报的应纳税所得额 30%的部分，可以从其应纳税所得额中扣除；国务院规定对公益慈善事业捐赠实行全额税前扣除的，从其规定。

其他综合所得项目全年一次性奖金收入、企业年金、劳务报酬所得、稿酬所得和特许权使用费所得的数据采集方式基本一致。各界面如图 7-3-74~7-3-78。

图 7-3-74　全年一次性奖金收入新增

月工资薪金与减除费用标准差额：（月减除费用标准－本期收入＋本期免税收入，0）取大值，系统自动带出。其中本期收入与本期免税收入指正常工资薪金所得中该人员填写的数据。

图 7-3-75　企业年金新增

年金领取收入额：本次领取年金的金额。

已完税缴费额：在财税〔2013〕103 号文件实施之前缴付的年金单位缴费和个人缴费且已经缴纳个人所得税的部分，通常指的是 2014 年前的年金已完税缴费额。

全部缴费额：账户中实际年金缴纳部分。

图 7-3-76　劳务报酬所得新增

所得项目：包含一般劳务报酬所得、保险营销员劳务报酬所得、证券经纪人劳务报酬所得、其他劳务报酬所得。

费用：每次收入不超过 4 000 的，费用按 800 元计算；每次收入 4 000 以上的，费用按 20%计算。

图 7-3-77　稿酬所得薪酬

本期免税收入：稿酬所得的收入额减按 70%计算（30%做免税收入处理），即显示本期收入减除费用后的 30%部分，可修改。

图 7-3-78　特许权使用费所得新增

注意事项：预扣预缴申报时全年一次性奖金收入、企业年金、劳务报酬、稿酬所得、特许权使用费所得没有专项扣除和专项附加扣除填写项。

2）税款计算

点击“税款计算”，系统自动统计“收入及减除填写”模块中填写的数据进行计税，其中工资薪金所得从局端下载往期计税数据并与当期申报数据合并累计计税（见图 7-3-79）。

图 7-3-79　税款计算界面

“税款计算”页面上会分所得项目显示对应项目的明细数据和合计数据，右上角显示综合所得的合计数据，包括纳税总人数、收入总额、应补退税额。

双击其中一条数据行，可以查看该行人员具体的计税项，包括当期各类明细数据和年内累计数据（见图 7-3-80）。明细查看页面，只允许查看数据，不允许修改。

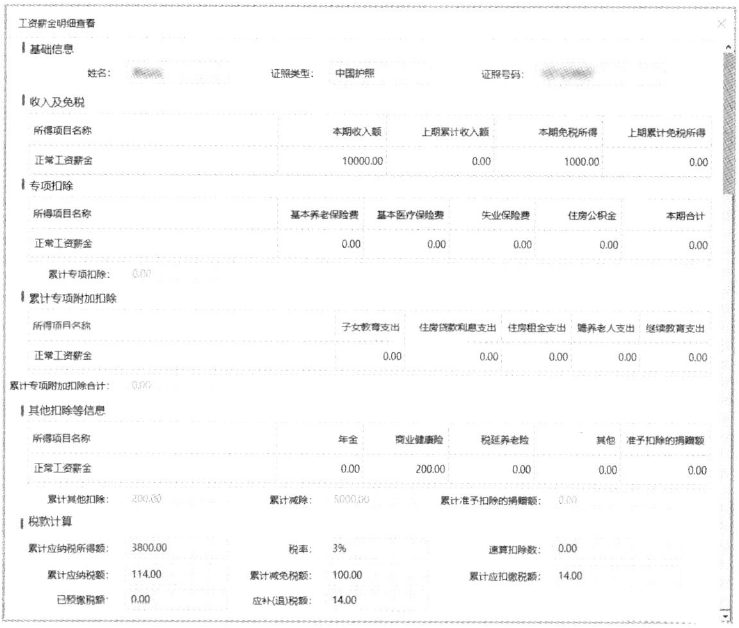

图 7-3-80　明细查看页面

3）附表填写

在收入及减除中填写了减免税额、商业健康保险、税延养老保险的情况下，需要在相应附表里完善减免信息，如减免事项、减免性质、减免税额等（见图 7-3-81）。

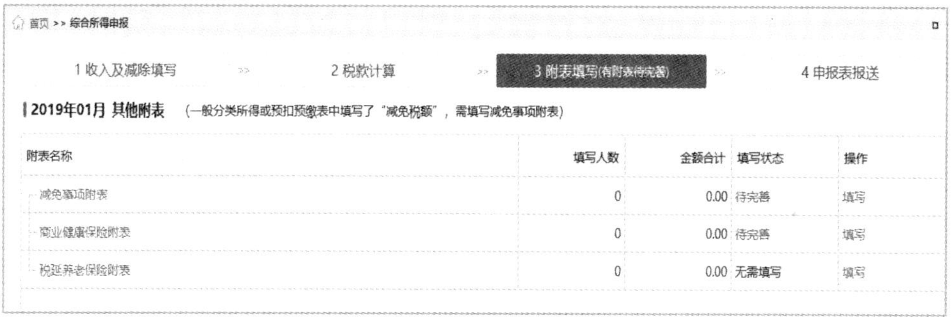

图 7-3-81 减免信息

（1）减免事项附表。

减免事项附表用于补充减免税额对应的具体减免事项信息（见图 7-3-82）。

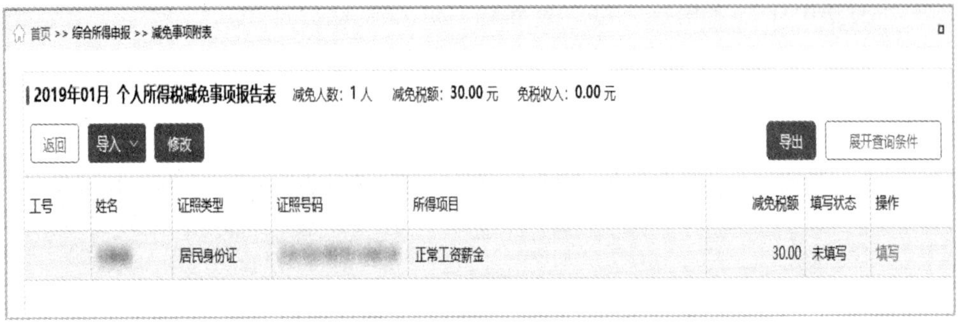

图 7-3-82 减免事项附表界面

综合所得中填写过减免税额的人员，系统会自动在减免事项附表界面生成一条该人员本次填写的减免税数据，双击该条记录补充完善对应的减免税事项名称等内容。减免税额等于综合所得中减免税额之和，“减税事项”页签下补充完善减免税额信息（见图 7-3-83）。

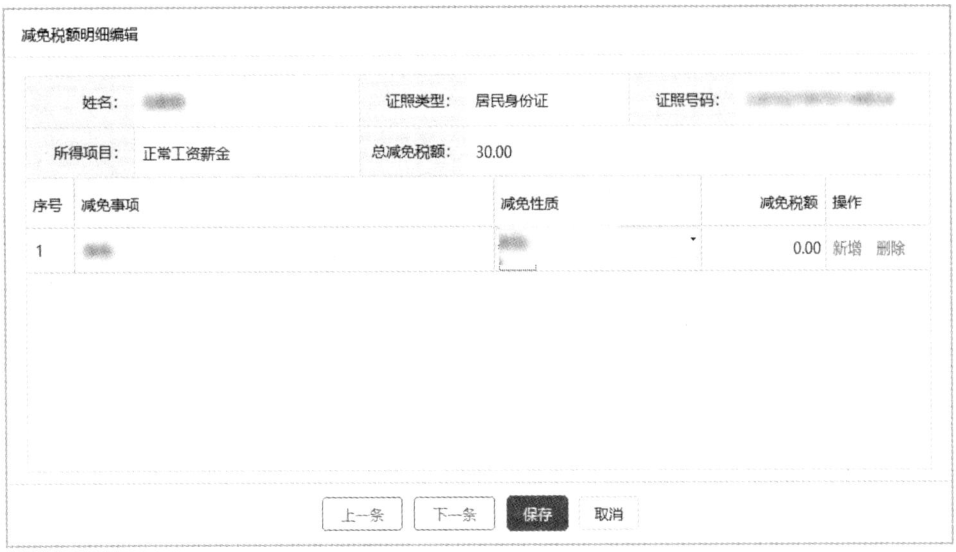

图 7-3-83 减免税额明细编辑

所得项目：根据综合所得中填写的所得项目自动带出。

总减免税额：根据综合所得项目中该人员填写的减免税额自动合计带出。

减免事项：下拉选择人员可享受的减免税对应事项。

减免性质：根据选择的减免税事项自动匹配对应的减免性质。

（2）商业健康保险附表。

根据税法规定，对个人购买或单位统一购买符合规定的商业健康保险产品的支出，允许税前扣除，扣除限额为 2 400 元/年（200 元/月）。在综合所得预扣预缴申报表里录入了商业健康保险数据的人员，应报送“商业健康保险税前扣除情况明细表”（见图 7-3-84）。

图 7-3-84 商业健康保险附表界面

税优识别码：为确保税收优惠商业健康保险保单的唯一性、真实性和有效性，由商业健康保险信息平台按照“一人一单一码”的原则进行核发，填写个人保单凭证上打印的数字识别码。

保单生效日期：该商业健康保险保单生效的日期。

年度保费：商业健康保险保单年度内该保单的总保费。

月度保费：月缴费的保单填写每月所缴保费，按年一次性缴费的保单填写年度保费除以 12 后的金额。

本期扣除金额：根据国家有关政策对个人购买或单位统一购买符合规定的商业健康保险产品的支出，扣除限额为 2 400 元/年（200 元/月）。

（3）税延养老保险附表。

自 2018 年 5 月 1 日起，在上海市、福建省（含厦门市）和苏州工业园区实施个人税收递延型商业养老保险试点。对试点地区个人通过个人商业养老资金账户购买符合规定的商业养老保险产品的支出，允许在一定标准内税前扣除。在综合所得中填写税延养老保险支出税前扣除申报的人员，应报送“税延型商业养老保险税前扣除情况明细表”（见图 7-3-85）。

图 7-3-85　税延养老附表界面

税延养老账户编号、报税校验码：按照中国保险信息技术管理有限责任公司相关信息平台出具的《个人税收递延型商业养老保险扣除凭证》载明的对应项目填写。

月度保费：取得工资薪金所得、连续性劳务报酬所得（特定行业除外）的个人，填写《个人税收递延型商业养老保险扣除凭证》载明的月度保费金额，一次性缴费的保单填写月平均保费金额。

本期扣除金额：取得工资薪金所得的个人，应按税延养老保险扣除凭证记载的当月金额和扣除限额孰低的方法计算可扣除额。扣除限额按照申报扣除当月工资薪金的 6%和 1 000 元孰低的办法确定。

4）申报表报送

申报表填写、税款计算完成后，点击“申报表报送”进入报表申报界面。该界面可完成综合所得预扣预缴的正常申报、更正申报以及作废申报操作。当月第一次申报发送时，进入“申报表报送”界面，默认申报类型为正常申报，申报状态为未申报，显示“发送申报”（见图 7-3-86）。

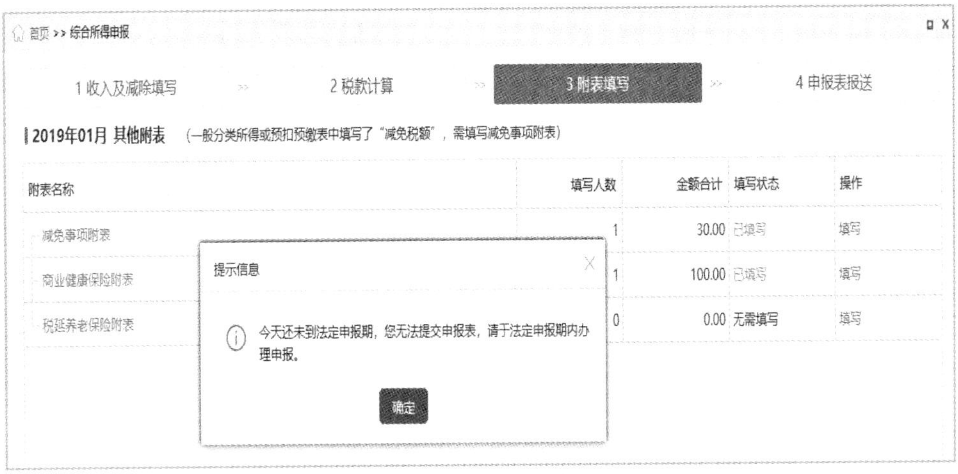

图 7-3-86 申报表申报界面

注意事项："申报表报送"需在法定申报期时才可点击进入申报界面。2019年1月税款所属期报表需在2019年2月时才可点击操作。

申报辅助功能主要包括以下几方面的内容：

（1）综合所得申报更正。

综合所得个人所得税预扣预缴申报成功之后，发现有错报、漏报的情况，可使用预扣预缴申报更正功能，修改已申报的数据重新申报。已缴款或未缴款的情况下均可使用此功能进行更正申报。

填写说明：

当申报表报送界面下申报类型为正常申报，申报状态为申报成功的情况下，可以点击"更正申报"（见图7-3-87）。

图 7-3-87 更正申报

点击"更正申报"，跳出"已启动更正申报，可在申报表填写中修改申报数据后重新申报"确认操作提示框，点击"确认"后申报类型变更为修正申报，申报状态变更为未申报，并在列表右上角显示"发送申报"和"撤销更正"（见图7-3-88）。

点击"发送申报"，对已更正数据重新发送申报，申报流程同正常申报流程。

点击“撤销更正”，弹出“撤销更正后，修改后的申报数据将无法还原，是否继续？”确认提示框，点击“确定”，则执行撤销更正操作，可将已修改未重新申报的数据还原为启动更正前的数据；反之，取消撤销操作。

图 7-5-88　申报表报送

（2）综合所得申报作废。

综合所得个人所得税预扣预缴申报成功之后，在当前所得月份未缴款的前提下，可以使用预扣预缴申报作废功能，对已申报的数据进行作废处理。

预扣预缴更正申报与作废申报的区别在于，申报成功后是否已缴税款。已缴款时只能更正申报，无法作废申报表。

填写说明：

当申报表报送界面下申报类型为正常申报，申报状态为申报成功未扣款时，发现已申报数据有误，点击“作废申报”，提交作废申请（见图 7-3-89）。

图 7-3-89　作废申请

点击“作废申报”后申报类型为正常，申报状态为作废处理中，稍后点击“获取反馈”查看作废结果（见图 7-3-90）。

图 7-3-90　获取反馈

反馈信息为作废成功，则说明已经作废成功当月已申报数据。同时申报状态变更为未申报，按正常流程重新填写申报即可；反馈信息为作废失败，则申报状态变更为作废前的状态，即申报成功状态（见图 7-3-91）。

图 7-3-91　作废结果

（3）税款缴纳。

根据《中华人民共和国个人所得税法》第十四条：扣缴义务人每月或者每次预扣、代扣的税款，应当在次月十五日内缴入国库，并向税务机关报送扣缴个人所得税申报表。

系统默认提供三方协议缴款方式，因地区差异化，部分地区可能会有其他的缴款方式。

三方协议缴款：单位需要和税务机关、银行签订《委托银行代缴税款协议书》才能使用“三方协议缴款”方式。已经签订过的，不需要重新签订。

填写说明：

申报表申报成功后，若采用三方协议缴款方式，则点击“税款缴纳”—“三方协议缴款”，界面下方显示欠税相关内容，包括：所得月份、申报表种类、征收品目、税率、税款所属期起止、应补退税额以及缴款期限（见图 9-3-92）。

图 7-3-92　税款缴纳

注意事项：缴款功能计划在本月底开放，暂不能使用。

（4）查询统计。

①单位申报记录查询：用于对已申报所得申报表数据、申报表明细数据和代扣代缴个人纳税情况的查询。

填写说明：

点击左侧功能菜单“查询统计”—“单位申报记录查询”，进入“单位申报记录查询”界面。税款所属期起止默认显示为最近一条申报记录的归属月份往前跨度 12 个月，点击“查询”则查询到所选属期申报成功的各类所得数据（见图7-3-93）。

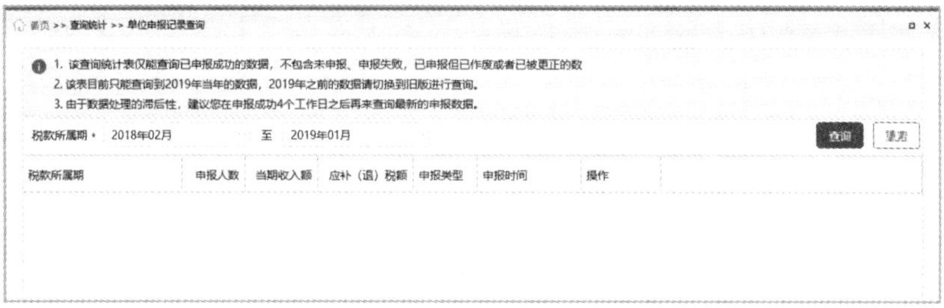

图 7-3-93　单位申报记录查询

②个人扣缴明细查询：用于查询单个员工按所得项目汇总的明细数据。

填写说明：

点击左侧功能菜单“查询统计”—“个人扣缴明细查询”，进入“个人扣缴明细查询”界面（见图7-3-94）。税款所属期起止默认显示为当年1月至系统当前时间的上月。

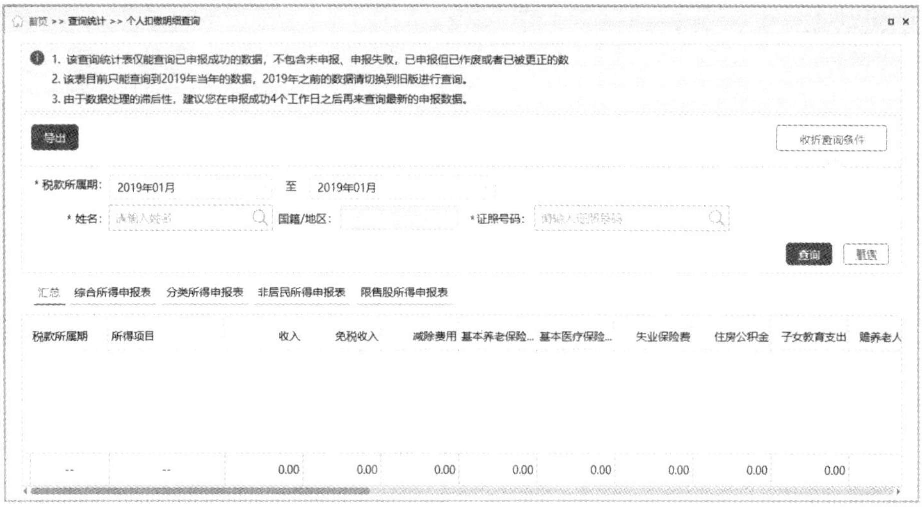

图 7-3-94　个人扣缴明细查询

申报表类型默认是汇总，报表可以选择“汇总”“综合所得申报表”“分类所得申报表”“非居民所得申报表”和“限售所得申报表”，选择“姓名”“国籍/地区”“证照号码”之后点击“查询”进行条件查询。

5）系统设置

此功能菜单分为系统管理、单位管理以及申报管理设置。

（1）系统管理：通过本功能菜单可对网络管理设置、备份恢复、登录密码设置进行管理（见图 7-3-95）。

图 7-3-95　系统管理功能

（2）单位管理。通过本功能菜单查看及修改办税人员信息、单位信息。其中单位信息界面只能修改“电子邮箱”“是否上市企业”和“公司股本总额”，其他信息是从税局自动获取的，如需修改请到办税服务厅办理（见图 7-3-96）。

图 7-3-96　单位管理功能

（3）申报管理。通过本功能菜单下载更新办税信息、申报安全设置（见图7-3-97）。

图 7-3-97　申报管理功能

（4）企业管理。通过本功能进行添加、删除企业以及切换企业，该界面下可查看系统中所有企业当月个税的申报状态。

7.4 涉税业务操作演示

1. 加旺申报城建税、教育费附加、地方教育附加、印花税、个人所得税

实训任务：（1）申报增值税；

（2）申报城建税、教育费附加、地方教育附加；

（3）申报印花税；

（4）申报个人所得税。

操作步骤：

（1）申报增值税：加旺电器的税务会计在动画界面选择条件选项（专用发票和普通发票）和打印选项（全选），确定后进入报税系统—开票软件—立即开票—登录—报税处理—发票资料—选择专用发票和普通发票—连续打印。自己进

入认证系统—增值税专用发票选择确认平台—登录—抵扣统计—打印。自己填表申报：进入报税系统—电子税务局—登录—我要办税—税费申报及缴纳—填写申报表（先填写附列资料，返回申报表填写应税货物销售额保存后申报）。附列资料一只填写第一行第一列销售额，销售额见专用发票汇总表，附列资料二填写最后一行认证后的份数、金额、税额，见认证结果汇总表，附列资料三、四、五点开再保存—申报—选择—立即缴款（见图7-4-1）。

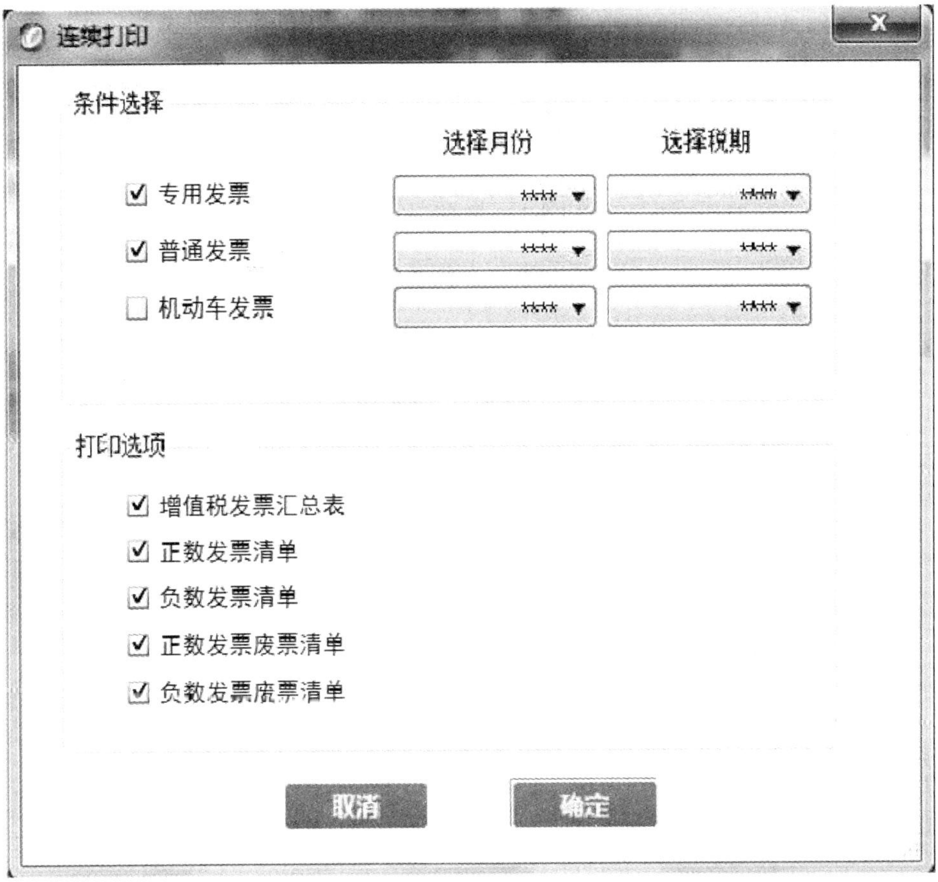

增值税纳税申报表附列资料（一）

（本期销售情况明细）

纳税人识别号：911101016709563831　　　　纳税人名称：北京加旺电器有限公司

所属时期：2019-11-01　至2019-11-30　　　　填表日期：2019-12-01

项目及栏次				开具增值税专用发票		开具其他发票		未开具发票		纳税检查调整	
				销售额	销项(应纳)税额	销售额	销项(应纳)税额	销售额	销项(应纳)税额	销售额	销项(
				1	2	3	4	5	6	7	
一、一般计税方法计税	全部征税项目	13%税率的货物及加工修理修配劳务	1	6627400.00	861562.00		0.00		0.00		
		13%税率的服务、不动产和无形资产	2		0.00		0.00		0.00		
		9%税率的货物及加工修理修配劳务	3		0.00		0.00		0.00		
		9%税率的服务、不动产和无形资产	4		0.00		0.00		0.00		
		6%税率	5		0.00		0.00		0.00		

二）其他扣税凭证	29=30至33之和	0	0.00	0.00
其中：海关进口增值税专用缴款书	30			
农产品收购发票或销售发票	31			
代扣代缴税收缴款凭证	32		------	
其他	33			
	34			
四、其　他				
项目	栏次	份数	金额	税额
本期认证相符的增值税专用发票	35	18	6587530.00	850602.50
代扣代缴税额	36	------	------	

增值税纳税申报表附列资料（三）（服务、不动产和无形资产扣除项目明细）

纳税人识别号：*911101016709563831*　　纳税人名称：北京加旺电器有限公司

所属时期：*2019-11-01*　至*2019-11-30*　　填表日期：*2019-12-01*　　金额单位：元至角分

项目及栏次		本期服务、不动产和无形资产价税合计额（免税销售额）	服务、不动产和无形资产扣除项目				
			期初余额	本期发生额	本期应扣除金额	本期实际扣除金额	期末余额
		1	2	3	4=2+3	5(5≤1且5≤4)	6=4-5
13%税率的项目	1	0.00	0.00		0.00		0.00
9%税率的项目	2	0.00	0.00		0.00		0.00
6%税率的项目（不含金融商品转让）	3		0.00		0.00		0.00
6%税率的金融商品转让项目	4		0.00		0.00		0.00
5%征收率的项目	5	0.00	0.00		0.00		0.00
3%征收率的项目	6	0.00	0.00		0.00		0.00
免抵退税的项目	7	0.00	0.00		0.00		0.00
免税的项目	8	0.00	0.00		0.00		0.00

增值税纳税申报表附列资料（四）

（税额抵减情况表）

纳税人识别号：*911101016709563831*　　纳税人名称：北京加旺电器有限公司

所属时期：*2019-11-01*　至*2019-11-30*　　填表日期：*2019-12-01*　　金额单位：元至角分

一、税额抵减情况						
序号	抵减项目	期初余额	本期发生额	本期应抵减税额	本期实际抵减税额	期末余额
		1	2	3=1+2	4≤3	5=3-4
1	增值税税控系统专用设备费及技术维护费	0.00		0.00		0.00
2	分支机构预征缴纳税款	0.00		0.00		0.00
3	建筑服务预征缴纳税款	0.00		0.00		0.00
4	销售不动产预征缴纳税款	0.00		0.00		0.00
5	出租不动产预征缴纳税款	0.00		0.00		0.00

二、加计抵减情况							
序号	加计抵减项目	期初余额	本期发生额	本期调减额	本期可抵减	本期实际抵减额	期末余额
		1	2	3	4=1+2-3	5	6=4-5
6	一般项目加计抵减额计算	0.00			0.00		0.00
7	即征即退项目加计抵减额计算	0.00			0.00		0.00
8	合计	0.00	0.00	0.00	0.00	0.00	0.00

增值税减免税申报明细表

纳税人识别号：91110101670956383l　　纳税人名称：北京加旺电器有限公司

所属时期：2019-11-01　至2019-11-30　　填表日期：2019-12-01　　金额单位：元（列至角分）

一、减税项目						
减税性质代码及名称	栏次	期初余额	本期发生额	本期应抵减税额	本期实际抵税额	期末余额
		1	2	3=1+2	4<=3	5=3-4
合计		0.00	0.00	0.00	0.00	0.00
		0.00		0.00		0.00
		0.00		0.00		0.00
		0.00		0.00		0.00
		0.00		0.00		0.00
		0.00		0.00		0.00
		0.00		0.00		0.00
		0.00		0.00		0.00
		0.00		0.00		0.00
		0.00		0.00		0.00
		0.00		0.00		0.00
二、免税项目						
免税性质代码及名称	栏次	免征增值税项目销售额	免税销售额扣除项目本期实际扣除金额	扣除后免税销售额	免税销售额对应的进项税额	免税额
		1	2	3=1-2	4	5
合计		0.00	0.00	0.00	0.00	0.00

增值税纳税申报表（适用于增值税一般纳税人）

纳税人识别号：91110101670956383l　　纳税人名称：北京加旺电器有限公司

所属时期：2019-11-01　至2019-11-30　　填表日期：2019-12-01　　金额单位：元

项目	栏次	一般项目		即征即退项目	
		本月数	本年累计	本月数	本年累
（一）按适用税率计税销售额	1	6627400.00	24347400.00	0.00	
其中：应税货物销售额	2	6627400.00	24347400.00		
应税劳务销售额	3		0.00		

税费缴纳

☑	序号	应征凭证序号	税(品)目	税款所属起	税款所属止	缴款期限	应补（退）税额	实缴金额	滞纳金	是否逾期
☑	1	845821933524839724	增值税申报	2019-11-01	2019-11-30	2019-12-15	10959.50	10959.50	0.00	否

共选择1条欠税记录。实缴金额10959.50 元，滞纳金 0.00元，合计**10959.50**元。

缴款方式

三方协议缴款　　银联缴款

立即缴款

图 7-4-1　增值税申报

（2）申报城建税、教育费附加、地方教育附加：加旺电器的税务会计进入报税系统—电子税务局—登录—我要办税—税款申报及缴纳—填写申报表—选择市区（3 个都选市区），在一般增值税下面填写本期缴纳的增值税金额（见增值税附加计算表）—保存—申报—选择—立即缴款（见图 7-4-2）。

城建税、教育费附加、地方教育附加税（费）

纳税人识别号:911101016709563831　　　　纳税人名称:北京加旺电器有限公司

所属时期:2019-11-01　至2019-11-30　　　　填表日期:2019-12-01

本期是否适用增值税小规模纳税人减征政策（减免性质代码_城市维护建设税：07049901，减免性质代码_教育费附加：61049901，减免性质代码_地方教育附加：99049901）						是☐ 否☑	减征比例 / 减征比 / 减征比	
税（费）种	征收品目	增值税		消费税	营业税	合计	税率（征收率）	本期应纟税（费）
		一般增值税	免抵税额					
		1	2	3	4	5=1+2+3+4	6	7=5X(
城建税	市区	10959.50				10959.50	7%	7
教育费附加	市区	10959.50				10959.50	3%	3
地方教育附加	市区	10959.50				10959.50	2%	2
合计				--			--	13

图 7-4-2　申报城建税、教育费附加、地方教育附加

（3）申报印花税：加旺电器的税务会计进入报税系统—电子税务局—登录—我要办税—税款申报及缴纳—其他申报—填写申报表—根据企业合同登记统计表填写购销合同计税金额栏—保存—申报—选择—立即缴款（见图 7-4-3）。

印花税纳税申报（报告）表

纳税人识别号:911101016709563831　　　　纳税人名称:北京加旺电器有限公司

所属时期:2019-11-01　至2019-11-30　　　　填表日期:2019-12-01

本期是否适用增值税小规模纳税人减征政策（减免性质代码：09049901）					是☐ 否☑		减征比例（%）	
应税凭证	计税金额或件数	核定征收		适用税率	本期应纳税额	本期已缴税额	本期减免税额	
		核定依据	核定比例				减免性质	
	1	2	3	4	5=1×4+2×3×4	6	7	
购销合同	10255414.71		%	0.3‰	3076.62		请选择	

税费缴纳

序号	应征凭证序号	税(品)目	税款所属起	税款所属止	缴款期限	应补（退）税额	实缴金额	滞纳金	是否逾期
1	371227230464934315	申报印花税	2019-11-01	2019-11-30	2019-12-15	3076.62	3076.62	0.00	否

共选择1条欠税记录。实缴金额3076.62 元，滞纳金 0.00元，合计**3076.62**元。

缴款方式

三方协议缴款　　银联缴款

立即缴款

图 7-4-3　申报印花税

（4）申报个人所得税：加旺电器的税务会计进入个税系统—自然人税收管

理系统—人员信息采集—报送—确定—获取反馈—关闭。点击综合所得申报—正常工资薪金所得—填写—确定—选择用户手动修改—添加（输入每个员工的工号及收入信息）—返回—申报表报送—发送申报—输入密码 123456—立即缴款—确认扣款（见图 7-4-4）。

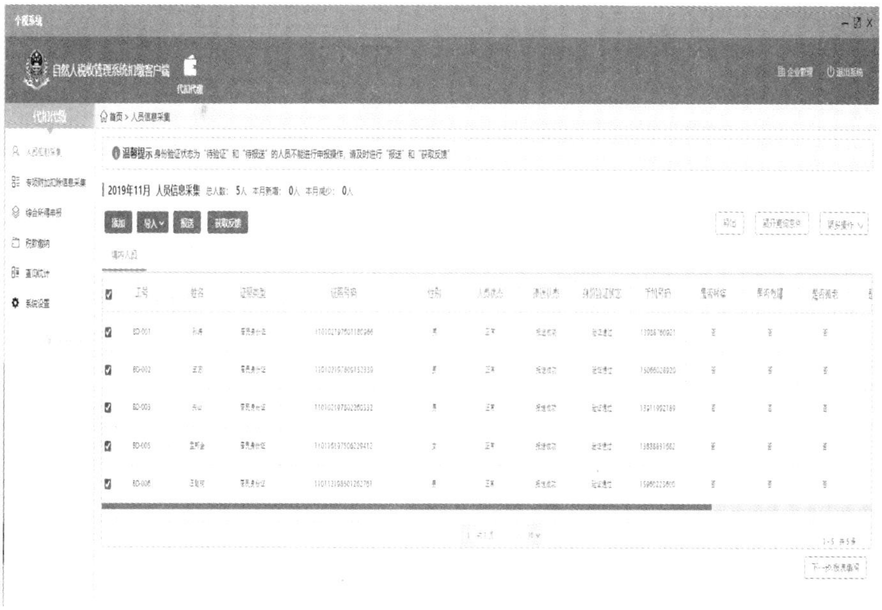

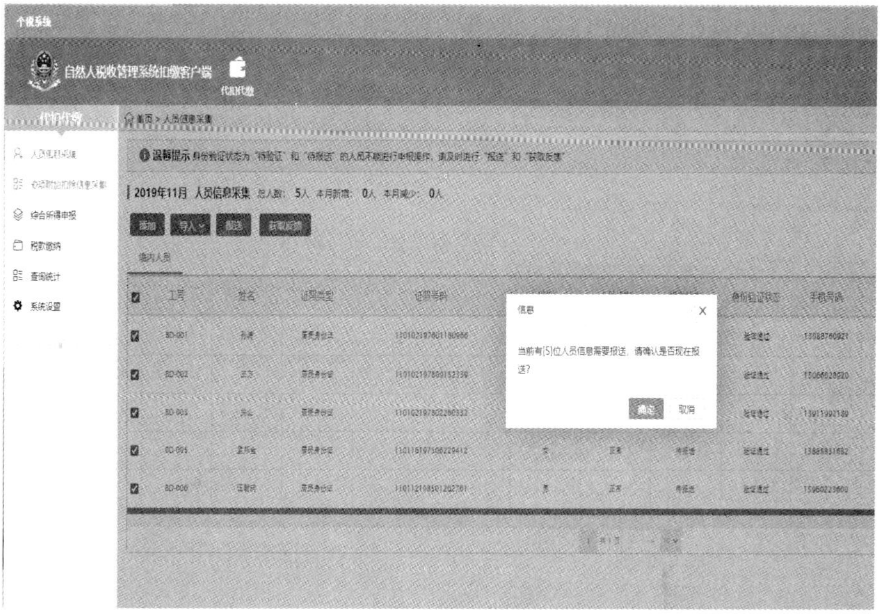

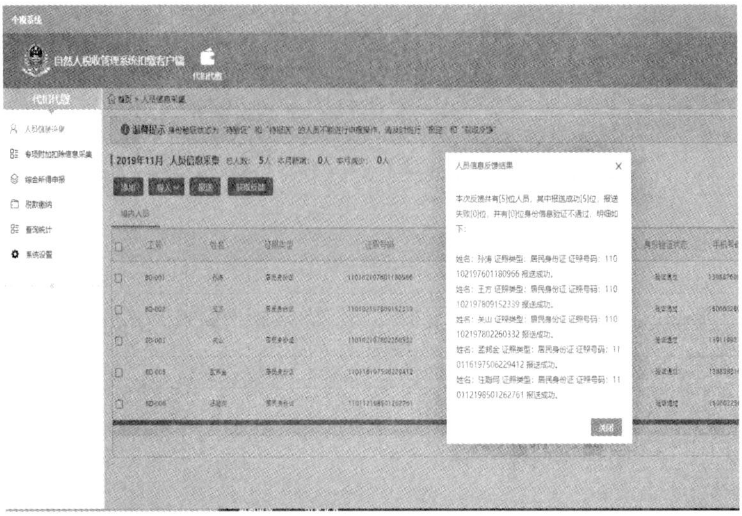
个税系统
自然人税收管理系统扣缴客户端
代扣代缴
首页 > 人员信息采集
人员信息采集
专项附加扣除信息采集
综合所得申报
税款缴纳
查询统计
系统设置
2019年11月 人员信息采集
添加
导入
报送
获取反馈
人员信息反馈结果
关闭

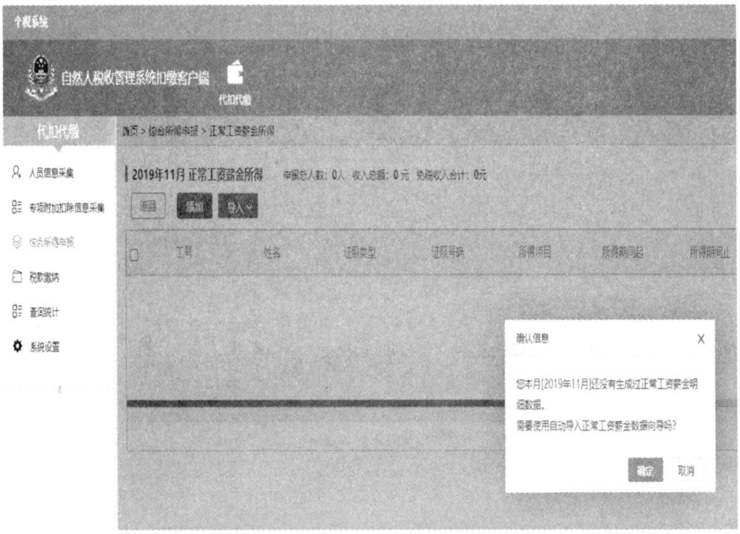
个税系统
自然人税收管理系统扣缴客户端
代扣代缴
首页 > 综合所得申报 > 正常工资薪金所得
人员信息采集
专项附加扣除信息采集
综合所得申报
税款缴纳
查询统计
系统设置
2019年11月 正常工资薪金所得
申报总人数：0人 收入总额：0元 免税收入合计：0元
返回
添加
导入
工号
姓名
证照类型
证照号码
所得项目
所得期间起
所得期间止
确认信息
您本月[2019年11月]还没有生成过正常工资薪金明细数据。
需要使用自动导入正常工资薪金数据向导吗？
确定
取消

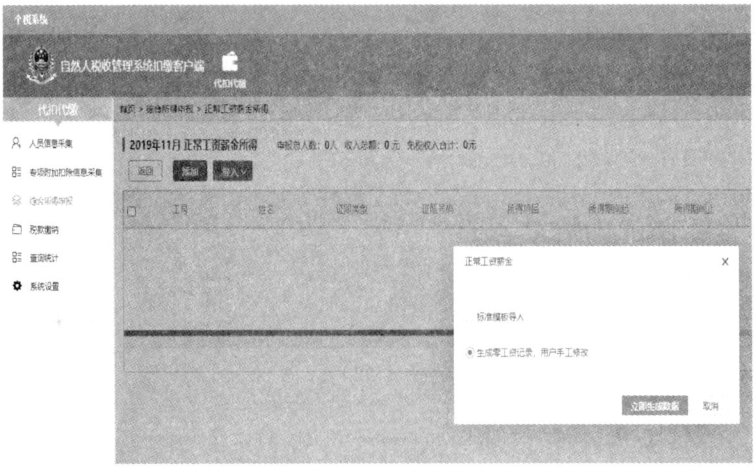
个税系统
自然人税收管理系统扣缴客户端
代扣代缴
人员信息采集
专项附加扣除信息采集
综合所得申报
税款缴纳
查询统计
系统设置
2019年11月 正常工资薪金所得
申报总人数：0人 收入总额：0元 免税收入合计：0元
返回
添加
导入
工号
姓名
正常工资薪金
标准模板导入
生成零工资记录，用户手工修改
立即生成数据
取消

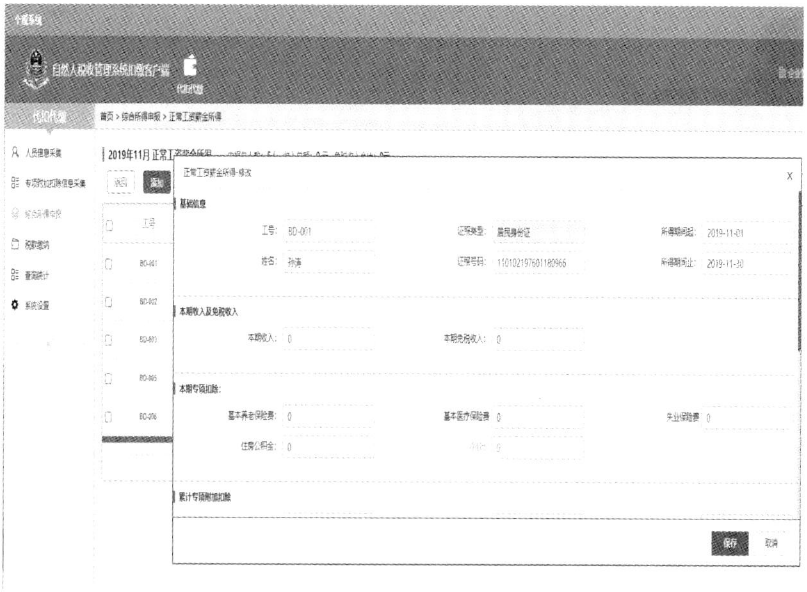
个税系统
自然人税收管理系统扣缴客户端
代扣代缴
首页 > 综合所得申报 > 正常工资薪金所得
人员信息采集
专项附加扣除信息采集
综合所得申报
税款缴纳
查询统计
系统设置
2019年11月 正常工资薪金所得
正常工资薪金所得-修改
基础信息
工号：BD-001
证照类型：居民身份证
所得期间起：2019-11-01
姓名：孙涛
证照号码：110102197601180966
所得期间止：2019-11-30
本期收入及免税收入
本期收入：0
本期免税收入：0
本期专项扣除：
基本养老保险费：0
基本医疗保险费：0
失业保险费：0
住房公积金：0
累计专项附加扣除
保存
取消

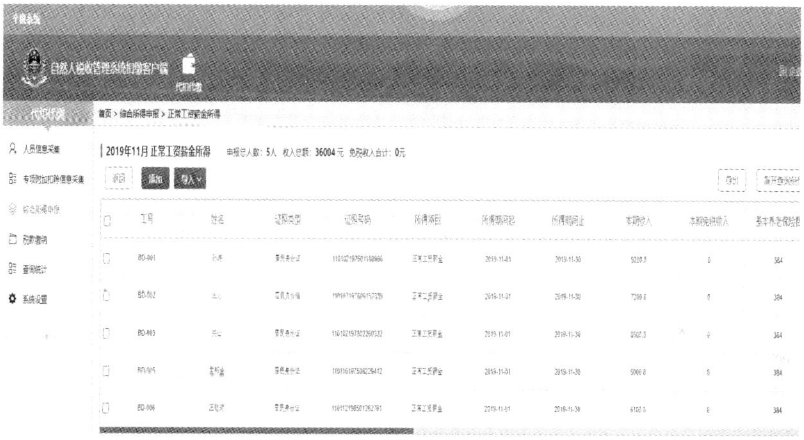
个税系统
自然人税收管理系统扣缴客户端
代扣代缴
首页 > 综合所得申报 > 正常工资薪金所得
2019年11月 正常工资薪金所得　申报总人数：5人　收入总额：36004 元　免税收入合计：0元
添加
导入
工号
姓名
证照类型
证照号码
所得项目
所得期间起
所得期间止
本期收入
本期免税收入
基本养老保险费
BD-001
BD-002
BD-003
BD-005
BD-006

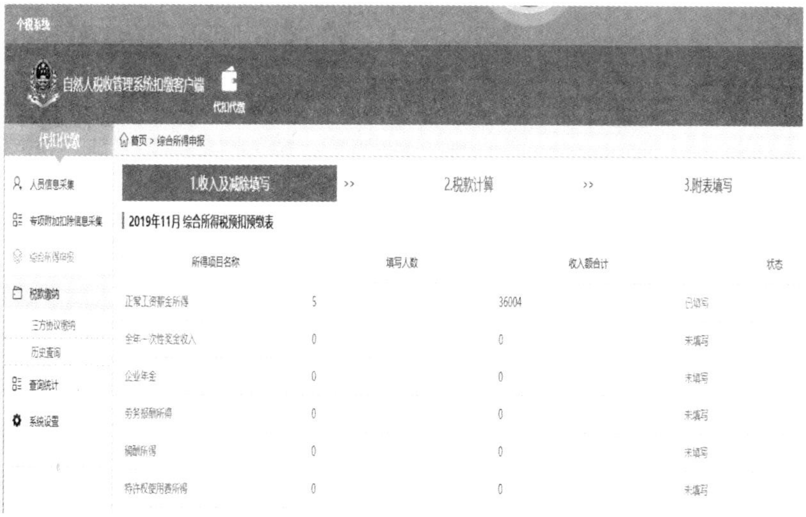
个税系统
自然人税收管理系统扣缴客户端
代扣代缴
首页 > 综合所得申报
人员信息采集
专项附加扣除信息采集
综合所得申报
税款缴纳
三方协议缴纳
历史查询
查询统计
系统设置
1.收入及减除填写
2.税款计算
3.附表填写
2019年11月 综合所得税预扣预缴表
所得项目名称
填写人数
收入额合计
状态
正常工资薪金所得　5　36004　已填写
全年一次性奖金收入　0　0　未填写
企业年金　0　0　未填写
劳务报酬所得　0　0　未填写
稿酬所得　0　0　未填写
特许权使用费所得　0　0　未填写

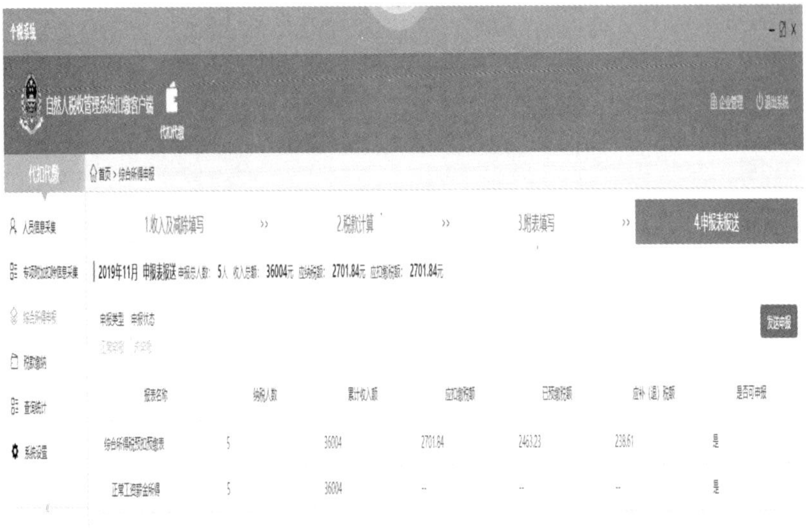
个税系统
自然人税收管理系统扣缴客户端
代扣代缴
1.收入及减除填写
2.税款计算
3.附表填写
4.申报表报送
2019年11月 申报表报送
发送申报

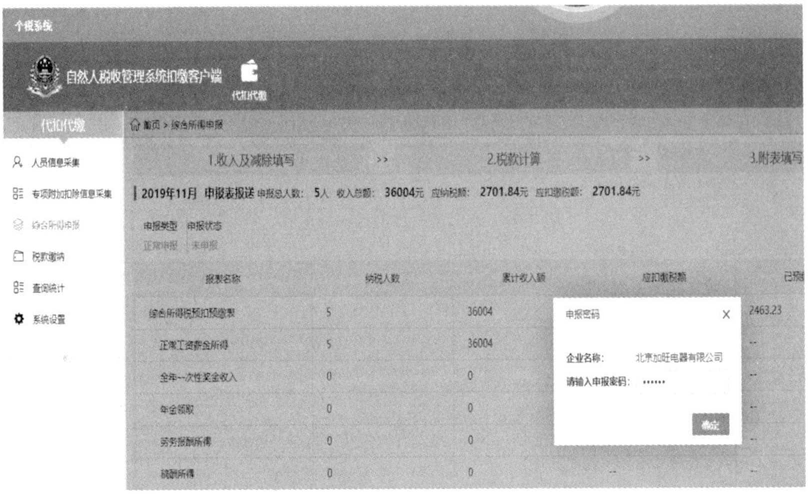
个税系统
自然人税收管理系统扣缴客户端
代扣代缴
首页 > 综合所得申报
1.收入及减除填写
2.税款计算
3.附表填写
人员信息采集
专项附加扣除信息采集
综合所得申报
税款缴纳
查询统计
系统设置
2019年11月 申报表报送 申报总人数：5人 收入总额：36004元 应纳税额：2701.84元 应扣缴税额：2701.84元
申报类型 申报状态
报表名称
纳税人数
累计收入额
应扣缴税额
综合所得预扣预缴表
正常工资薪金所得
全年一次性奖金收入
年金领取
劳务报酬所得
稿酬所得
申报密码
企业名称：北京加旺电器有限公司
请输入申报密码：••••••
确定

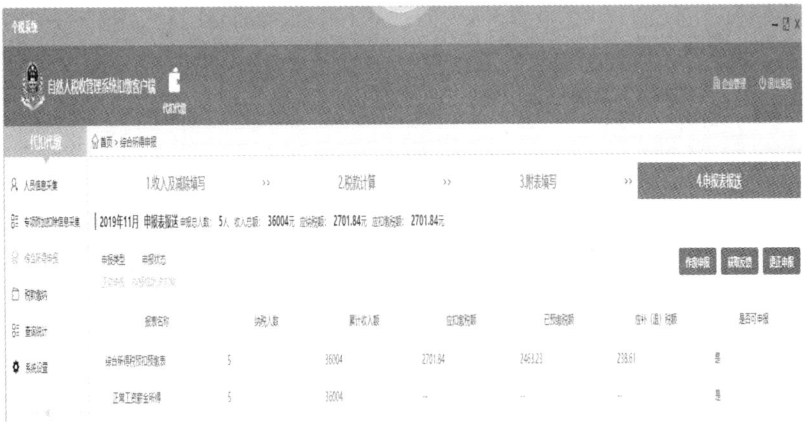
个税系统
自然人税收管理系统扣缴客户端
代扣代缴
1.收入及减除填写
2.税款计算
3.附表填写
4.申报表报送
2019年11月 申报表报送
作废申报
获取反馈
更正申报

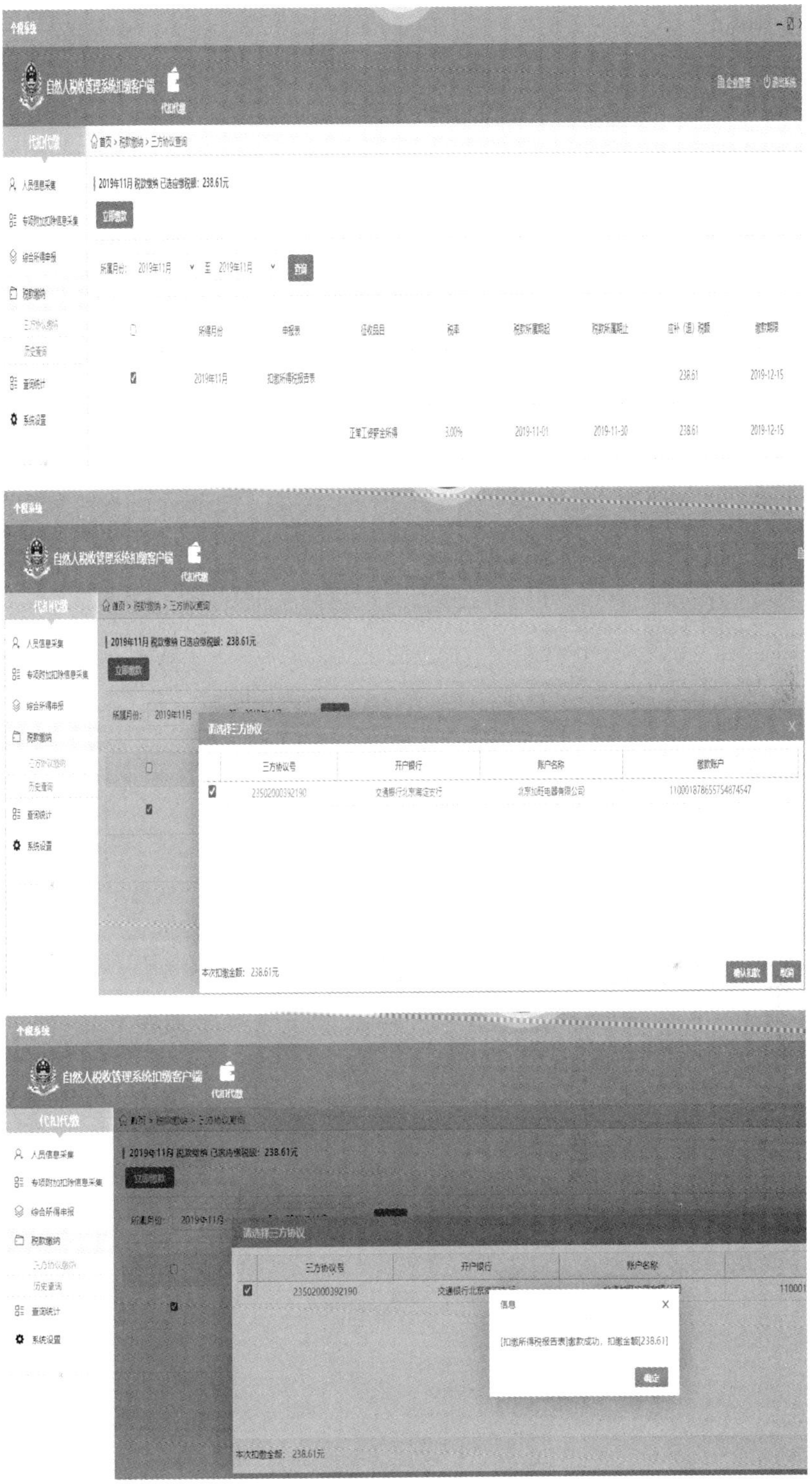

图 7-4-4　申报个人所得税

2. 加旺到国税局领增值税专用发票

实训任务：（1）申请购买发票；

（2）受理发票领购；

（3）发票读入。

操作步骤：

（1）申请购买发票：加旺电器的税务会计准备金税盘和发票领用簿（见图 7-4-5）。

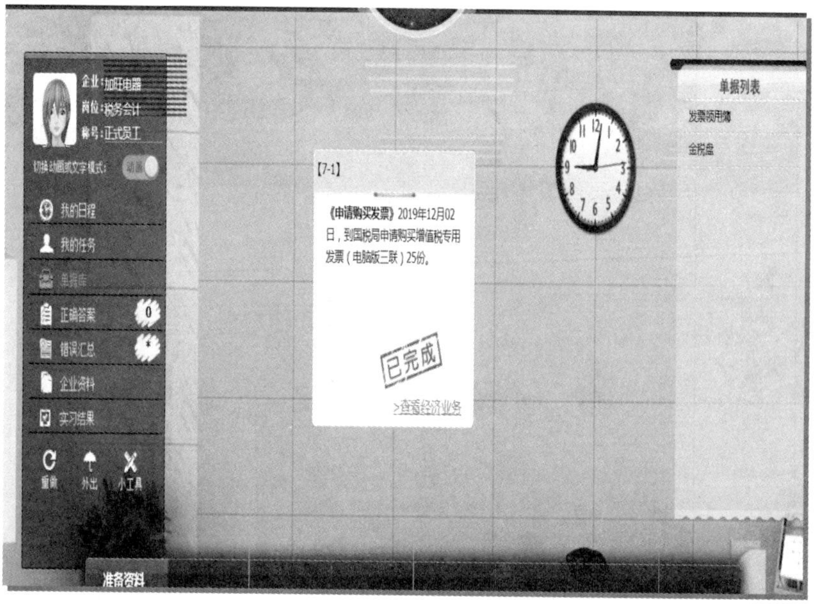

图 7-4-5　申请购买发票

（2）受理发票领购：国家税务总局的发票领购岗填制发票领购簿第二页并签字（见图 7-4-6）。

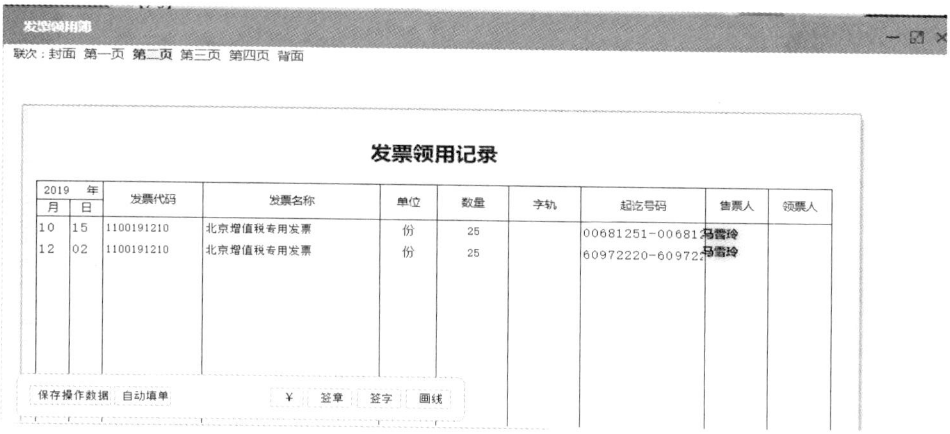

图 7-4-6　受理发票领购

（3）发票读入：加旺电器的税务会计点击发票读入，完成业务。

3. 加旺查验发票

实训任务：发票查验。

操作步骤：

发票查验：加旺电器的税务会计进入发票查验系统进行发票查验（见图7-4-7）。

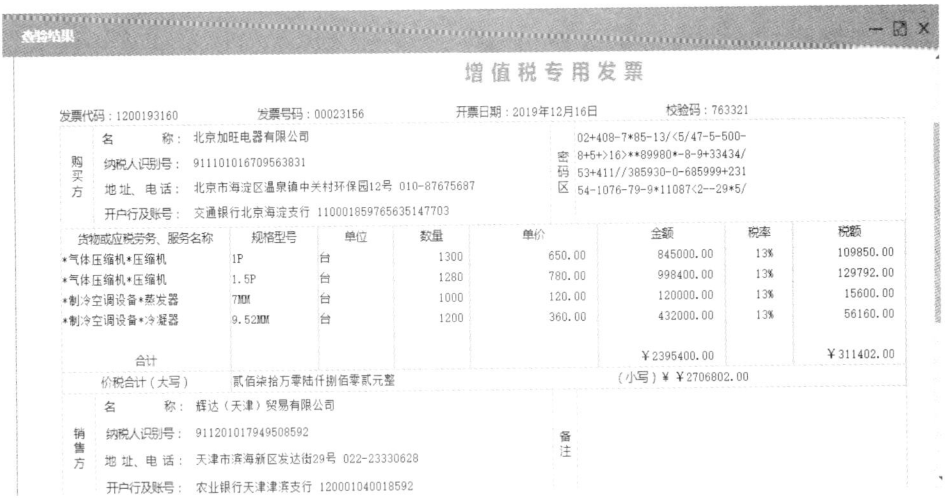
查验结果

增值税专用发票

发票代码：1200193160　发票号码：00023156　开票日期：2019年12月16日　校验码：763321

购买方
名　　称：北京加旺电器有限公司
纳税人识别号：911101016709563831
地址、电话：北京市海淀区温泉镇中关村环保园12号 010-87675687
开户行及账号：交通银行北京海淀支行 110001859765635147703

密码区
02+408-7*85-13/<5/47-5-500-
8+5+>16>**89980*-8-9+33434/
53+411//385930-0-685999+231
54-1076-79-9*11087<2--29*5/

货物或应税劳务、服务名称	规格型号	单位	数量	单价	金额	税率	税额
*气体压缩机*压缩机	1P	台	1300	650.00	845000.00	13%	109850.00
*气体压缩机*压缩机	1.5P	台	1280	780.00	998400.00	13%	129792.00
*制冷空调设备*蒸发器	7MM	台	1000	120.00	120000.00	13%	15600.00
*制冷空调设备*冷凝器	9.52MM	台	1200	360.00	432000.00	13%	56160.00
合计					￥2395400.00		￥311402.00

价税合计（大写）　贰佰柒拾万零陆仟捌佰零贰元整　（小写）￥ ￥2706802.00

销售方
名　　称：辉达（天津）贸易有限公司
纳税人识别号：911201017949508592
地址、电话：天津市滨海新区发达街29号 022-23330628
开户行及账号：农业银行天津津滨支行 120001040018592

备注

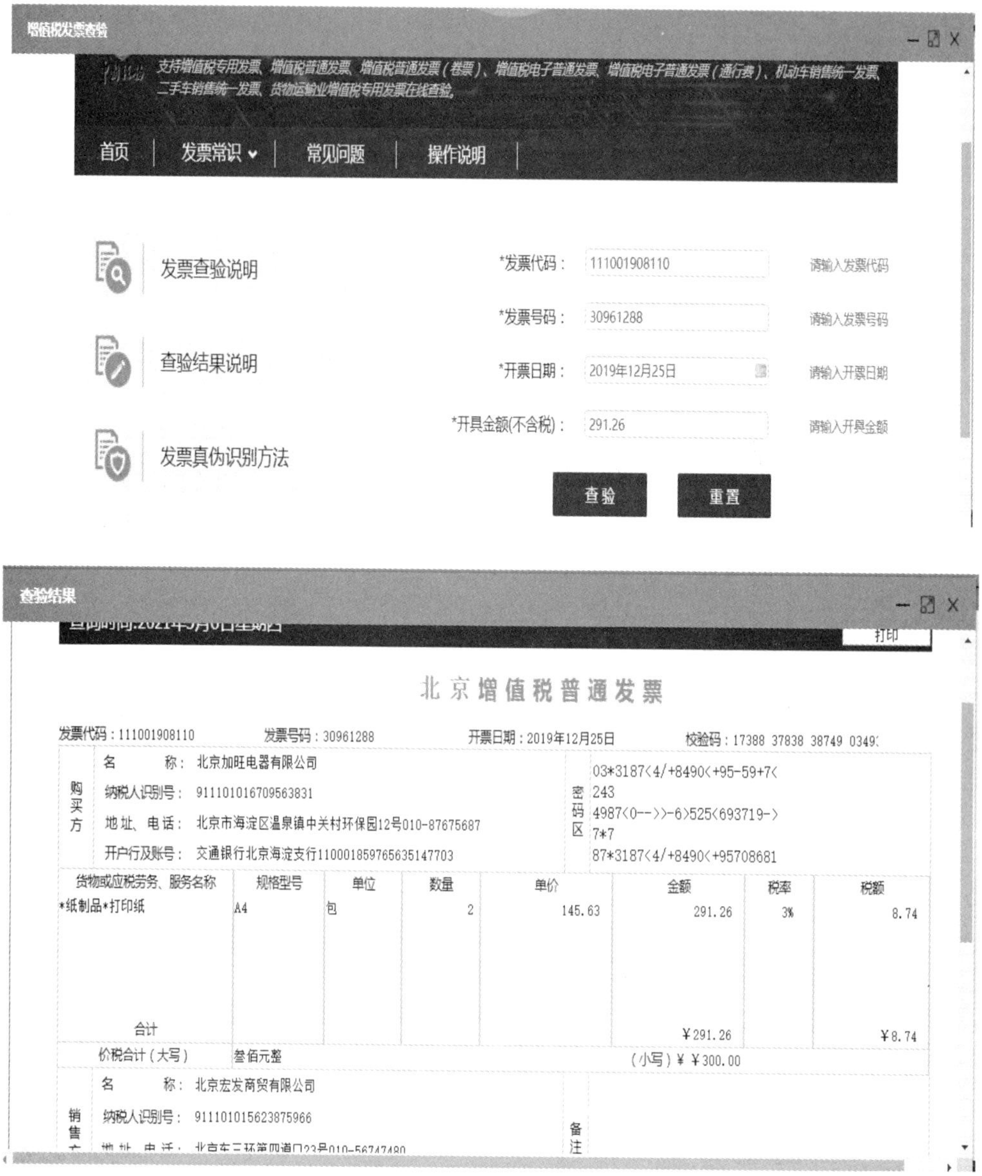

图 7-4-7　发票查验

4. 加旺勾选认证发票

实训任务：认证发票。

操作步骤：

认证发票：加旺电器的税务会计进入认证系统—增值税发票选择确认平台—登录—发票勾选（勾选未认证的发票）—保存—确定，点击确认勾选—提交—确定—确定（见图 7-4-8）。

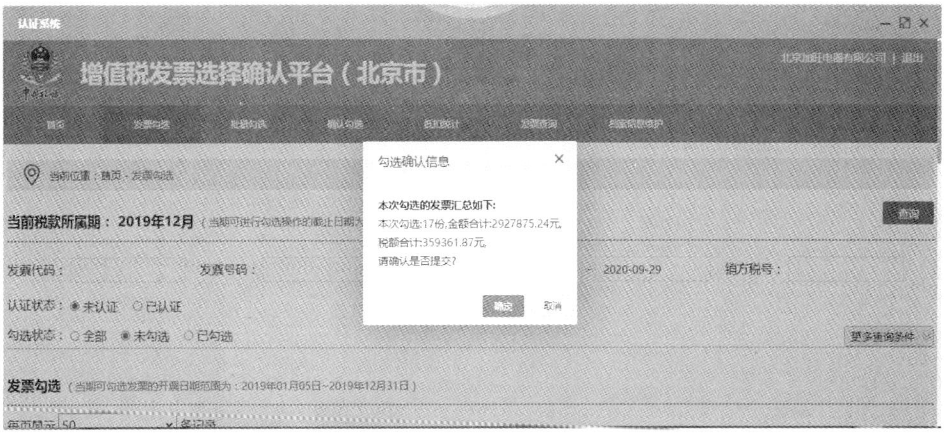
认证系统
增值税发票选择确认平台（北京市）
北京加旺电器有限公司 | 退出
勾选确认信息
本次勾选的发票汇总如下:
本次勾选:17份,金额合计:2927875.24元,
税额合计:359361.87元,
请确认是否提交?
确定
取消
当前税款所属期：2019年12月
发票代码：
发票号码：
2020-09-29
销方税号：
认证状态：未认证 已认证
勾选状态：全部 未勾选 已勾选
更多查询条件
发票勾选

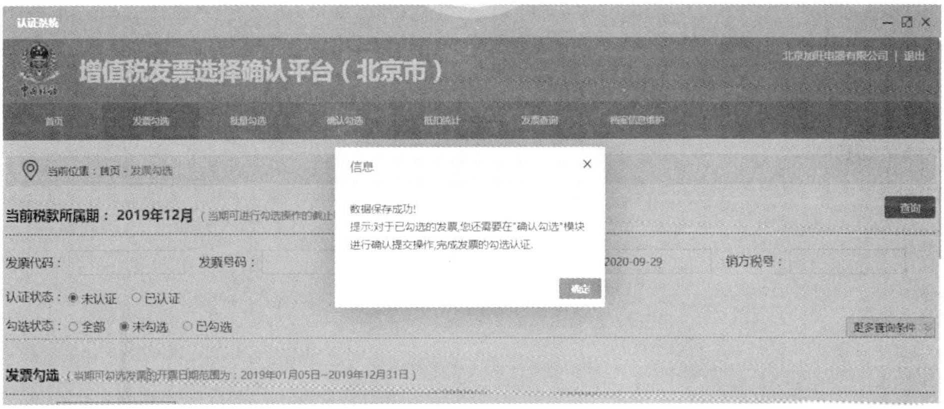
认证系统
增值税发票选择确认平台（北京市）
北京加旺电器有限公司 | 退出
信息
数据保存成功!
提示:对于已勾选的发票,您还需要在"确认勾选"模块
进行确认提交操作,完成发票的勾选认证.
确定
当前税款所属期：2019年12月
发票代码：
发票号码：
2020-09-29
销方税号：
认证状态：未认证 已认证
勾选状态：全部 未勾选 已勾选
更多查询条件
发票勾选

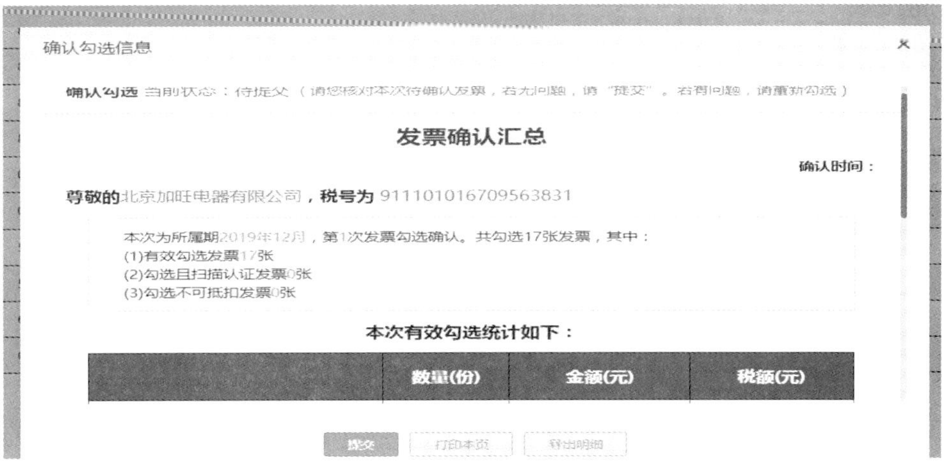
确认勾选信息
发票确认汇总
确认时间：
尊敬的北京加旺电器有限公司，税号为 911101016709563831
本次为所属期2019年12月，第1次发票勾选确认。共勾选17张发票，其中：
(1)有效勾选发票17张
(2)勾选且扫描认证发票0张
(3)勾选不可抵扣发票0张
本次有效勾选统计如下：
数量(份)
金额(元)
税额(元)
提交
打印本页
导出明细

图 7-4-8　认证发票

5. 申报城建税、教育费附加、地方教育附加、印花税、个人所得税

实训任务：（1）申报城建税、教育费附加、地方教育附加；

（2）申报印花税；

（3）申报个人所得税。

操作步骤：

（1）申报城建税、教育费附加、地方教育附加：加海文商贸的会计进入报税系统—电子税务局—登录—我要办税—税费申报及缴纳—填写申报表—填写征收品目及一般增值税栏—保存—申报—选择—立即缴款（见图 7-4-9）。

报税系统
国家税务总局天津市电子税务局
欢迎 马雪玲
退出
税费申报
返回首页
申报税（费）清册
按期应申报
其他申报
逾期申报
清缴税款
申报更正
申报作废
按期应申报
当前时间 2019年 11月 05日
切换日期
税费申报
序号
征收项目
税(费)款所属期起
税(费)款所属期止
申报期限
申报日期
操作
1
申报城建税、教育费附加、地方教育附加税
2019-10-01
2019-10-31
2019-11-15
填写申报表

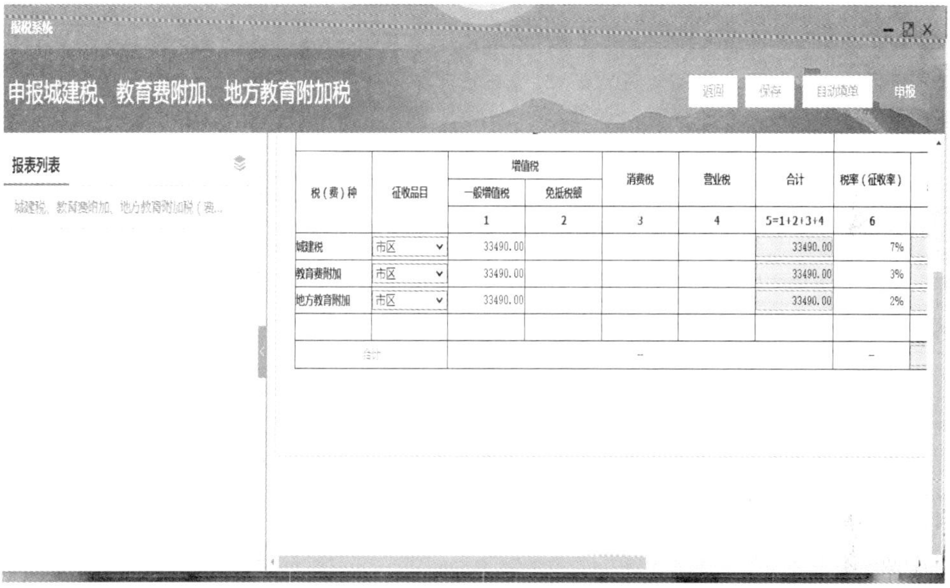
报税系统
申报城建税、教育费附加、地方教育附加税
返回
保存
自动填单
申报
报表列表
城建税、教育费附加、地方教育附加税（资...
税（费）种
征收品目
增值税
一般增值税
免抵税额
消费税
营业税
合计
税率（征收率）
1
2
3
4
5=1+2+3+4
6
城建税
市区
33490.00
33490.00
7%
教育费附加
市区
33490.00
33490.00
3%
地方教育附加
市区
33490.00
33490.00
2%
合计

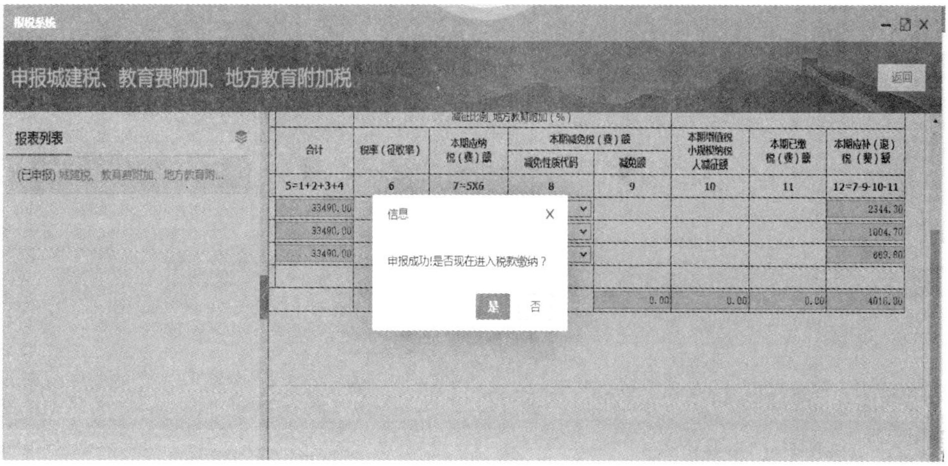
报税系统
申报城建税、教育费附加、地方教育附加税
返回
报表列表
(已申报) 城建税、教育费附加、地方教育附...
合计
税率（征收率）
本期应纳税（费）额
本期减免税（费）额
减免性质代码
减免额
本期增值税小规模纳税人减征额
本期已缴税（费）额
本期应补（退）税（费）额
5=1+2+3+4
6
7=5X6
8
9
10
11
12=7-9-10-11
33490.00
33490.00
33490.00
2344.30
1004.70
669.80
0.00
0.00
0.00
4018.80
信息
申报成功!是否现在进入税款缴纳？
是
否

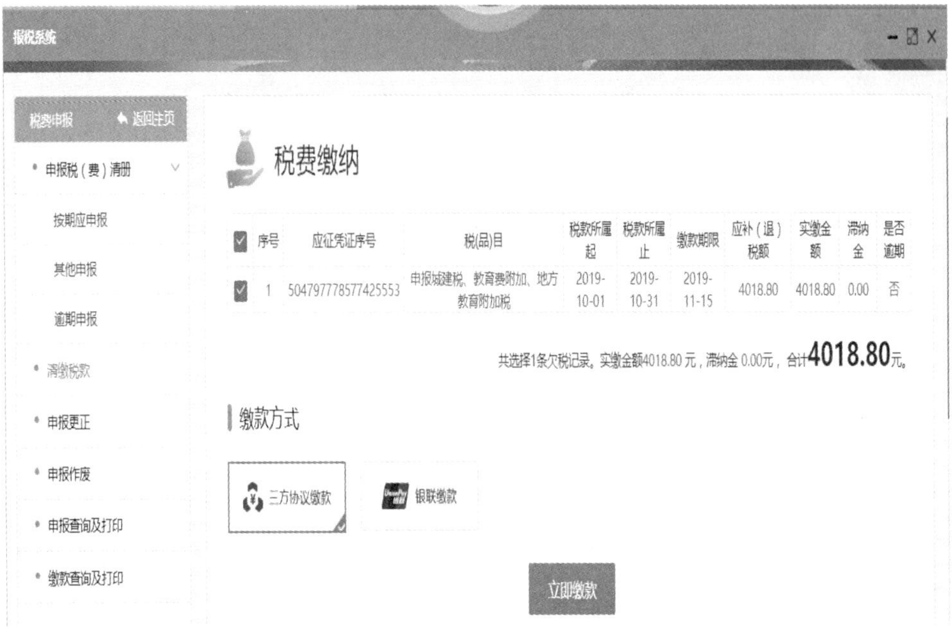

图 7-4-9 申报城建税、教育费附加、地方教育附加

（2）申报印花税：海文商贸的会计进入报税系统—电子税务局—登录—我要办税—税费申报及缴纳—其他申报—填写申报表—根据印花税计算表填写购销合同计税金额栏—保存—申报—选择—立即缴款（见图 7-4-10）。

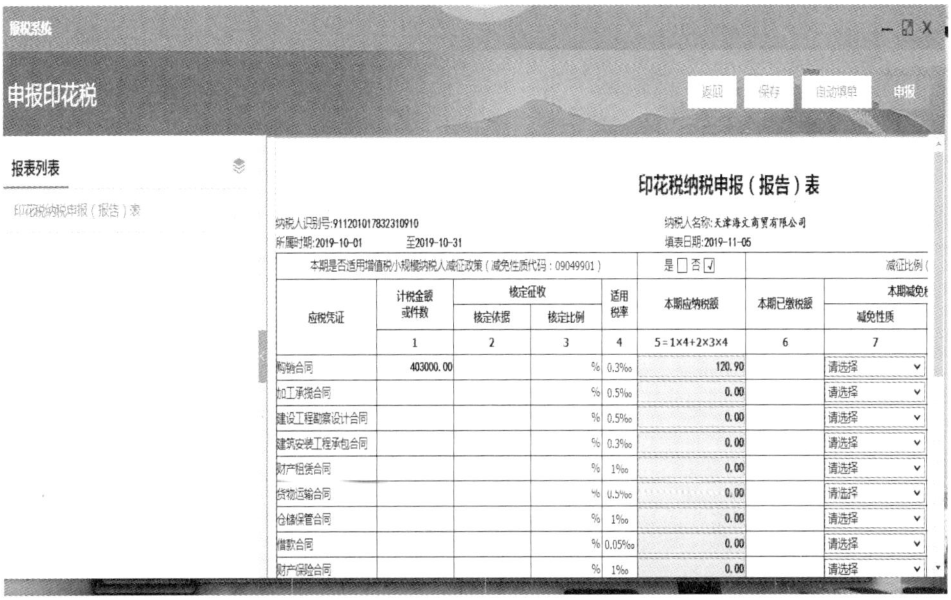
报税系统
申报印花税
返回
保存
自动填单
申报
报表列表
印花税纳税申报（报告）表
印花税纳税申报（报告）表
纳税人识别号:911201017832310910
纳税人名称:天津海文商贸有限公司
所属时期:2019-10-01　至2019-10-31
填表日期:2019-11-05
本期是否适用增值税小规模纳税人减征政策（减免性质代码：09049901）
是□ 否☑
应税凭证
计税金额或件数
核定征收
核定依据
核定比例
适用税率
本期应纳税额
本期已缴税额
减免性质
1　2　3　4　5=1×4+2×3×4　6　7
购销合同　403000.00　%　0.3‰　120.90　请选择
加工承揽合同　%　0.5‰　0.00　请选择
建设工程勘察设计合同　%　0.5‰　0.00　请选择
建筑安装工程承包合同　%　0.3‰　0.00　请选择
财产租赁合同　%　1‰　0.00　请选择
货物运输合同　%　0.5‰　0.00　请选择
仓储保管合同　%　1‰　0.00　请选择
借款合同　%　0.05‰　0.00　请选择
财产保险合同　%　1‰　0.00　请选择

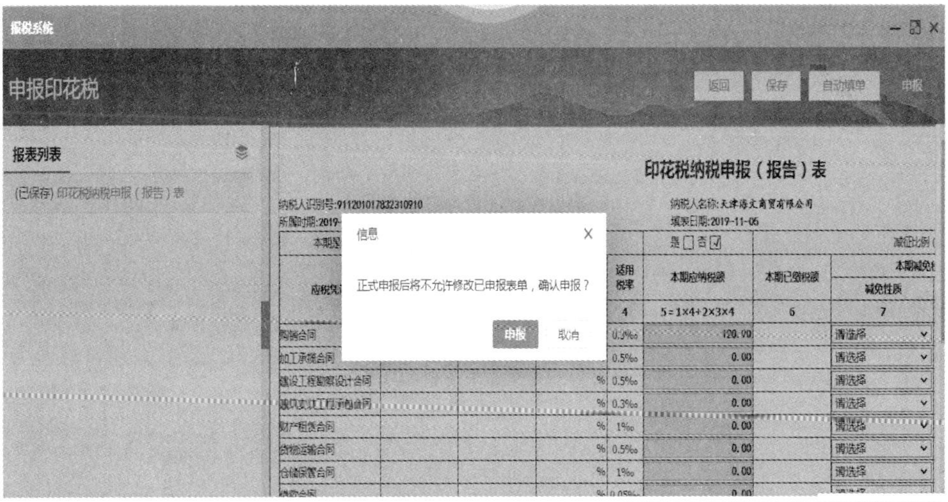
报税系统
申报印花税
返回
保存
自动填单
申报
报表列表
(已保存) 印花税纳税申报（报告）表
印花税纳税申报（报告）表
信息
正式申报后将不允许修改已申报表单，确认申报？
申报
取消

报税系统
按期应申报
其他申报
逾期申报
清缴税款
申报更正
申报作废
申报查询及打印
缴款查询及打印
序号　应征凭证序号　税(品)目　税款所属起　税款所属止　缴款期限　应补（退）税额　实缴金额　滞纳金　是否逾期
1　658797573289887903　申报印花税　2019-10-01　2019-10-31　2019-11-15　120.90　120.90　0.00　否
共选择1条欠税记录。实缴金额120.90元，滞纳金0.00元，合计120.90元。
缴款方式
三方协议缴款
银联缴款
立即缴款

图 7-4-10　申报印花税

（3）申报个人所得税：海文商贸的会计进入个税系统—自然人税收管理系统—人员信息采集—报送—确定—获取反馈—关闭。点击综合所得申报—正常工资薪金所得—填写—确定—选择用户手动修改—添加（输入每个员工的工号及收入信息）—返回—申报表报送—发送申报—输入密码 123456—选择税款缴纳—三方协议缴纳—立即缴款—确认扣款（见图 7-4-11）。

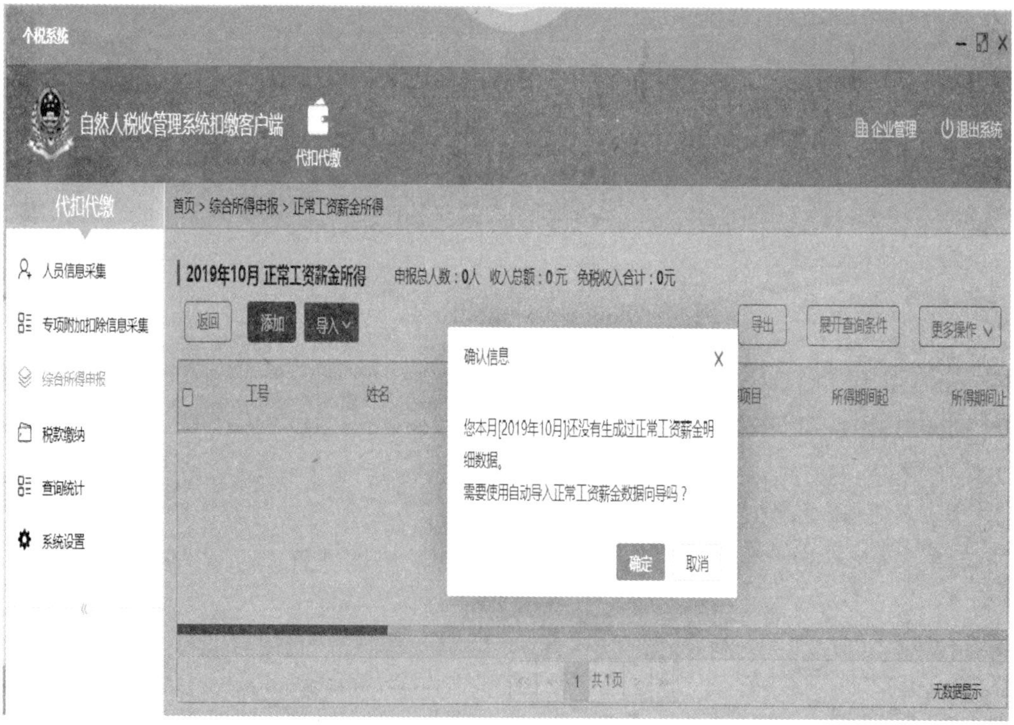

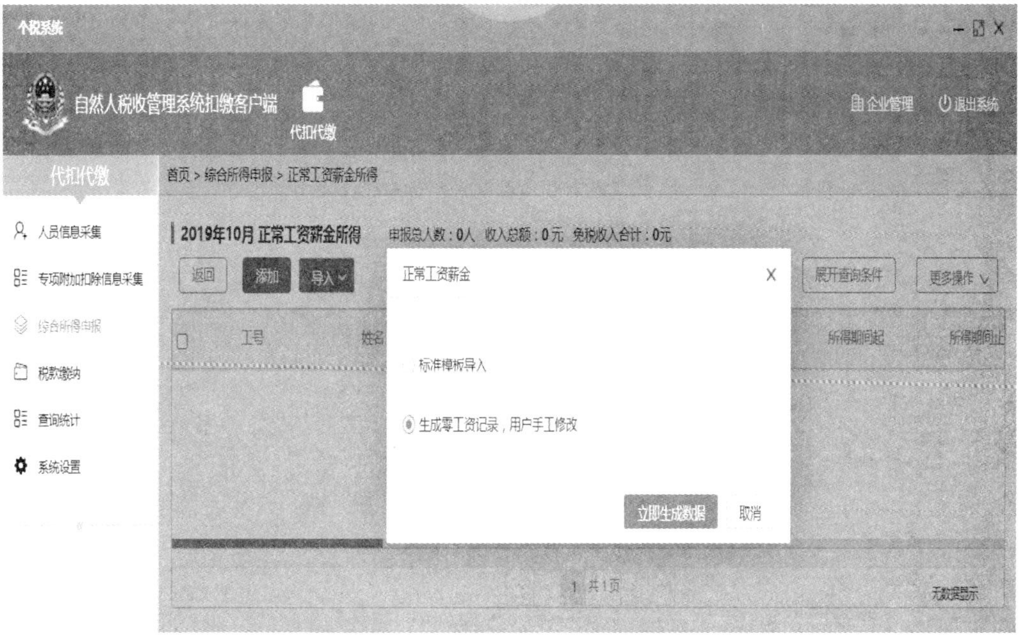
个税系统
自然人税收管理系统扣缴客户端
代扣代缴
企业管理
退出系统
代扣代缴
首页 > 综合所得申报 > 正常工资薪金所得
人员信息采集
专项附加扣除信息采集
综合所得申报
税款缴纳
查询统计
系统设置
2019年10月 正常工资薪金所得
申报总人数：0人　收入总额：0元　免税收入合计：0元
返回
添加
导入
展开查询条件
更多操作
工号
所得期间起
所得期间止
正常工资薪金
标准模板导入
生成零工资记录，用户手工修改
立即生成数据
取消
1 共1页
无数据显示

个税系统
自然人税收管理系统扣缴客户端
代扣代缴
企业管理
退出系统
代扣代缴
首页 > 综合所得申报 > 正常工资薪金所得
人员信息采集
专项附加扣除信息采集
综合所得申报
税款缴纳
查询统计
系统设置
正常工资薪金所得-新增
本期收入及免税收入
本期收入：7667.20
本期免税收入：0.00
本期专项扣除：
基本养老保险费：256
基本医疗保险费 64
失业保险费 6.4
保存
取消
2019-10-31
2019-10-31
2019-10-31
2019-10-31

个税系统
自然人税收管理系统扣缴客户端
代扣代缴
企业管理
退出系统
代扣代缴
首页 > 综合所得申报
人员信息采集
专项附加扣除信息采集
综合所得申报
税款缴纳
查询统计
系统设置
1.收入及减除填写
2.税款计算
3.附表填写
4.申报表报送
2019年10月 申报表报送 申报总人数：6人 收入总额：32714.37元 应纳税额：784.56元 应扣缴税额：784.56元
申报类型 申报状态
发送申报
报表名称 纳税人数 累计收入额 应扣缴税额 已预缴税额 应补（退）税额 是否可申报
综合所得税预扣预缴表 6 32714.37 784.56 706.1 78.46 是
正常工资薪金所得 6 32714.37 -- -- -- 是
全年一次性奖金收入 0 0 -- -- -- 是
年金领取 0 0 -- -- -- 是

个税系统
自然人税收管理系统扣缴客户端
代扣代缴
企业管理
退出系统
代扣代缴
首页 > 综合所得申报
人员信息采集
专项附加扣除信息采集
综合所得申报
税款缴纳
查询统计
系统设置
1.收入及减除填写
2.税款计算
3.附表填写
4.申报表报送
2019年10月 申报表报送 申报总人数：6人 收入总额：32714.37元 应纳税额：784.56元 应扣缴税额：784.56元
申报类型 申报状态
正常申报 未申报
发送申报
申报密码
企业名称： 天津海文商贸有限公司
请输入申报密码：••••••
确定
报表名称 纳税人数 应补（退）税额 是否可申报
综合所得税预扣预缴表 6 78.46 是
正常工资薪金所得 6 -- 是
全年一次性奖金收入 0 0 -- -- -- 是
年金领取 0 0 -- -- -- 是

个税系统
自然人税收管理系统扣缴客户端
代扣代缴
企业管理
退出系统
代扣代缴
首页 > 税款缴纳 > 三方协议查询
人员信息采集
专项附加扣除信息采集
综合所得申报
税款缴纳
三方协议缴纳
历史查询
查询统计
系统设置
2019年10月 税款缴纳 已选应缴税额：78.46元
立即缴款
所属月份：2019年10月 至 2019年10月 查询
所得月份 申报表 征收品目 税率 税款所属期起 税款所属期止 应补（退）税额 缴款期限
2019年10月 扣缴所得税报告表 78.46 2019-11-15
正常工资薪金所得 3.00% 2019-10-01 2019-10-31 78.46 2019-11-15

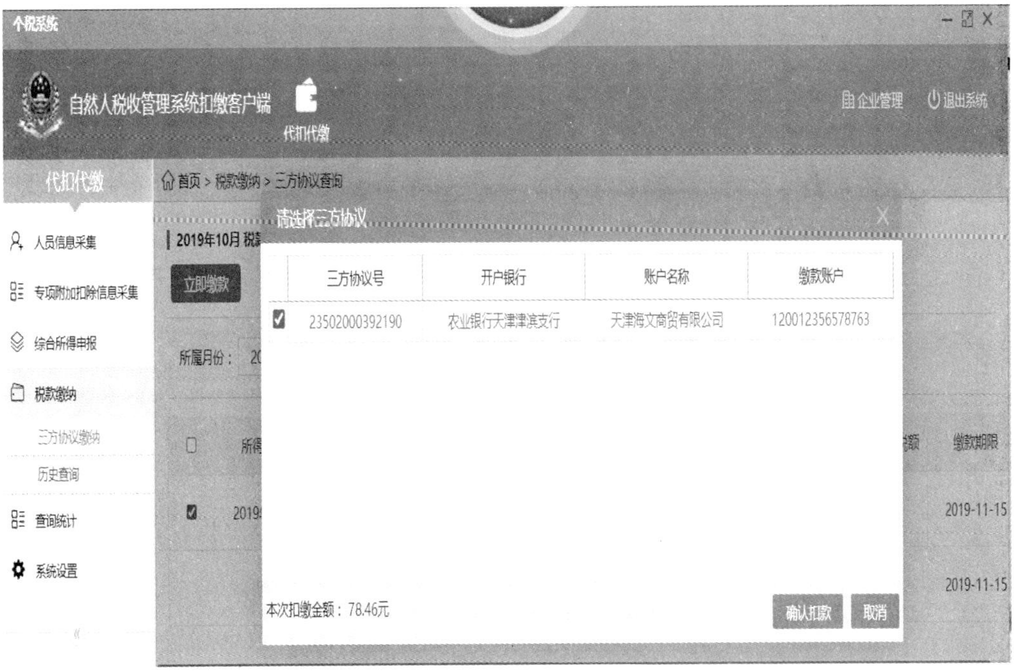
个税系统
自然人税收管理系统扣缴客户端
代扣代缴
企业管理
退出系统
代扣代缴
首页 > 税款缴纳 > 三方协议查询
人员信息采集
专项附加扣除信息采集
综合所得申报
税款缴纳
三方协议缴纳
历史查询
查询统计
系统设置
请选择三方协议
三方协议号 开户银行 账户名称 缴款账户
23502000392190 农业银行天津津滨支行 天津海文商贸有限公司 120012356578763
本次扣缴金额：78.46元
确认扣款
取消

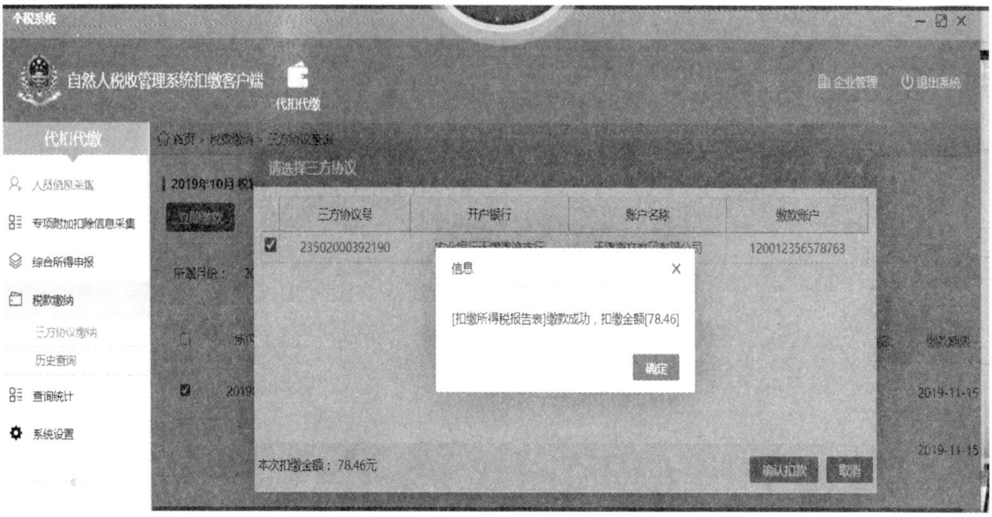

图 7-4-11　申报个人所得税

6. 代扣个人所得税

实训任务：填制凭证。

操作步骤：

填制凭证：海文商贸的会计进入信息化填制记账凭证，找财务经理在系统里审核（见图 7-4-12）。

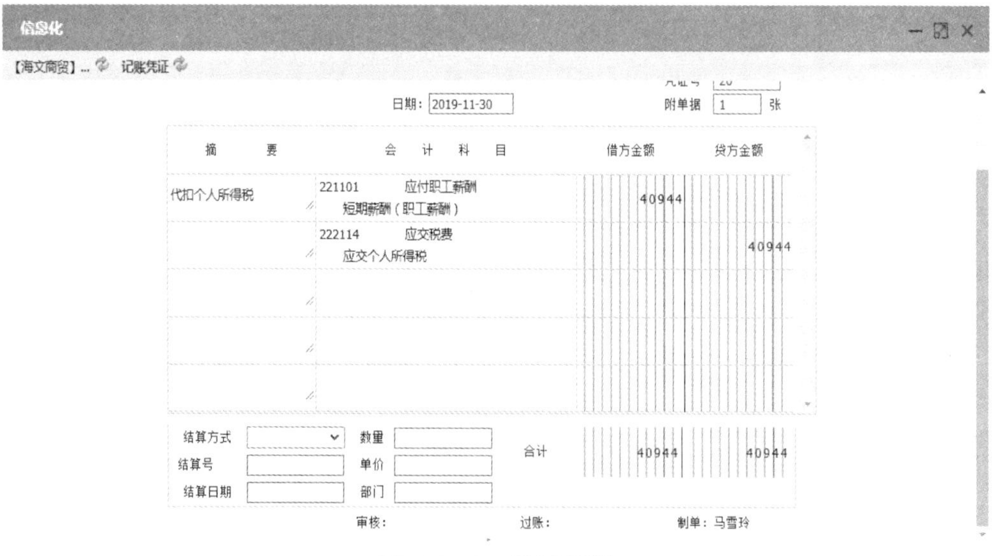

图 7-4-12　填制凭证

7.5 涉税业务课后实训

（1）加旺结转未交增值税。

（2）10 月份增值税抄税、报税。

（3）思宁申报增值税。

（4）速达增值税抄税、报税。

（5）申报城建税、教育费附加、地方教育附加、印花税、个人所得税（爱辉）。

第 8 章　成本核算虚拟仿真项目

8.1 成本核算虚拟仿真项目操作演示

1. 直接人工的归集和分配　（爱辉）

实训任务：（1）填制凭证、登账（工资）；

（2）填制凭证、登账（福利费）。

操作步骤：

（1）填制凭证、登账（工资）：会计根据单据列表中的职工薪酬汇总表填制职工薪酬分配表签字交财务经理审核，然后拿 2 张通用记账凭证并填写；交财务经理审核后，登记 6 张三栏式、2 张生产成本、3 张多栏式账簿（部分账页登记示例如图 8-1-1 所示），并在记账凭证上打钩签字。

职工薪酬分配表

职工薪酬分配表

公司：北京爱辉伞业有限公司　　2019年12月31日　　金额单位：元

部门	产品	分配标准（工时）	分配率	分配金额
生产车间	二折折叠太阳伞	3500	24.83	86943.23
生产车间	三折折叠太阳伞	4900	24.83	121667.00
小计	----	8400	----	208610.23
车间管理部门	----			37163.83
管理部门	----			83242.94
销售部门	----			75780.99
合计	----			404797.99

审核人：　　制表人：露露

记账凭证

记账凭证

记字第 048 号1/2

2019 年 12 月 31 日

摘要	总账科目	明细科目	借方金额 亿	千	百	十	万	千	百	十	元	角	分	贷方金额 亿	千	百	十	万	千	百	十	元	角	分	✓
直接人工的归集和分配	生产成本	二折折叠太阳伞					8	6	9	4	3	2	3												□
	生产成本	三折折叠太阳伞				1	2	1	6	6	7	0	0												□
	制造费用	职工薪酬					3	7	1	6	3	8	3												□
	管理费用	职工薪酬					8	3	2	4	2	9	4												□
	销售费用	职工薪酬					7	5	7	8	0	9	9												□
	应付职工薪酬	职工工资															2	1	1	1	3	5	1	3	□
合　　计																									□

附单据 2 张

会计主管：　记账：　出纳：　复核：　制单：露露

记账凭证

记字第 048 号2/2

2019 年 12 月 31 日

摘要	总账科目	明细科目	借方金额	贷方金额	√
	其他应收款	社会保险费-个人		3427200	
	应付职工薪酬	社会保险费		9441600	
	其他应收款	住房公积金-个人		2973600	
	应付职工薪酬	住房公积金		2973600	
	应付职工薪酬	工会经费		550286	
合计			¥40479799	¥40479799	

附单据 2 张

会计主管:　　记账:　　出纳:　　复核:　　制单: 露露

生产成本明细账1

分页:　　总页:

科目名称 生产成本

生产批号

生产车间

产品名称 二折折叠太阳伞　数量　产品规格

2019 年 月	日	凭证号数	摘要	借方	贷方	借或贷	余额
11	30		承前页	303393816	303393816	平	000
12	31	记-048	直接人工的归集和分配	8694323		借	8694323

销售费用明细账

销售费用明细账

2019年 月	日	凭证号数	摘要	借方	贷方	借或贷	余额	福利费	广告费和业务宣传费	水电费	运输费	展览费	折旧费	职工薪酬
11	30		承前页	159503129	159503129	平	000							
12	10	记-014	支付广告费	10000000		借	10000000		10000000					
12	14	记-017	委托运输	100000		借	10100000				100000			
12	20	记-032	销售商品委托运输	100000		借	10200000				100000			
12	30	记-034	销售商品委托运输	100000		借	10300000				100000			
12	31	记-037	计提折旧	120000		借	10420000						120000	
12	31	记-048	直接人工的归集和分配	7178699		借	17598699							7178…

应付职工薪酬明细账5

分页:　　总页:

应付职工薪酬明细账

二级科目: 住房公积金　　级科目:

2019 年 月	日	凭证种类	号数	摘要	日页	借方	贷方	借或贷	余额
11	30			承前页		24948000	24948000	平	000
12	15	记	021	缴纳本月住房公积金		2973600		借	2973600
12	31	记	048	直接人工的归集和分配			2973600	平	000

其他应收款明细账1

其他应收款明细账

分页:________总页:________

二 级科目：社会保险费-个人　　　　级科目：________

2019年 月	日	凭证 种类	号数	摘要	日页	借方（亿千百十万千百十元角分）	贷方（亿千百十万千百十元角分）	借或贷	余额（亿千百十万千百十元角分）
11	30			承前页		40656000	40656000	平	000
12	15	记	020	缴纳本月社保费		3427200		借	3427200

图 8-1-1　填制凭证、登账（工资）

（2）填制凭证、登账（福利费）：会计根据单据列表中的职工福利费统计表填制职工福利费分配表签字后交财务经理审核，抽取 1 张通用记账凭证并填写；交财务经理审核后，登记 1 张三栏式、2 张生产成本、3 张多栏式账簿，并在记账凭证上打钩签字（见图 8-1-2）。

职工福利费分配表

职工福利费分配表

公司：北京爱辉伞业有限公司　　2019年12月31日　　金额单位：元

部门	产品	分配标准（人数）	分配率	分配金额
车间生产	二折折叠太阳伞	30	100.00	3000.00
车间生产	三折折叠太阳伞	33	100.00	3300.00
小计	----	63	----	6300.00
车间管理部门	----	----		900.00
管理部门	----	----		1264.80
销售部门	----	----		1190.40
合计	----	----		9655.20

审核人：黄志明　　　　制表人：露露

记账凭证

记 账 凭 证

2019 年 12 月 31 日　　记 字第 050 号

摘要	总账科目	明细科目	借方金额（亿千百十万千百十元角分）	贷方金额（亿千百十万千百十元角分）	√
分配福利费	生产成本	二折折叠太阳伞	300000		
	生产成本	三折折叠太阳伞	330000		
	制造费用	福利费	90000		
	管理费用	福利费	126480		
	销售费用	福利费	119040		
	应付职工薪酬	职工福利费		965520	
合		计	￥965520	￥965520	

附单据 2 张

会计主管：　记账：　出纳：　复核：　制单：露露

生产成本明细账1

科目名称 生产成本
生产批号
生产车间
产品名称 二折折叠太阳伞 数量 产品规格

分页: 总页:

2019年 月	日	凭证号数	摘要	借方	贷方	借或贷	余额	直接…
11	30		承前页	3033938.16	3033938.16	平	0.00	
12	31	记-048	直接人工的归集和分配	86943.23		借	86943.23	
12	31	记-050	分配福利费	3000.00		借	89943.23	

生产成本明细账2

科目名称 生产成本
生产批号
生产车间
产品名称 三折折叠太阳伞 数量 产品规格

分页: 总页:

2019年 月	日	凭证号数	摘要	借方	贷方	借或贷	余额
11	30		承前页	3392672.00	3396007.45	借	52982.80
12	31	记-048	直接人工的归集和分配	121667.00		借	174649.80
12	31	记-050	分配福利费	3300.00		借	177949.80

管理费用明细账

月	日	凭证号数	摘要	借方	贷方	借或贷	余额	办公费	差旅费	福利费	水电费	无形资产摊销	交通费	业务招待费
11	30		承前页	1613947.74	1613947.74	平	0.00							
12	05	记-008	购买转账支票	15.00		借	15.00	15.00						
12	07	记-012	报销购买发票费用,购买记事本费用	115.00		借	130.00	115.00						
12	09	记-013	报销业务招待费	2000.00		借	[illegible]							200[illegible]
12	17	记-016	员工报销差旅费,还款	1736.13		借	3866.13		1736.13					
12	20	记-035	收到银行代扣电话费清单	770.60		借	4636.73	770.60						
12	31	记-037	计提折旧	4528.00		借	9164.73							
12	31	记-038	无形资产摊销	1100.00		借	10264.73					1100.00		
12	31	记-048	直接人工的归集和分配	83242.94		借	93507.67							
12	31	记-050	分配福利费	1264.80		借	94772.47			1264.80				

销售费用明细账

月	日	凭证号数	摘要	借方	贷方	借或贷	余额	福利费	广告费和业务宣传费	水电费	运输费	展览费	折旧费	职工薪酬
11	30		承前页	1395031.29	1395031.29	平	0.00							
12	10	记-014	支付广告费	100000.00		借	100000.00		100000.00					
12	15	记-017	委托运输	1000.00		借	101000.00				1000.00			
12	20	记-032	销售商品委托运输	1000.00		借	102000.00				1000.00			
12	30	记-034	销售商品委托运输	1000.00		借	103000.00				1000.00			
12	31	记-037	计提折旧	1200.00		借	104200.00						1200.00	
12	31	记-048	直接人工的归集和分配	75780.99		借	179980.99							7578[illegible]
12	31	记-050	分配福利费	1190.40		借	181171.39	1190.40						

制造费用明细账

月	日	凭证号数	摘要	借方	贷方	借或贷	余额	办公费	福利费	水电费	机物料消耗	停工损失	折旧费	职工薪酬
11	30		承前页	123250.13	123250.13	平	0.00							
12	31	记-037	计提折旧	1440.00		借	1440.00						1440.00	
12	31	记-046	机器维护,领用材料	500.00		借	1940.00				500.00			
12	31	记-048	直接人工的归集和分配	39163.83		借	41103.83							3116[illegible]
12	31	记-050	分配福利费	900.00		借	42003.83		900.00					

应付职工薪酬明细账

分页:______总页:______

应付职工薪酬明细账

二 级科目: 职工福利费　　　级科目:

2019年 月	日	凭证 种类	号数	摘要	日页	借方	贷方	借或贷	余额
11	30			承前页		11550000	11550000	平	000
12	20	记	027	发生福利费		965520		借	965520
12	31	记	050	分配福利费			965520	平	000

图 8-1-2　填制凭证、登账（福利费）

2. 直接材料的归集和分配　（爱辉）

实训任务：（1）填制凭证、登账（原材料）；

（2）填制凭证、登账（周转材料）。

操作步骤：

（1）填制凭证、登账（原材料）：会计根据单据列表中的 8 张领料单及发出物料单位成本计算表，填制材料领料汇总表及直接材料分配表签字后交财务经理审核，然后自己拿 2 张通用记账凭证并填写；交财务经理审核后，自己登记 2 张生产成本、6 张数量金额式账簿（部分账页登记示例如图 8-1-3 所示），并在记账凭证上打钩签字。

材料领料汇总表

材料领料汇总表

单位：北京爱辉伞业有限公司　　　2019年12月31日　　　金额单位：元

原材料	单价	二折折叠太阳伞		三折折叠太阳伞		共同耗用		金额合计
		数量	金额	数量	金额	数量	金额	
伞柄	4.80	2500	12000.00	2000	9600.00			21600.00
伞帽	5.75	2500	14375.00	2000	11500.00			25875.00
伞布	11.50					5400	62100.00	62100.00
珠仔	25.00					361	9025.00	9025.00
PVC油墨	54.50					1215	66217.50	66217.50
铁条	5.94					15750	93555.00	93555.00
金额合计	----	----	26375.00	----	21100.00	----	230897.50	278372.50

审核人：　　　　制表人：露露

直接材料分配表

直接材料分配表

公司：北京爱辉伞业有限公司　　　2019年12月31日　　　金额单位：元

产品名称	本月投产数量	分配率	分配金额	直接计入	直接材料合计
二折折叠太阳伞	2500	51.31	128277.50	26375.00	154652.50
三折折叠太阳伞	2000	51.31	102620.00	21100.00	123720.00
合　计	4500	----	230897.50	47475.00	278372.50

审核人：　　　　制表人：露露

记账凭证

记账凭证

记字第 051 号1/2

2019 年 12 月 31 日

摘要	总账科目	明细科目	借方金额	贷方金额	√
直接材料的归集和分配	生产成本	二折折叠太阳伞	15465250		
	生产成本	三折折叠太阳伞	12372000		
	原材料	伞柄（支）		2160000	
	原材料	伞帽（个）		2587500	
	原材料	伞布（米）		6210000	
	原材料	珠仔（100个/包）		902500	
合计					

附单据 11 张

会计主管: 记账: 出纳: 复核: 制单: 露露

记账凭证

记字第 051 号2/2

2019 年 12 月 31 日

摘要	总账科目	明细科目	借方金额	贷方金额	√
	原材料	PVC油墨（千克）		6621750	
	原材料	铁条（米）		9355500	
合计			¥27837250	¥27837250	

附单据 11 张

会计主管: 记账: 出纳: 复核: 制单: 露露

生产成本明细账1

分页 总页

生产批号 生产车间 产品名称 二折折叠太阳伞 数量 产品规格 完成产量 完工日期 实际工时

2019年 月	日	凭证号数	摘要	借方	贷方	借或贷	余额	成本项目：直接材料	直接人工	制造费用			
11	30		承前页	303393816	303393816	平	000						
12	31	记-048	直接人工的归集和分配	8694323		借	8694323		8694323				
12	31	记-050	分配福利费	300000		借	8994323		300000				
12	31	记-051	直接材料的归集和分配	15465250		借	24459573	15465250					

生产成本明细账2

生产成本明细分类账

科目名称 生产成本 生产批号 生产车间 产品名称 三折折叠太阳伞 数量 产品规格 完成产量

投产日期 计划工时 完工日期 实际工时

分页 总页

2019年 月	日	凭证号数	摘要	借方	贷方	借或贷	余额	成本项目：直接材料	直接人工	制造费用			
11	30		承前页	339267200	339600745	借	5298280	2154400	2374580	769300			
12	31	记-048	直接人工的归集和分配	12166700		借	17464980		12166700				
12	31	记-050	分配福利费	330000		借	17794980		330000				

原材料明细账1

原材料明细账

分页 总页

最高存量 最低存量 储备天数 存放地点 原材料仓库 计量单位 支 编号、名称 伞柄 规格 类别

2019年 月	日	凭证字号	摘要	收入 数量	收入 单价	收入 金额	付出 数量	付出 单价	付出 金额	结存 数量	结存 单价	结存 金额
11	30		承前页	45100	4.8	21648000	65934	4.8	31648000	5000	4.8	2400000
12	31	记-051	直接材料的归集和分配				4500	4.8	2160000	500	4.8	240000

原材料明细账2

原材料明细账

分页 ________ 总页 ________

最高存量 ________ 编号、名称 伞幅

最低存量 ________ 储备天数 ________ 存放地点 原材料仓库 计量单位 个 规格 ________ 类别 ________

2019年 月	日	凭证字号	摘要	收入 数量	收入 单价	收入 金额	付出 数量	付出 单价	付出 金额	结存 数量	结存 单价	结存 金额
11	30		承前页	106900	5.55	59325100	111865	5	55932500	5000	5.75	2875000
12	31	记-051	直接材料的归集和分配				4500	5.75	2587500	500	5.75	287500

图 8-1-3　填制凭证、登账（原材料）

（2）填制凭证、登账（周转材料）：会计根据单据列表中的 2 张领料单及发出物料单位成本计算表，填制发出周转材料成本计算表签字后找财务经理审核，然后抽取 1 张通用记账凭证并填写，交财务经理审核后，自己登记 2 张生产成本、2 张数量金额式账簿并在记账凭证上打钩签字（见图 8-1-4）。

发出周转材料成本计算表

发出周转材料成本计算表

公司：北京爱辉伞业有限公司　　2019年12月31日　　金额单位：元

名称	单价	二折 折叠太阳伞 数量	二折 折叠太阳伞 金额	三折 折叠太阳伞 数量	三折 折叠太阳伞 金额	金额合计
二折太阳伞套	1.50	2500	3750.00			3750.00
三折太阳伞套	2.00			2000	4000.00	4000.00
金额合计			3750.00		4000.00	7750.00

审核：黄志明　　制表：露露

记账凭证

记 账 凭 证

2019 年 12 月 31 日　　记 字第 052 号

摘要	总账科目	明细科目	借方金额	贷方金额	√
周转材料的归集和分配	生产成本	二折折叠太阳伞	375000		
	生产成本	三折折叠太阳伞	400000		
	周转材料	二折折叠太阳伞伞套		375000	
	周转材料	三折折叠太阳伞伞套		400000	
合计			¥775000	¥775000	

附单据 4 张

会计主管：　记账：　出纳：　复核：　制单：露露

生产成本明细账1

生产成本明细分类账

分页　　总页

科目名称 生产成本　　生产批号　　生产车间　　产品名称 二折折叠太阳伞　　数量　　产品规格　　完成产量

投产日期　　计划工时　　完工日期　　实际工时

2019年 月	日	凭证号数	摘要	借方	贷方	借或贷	余额	成本项目：直接材料	直接人工	制造费用			
11	30		承前页	303393816	303393816	平	000						
12	31	记-048	直接人工的归集和分配	8694323		借	8694323		8694323				
12	31	记-050	分配福利费	300000		借	8994323		300000				
12	31	记-051	直接材料的归集和分配	15465250		借	24459573	15465250					
12	31	记-052	周转材料的归集和分配	375000		借	24834573	375000					

生产成本明细账2

生产成本明细分类账

分页　　总页

科目名称 生产成本　　生产批号　　生产车间　　产品名称 三折折叠太阳伞　　数量　　产品规格　　完成产量

投产日期　　计划工时　　完工日期　　实际工时

2019年 月	日	凭证号数	摘要	借方	贷方	借或贷	余额	成本项目：直接材料	直接人工	制造费用			
11	30		承前页	339267200	339600745	借	5298280	2154400	2374580	769300			
12	31	记-048	直接人工的归集和分配	12166700		借	17464980		12166700				
12	31	记-050	分配福利费	330000		借	17794980		330000				
12	31	记-051	直接材料的归集和分配	12372000		借	30166980	12372000					
12	31	记-052	周转材料的归集和分配	400000		借	30566980	400000					

周转材料明细账1

周转材料明细账

分页　　总页

最高存量　　编号、名称 二折折叠太阳伞伞套

最低存量　　储备天数　　存放地点 周转材料仓库　　计量单位 个　　规格　　类别

2019年 月	日	凭证字号	摘要	收入 数量	收入 单价	收入 金额	付出 数量	付出 单价	付出 金额	结存 数量	结存 单价	结存 金额
11	30		承前页	20000	1.5	3000000	24750	1.5	3712500	5000	1.5	750000
12	31	记-052	周转材料的归集和分配				2500	1.5	375000	2500	1.5	375000

周转材料明细账2

周转材料明细账

分页　　总页

最高存量　　编号、名称 三折折叠太阳伞伞套

最低存量　　储备天数　　存放地点 周转材料仓库　　计量单位 个　　规格　　类别

2019年 月	日	凭证字号	摘要	收入 数量	收入 单价	收入 金额	付出 数量	付出 单价	付出 金额	结存 数量	结存 单价	结存 金额
11	30		承前页	20000	2	4000000	20350	2	4070000	5000	2	1000000
12	31	记-052	周转材料的归集和分配				2000	2	400000	3000	2	600000

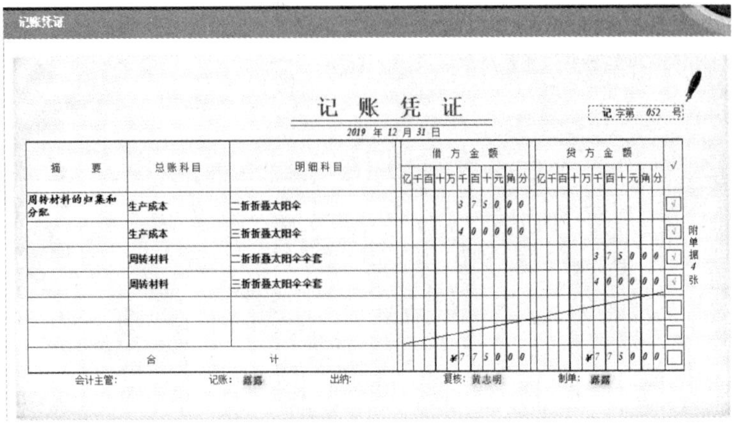

记账凭证

记 账 凭 证

记字第 052 号

2019 年 12 月 31 日

摘要	总账科目	明细科目	借方金额	贷方金额	√
周转材料的归集和分配	生产成本	二折折叠太阳伞	3750.00		√
	生产成本	三折折叠太阳伞	4000.00		√
	周转材料	二折折叠太阳伞伞套		3750.00	√
	周转材料	三折折叠太阳伞伞套		4000.00	√
合计			¥7750.00	¥7750.00	

附单据 4 张

会计主管： 记账：露露 出纳： 复核：黄志明 制单：露露

图 8-1-4 填制凭证、登账（周转材料）

3. 制造费用的归集和分配 （爱辉）

实训任务：（1）登账（水费）；

（2）填制凭证、登账（水费）；

（3）登账（电费）；

（4）填制凭证、登账（电费）；

（5）填制凭证、登账。

操作步骤：

（1）登账（水费）：出纳根据单据列表中的同城特约委托收款凭证（支款通知）填制银行存款日记账（见图 8-1-5）。

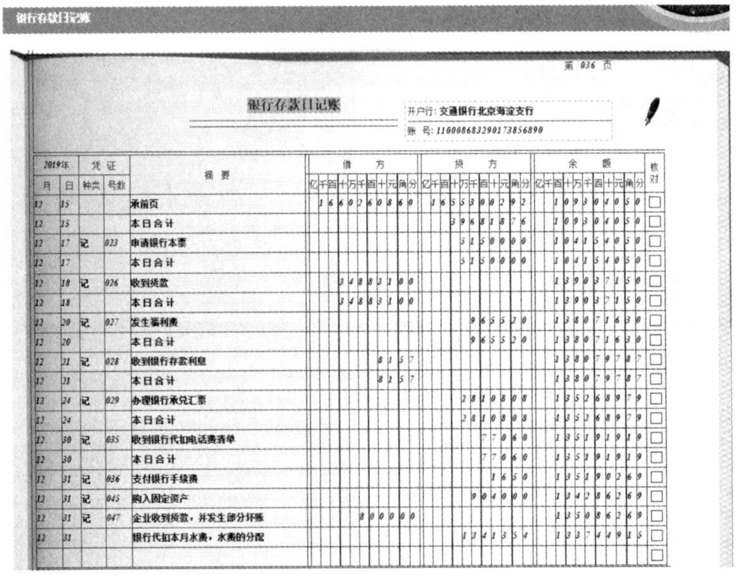

银行存款日记账

第 036 页

银行存款日记账

开户行：交通银行北京海淀支行

账 号：11000868329017385689 0

2019年 月	日	凭证 种类	号数	摘要	借方	贷方	余额	核对
12	15			承前页	16602608.60	16553002.92	1093040.50	
12	15			本日合计		396818.76	1093040.50	
12	17	记	023	申请银行本票		51500.00	1041540.50	
12	17			本日合计		51500.00	1041540.50	
12	18	记	026	收到货款	348831.00		1390371.50	
12	18			本日合计	348831.00		1390371.50	
12	20	记	027	发生福利费		9655.20	1380716.30	
12	20			本日合计		9655.20	1380716.30	
12	21	记	028	收到银行存款利息	81.57		1380797.87	
12	21			本日合计	81.57		1380797.87	
12	24	记	029	办理银行承兑汇票		28108.08	1352689.79	
12	24			本日合计		28108.08	1352689.79	
12	30	记	035	收到银行代扣电话费清单		770.60	1351919.19	
12	30			本日合计		770.60	1351919.19	
12	31	记	036	支付银行手续费		16.50	1351902.69	
12	31	记	045	购入固定资产		9040.00	1342862.69	
12	31	记	047	企业收到货款，并发生部分坏账	8000.00		1350862.69	
12	31			银行代扣本月水费，水费的分配		13413.54	1337449.15	

图 8-1-5 登账（水费）

（2）填制凭证、登账（水费）：会计根据单据列表中的同城特约委托收款凭证（支款通知）、增值税专用发票、各部门水费耗用明细表填写各部门用水分配表签字后，找财务经理审核并填写记账凭证，交财务经理审核后，找出纳登记银行存款日记账后，自己登记 3 张多栏式、1 张应交税费账簿（见图 8-1-6）。

各部门用水分配表

各部门用水分配表

2019 年 12 月 31 日

使用部门	分配率	耗用量（立方米）	金额（元）
生产车间	4.2	2700	11340.00
管理部门	4.2	200	840.00
销售部门	4.2	30	126.00
----	----	----	----
----	----	----	----
合计	----	2930	12306.00

审核：　　制单：露露

记账凭证

记 账 凭 证

2019 年 12 月 31 日　　记字第 053 号

摘要	总账科目	明细科目	借方金额	贷方金额	√
银行代扣本月水费，水费的分配	制造费用	水电费	1134000		
	管理费用	水电费	84000		
	销售费用	水电费	12600		
	应交税费	应交增值税（进项税额）	110754		
	银行存款	交通银行北京海淀支行		1341354	
合计			¥1341354	¥1341354	

附单据 4 张

会计主管：　　记账：　　出纳：　　复核：　　制单：露露

销售费用明细账

正面　背面　分页：　总页：

级科目：

级科目：

销售费用明细账

2019年 月	日	凭证号数	摘要	借方	贷方	借或贷	余额	福利费	广告费和业务宣传费	水电费
11	30		承前页	159503129	159503129	平	000			
12	10	记-014	支付广告费	10000000		借	10000000		10000000	
12	14	记-017	委托运输	100000		借	10100000			
12	30	记-032	销售商品委托运输	100000		借	10200000			
12	30	记-034	销售商品委托运输	100000		借	10300000			
12	31	记-037	计提折旧	120000		借	10420000			
12	31	记-048	直接人工的归集和分配	7578099		借	17998099			
12	31	记-050	分配福利费	119040		借	18117139	119040		
12	31	记-053	银行代扣本月水费，水费的分配	12600		借	18129739			12600

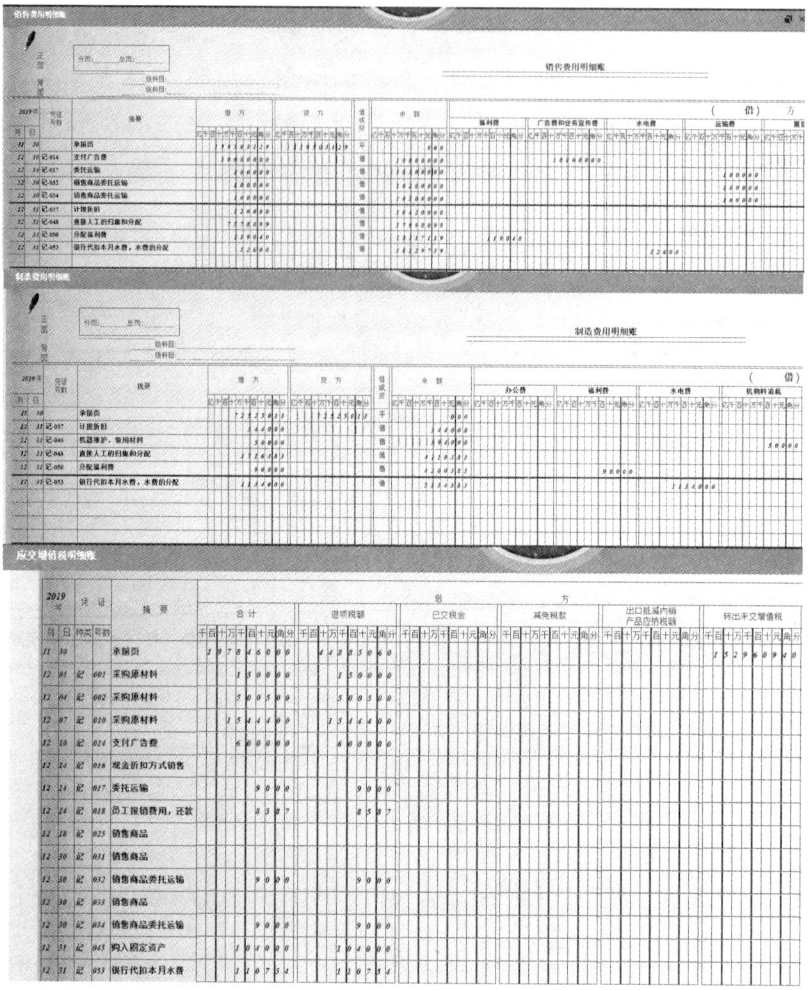

销售费用明细账

分页：　　总页：

总科目：

明细科目：

2019年 月	日	凭证号数	摘要	借方	贷方	借或贷	余额	福利费	广告费和业务宣传费	水电费	运输费
11	30		承前页	159303129	159303129	平	000				
12	10	记-014	支付广告费	10000000		借	10000000		10000000		
12	14	记-017	委托运输	100000		借	10100000				100000
12	30	记-032	销售商品委托运输	100000		借	10200000				100000
12	30	记-034	销售商品委托运输	100000		借	10300000				100000
12	31	记-037	计提折旧	120000		借	10420000				
12	31	记-048	直接人工的归集和分配	7578099		借	17998099				
12	31	记-050	分配福利费	119040		借	18117139	119040			
12	31	记-053	银行代扣本月水费，水费的分配	12600		借	18129739			12600	

制造费用明细账

分页：　　总页：

总科目：

明细科目：

2019年 月	日	凭证号数	摘要	借方	贷方	借或贷	余额	办公费	福利费	水电费	机物料消耗
11	30		承前页	72525013	72525013	平	000				
12	31	记-037	计提折旧	344000		借	344000				
12	31	记-046	机器维护，领用材料	50000		借	394000				50000
12	31	记-048	直接人工的归集和分配	3716383		借	4110383				
12	31	记-050	分配福利费	96000		借	4206383		96000		
12	31	记-053	银行代扣本月水费，水费的分配	1134000		借	5334383			1134000	

应交增值税明细账

2019年 月	日	凭证种类	号数	摘要	借方 合计	进项税额	已交税金	减免税款	出口抵减内销产品应纳税额	转出未交增值税
11	30			承前页	1978460000	443850060				1529609940
12	01	记	001	采购原材料	1500000	1500000				
12	04	记	002	采购原材料	500500	500500				
12	07	记	010	采购原材料	1544400	1544400				
12	10	记	014	支付广告费	600000	600000				
12	14	记	016	现金折扣方式销售						
12	14	记	017	委托运输	9000	9000				
12	14	记	018	员工报销费用，还款	8587	8587				
12	18	记	025	销售商品						
12	30	记	031	销售商品						
12	30	记	032	销售商品委托运输	9000	9000				
12	30	记	033	销售商品						
12	30	记	034	销售商品委托运输	9000	9000				
12	31	记	045	购入固定资产	104000	104000				
12	31	记	053	银行代扣本月水费	110754	110754				

图 8-1-6　填制凭证、登账（水费）

（3）登账（电费）：出纳根据单据列表中的同城特约委托收款凭证（支款通知）填制银行存款日记账（见图 8-1-7）。

第 037 页

银行存款日记账

开户行：交通银行北京海淀支行

账　号：110008683290173856890

2019年 月	日	凭证 种类	号数	摘要	借方	贷方	余额	核对
12	31			承前页	1695952117	1666550684	133744915	□
12	31			银行代扣本月电费，电费的分配		2104964	131639951	□
								□
								□

图 8-1-7　登账（电费）

（4）填制凭证、登账（电费）：会计根据单据列表中的同城特约委托收款凭证（支款通知）、增值税专用发票、各部门电费耗用明细表填写各部门用电分配表签字后，找财务经理审核并填写记账凭证；交财务经理审核后找出纳登记银行存款日记账后，自己登记 3 张多栏式、1 张应交税费账簿（见图 8-1-8）。

各部门用电分配表

各部门用电分配表

2019 年 12 月 31 日

使用部门	分配率	耗用量（度）	金额（元）
生产车间	0.80	15735	12588.00
管理部门	0.80	5790	4632.00
销售部门	0.80	1760	1408.00
----	----	----	----
----	----	----	----
合计	----	23285	18628.00

审核：黄志明　　制单：露露

记账凭证

记　账　凭　证

2019 年 12 月 31 日　　　记字第 054 号

摘要	总账科目	明细科目	借方金额	贷方金额	√
银行代扣本月电费，电费的分配	制造费用	水电费	1258800		√
	管理费用	水电费	463200		√
	销售费用	水电费	140800		√
	应交税费	应交增值税（进项税额）	242164		√
	银行存款	交通银行北京海淀支行		2104964	√
合计			¥2104964	¥2104964	

附单据 4 张

会计主管：　　记账：露露　　出纳：黄映林　　复核：黄志明　　制单：露露

销售费用明细账

证置　背置　分页：　总页：

级科目：

级科目：

销售费用明细账

（借）

2019年 月	日	凭证号数	摘要	借方	贷方	借或贷	余额	福利费	广告费和业务宣传费	水电费	运输费
11	30		承前页	139503129	139503129	平	000				
12	10	记-014	支付广告费	10000000		借	10000000		10000000		
12	14	记-017	委托运输	100000		借	10100000				100000
12	30	记-032	销售商品委托运输	100000		借	10200000				100000
12	30	记-034	销售商品委托运输	100000		借	10300000				100000
12	31	记-037	计提折旧	120000		借	10420000				
12	31	记-048	直接人工的归集和分配	7578099		借	17998099				
12	31	记-050	分配福利费	119040		借	18117139	119040			
12	31	记-053	银行代扣本月水费，水费的分配	12600		借	18129739			12600	
12	31	记-054	银行代扣本月电费，电费的分配	140800		借	18270539			140800	

管理费用明细账

正页 背页 分页:______总页:______

级科目:______

级科目:______

管理费用明细账

(借)

2019年 月	日	凭证号数	摘要	借方	贷方	借或贷	余额	办公费	差旅费	福利费	水电费
11	30		承前页	1613942.74	1613942.74	平	0.00				
12	05	记-005	购买转账支票	15.00		借	15.00	15.00			
12	07	记-012	报销购买发票费用,购买记事本费用	115.00		借	130.00	115.00			
12	08	记-013	报销业务招待费	2000.00		借	2130.00				
12	14	记-015	员工报销费用,还款	1736.13		借	3866.13		1736.13		
12	30	记-035	收到银行代扣电话费清单	770.60		借	4636.73	770.60			
12	31	记-037	计提折旧	4528.00		借	9164.73				
12	31	记-038	无形资产摊销	1100.00		借	10264.73				
12	31	记-048	直接人工的归集和分配	83242.94		借	93507.67				
12	31	记-050	分配福利费	1264.80		借	94772.47			1264.80	
12	31	记-053	银行代扣本月水费,水费的分配	840.00		借	95612.47				840.00
12	31	记-054	银行代扣本月电费,电费的分配	4632.00		借	100244.47				4632.00

制造费用明细账

正页 背页 分页:______总页:______

级科目:______

级科目:______

制造费用明细账

(借)

2019年 月	日	凭证号数	摘要	借方	贷方	借或贷	余额	办公费	福利费	水电费	机物料消耗
11	30		承前页	725250.13	725250.13	平	0.00				
12	31	记-037	计提折旧	3440.00		借	3440.00				
12	31	记-046	机器维护,领用材料	500.00		借	3940.00				500.00
12	31	记-048	直接人工的归集和分配	37163.83		借	41103.83				
12	31	记-050	分配福利费	900.00		借	42003.83		900.00		
12	31	记-053	银行代扣本月水费,水费的分配	11340.00		借	53343.83			11340.00	
12	31	记-054	银行代扣本月电费,电费的分配	12558.00		借	65931.83			12558.00	

应交增值税明细账

分页: 总页:

2019年 月	日	凭证 种类	号数	摘要	借方 合计	进项税额	已交税金	减免税款	出口抵减内销产品应纳税额	转出未交增值税
11	30			承前页	1978460.00	448850.60				1529609.40
12	01	记	001	采购原材料	1500.00	1500.00				
12	04	记	002	采购原材料	5005.00	5005.00				
12	07	记	010	采购原材料	15444.00	15444.00				
12	10	记	014	支付广告费	6000.00	6000.00				
12	14	记	016	现金折扣方式销售						
12	14	记	017	委托运输	90.00	90.00				
12	14	记	018	员工报销费用,还款	85.87	85.87				
12	18	记	025	销售商品						
12	30	记	031	销售商品						
12	30	记	032	销售商品委托运输	90.00	90.00				
12	30	记	033	销售商品						
12	30	记	034	销售商品委托运输	90.00	90.00				
12	31	记	045	购入固定资产	1040.00	1040.00				
12	31	记	053	银行代扣本月水费	1107.54	1107.54				

图 8-1-8 填制凭证、登账(电费)

(5)填制凭证、登账:会计根据单据列表中的制造费用汇总表填制制造费用分配表,交财务经理审核后自己填写记账凭证,交财务经理审核后自己登记 2 张生产成本、1 张多栏式账簿(见图 8-1-9)。

制造费用分配表

制造费用分配表

公司：北京爱辉伞业有限公司　　2019年12月31日　　金额单位：元

产品名称	分配标准（工时）	分配率	分配金额
二折折叠太阳伞	3500	7.85	27466.83
三折折叠太阳伞	4900	7.85	38465.00
合　计	8400	----	65931.83

审核人： 黄志明　　**制表人：** 露露

记账凭证

记账凭证

记字第 055 号1/2

2019 年 12 月 31 日

摘　要	总账科目	明细科目	借方金额											贷方金额											√
			亿	千	百	十	万	千	百	十	元	角	分	亿	千	百	十	万	千	百	十	元	角	分	
制造费用的归集和分配	生产成本	二折折叠太阳伞					2	7	4	6	6	8	3												√
	生产成本	三折折叠太阳伞					3	8	4	6	5	0	0												√
	制造费用	职工薪酬																3	7	1	6	3	8	3	√
	制造费用	折旧费																	3	4	4	0	0	0	√
	制造费用	水电费																2	3	9	2	8	0	0	√
	制造费用	机物料消耗																		5	0	0	0	0	√
合		计																							

附单据 2 张

会计主管：　记账：露露　出纳：　复核：黄志明　制单：露露

记账凭证

记字第 055 号2/2

2019 年 12 月 31 日

摘　要	总账科目	明细科目	借方金额											贷方金额											√
			亿	千	百	十	万	千	百	十	元	角	分	亿	千	百	十	万	千	百	十	元	角	分	
	制造费用	福利费																		9	0	0	0	0	√
合		计				¥	6	5	9	3	1	8	3				¥	6	5	9	3	1	8	3	

附单据 2 张

会计主管：　记账：露露　出纳：　复核：黄志明　制单：露露

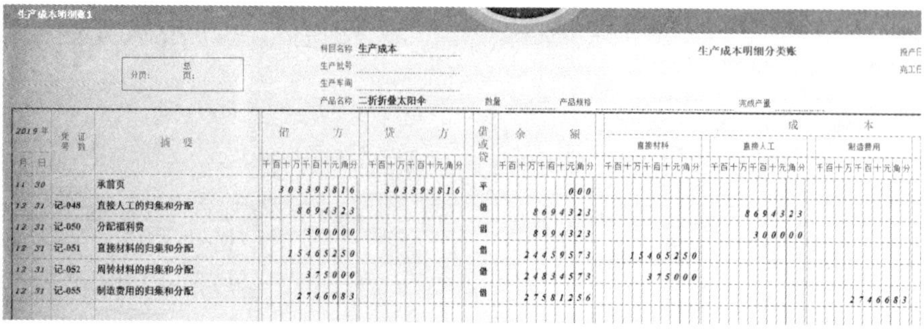

生产成本明细账1

生产成本明细分类账

科目名称：生产成本　生产批号：　生产车间：　产品名称：二折折叠太阳伞　数量　产品规格　完成产量

2019年月	日	凭证号数	摘要	借方	贷方	借或贷	余额	成本：直接材料	成本：直接人工	成本：制造费用
11	30		承前页	303393816	303393816	平	000			
12	31	记-048	直接人工的归集和分配	8694323		借	8694323		8694323	
12	31	记-050	分配福利费	300000		借	8994323		300000	
12	31	记-051	直接材料的归集和分配	15465250		借	24459573	15465250		
12	31	记-052	周转材料的归集和分配	375000		借	24834573	375000		
12	31	记-055	制造费用的归集和分配	2746683		借	27581256			2746683

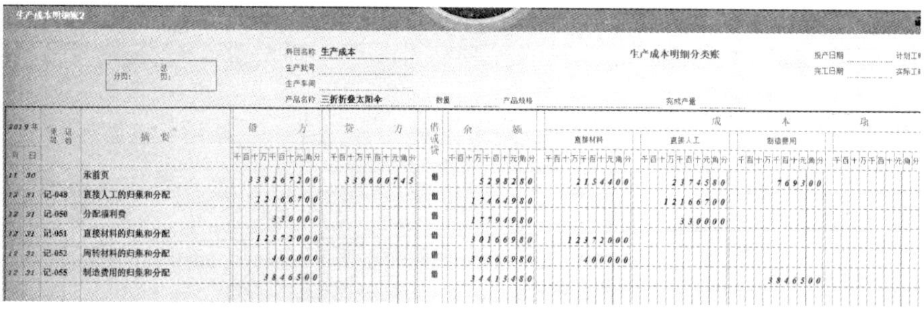

生产成本明细账2

生产成本明细分类账

科目名称：生产成本　生产批号：　生产车间：　产品名称：三折折叠太阳伞　数量　产品规格　完成产量　投产日期　完工日期

2019年月	日	凭证号数	摘要	借方	贷方	借或贷	余额	成本项：直接材料	成本项：直接人工	成本项：制造费用
11	30		承前页	339267200	339600745	借	5298280	2154400	2374580	769300
12	31	记-048	直接人工的归集和分配	12166700		借	17464980		12166700	
12	31	记-050	分配福利费	330000		借	17794980		330000	
12	31	记-051	直接材料的归集和分配	12372000		借	30166980	12372000		
12	31	记-052	周转材料的归集和分配	400000		借	30566980	400000		
12	31	记-055	制造费用的归集和分配	3846500		借	34413480			3846500

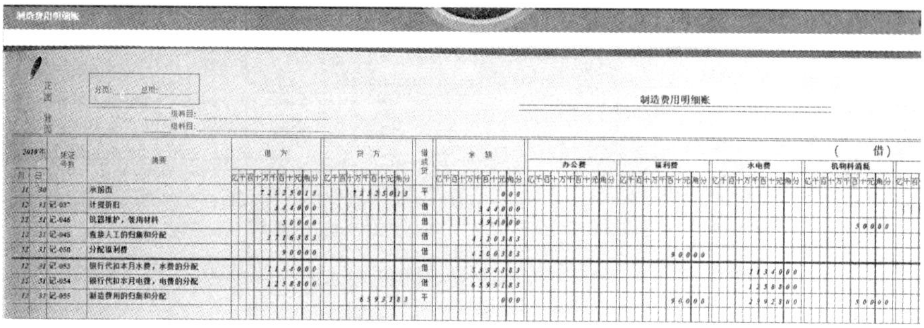

制造费用明细账

2019年月	日	凭证号数	摘要	借方	贷方	借或贷	余额	（借）办公费	福利费	水电费	机物料消耗
11	30		承前页	72535013	72535013	平	000				
12	31	记-037	计提折旧	344000		借	344000				
12	31	记-046	机器维护，领用材料	50000		借	394000				50000
12	31	记-045	直接人工的归集和分配	3716383		借	4110383				
12	31	记-050	分配福利费	90000		借	4200383		90000		
12	31	记-053	银行代扣本月水费，水费的分配	1134000		借	5334383			1134000	
12	31	记-054	银行代扣本月电费，电费的分配	1258800		借	6593183			1258800	
12	31	记-055	制造费用的归集和分配		6593183	平	000		90000	2392800	50000

图 8-1-9　填制凭证、登账

4. 本月完工产品成本（爱辉）

实训任务：填制凭证、登账。

操作步骤：

会计根据单据列表中的 5 张入库单、任务描述的要求，填写期末在产品约当产量计算表、产品成本计算表 1、产品成本计算表 2、产品成本汇总表签字后，交财务经理审核并自己填写记账凭证，交财务经理审核后自己登记 2 张数量金额式、2 张生产成本账簿并在记账凭证上打钩签字（见图 8-1-10）。

期末在产品约当产量计算表

期末在产品约当产量计算表

产品名称：三折折叠太阳伞　　2019年12月31日　　计量单位：把

工序	工序名称	定额工时（分钟）	完工程度	期末在产品数量	在产品约当产量
1	大裁	15	20.00%		
2	小裁	8	25.33%	200	50.66
3	伞面印刷	15	40.67%	200	81.34
4	合片	20	64.00%		
5	装珠尾	3	79.33%		
6	上骨	5	84.67%		
7	装伞头伞尾	2	89.33%		
8	商品检测	5	94.00%		
9	包装	2	98.67%		
合计		75		400	132

审核人：　　制表人：露露

产品成本计算表1

产品成本计算表

产品：二折折叠太阳伞　　2019年12月31日　　金额单位：元

成本项目	月初在产品成本	本月发生费用	生产费用合计	在产品约当产量	完工产品产量	完工产品成本	单位成本	期末在产品成本
直接材料	0	158402.50	158402.50		2500	158402.50	63.3610	
直接人工	0	89943.23	89943.23		2500	89943.23	35.9773	
制造费用	0	27466.83	27466.83		2500	27466.83	10.9867	
合计	0	275812.56	275812.56	----	----	275812.56	110.3250	

审核人：　　制表人：露露

产品成本计算表2

产品成本计算表

产品：三折折叠太阳伞　　2019年12月31日　　金额单位：元

成本项目	月初在产品成本	本月发生费用	生产费用合计	在产品约当产量	完工产品产量	完工产品成本	单位成本	期末在产品成本
直接材料	21544.00	127720.00	149264.00	400	2100	125381.76	59.7056	23882.24
直接人工	23745.80	124967.00	148712.80	132	2100	139917.96	66.6276	8794.84
制造费用	7693.00	38465.00	46158.00	132	2100	43428.21	20.6801	2729.79
合计	52982.80	291152.00	344134.80	----	----	308727.93	147.0133	35406.87

审核人：　　制表人：露露

产品成本汇总表

产品成本汇总表

公司：北京爱辉伞业有限公司　　2019年12月31日　　金额单位：元

项　目	二折折叠太阳伞	三折折叠太阳伞	合　计
期初在产品成本		52982.80	52982.80
本期生产费用	275812.56	291152.00	566964.56
生产费用合计	275812.56	344134.80	619947.36
期末完工产品成本	275812.56	308727.93	584540.49
期末在产品成本		35406.87	35406.87

审核人：　　制表人：露露

记账凭证

记 账 凭 证

2019 年 12 月 31 日　　记字第 056 号

摘　要	总账科目	明细科目	借方金额（亿千百十万千百十元角分）	贷方金额（亿千百十万千百十元角分）	√
本月完工产品成本	库存商品	二折折叠太阳伞	27581256		
	库存商品	三折折叠太阳伞	30872793		
	生产成本	二折折叠太阳伞		27581256	
	生产成本	三折折叠太阳伞		30872793	
合　　计			¥58454049	¥58454049	

附单据 9 张

会计主管：　记账：　出纳：　复核：　制单：露露

库存商品明细账1

库存商品明细账

分页　　总页

最高存量　　编号、名称 二折折叠太阳伞

最低存量　储备天数　存放地点 成品仓库　计量单位 把　规格　类别

2019年 月	日	凭证字号	摘　要	收入 数量	收入 单价	收入 金额	付出 数量	付出 单价	付出 金额	结存 数量	结存 单价	结存 金额
11	30		承前页	24752	110.3250	273076440	24752	110.3250	273076440			000
12	31	记-056	结转本月完工产品成本	2500	110.3250	27581256				2500	110.3250	27581256

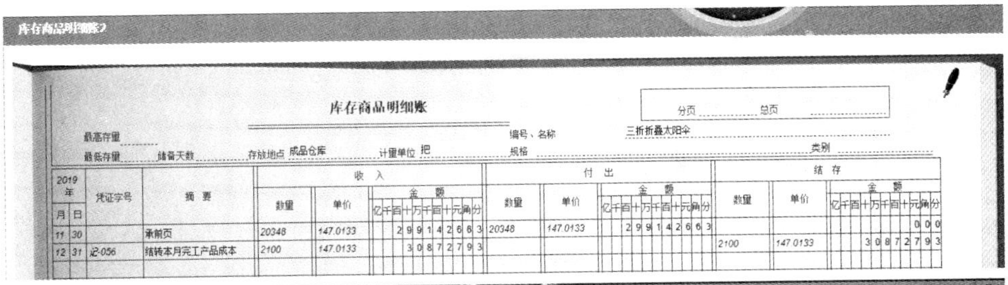

库存商品明细账2

库存商品明细账

分页 ______ 总页 ______

最高存量 ______　编号、名称 三折折叠太阳伞

最低存量 ______ 储备天数 ______ 存放地点 成品仓库 计量单位 把 规格 ______ 类别 ______

2019年 月	日	凭证字号	摘要	收入 数量	收入 单价	收入 金额	付出 数量	付出 单价	付出 金额	结存 数量	结存 单价	结存 金额
11	30		承前页	20348	147.0133	299142663	20348	147.0133	299142663			000
12	31	记-056	结转本月完工产品成本	2100	147.0133	30872793				2100	147.0133	30872793

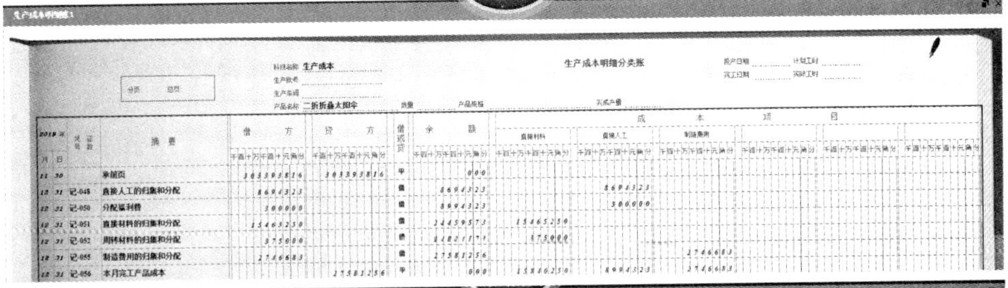

生产成本明细账1

科目名称 生产成本　**生产成本明细分类账**　投产日期 ______ 计划工时 ______

生产批号 ______　完工日期 ______ 实际工时 ______

生产车间 ______

分页　总页

产品名称 二折折叠太阳伞 数量 ______ 产品规格 ______ 完成产量 ______

2019年 月	日	凭证号数	摘要	借方	贷方	借或贷	余额	成本项目 直接材料	直接人工	制造费用			
11	30		承前页	303393816	303393816	平	000						
12	31	记-048	直接人工的归集和分配	8694323		借	8694323		8694323				
12	31	记-050	分配福利费	300000		借	8994323		300000				
12	31	记-051	直接材料的归集和分配	15465250		借	24459573	15465250					
12	31	记-052	周转材料的归集和分配	375000		借	[illegible]	375000					
12	31	记-055	制造费用的归集和分配	2746683		借	27581256			2746683			
12	31	记-056	本月完工产品成本		27581256	平	000	15846250	8994323	2746683			

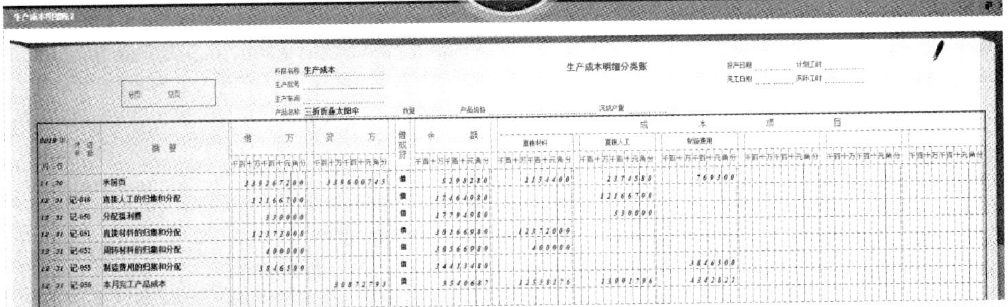

生产成本明细账2

科目名称 生产成本　**生产成本明细分类账**　投产日期 ______ 计划工时 ______

生产批号 ______　完工日期 ______ 实际工时 ______

生产车间 ______

分页　总页

产品名称 三折折叠太阳伞 数量 ______ 产品规格 ______ 完成产量 ______

2019年 月	日	凭证号数	摘要	借方	贷方	借或贷	余额	成本项目 直接材料	直接人工	制造费用			
11	30		承前页	339267200	339600745	借	5298280	2154400	2374580	769300			
12	31	记-048	直接人工的归集和分配	12166700		借	17464980		12166700				
12	31	记-050	分配福利费	330000		借	17794980		330000				
12	31	记-051	直接材料的归集和分配	12372000		借	30166980	12372000					
12	31	记-052	周转材料的归集和分配	400000		借	30566980	400000					
12	31	记-055	制造费用的归集和分配	3846500		借	34413480			3846500			
12	31	记-056	本月完工产品成本		30872793	借	3540687	12538176	13991796	4342821			

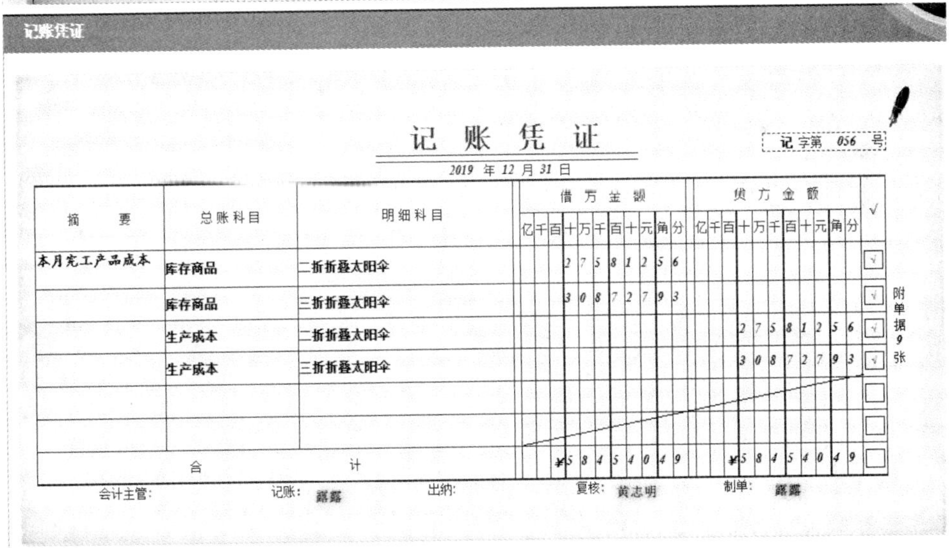

记账凭证

记　账　凭　证

记 字第 056 号

2019 年 12 月 31 日

摘要	总账科目	明细科目	借方金额	贷方金额	√
本月完工产品成本	库存商品	二折折叠太阳伞	27581256		√
	库存商品	三折折叠太阳伞	30872793		√
	生产成本	二折折叠太阳伞		27581256	√
	生产成本	三折折叠太阳伞		30872793	√
合　　计			¥5845 4049	¥5845 4049	

附单据 9 张

会计主管:　记账: 露露　出纳:　复核: 黄志明　制单: 露露

图 8-1-10　填制凭证、登账

5. 结转本月销售成本（爱辉）

实训任务：填制凭证、登账。

操作步骤：

会计根据单据列表中的 4 张出库单、任务描述的要求，填写销售成本计算表签字后找财务经理审核并填写记账凭证，交财务经理审核后自己登记 2 张数量金额式、2 张三栏式账簿并在记账凭证上打钩签字（见图 8-1-11）。

销售成本计算表

销售成本计算表

公司：北京爱辉伞业有限公司　　2019年12月31日　　金额单位：元

产品	期初结存数量	本期完工产量	本期销售数量	期末结存数量	期初结存成本	完工产品成本	单位成本（加权）	期末存货成本	销售成本
二折折叠太阳伞	0	2500	2250	250	0	275812.56	110.3250	27581.25	248231.31
三折折叠太阳伞	0	2100	1850	250	0	308727.93	147.0133	36753.33	271974.60
合计						584540.49		64334.58	520205.91

审核人：黄志明　　制表人：露露

记账凭证

记账凭证

2019 年 12 月 31 日　　记字第 057 号

摘要	总账科目	明细科目	借方金额	贷方金额	√
结转本月销售成本	主营业务成本	二折折叠太阳伞	24823131		√
	主营业务成本	三折折叠太阳伞	27197460		√
	库存商品	二折折叠太阳伞		24823131	√
	库存商品	三折折叠太阳伞		27197460	√
合计			¥52020591	¥52020591	

附单据 5 张

会计主管：　　记账：露露　　出纳：　　复核：黄志明　　制单：露露

主营业务成本明细账

分页：　　总页：

主营业务成本明细账

二级科目：二折折叠太阳伞　　级科目：

2019年 月	日	凭证 种类	号数	摘要	日页	借方	贷方	借或贷	余额
11	30			承前页		243221511	243221511	平	000
12	31	记	057	结转本月销售成本		24823131		借	24823131

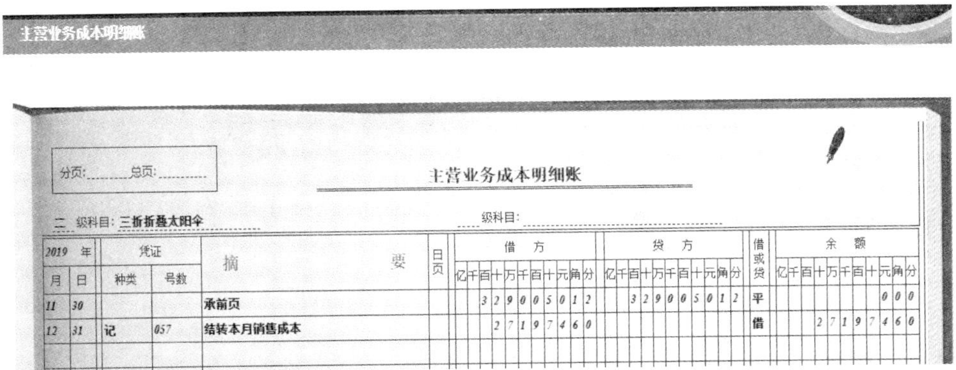

主营业务成本明细账

分页:______总页:______

二级科目: 三折折叠太阳伞　　级科目:

2019年 月	日	凭证 种类	号数	摘要	日页	借方	贷方	借或贷	余额
11	30			承前页		3290050.12	3290050.12	平	0.00
12	31	记	057	结转本月销售成本		271974.60		借	271974.60

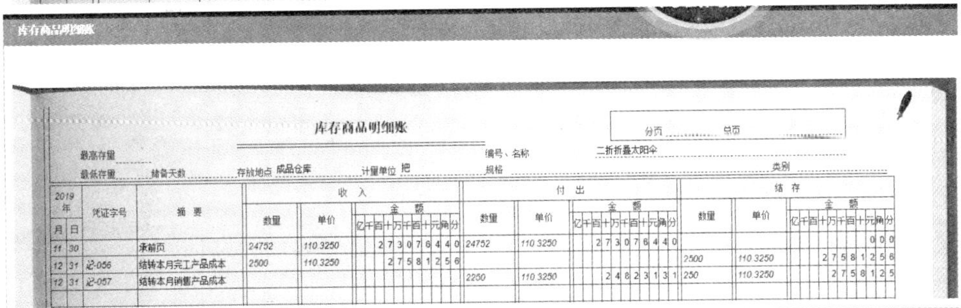

库存商品明细账

分页______总页______

最高存量______　最低存量______　储备天数______　存放地点 成品仓库　计量单位 把　编号、名称 二折折叠太阳伞　规格______　类别______

2019年 月	日	凭证字号	摘要	收入 数量	收入 单价	收入 金额	付出 数量	付出 单价	付出 金额	结存 数量	结存 单价	结存 金额
11	30		承前页	24752	110.3250	2730764.40	24752	110.3250	2730764.40			0.00
12	31	记-056	结转本月完工产品成本	2500	110.3250	275812.56				2500	110.3250	275812.56
12	31	记-057	结转本月销售产品成本				2250	110.3250	248231.31	250	110.3250	27581.25

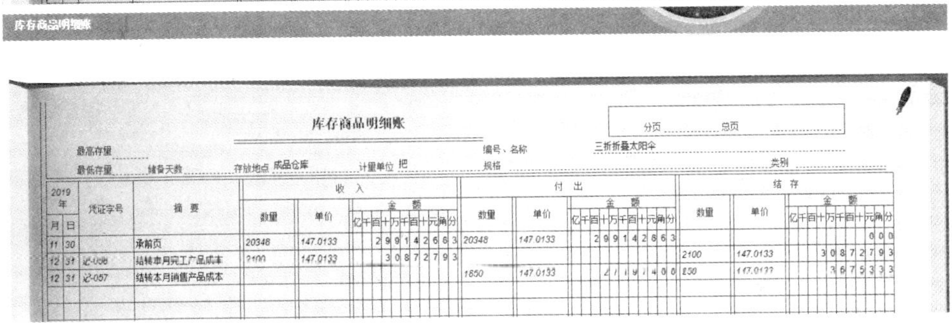

库存商品明细账

分页______总页______

最高存量______　最低存量______　储备天数______　存放地点 成品仓库　计量单位 把　编号、名称 三折折叠太阳伞　规格______　类别______

2019年 月	日	凭证字号	摘要	收入 数量	收入 单价	收入 金额	付出 数量	付出 单价	付出 金额	结存 数量	结存 单价	结存 金额
11	30		承前页	20348	147.0133	2991426.63	20348	147.0133	2991426.63			0.00
12	31	记-056	结转本月完工产品成本	2100	147.0133	308727.93				2100	147.0133	308727.93
12	31	记-057	结转本月销售产品成本				1850	147.0133	271974.00	250	147.0133	36753.33

图 8-1-11　填制凭证、登账

8.2 成本核算虚拟仿真课后实训

（1）直接人工费用的归集与分配。

（2）直接材料的归集与分配。

（3）结转完工产品成本。

（4）结转销售成本。

第 9 章 期末业务虚拟仿真项目

9.1 期末业务操作演示

1. 代扣水费

实训任务：（1）付款、登账；

（2）填制凭证（信息化）。

操作步骤：

（1）付款、登账：海文商贸的出纳根据银行的支款通知和天津水务集团有限公司开具的发票登记银行存款日记账（见图 9-1-1）。

银行存款日记账

第 7 页

银行存款日记账

开户行：农业银行天津津滨支行

账 号：120003201519468

2019年 月	日	凭证 种类	号数	摘要	借方	贷方	余额	核对
11	17			承前页	377343783	367355280	20870884	□
11	30	记	021	货车修理费		56500	20814384	□
11	30			支付水费		915600	19898784	□

图 9-1-1 付款、登账

（2）填制凭证（信息化）：海文商贸的会计根据已有的各部门水费耗用明细表填制各部门用水分配表，找财务经理审核，自己在信息系统里面填制记账凭证，找财务经理在系统里审核，再找出纳登记账簿（见图 9-1-2）。

各部门水费耗用明细表

各部门水费耗用明细表

公司：天津海文商贸有限公司　　2019年11月30日　　单位：立方米

受益对象	本月抄表	上月抄表	本月实际耗用量（立方米）
管理部门	118460	117260	1200
销售部门	96470	95670	800
合计	214930	212930	2000

审核人：马雪玲　　制单人：梁嘉翔

各部门用水分配表

各部门用水分配表

2019年11月30日

使用部门	分配率	耗用量（立方米）	单价	金额
管理部门	0.6	1200	4.2	5040
销售部门	0.4	800	4.2	3360
合计	----	2000	---	8400

审核人：　　　　　　　　　　制单人马雪玲

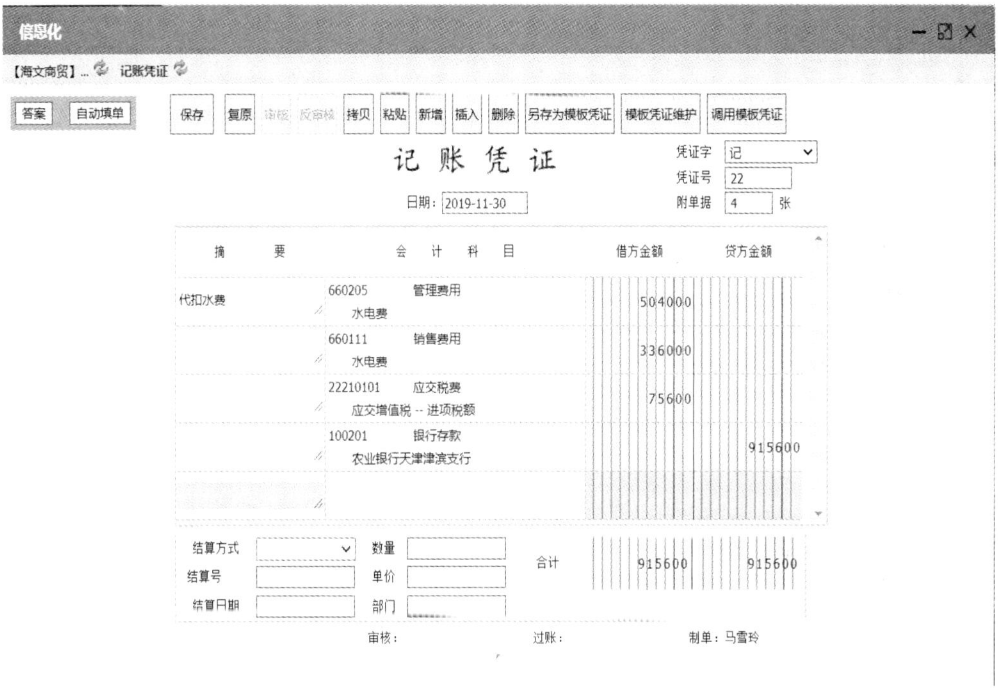

图 9-1-2　填制凭证（信息化）

2. 代扣电费

实训任务：（1）付款、登账；

（2）填制凭证（信息化）。

操作步骤：

（1）付款、登账：海文商贸的出纳根据银行的支款通知和天津水务集团有限公司开具的发票登记银行存款日记账（见图 9-1-3）。

银行存款日记账

第 7 页

银行存款日记账

开户行：农业银行天津津滨支行

账 号：120003201519468

2019年 月	日	凭证 种类	号数	摘要	借方	贷方	余额	核对
11	17			承前页	377343783	367355280	20870884	☐
11	30	记	021	货车修理费		56500	20814384	☐
11	30	记	022	支付水费		915600	19898784	☐
11	30			支付电费		1039600	18859184	☐

图 9-1-3 付款、登账

（2）填制凭证（信息化）：海文商贸的会计根据已有的各部门电费耗用明细表填制各部门用电分配表，找财务经理审核，自己在信息系统里面填制记账凭证，找财务经理在系统中审核，再找出纳登记账簿（见图 9-1-4）。

各部门电费耗用明细表

各部门电费耗用明细表

公司：天津海文商贸有限公司　　2019年11月30日　　单位：度

受益对象	本月抄表	上月抄表	本月实际耗用量（度）
管理部门	116320	108320	8000
销售部门	87550	84050	3500
合计	203870	192370	11500

审核人：马雪玲　　制表人：梁骞朔

各部门用电分配表

各部门用电分配表

2019年11月30日

使用部门	单价（元）	耗用量（度）	金额
管理部门	0.8	8000	6400
销售部门	0.8	3500	2800
合计	----	11500	9200

审核人：　　制表人马雪玲

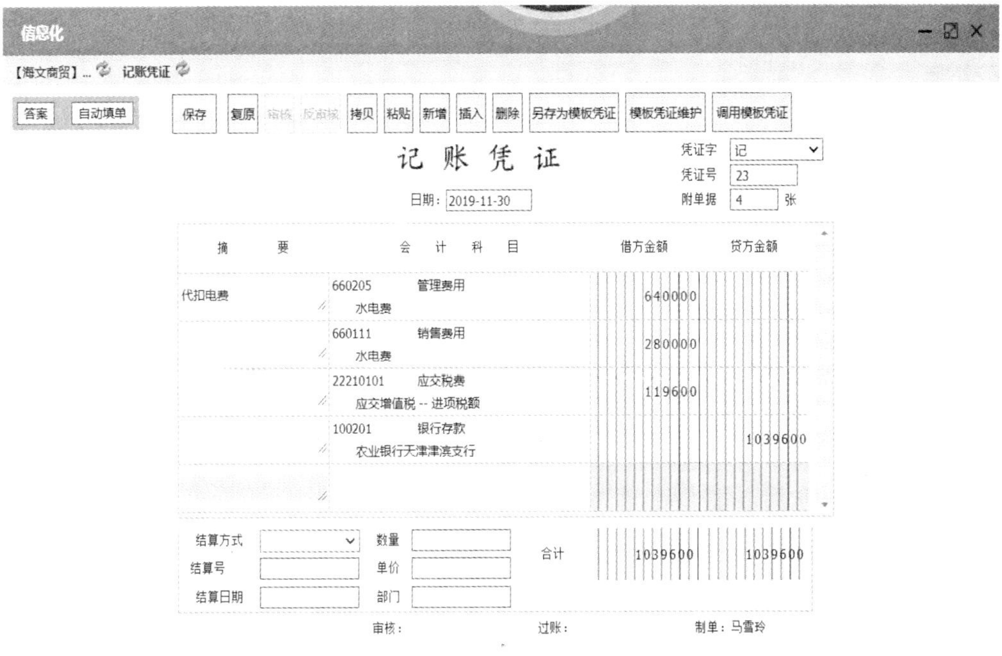

图 9-1-4　填制凭证（信息化）

3. 结转收入类账户

实训任务：（1）填制凭证、登账；

（2）登账。

操作步骤：

（1）填制凭证、登账：加旺电器的往来会计抽取记账凭证并填制，填制后找总账会计审核，自己登记主营业务收入明细分类账（见图 9-1-5）。

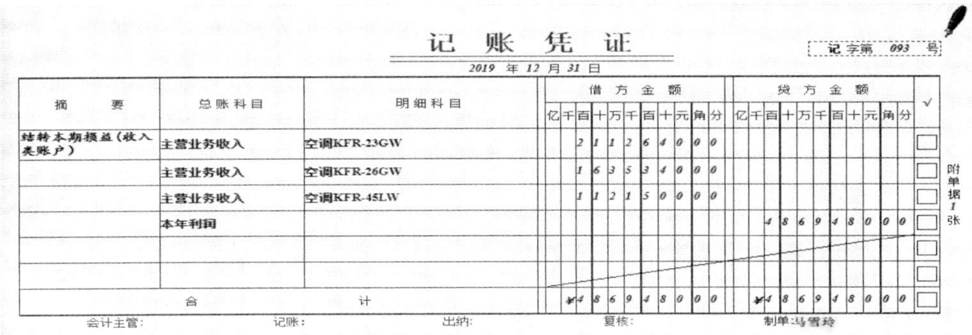

记　账　凭　证

2019 年 12 月 31 日　　记字第 093 号

摘　要	总账科目	明细科目	借方金额	贷方金额	√
结转本期损益（收入类账户）	主营业务收入	空调KFR-23GW	211264000		
	主营业务收入	空调KFR-26GW	163534000		
	主营业务收入	空调KFR-45LW	112150000		
	本年利润			486948000	
合　计			¥486948000	¥486948000	

附单据 1 张

会计主管：　记账：　出纳：　复核：　制单：马雪玲

分页:________ 总页:________

主营业务收入明细账

二级科目：空调KFR-23GW 级科目：

2019年 月	日	凭证 种类	号数	摘要	日页	借方（亿千百十万千百十元角分）	贷方（亿千百十万千百十元角分）	借或贷	余额（亿千百十万千百十元角分）
11	30			承前页		1056320000	1056320000	平	000
12	02	记	004	销售商品			2400000	贷	2400000
12	02	记	008	销售商品			16800000	贷	17040000
12	05	记	012	销售商品			19200000	贷	36240000
12	17	记	042	销售商品			7200000	贷	43440000
12	20	记	047	确认代销收入			13824000	贷	57264000
12	24	记	050	销售商品			14000000	贷	71264000
12	27	记	061	销售商品			34400000	贷	105664000
12	31	记	065	销售商品			105600000	贷	211264000
12	31	记	093	结转本期损益（收入类账户）		211264000		平	000

分页:________ 总页:________

主营业务收入明细账

二级科目：空调KFR-26GW 级科目：

2019年 月	日	凭证 种类	号数	摘要	日页	借方（亿千百十万千百十元角分）	贷方（亿千百十万千百十元角分）	借或贷	余额（亿千百十万千百十元角分）
11	30			承前页		817670000	817670000	平	000
12	05	记	012	销售商品			42000000	贷	42000000
12	20	记	047	确认代销收入			17934000	贷	59934000
12	31	记	065	销售商品			103600000	贷	163534000
12	31	记	093	结转本期损益（收入类账户）		163534000		平	000

分页:________ 总页:________

主营业务收入明细账

二级科目：空调KFR-45LW 级科目：

2019年 月	日	凭证 种类	号数	摘要	日页	借方（亿千百十万千百十元角分）	贷方（亿千百十万千百十元角分）	借或贷	余额（亿千百十万千百十元角分）
11	30			承前页		560750000	560750000	平	000
12	05	记	012	销售商品			43000000	贷	43000000
12	05	记	020	销售商品			8200000	贷	51200000
12	18	记	045	销售商品			25800000	贷	77000000
12	20	记	047	确认代销收入			7950000	贷	84950000
12	25	记	057	销售商品			17200000	贷	102150000
12	31	记	065	销售商品			10000000	贷	112150000
12	31	记	093	结转本期损益（收入类账户）		112150000		平	000

图 9-1-5 填制凭证、登账

（2）登账：加旺的财产物资会计从单据库中取出三栏式账簿，根据记账凭证登记本年利润明细分类账，在记账凭证上打钩并签字（见图 9-1-6）。

分页:……总页:……

本年利润明细账

级科目:…… 级科目:……

2019年 月	日	凭证 种类	号数	摘要	日页	借方（亿千百十万千百十元角分）	贷方（亿千百十万千百十元角分）	借或贷	余额（亿千百十万千百十元角分）
12	01			承前页		1863990668	2434740000	贷	570749332
12	31	记	093	结转本期损益（收入类账户）			486948000	贷	1057697332

图 9-1-6　登账

4. 结转成本类账户

实训任务：填制凭证、登账。

操作步骤：

填制凭证、登账：加旺电器的财产物资会计从单据库中取出记账凭证并填制，找总账会计审核，自己登记主营业务成本及本年利润明细分类账（见图 9-1-7）。

记　账　凭　证

记字第 094 号

2019 年 12 月 31 日

摘要	总账科目	明细科目	借方金额（亿千百十万千百十元角分）	贷方金额（亿千百十万千百十元角分）	√
结转本期损益（主营业务成本）	本年利润		291362330		
	主营业务成本	销售成本		291362330	
	主营业务成本	委托代销成本		19661153	
合计			¥291362330	¥291362330	

附单据 1 张

会计主管:　　记账:　　出纳:　　复核:　　制单:马雪玲

分页:……总页:……

主营业务成本明细账

二级科目:销售成本　　级科目:……

2019年 月	日	凭证 种类	号数	摘要	日页	借方（亿千百十万千百十元角分）	贷方（亿千百十万千百十元角分）	借或贷	余额（亿千百十万千百十元角分）
11	30			承前页		1332955335	1332955335	平	000
12	31	记	083	结转本月销售产品成本		271701177		借	271701177
12	31	记	094	结转本期损益（主营业务成本）			271701177	平	000

分页:........总页:..........

主营业务成本

二 级科目：委托代销成本　　　　级科目：

2019年 月	日	凭证 种类	号数	摘要	日页	借方	贷方	借或贷	余额
11	30			承前页		98305765	98305765	平	000
12	31	记	084	结转本月海文代销商品成本		19661153		借	19661153
12	31	记	094	结转本期损益（主营业务成本）			19661153	平	000

分页:........总页:..........

本年利润明细账

级科目：　　　　级科目：

2019年 月	日	凭证 种类	号数	摘要	日页	借方	贷方	借或贷	余额
12	01			承前页		1863990668	2434740000	贷	570749332
12	31	记	093	结转本期损益（收入类账户）			486948000	贷	1057697332
12	31	记	094	结转本期损益（主营业务成本）		291362330		贷	766335002

图 9-1-7　填制凭证、登账

5. 编制试算平衡表

实训任务：（1）登记 T 字账；

（2）编制科目汇总表；

（3）登记总分类账；

（4）编制试算平衡表。

操作步骤：

（1）登记 T 字账：总账会计从单据库中抽取 T 字账并根据记账凭证登记 T 字账（见图 9-1-8）。

实收资本

借		贷	
期初余额		期初余额	8000000.00
本期发生额		本期发生额	
期末余额		期末余额	8000000.00

盈余公积

借		贷	
期初余额		期初余额	212633.52
		记-101	686260.59
本期发生额		本期发生额	686260.59
期末余额		期末余额	898894.11

本年利润

借		贷	
期初余额		期初余额	5707493.32
记-094	2913623.30	记-093	4869480.00
记-095	38927.00		
记-096	102075.19		
记-097	272407.30		
记-098	2297.05		
记-099	385037.54		
记-100	6862605.94		
本期发生额	10576973.32	本期发生额	4869480.00
期末余额		期末余额	

利润分配

借		贷	
期初余额		期初余额	1913701.68
记-101	686260.59	记-100	6862605.94
记-102	686260.59	记-102	686260.59
本期发生额	1372521.18	本期发生额	7548866.53
期末余额		期末余额	8090047.03

图 9-1-8　登记 T 字账

（2）编制科目汇总表：总账会计从单据库中取出科目汇总表，根据 T 字账登记科目汇总表并在制表处签字，找财务经理审核，结束业务（见图 9-1-9）。

科 目 汇 总 表

2019 年 12 月 01 日至 12 月 31 日

编号：012	附件共 5 张			
凭证号数	102	第 001 号至 102 号共 102 张		
		第　号至　号共　张		
		第　号至　号共　张		

会计科目	总页	借方金额（十亿千百十万千百十元角分）	贷方金额（十亿千百十万千百十元角分）	会计科目	总页	借方金额（十亿千百十万千百十元角分）	贷方金额（十亿千百十万千百十元角分）
库存现金		5018000	712350	主营业务收入		486948000	486948000
银行存款		428284540	1810687621	主营业务成本		291362330	291362330
其他货币资金		10000000	10000000	税金及附加		3892700	3892700
应收票据		15820000	15820000	销售费用		10207519	10207519
应收账款		541150240	391171840	管理费用		27240730	27240730
预付账款		3600000		财务费用		229705	229705
其他应收款		386000	3500000	所得税费用		38503754	38503754
原材料		284730000	208640100				
库存商品		375100777	371746901				
发出商品		58710680	19661153				
委托加工物资		4087244	10363584				
周转材料			698000				
固定资产							
累计折旧			5433924				
无形资产							
累计摊销			60000				
待处理财产损溢		36000	36000				
应付票据		20331090					
应付账款		61626400	321722261				
合同负债		4859000	4859000				
应付职工薪酬		104614759	99777443				
应交税费		64779691	132942641				
应付利息			258333				
其他应付款			50000000				
实收资本							
盈余公积			68626059				
本年利润		1057697332	486948000				
利润分配		137252118	754886653				
生产成本		322436326	364737193				
制造费用		8837256	8837256				
合　　计		3509357453	3509357453	合　　计		858384738	858384738

财会主管：　　　　记账：　　　　复核：　　　　制表：马雪玲

图 9-1-9　编制科目汇总表

（3）登记总分类账：加旺电器的总账会计从单据库中抽取总账 3 张，分别代表库存现金总账、银行存款总账和其他货币资金总账，根据科目汇总表填写总账并在科目汇总表记账处签字，结束业务（见图 9-1-10）。

分页：　总页：

总分类账

科目:库存现金

2019年 月	日	凭证 字	号	摘要	借方	贷方	借或贷	余额	√
11	30			承前页	35900000	35617550	借	495145	
12	31	科汇	012	本期发生额	50180000	7123550	借	4800795	

分页：　总页：

总分类账

科目:银行存款

2019年 月	日	凭证 字	号	摘要	借方	贷方	借或贷	余额	√
11	30			承前页	1121769241	1214782958	借	147690075	
12	31	科汇	012	本期发生额	428284540	181068762	借	2619848530	

分页：　总页：

总分类账

科目:其他货币资金

2019年 月	日	凭证 字	号	摘要	借方	贷方	借或贷	余额	√
01	01			上年结转			平	000	
12	31	科汇	012	本期发生额	10000000	10000000	平	000	

图 9-1-10　登记总分类账

（4）编制试算平衡表：总账会计根据科目汇总表编制试算平衡表（见图 9-1-11）。

试算平衡表

户名	期初余额借方	期初余额贷方	发生额借方	发生额贷方	期末余额借方	期末余额贷方
库存现金	4951.45	0	50180	7123.5	48007.95	0
银行存款	147690.75	0	4282845.4	1810687.62	2619848.53	0
其他货币资金	0	0	100000	100000	0	0
应收票据	0	0	158200	158200	0	0
应收账款	9037404.62	0	5411502.4	3911718.4	10537188.62	0
预付账款	0	0	36000	0	36000	0
其他应收款	0	0	3860.00	3500.00	360	0
原材料	967283.04	0	2847300	2086401	1728182.04	0
库存商品	1087884.35	0	3751007.77	3717469.01	1121423.11	0
发出商品	0	0	587106.8	196611.53	390495.27	0
委托加工物资	62763.4	0	40872.44	103635.84	0	0
周转材料	8800	0	0	6980	1820	0
固定资产	7840126	0	0	0	7840126	0
累计折旧	0	3059718.84	0	54339.24	0	3114058.08
无形资产	72000	0	0	0	72000	0
累计摊销	0	13800	0	600	0	14400
待处理财产损溢	0	0	360	360	0	0
应付票据	0	203310.9	203310.9	0	0	0
应付账款	0	404580.85	616264	3217222.61	0	3005539.46
合同负债	0	0	48590	48590	0	0
应付职工薪酬	0	493461.53	1046147.59	997774.43	0	445088.37
应交税费	0	319858.97	647796.91	1329426.41	0	1001488.47
应付利息	0	0	0	2583.33	0	2583.33
其他应付款	0	0	0	500000	0	500000
实收资本	0	8000000	0	0	0	8000000
盈余公积	0	212633.52	0	686260.59	0	898894.11
本年利润	0	5707493.32	10576973.32	4869480	0	0
利润分配	0	1913701.68	1372521.18	7548866.53	0	8090047.03
生产成本	1099656	0	3224363.26	3647371.93	676647.33	0
制造费用	0	0	88372.56	88372.56	0	0
主营业务收入	0	0	4869480	4869480	0	0
主营业务成本	0	0	2913623.3	2913623.3	0	0
税金及附加	0	0	38927	38927	0	0
销售费用	0	0	102075.19	102075.19	0	0
管理费用	0	0	272407.3	272407.3	0	0
财务费用	0	0	2297.05	2297.05	0	0
所得税费用	0	0	385037.54	385037.54	0	0

图 9-1-11　编制试算平衡表

6. 编制会计报表

实训任务：（1）编制资产负债表；

（2）编制利润表；

（3）编制现金流量表；

（4）编制所有者权益变动表。

操作步骤：

（1）编制资产负债表：加旺电器的总账会计在单据库中取出资产负债表，根据科目汇总表和11月资产负债表填制资产负债表，在会计机构负责人处签字，找财务经理审核再找总经理审核，结束业务（见图9-1-12）。

联次：存根联

资产负债表

会企01表

编制单位：北京加旺电器有限公司　　2019年12月31日　　单位：元

资产	行次	期末余额	上年年末余额	负债和所有者权益（或股东权益）	行次	期末余额	上年年末余额
流动资产：				流动负债：			
货币资金	1	2667856.48	1082496.87	短期借款	35		
交易性金融资产	2			交易性金融负债	36		
衍生金融资产	3			衍生金融负债	37		
应收票据	4			应付票据	38		219865.40
应收账款	5	10537188.62	8062824.62	应付账款	39	3005539.46	10719274.85
应收款项融资	6			预收款项	40		
预付款项	7	36000.00		合同负债	41		
其他应收款	8	360.00		应付职工薪酬	42	445088.37	581060.78
存货	9	3918567.75	6997777.94	应交税费	43	1001488.47	-60498.00
合同资产	10			其他应付款	44	502583.33	
持有待售资产	11			持有待售负债	45		
一年内到期的非流动资产	12			一年内到期的非流动负债	46		
其他流动资产	13			其他流动负债	47		
流动资产合计	14	17159972.85	16143099.43	流动负债合计	48	4954699.63	11459703.03
非流动资产：				非流动负债：			
债权投资	15			长期借款	49		
其他债权投资	16			应付债券	50		
长期应收款	17			其中：优先股	51		
长期股权投资	18			永续债	52		
其他权益工具投资	19			租赁负债	53		
其他非流动金融资产	20			长期应付款	54		
投资性房地产	21			预计负债	55		
固定资产	22	4726067.92	5378138.80	递延收益	56		
在建工程	23			递延所得税负债	57		
生产性生物资产	24			其他非流动负债	58		
油气资产	25			非流动负债合计	59		
使用权资产	26			负债合计	60	4954699.63	11459703.03
无形资产	27	57600.00	64800.00	所有者权益（或股东权益）：			
开发支出	28			实收资本（或股本）	61	8000000.00	8000000.00
商誉	29			其他权益工具	62		
长期待摊费用	30			其中：优先股	63		
递延所得税资产	31			永续债	64		
其他非流动资产	32			资本公积	65		
非流动资产合计	33	4783667.92	5442938.80	减：库存股	66		
				其他综合收益	67		
				专项储备	68		
				盈余公积	69	898894.11	212633.52
				未分配利润	70	8090047.03	1913701.68
				所有者权益（或股东权益）合计	71	16988941.14	10126335.20
资产总计	34	21943640.77	21586038.23	负债和所有者权益（或股东权益）总计	72	21943640.77	21586038.23

单位负责人：孙涛　　主管会计工作负责人：王方　　会计机构负责人：马雪玲

图9-1-12　编制资产负债表

（2）编制利润表：加旺电器的总账会计在单据库中取出利润表，根据科目汇总表、11月利润表和上年利润表填制12月份利润表，在会计机构负责人处签字，找财务经理审核再找总经理审核，结束业务（见图 9-1-13）。

联次：存根联

利润表

会企02表

编制单位：北京加联电器有限公司　　2019 年　12　月　　单位：元

项目	行次	本期金额	上期金额
一、营业收入	1	29216880.00	12547660.00
减：营业成本	2	17226234.30	9765331.20
税金及附加	3	137701.00	15332.60
销售费用	4	740057.89	540341.20
管理费用	5	1961877.40	887000.00
研发费用	6		
财务费用	7	868.15	301.00
其中：利息费用	8	2583.33	
利息收入	9	990.00	
加：其他收益	10		
投资收益（损失以"-"号填列）	11		
其中：对联营企业和合营企业的投资收益	12		
以摊余成本计量的金融资产终止确认收益（损失以"-"号填列）	13		
净敞口套期收益（损失以"-"号填列）	14		
公允价值变动收益（损失以"-"号填列）	15		
信用减值损失（损失以"-"号填列）	16		
资产减值损失（损失以"-"号填列）	17		
资产处置收益（损失以"-"号填列）	18		
二、营业利润（亏损以"-"号填列）	19	9150141.26	1339354.00 加
加：营业外收入	20		
减：营业外支出	21		
三、利润总额（亏损总额以"-"号填列）	22	9150141.26	1339354.00
减：所得税费用	23	2287535.32	334838.50
四、净利润（净亏损以"-"号填列）	24	6862605.94	1004515.50
（一）持续经营净利润（净亏损以"-"号填列）	25	6862605.94	1004515.50
（二）终止经营净利润（净亏损以"-"号填列）	26		
五、其他综合收益的税后净额	27		
（一）不能重分类进损益的其他综合收益	28		
1．重新计量设定受益计划变动额	29		
2．权益法下不能转损益的其他综合收益	30		
3．其他权益工具投资公允价值变动	31		
4．企业自身信用风险公允价值变动	32		
……	33		
（二）将重分类进损益的其他综合收益	34		
1．权益法下可转损益的其他综合收益	35		
2．其他债权投资公允价值变动	36		
3．金融资产重分类计入其他综合收益的金额	37		
4．其他债权投资信用减值准备	38		
5．现金流量套期储备	39		
6．外币财务报表折算差额	40		
……	41		
六、综合收益总额	42	6862605.94	1004515.50
七、每股收益：	43		
（一）基本每股收益	44		
（二）稀释每股收益	45		

单位负责人：　　主管会计工作负责人：　　会计机构负责人 马雪玲

图 9-1-13　编制利润表

9.2 期末业务课后实训

（1）结转本期损益（爱辉）。

（2）结转本年利润（爱辉）。

（3）计提和结转法定盈余公积（爱辉）。

（4）编制试算平衡表（爱辉）。

（5）编制会计报表（爱辉）。

第 10 章 交通运输虚拟仿真项目

10.1 交通运输业务操作演示

1. 开票收款

实训任务：（1）填制凭证；

（2）收款登账；

（3）填制凭证、登账。

操作步骤：

（1）填制凭证：捷安货运的会计根据专用发票和承运单在信息化里填制记账凭证，找财务经理审核（见图 10-1-1）。

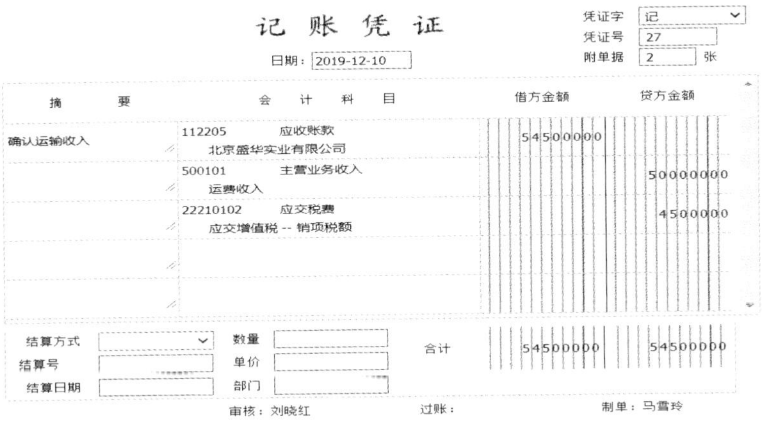

记 账 凭 证

凭证字 记

凭证号 27

日期：2019-12-10

附单据 2 张

摘要	会计科目	借方金额	贷方金额
确认运输收入	112205 应收账款 北京盛华实业有限公司	5450000	
	500101 主营业务收入 运费收入		5000000
	22210102 应交税费 应交增值税 -- 销项税额		450000
合计		5450000	5450000

结算方式　数量

结算号　单价

结算日期　部门

审核：刘晓红　过账：　制单：马雪玲

图 10-1-1　填制凭证

（2）收款登账：捷安货运的出纳根据系统给出的银行单据登记银行存款日记账（见图 10-1-2）。

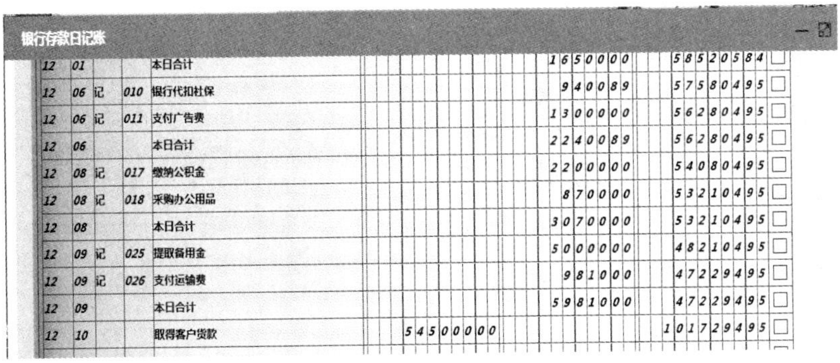

银行存款日记账

12	01			本日合计		1650000	5852058 4
12	06	记	010	银行代扣社保		940089	57580495
12	06	记	011	支付广告费		1300000	56280495
12	06			本日合计		2240089	56280495
12	08	记	017	缴纳公积金		2200000	54080495
12	08	记	018	采购办公用品		870000	53210495
12	08			本日合计		3070000	53210495
12	09	记	025	提取备用金		5000000	48210495
12	09	记	026	支付运输费		981000	47229495
12	09			本日合计		5981000	47229495
12	10			取得客户货款	54500000		101729495

图 10-1-2　收款登账

（3）填制凭证、登账：捷安货运的会计根据系统给出的银行单据在信息化里填制记账凭证，找财务经理在系统里审核，再找出纳登记账簿，结束业务（见图 10-1-3）。

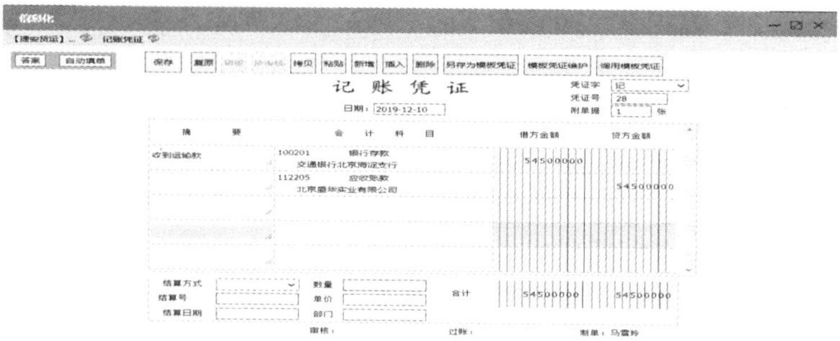

图 10-1-3 填制凭证、登账

2. 支付运输费

实训任务：（1）付款、登账；

（2）填制凭证、登账。

操作步骤：

（1）付款、登账：捷安货运的出纳从单据库中抽取交通银行转账支票、进账单和转账支票登记簿并填制，交财务经理审核，再交总经理审核，拿转账支票正联和交通银行进账单到银行对公窗口办理，自己登记银行存款日记账（见图 10-1-4）。

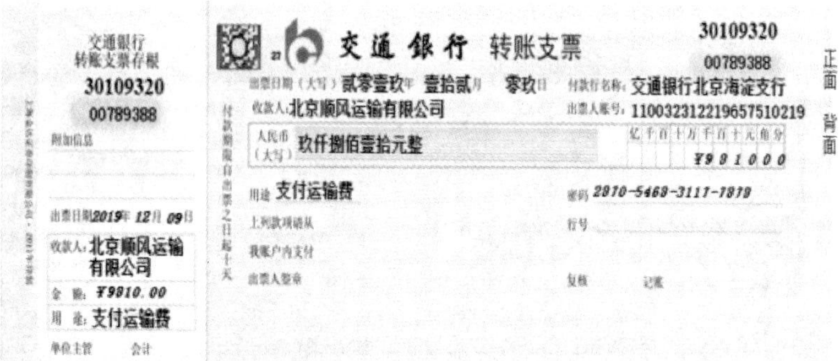

交通银行 转账支票存根

30109320

00789388

附加信息

出票日期 2019 年 12 月 09 日

收款人：北京顺风运输有限公司

金额：¥9810.00

用途：支付运输费

单位主管 会计

交通银行 转账支票 30109320 00789388

出票日期（大写）贰零壹玖年 壹拾贰月 零玖日 付款行名称：交通银行北京海淀支行

收款人：北京顺风运输有限公司 出票人账号：110032312219657510219

人民币（大写）玖仟捌佰壹拾元整 ¥981000

用途 支付运输费 密码 2910-5468-3111-1879

上列款项请从 行号

我账户内支付

出票人签章 复核 记账

付款期限自出票之日起十天

交通银行 进账单（回 单） 1

2019 年 12 月 09 日

出票人	全称	北京捷安货运有限公司	收款人	全称	北京顺风运输有限公司
	账号	110032312219657510219		账号	11005090493426789065
	开户银行	交通银行北京海淀支行		开户银行	中国银行北京朝阳支行
金额	人民币（大写）玖仟捌佰壹拾元整				¥981000
票据种类	转账支票	票据张数 1			
票据号码	00789388				
	复核 记账			开户银行签章	

此联是开户银行交给持票人的回单

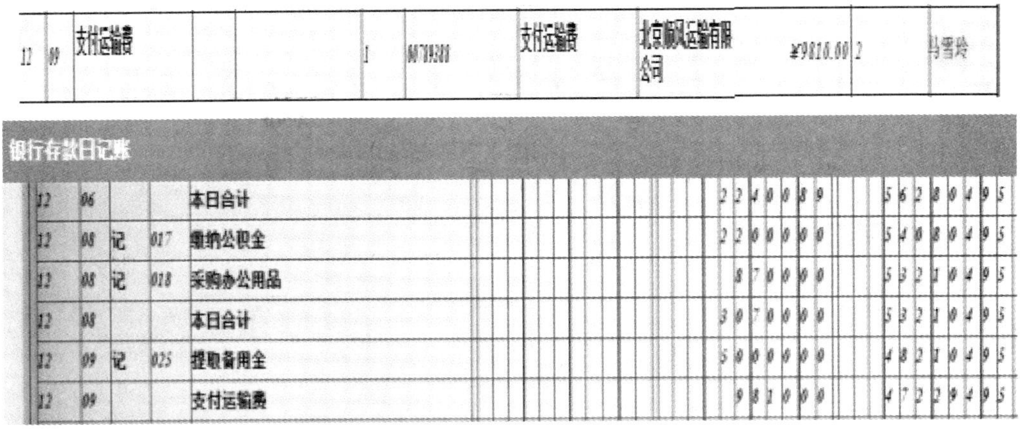

图 10-1-4　付款、登账

（2）填制凭证、登账：捷安货运的会计进入信息化填制记账凭证，找财务经理在系统里审核，再找出纳登记银行存款日记账，结束业务（见图 10-1-5）。

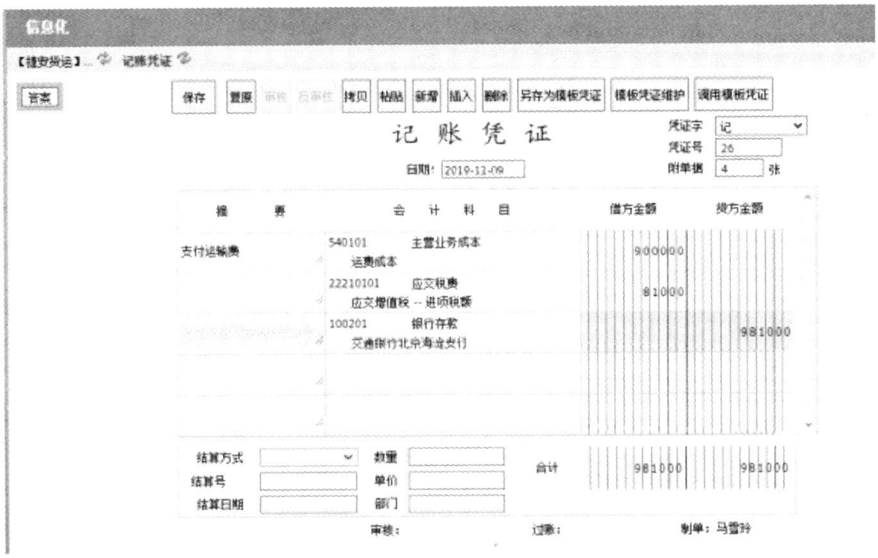

图 10-1-5　填制凭证、登账

10.2 交通运输业务课后实训

（1）车辆租赁收入。

（2）支付仓储费用。

第 11 章 电子商务虚拟仿真项目

11.1 电子商务虚拟仿真项目操作演示

1. 支付宝账户收款

实训任务：收到顾客支付的款项。

操作步骤：

收到顾客支付的款项：米娜网购的会计根据系统已有的单据在信息化里填制记账凭证（收入是不含税金额），找财务经理审核（见图 11-1-1）。

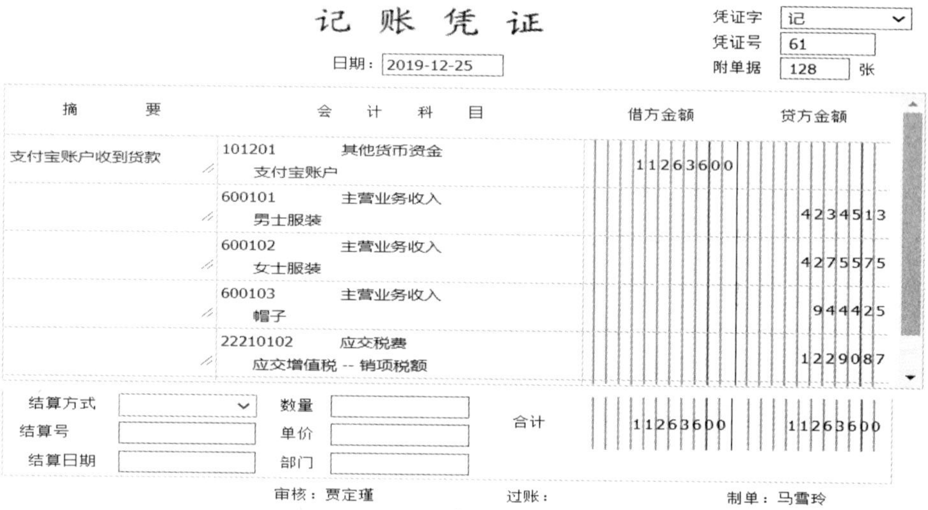

记 账 凭 证

凭证字 记　凭证号 61　附单据 128 张

日期：2019-12-25

摘要	会计科目	借方金额	贷方金额
支付宝账户收到货款	101201 其他货币资金 支付宝账户	11263600	
	600101 主营业务收入 男士服装		4234513
	600102 主营业务收入 女士服装		4275575
	600103 主营业务收入 帽子		944425
	22210102 应交税费 应交增值税 -- 销项税额		1229087
合计		11263600	11263600

结算方式　数量　结算号　单价　结算日期　部门

审核：贾芷瑾　过账：　制单：马雪玲

图 11-1-1　收到客户支付的货款

2. 购入小礼品

实训任务：购买小礼品。

操作步骤：

购买小礼品：北京米娜网购商务有限公司的会计根据付款申请书、电子银行转账凭证和增值税普通发票在信息化里填制记账凭证，交财务经理审核，交出纳补充登记银行存款日记账的凭证种类号码栏，结束业务（见图 11-1-2）。

记 账 凭 证

凭证字：记
凭证号：5
日期：2019-12-05　　附单据：3 张

摘要	会计科目	借方金额	贷方金额
购入小礼品用于赠送顾客	660109 销售费用 促销费用	20000	
	100201 银行存款 交通银行北京海淀支行		20000

结算方式		数量		合计	20000　20000
结算号		单价			
结算日期		部门			

审核：　　过账：　　制单：马雪玲

付款申请书

2019 年 12 月 05 日

<table>
<tr><td>用途及情况</td><td colspan="11">金额</td><td colspan="4">收款单位(人):北京礼购商贸有限公司</td></tr>
<tr><td rowspan="2">购买销售礼品</td><td>亿</td><td>千</td><td>百</td><td>十</td><td>万</td><td>千</td><td>百</td><td>十</td><td>元</td><td>角</td><td>分</td><td colspan="4">账 号: 110001851973632137123</td></tr>
<tr><td></td><td></td><td></td><td></td><td></td><td>¥</td><td>2</td><td>0</td><td>0</td><td>0</td><td>0</td><td colspan="4">开户行: 交通银行北京海淀支行</td></tr>
<tr><td>金额（大写）合计:</td><td colspan="11">人民币贰佰元整</td><td colspan="4">电汇:☐ 信汇:☐ 汇票:☐ 转账:☑ 其他:☐</td></tr>
<tr><td rowspan="2">总经理</td><td rowspan="2" colspan="3">许天成</td><td rowspan="2" colspan="3">财务部门</td><td colspan="2">经理</td><td colspan="3">贾定瑾</td><td rowspan="2">业务部门</td><td>经理</td><td colspan="2">许蔼宾</td></tr>
<tr><td colspan="2">会计</td><td colspan="3">江竞凡</td><td>经办人</td><td colspan="2">贺殷军</td></tr>
</table>

交通银行　　**电子银行转账凭证**（回单联）

2019 年 12 月 05 日　　序号：235891381358

<table>
<tr><td rowspan="3">付款人</td><td>户名</td><td colspan="3">北京米纳网购商务有限公司</td></tr>
<tr><td>账号</td><td>110098658758578054346</td><td>汇出地点</td><td>北京市海淀区知春路101号</td></tr>
<tr><td>汇出行</td><td colspan="3">交通银行北京海淀支行</td></tr>
<tr><td rowspan="3">收款人</td><td>户名</td><td colspan="3">北京礼购商贸有限公司</td></tr>
<tr><td>账号</td><td>110001851973632137123</td><td>汇入地点</td><td>北京市海淀区番庄东路102号</td></tr>
<tr><td>汇入行</td><td colspan="3">交通银行北京海淀支行</td></tr>
<tr><td colspan="2">金额大写</td><td colspan="3">贰佰元整</td></tr>
<tr><td colspan="2">金额小写</td><td>￥200.00</td><td>用途:</td><td>购买销售礼品</td></tr>
<tr><td colspan="5">加急标志：普通　　客户标识：084230241　　渠道：网上银行　　流水号：360665411534</td></tr>
<tr><td colspan="5">上列款项已按委托办理
（银行盖章）交通银行北京海淀支行 回单专用章（01）
联系人：北京礼购商贸有限公司
联系电话：010-68770901</td></tr>
</table>

电脑打印　手工无效　付款通知

111001908110　北京增值税普通发票　№ 47263831

111001908110
47263831

校验码 48533 77558 38822 38115　开票日期：2019年12月05日

购买方	名　　称：北京米纳网购商务有限公司 纳税人识别号：911101016245502415 地 址、电 话：北京市海淀区知春路101号 010-69321152 开户行及账号：交通银行北京海淀支行 110098658758578054346				密码区	03*3187<4/+8490<+95-59+7<243 4987<0-->>-6>525<693719->7*7 87*3187<4/+8490<+95708681380 9<712/<1+9016>6906++>84>93/-	
货物或应税劳务、服务名称	规格型号	单位	数量	单价	金额	税率	税额
*日用杂品*蝴蝶结		个	1.00	194.17	194.17	3%	5.83
合　　计					¥194.17		¥5.83
价税合计（大写）	⊗贰佰元整				（小写）¥200.00		
销售方	名　　称：北京礼购商贸有限公司 纳税人识别号：911101018726372121 地 址、电 话：北京市海淀区潘庄东路102号 010-68770901 开户行及账号：交通银行北京海淀支行 110001851973632137123				备注		

收款人：　复核：　开票人：洪丽进　销售方：（章）

第二联：发票联　购买方记账凭证

北京礼购商贸有限公司 911101018726372121 发票专用章

图 11-1-2　购买小礼品

11.2 电子商务虚拟仿真课后实训

（1）平台退货。

（2）收到淘宝客户佣金。

第 12 章　财务管理虚拟仿真项目

12.1 财务管理虚拟仿真项目操作演示

1. 预算活动管理

实训任务：

（1）练习预算的作用；

（2）练习销售预算的编制；

（3）练习现金收回情况的编制；

（4）练习生产预算的编制；

（5）练习材料预算的编制；

（6）练习现金支出情况的编制；

（7）练习人工预算的编制；

（8）练习制造费用预算的编制；

（9）练习制造费用现金支出情况的编制；

（10）练习现金预算的编制。

操作步骤：

（1）练习预算的作用：加旺电器的财务经理需要熟悉预算编制的意义、预算编制的程序和预算编制方法（见图 12-1-1）。

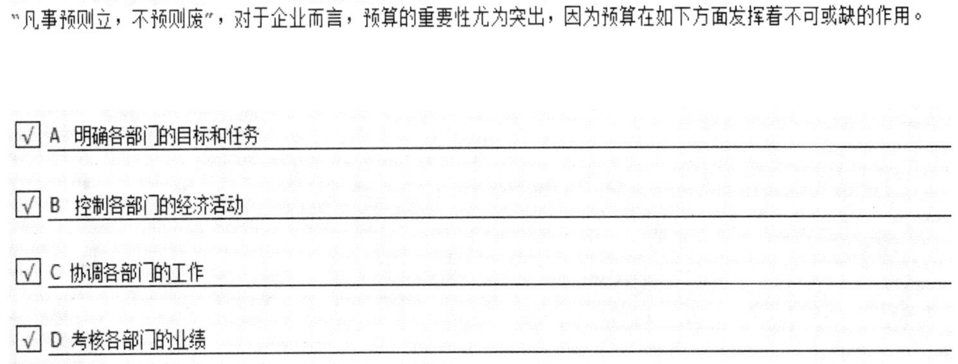

题目内容	财务部应该对预算的编制与执行全权负责
答案	□ 是 ☑ 否
题目内容	预算编制按照部门级别自上而下顺次进行
答案	□ 是 ☑ 否
题目内容	预算编制需要遵循先后顺序，一般以销售预测为起点。
答案	☑ 是 □ 否
题目内容	利润也可以作为全面预算的起点。
答案	☑ 是 □ 否

按照预算编制时的基础分类，如果预算编制基础是某一个固定的业务量，则所编制的预算称作 1 ，如果编制基础是一系列可预见的业务量，则所编制的预算称作 2 。编制成本费用预算时考虑基期成本费用水平的预算称为 3 。不考虑历史数据，以零为预算支出起点的预算称为 4 。

1、固定预算　2、弹性预算　3、增量预算

4、零基预算　5、　6、

图 12-1-1　练习预算的作用

（2）练习销售预算的编制：加旺电器的财务经理根据销售预算表数据说明编制销售预算（见图 12-1-2）。

销售预算

	第一季	第二季	第三季	第四季	合计
预计销量（台）	—	—	—	—	—
洗衣机	754796	650000	786620	755000	2946416
空调	305000	275000	315000	305000	1200000
预计售价（元）	—	—	—	—	—
洗衣机	1250	1250	1250	1250	—
空调	7500	7500	7500	7500	—
预计销售收入（元）	3230995000	2875000000	3345775000	3231250000	12683020000

图 12-1-2　练习销售预算的编制

（3）练习现金收回情况的编制：加旺电器的财务经理根据销售预算表数据说明和销售预算编制预计现金流量表（见图 12-1-3）。

预计现金流入表

季度	第一季度	第二季度	第三季度	第四季度	全年
预计销售收入	3230995000	2875000000	3345775000	3231250000	12683020000
年初应收账款	515560696	—	—	—	515560696
第一季度销售收入	2261696500	969298500	—	—	3230995000
第二季度销售收入	—	2012500000	862500000	—	2875000000
第三季度销售收入	—	—	2342042500	1003732500	3345775000
第四季度销售收入	—	—	—	2261875000	2261875000
现金流入合计	2777257196	2981798500	3204542500	3265607500	12229205696

图 12-1-3　练习现金收回情况的编制

（4）练习生产预算的编制：加旺电器的财务经理根据生产预算相关资料和销售预算相关资料编制生产预算（见图 12-1-4）。

生产预算

洗衣机	第一季度	第二季度	第三季度	第四季度	全年合计
预计销量	754796	650000	786620	755000	2946416
加：预计期末存货	105000	235986	226500	100000	—
减：预计期初存货	120000	195000	235986	226500	—
预算生产量	829796	690986	777134	628500	2926416
空调	第一季度	第二季度	第三季度	第四季度	全年合计
预计销量	305000	275000	315000	305000	1200000
加：预计期末存货	82500	94500	91500	50000	—
减：预计期初存货	60000	82500	94500	91500	—
预算生产量	327500	287000	312000	263500	1190000

图 12-1-4　练习生产预算的编制

（5）练习材料预算的编制：加旺电器的财务经理根据生产预算和直接材料预算资料说明编制直接材料预算（见图 12-1-5）。

直接材

电机	第一季度	第二季度	第三季度	第四季度
洗衣机	829796	690986	777134	628500
生产定额（件/台）	1	1	1	1
生产用量	829796	690986	777134	628500
加：期末存量	207296	233140	188550	180000
减：期初存量	200000	207296	233140	188550
预计采购量	837092	716830	732544	619950
单价（元/件）	650	650	650	650
预计采购额	544109800	465939500	476153600	402967500

料预算

单位：件

压缩机	第一季度	第二季度	第三季度	第四季度
空调	327500	287000	312000	263500
生产定额（件/台）	1	1	1	1
生产用量	327500	287000	312000	263500
加：期末存量	86100	93600	79050	80000
减：期初存量	100000	86100	93600	79050
预计采购量	313600	294500	297450	264450
单价（元/件）	4000	4000	4000	4000
预计采购额	1254400000	1178000000	1189800000	1057800000

图 12-1-5 练习材料预算的编制

（6）练习现金支出情况的编制：加旺电器的财务经理根据直接材料资料编制材料采购现金支出情况表（见图 12-1-6）。

材料采购现金支出情况

单位：元

项目	第一季度	第二季度	第三季度	第四季度
预计采购额	1798509800	1643939500	1665953600	1460767500
第一季度采购成本	1258956860	539552940	---	---
第二季度采购成本	---	1150757650	493181850	---
第三季度采购成本	---	---	1166167520	499786080
第四季度采购成本	---	---	---	1022537250
年初应付账款	1533213888	---	---	---
合计	2792170748	1690310590	1659349370	1522323330

图 12-1-6 练习现金支出情况的编制

（7）练习人工预算的编制：加旺电器的财务经理根据生产预算和直接人工资料说明编制直接人工预算（见图 12-1-7）。

直接人工预算

项目	第一季度	第二季度	第三季度	第四季度
洗衣机产量(台)	829796	690986	777134	628500
产品工时定额(h/台)	30	30	30	30
工时数小计(h)	24893880	20729580	23314020	18855000
空调产量(台)	327500	287000	312000	263500
产品工时定额(h/台)	70	70	70	70
工时数小计(h)	22925000	20090000	21840000	18445000
工时数合计(h)	47818880	40819580	45154020	37300000
单位工时工资率(元/h)	10	10	10	10
预计直接人工成本(元)	478188800	408195800	451540200	373000000

图 12-1-7　练习人工预算的编制

（8）练习制造费用预算的编制：加旺电器的财务经理根据生产预算和制造费用预算数据说明编制制造费用预算（见图 12-1-8）。

制造费用预算

变动制造费用	第一季度	第二季度	第三季度	第四季度
合计生产量（台）	1157296	977986	1089134	892000
间接人工	578648	488993	544567	446000
间接材料	578648	488993	544567	446000
修理费	1157296	977986	1089134	892000
水电费	1735944	1466979	1633701	1338000
小计	4050536	3422951	3811969	3122000

固定制造费用	第一季度	第二季度	第三季度	第四季度
办公费	150000	150000	150000	150000
折旧费	25125000	25125000	25125000	25125000
管理人员工资	180000	180000	180000	180000
保险费	250000	250000	250000	250000
小计	25705000	25705000	25705000	25705000
----	----	----	----	----

图 12-1-8　练习制造费用预算的编制

（9）练习制造费用现金支出情况的编制：加旺电器的财务经理根据制造费用预算编制制造费用现金支出情况（见图 12-1-9）。

制造费用现金支出情况

项目	第一季度	第二季度	第三季度	第四季度
制造费用总额	29755536	29127951	29516969	28827000
折旧费	25125000	25125000	25125000	25125000
现金支出制造费用	4630536	4002951	4391969	3702000

图 12-1-9　练习制造费用现金支出情况的编制

（10）练习现金预算的编制（见图 12-1-10）。

摘要	第一季度	第二季度	第三季度	第四季度	全年
期初现金余额	675800000	31817112	796856271	1839867232	675800000
加：现金收入	---	---	---	---	---
应收账款收回及销售收入	2777257196	2981798500	3204542500	3265607500	12229205696
可动用现金合计	3453057196	3013615612	4001398771	5105474732	12905005696
减：现金支出	---	---	---	---	---
采购直接材料	2792170748	1690310590	1659349370	1522323330	7664154038
支付直接人工	478188800	408195800	451540200	373000000	1710924800
制造费用	4630536	4002951	4391969	3702000	16727456
销售及管理费用	31250000	31250000	31250000	31250000	125000000
购置固定设备	300000000	0	0	0	300000000
支付所得税	15000000	15000000	15000000	15000000	60000000
支付股利	0	68000000	0	0	68000000
现金支付合计	3621240084	2216759341	2161531539	1945275330	9944806294
现金结余（或不足）	-168182888	796856271	1839867232	3160199402	2960199402
融资：	---	---	---	---	---
向银行借款（期初）	200000000	0	0	0	200000000
归还借款（期末）	0	0	0	0	0
支付利息（5.76%）	0	0	0	11520000	11520000
融资合计	200000000	0	0	-11520000	188480000
期末现金余额	31817112	796856271	1839867232	3148679402	3148679402

图 12-1-10　练习现金预算的编制

2. 财务指标分析

实训任务：（1）短期偿债能力分析；

（2）长期偿债能力分析；

（3）运营能力分析；

（4）盈利能力分析。

操作步骤：

（1）短期偿债能力分析：加旺电器的财务经理根据资产负债表和现金流量表编制比率分析表，并分析短期偿债能力（见图 12-1-11）。

2019年度比率分析表

单位：元

计算指标	计算公式	本年数据	上年数据	变动数据
净营运资本	流动资产-流动负债	12205273.22	4683396.4	7521876.82
流动比率	流动资产/流动负债	3.46	1.41	2.05
速动比率	速动资产/流动负债	2.67	0.80	1.87
现金比率	（货币资金+交易性金融资产）/流动负债	0.54	0.09	0.45
现金流量比率	经营活动现金流量净额/流动负债	0.32	0.04	0.28

判断题

题目内容	净营运资本大于零，表明长期资本大于长期资产，财务状况稳定，应保持净营运资本大于零。
答案	√ 是 □ 否
题目内容	本年比上年的流动比率提高了，表明短期偿债能力降低了。
答案	□ 是 √ 否
题目内容	本年比上年的速动比率提高了，表明短期偿债能力提高了。
答案	√ 是 □ 否
题目内容	现金流量比率表明每1元流动负债的经营活动现金流量保障程度。该比率比上年提高了，表明短期偿债能力提高了。
答案	√ 是 □ 否

图 12-1-11　短期偿债能力分析

（2）长期偿债能力分析：加旺电器的财务经理根据资产负债表和现金流量表编制比率分析表，并分析长期偿债能力和影响因素（见图 12-1-12）。

2019年度比率分析表

计算指标	计算公式	本年数据	上年数据	变动数据
资产负债率	负债总额/资产总额×100%	22.58%	53.09%	-30.51%
产权比率	期末负债总额/期末所有者权益总额×100%	29.16%	113.17%	-84.01%
现金流量债务比	经营活动现金净流量/期末负债总额	0.32	0.04	0.28

判断题

题目内容	资产负债率越低，企业的偿债能力越有保证，贷款越安全。
答案	√是 □否
题目内容	本年相比上年产权比率降低了，所以长期偿债能力降低了。
答案	□是 √否
题目内容	现金流量债务比表明企业每1元的债务有多少经营现金净流量作为保障，比率越高，承担债务总额的能力越强。
答案	√是 □否

图 12-1-12　长期偿债能力分析

（3）运营能力分析：加旺电器的财务经理根据资产负债表和现金流量表编制比率分析表，并分析企业运营能力（见图 12-1-13）。

2019年度比率分析表

计算指标	计算公式	本年数据	上年数据	变动数据
应收账款周转次数	销售收入/应收账款期末余额	2.77	1.56	1.21
应收账款周转天数	360/应收账款周转次数	130	231	-101
存货周转次数	销售成本/存货期末余额	4.40	1.40	3.00
存货周转天数	360/存货周转次数	82	258	-176
总资产周转次数	销售收入/总资产期末余额	1.33	0.58	0.75
总资产周转天数	360/总资产周转次数	271	621	-350

判断题

题目内容	应收账款是赊销引起的，为促进企业现金的回收，企业应该拒绝一切赊销。
答案	□是 √否

题目内容	应收账款是赊销引起的，本期应收账款周转天数比上年缩短了101天，说明本年对应收账款的管理效率有所提高。
答案	√是 □否

题目内容	本年存货周转天数比上年缩短了176天，存货周转天数越少越好。
答案	□是 √否

题目内容	预计明年企业销售里会大幅度的提高，企业应适当提高产品库存里。
答案	√是 □否

图 12-1-13　运营能力分析

（4）盈利能力分析：加旺电器的财务经理根据资产负债表和利润表编制比率分析表，并分析企业盈利能力（见图 12-1-14）。

2019年度比率分析表

计算指标	计算公式	本年数据	上年数据	变动额
销售净利率	净利润/销售收入×100%	23.49%	8.01%	15.48%
资产周转率	销售收入/总资产	1.33	0.58	0.75
权益乘数	资产总额/股东权益总额	1.29	2.13	-0.84
权益净利率	销售净利率×资产周转率×权益乘数×100	40.3%	9.9%	30.4%

计算分析各影响因素（销售净利率、资产周转率、权益乘数）对权益净利率的影响程度，可使用连环替代法：

本年销售净利率比上年提高（1），使权益净利率提高了（2）；本年资产周转率比上年提高（3），使权益净利率提高了（4）；本年权益乘数比上年提高（5），使权益净利率提高了（6）。

1、15.48%　　2、19.12%　　3、0.75

4、38.53%　　5、-0.84　　6、-26.24%

图 12-1-14　盈利能力分析

3. 营运资本管理

实训任务：（1）信用政策分析决策；

（2）存货管理；

（3）现金管理；

（4）应收账款管理；

（5）存货管理。

操作步骤：

（1）信用政策分析决策：加旺电器的财务经理根据相关数据编制甲方案分析表和乙方案分析表，并选择正确方案（见图 12-1-15）。

甲方案分析表

单位：万元

项目	现行政策	甲方案	增加额
销售额	570	600	30
边际贡献	101.46	106.8	5.34
应收账款投资应计利息	5.86	8.22	2.36
存货占用资金应计利息	5.41	5.69	0.28
坏账损失	11.4	15	3.6
收账费用	60	40	-20
税前收益	18.79	37.89	19.1

乙方案分析表

单位：万元

项目	现行政策	乙方案	增加额
销售额	570	700	130
边际贡献	101.46	124.6	23.14
应收账款投资应计利息	5.86	11.99	6.13
存货占用资金应计利息	5.41	6.64	1.23
坏账损失	11.4	21	9.6
收账费用	60	20	-40
折扣成本		1.4	1.4
税前收益	18.79	63.57	44.78

图 12-1-15　信用政策分析决策

（2）存货管理：加旺电器的财务经理计算经济订货批量计算表（见图12-1-16）。

经济订货批量计算表

项目	单位	数值
热轧镀锌板全年需求量	个	2000000.00
每次订货成本	元/次	5000.00
单位储存成本	元/个	2.00
经济订货批量（保留整数）	个	100000.00
最佳订货次数（保留整数）	次/年	20
最佳订货周期（一年按360天计算）	天	18

图 12-1-16　存货管理

（3）现金管理：加旺电器的财务经理根据公司现金持有量记录分析加旺电器持有现金的动机，并进行成本模式分析和存货模式分析（见图 12-1-17）。

多选题

请根据背景材料，分析加旺电器持有现金的动机主要是哪几方面？

- [x] A 交易动机
- [x] B 预防动机
- [x] C 投机动机
- [ ] D 长期投资动机

成本分析模式

单位：万元

成本分析模式	管理成本	短缺成本	机会成本	总成本
200000	10	12000	13740	25750
500000	10	5000	34350	39360
750000	10	3000	51525	54535
1000000	10	0	68700	68710
最佳现金持有量	200000	—	—	—

存货模式就是将存货经济订货模型应用于确定目标现金持有量。按照该模式，现金持有的总成本包括机会成本和交易成本两种。其中 1 指企业因保留一定现金而丧失的再投资收益， 2 指现金与有价证券进行转换的成本。结合本题实际，在存货模式下，加旺电器公司最佳现金持有量为 3 万元，此时持有现金的全年机会成本为 4 万元，交易成本为 5 万元。（答案不用填写单位）

1、机会成本　　2、交易成本　　3、200000

4、6870　　5、6870　　6、

7、　　8、　　9、

图 12-1-17　现金管理

（4）应收账款管理：加旺电器的财务经理根据根据信用评级方案进行信用评级，填制信用等级评估方案，确定坏账准备计提比例及方法（见图 12-1-18）。

信用政策可行性分析

机会成本变动					
应收账款占用资金增加额	4110	机会成本率	6.9%	机会成本增加额	283.59
坏账损失变动					
19年坏账损失	1000	预期坏账损失	1500	坏账损失增加额	500
净利润变动					
营业收入增加额	134000	边际贡献率	17.80%	边际贡献增加额	23852
决策分析					
税前损益汇总增加额	23068.41	是否采用该政策	是	---	---

坏账准备计提比例及方法

应收账款账龄	应收账款金额	坏账准备	计提比例
1年以内	436897600	21844880	5%
1-2年	23671520	2367152	10%
2-3年	33294885	6658977	20%
3年以上	215737	86294.80	40%
公司采用何种坏账准备计提方法？	账龄分析法	---	---

图 12-1-18 应收账款管理

（5）存货管理：加旺电器的财务经理根据已有资料确定经济订货点并进行存货分析（见图 12-1-19）。

经济订货点的确定

项目	订货量=19.5万件	订货量=39万件
总储存成本	156	312
总订货费用	156	78
原材料成本	468000	468000
数量折扣	0	936
总成本	468312	467454
应选择的订货量	39万件	---

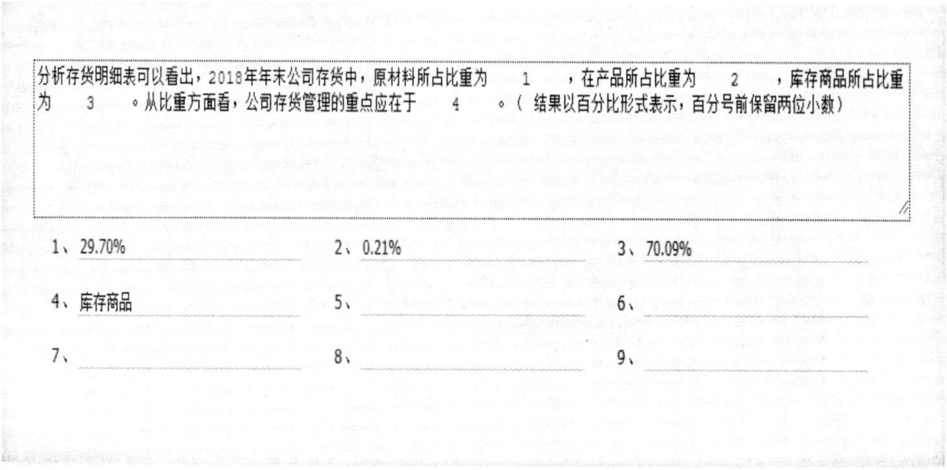
分析存货明细表可以看出，2018年年末公司存货中，原材料所占比重为 1 ，在产品所占比重为 2 ，库存商品所占比重为 3 。从比重方面看，公司存货管理的重点应在于 4 。（结果以百分比形式表示，百分号前保留两位小数）

1、29.70%　2、0.21%　3、70.09%

4、库存商品　5、　6、

7、　8、　9、

图 12-1-19　存货管理

12.2 财务管理虚拟仿真课后实训

（1）财务预算—现金预算。

（2）筹资活动管理。

（3）投资活动管理。

（4）杠杆原理及运用。

（5）企业价值评估。

第 13 章 审计业务虚拟仿真项目

13.1 签订审计约定书

实训任务：（1）签订《审计业务约定书》；

（2）签订《审计业务约定书》；

（3）准备资料；

（4）收到资料。

操作步骤：

（1）签订《审计业务约定书》：会计师事务所与加旺电器签订 2019 年度《审计业务约定书》（见图 13-1-1）。

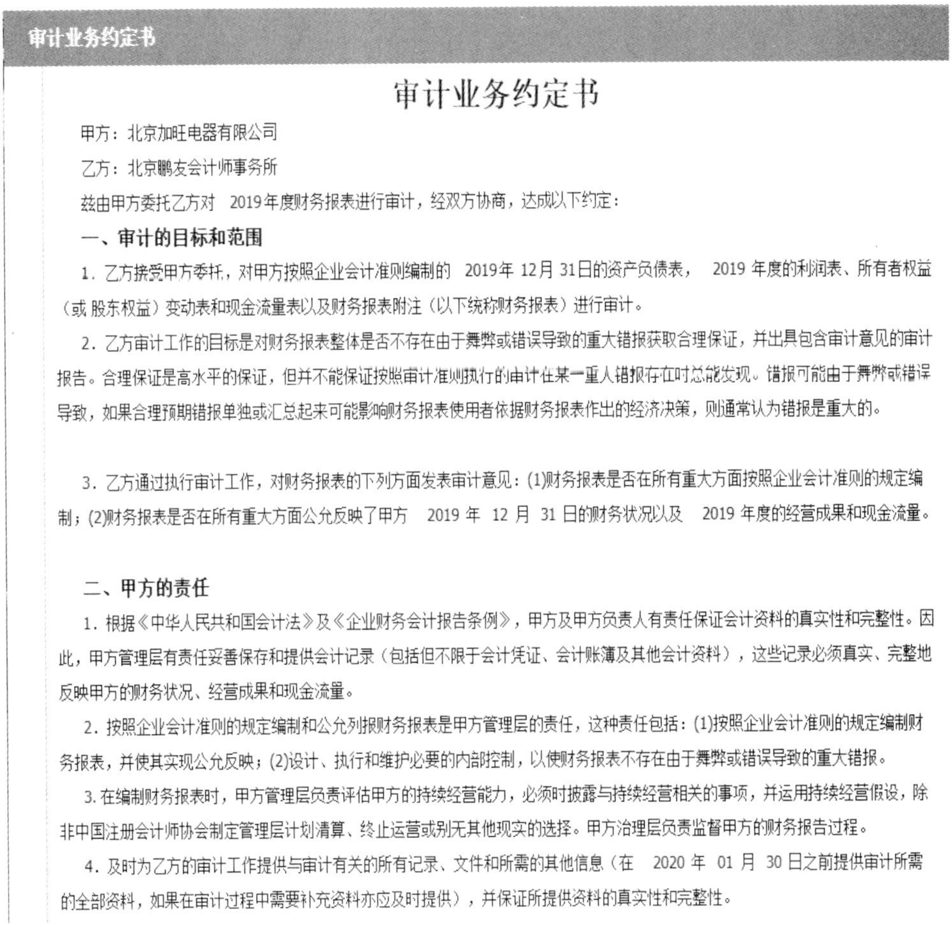

审计业务约定书

审计业务约定书

甲方：北京加旺电器有限公司

乙方：北京鹏友会计师事务所

兹由甲方委托乙方对 2019 年度财务报表进行审计，经双方协商，达成以下约定：

一、审计的目标和范围

1. 乙方接受甲方委托，对甲方按照企业会计准则编制的 2019 年 12 月 31 日的资产负债表，2019 年度的利润表、所有者权益（或股东权益）变动表和现金流量表以及财务报表附注（以下统称财务报表）进行审计。

2. 乙方审计工作的目标是对财务报表整体是否不存在由于舞弊或错误导致的重大错报获取合理保证，并出具包含审计意见的审计报告。合理保证是高水平的保证，但并不能保证按照审计准则执行的审计在某一重大错报存在时总能发现。错报可能由于舞弊或错误导致，如果合理预期错报单独或汇总起来可能影响财务报表使用者依据财务报表作出的经济决策，则通常认为错报是重大的。

3. 乙方通过执行审计工作，对财务报表的下列方面发表审计意见：(1)财务报表是否在所有重大方面按照企业会计准则的规定编制；(2)财务报表是否在所有重大方面公允反映了甲方 2019 年 12 月 31 日的财务状况以及 2019 年度的经营成果和现金流量。

二、甲方的责任

1. 根据《中华人民共和国会计法》及《企业财务会计报告条例》，甲方及甲方负责人有责任保证会计资料的真实性和完整性。因此，甲方管理层有责任妥善保存和提供会计记录（包括但不限于会计凭证、会计账簿及其他会计资料），这些记录必须真实、完整地反映甲方的财务状况、经营成果和现金流量。

2. 按照企业会计准则的规定编制和公允列报财务报表是甲方管理层的责任，这种责任包括：(1)按照企业会计准则的规定编制财务报表，并使其实现公允反映；(2)设计、执行和维护必要的内部控制，以使财务报表不存在由于舞弊或错误导致的重大错报。

3. 在编制财务报表时，甲方管理层负责评估甲方的持续经营能力，必须时披露与持续经营相关的事项，并运用持续经营假设，除非中国注册会计师协会制定管理层计划清算、终止运营或别无其他现实的选择。甲方治理层负责监督甲方的财务报告过程。

4. 及时为乙方的审计工作提供与审计有关的所有记录、文件和所需的其他信息（在 2020 年 01 月 30 日之前提供审计所需的全部资料，如果在审计过程中需要补充资料亦应及时提供），并保证所提供资料的真实性和完整性。

5. 确保乙方不受限制地接触其认为必要的甲方内部人员和其他相关人员。

6. 甲方管理层对其作出的与审计有关的声明予以书面确认。

7. 为乙方派出的有关工作人员提供必要的工作条件和协助，乙方将于外勤工作开始前提供主要事项清单。

8. 按照本约定书的约定及时足额支付审计费用以及乙方人员在审计期间的交通、食宿和其他相关费用。

9. 乙方的审计不能减轻甲方及甲方管理层的责任。

三、乙方的责任

1. 乙方的责任是在执行审计工作的基础上对甲方财务报表发表审计意见。乙方根据中国注册会计师审计准则（以下简称审计准则）的规定执行审计工作。审计准则要求注册会计师遵守中国注册会计师职业道德守则，计划和执行审计工作以对财务报表是否不存在重大错报获取合理保证。

2. 审计工作涉及实施审计程序，以获取有关财务报表金额和披露的审计证据。选择的审计程序取决于乙方的判断，包括对由于舞弊或错误导致的财务报表重大错报风险的评估。在进行风险评估时，乙方考虑与财务报表编制和公允列报相关的内部控制，以设计恰当的审计程序，但目的并非对内部控制的有效性发表意见。审计工作还包括评价管理层选用会计政策的恰当性和作出会计估计的合理性，以及评价财务报表的总体列报。

3. 由于审计和内部控制的固有限制，即使按照审计准则的规定适当地计划和执行审计工作，仍不可避免地存在财务报表的某些重大错报可能未被乙方发现的风险。

4. 在审计过程中，乙方若发现甲方存在乙方认为值得关注的内部控制缺陷，应以书面形式向甲方治理层或管理层通报。但乙方通报的各种事项，并不代表已全面说明所有可能存在的缺陷或已提出所有可行的改进建议。甲方在实施乙方提出的改进建议前应全面评估其影响。未经乙方书面许可，甲方不得向任何第三方提供乙方出具的沟通文件。

5. 按照约定时间完成审计工作，出具审计报告。乙方应于　2020 年　02 月　08 日前出具审计报告。

6. 除下列情况外，乙方应当对执行业务过程中知悉的甲方信息予以保密：(1)法律法规允许披露，并取得甲方的授权；(2)根据法律法规的要求，为法律诉讼、仲裁准备文件或提供证据，以及向监管机构报告发现的违法行为；(3)在法律法规允许的情况下，在法律诉讼、仲裁中维护自己的合法权益；(4)接受注册会计师协会或监管机构的执业质量检查，答复其询问和调查；(5)法律法规、执业准则和职业道德规范规定的其他情形。

四、审计收费

1. 本次审计服务的收费是以会计师事务所服务政府指导价收费标准　　　　　为基础计算的。乙方预计本次审计服务的费用总额为人民币壹　　　万元。

2. 甲方应于本约定书签署之日起　日内支付　%的审计费用，其余款项于　　　　　　结清。

3. 如果由于无法预见的原因，致使乙方从事本约定书所涉及的审计服务实际时间较本约定书签订时预计的时间有明显增加或减少时，甲乙双方应通过协商，相应调整本部分第1段所述的审计费用。

4. 如果由于无法预见的原因，致使乙方人员抵达甲方的工作现场后，本约定书所涉及的审计服务中止，甲方不得要求退还预付的审计费用；如上述情况发生于乙方人员完成现场审计工作，并离开甲方的工作现场之后，甲方应另行向乙方支付人民币　　　　元的补偿费，该补偿费应于甲方收到乙方的收款通知之日起　　日内支付。

5. 与本次审计有关的其他费用（包括交通费、食宿费等）由甲方承担。

五、审计报告和审计报告的使用

1. 乙方按照中国注册会计师审计准则规定的格式和类型出具审计报告。

2. 乙方向甲方致送审计报告一式 肆 份。

3. 甲方在提交或对外公布乙方出具的审计报告及其后附的已审计财务报表时，不得对其进行修改。当甲方认为有必要修改会计数据、报表附注和所作的说明时，应当事先通知乙方，乙方将考虑有关的修改对审计报告的影响，必要时，将重新出具审计报告。

六、本约定书的有效期间

本约定书自签署之日起生效，并在双方履行完毕本约定书约定的所有义务后终止。但其中第三项第6段、第四、五、七、八、九、十项并不因本约定书终止而失效。

七、约定事项的变更

如果出现不可预见的情况，影响审计工作如期完成，或需要提前出具审计报告，甲、乙双方均可要求变更约定事项，但应及时通知对方，并由双方协商解决。

八、终止条款

1. 如果根据乙方的职业道德及其他有关专业职责、适用的法律法规或其他任何法定的要求，乙方认为已不适宜继续为甲方提供本约定书约定的审计服务，乙方可以采取向甲方提出合理通知的方式终止履行本约定书。

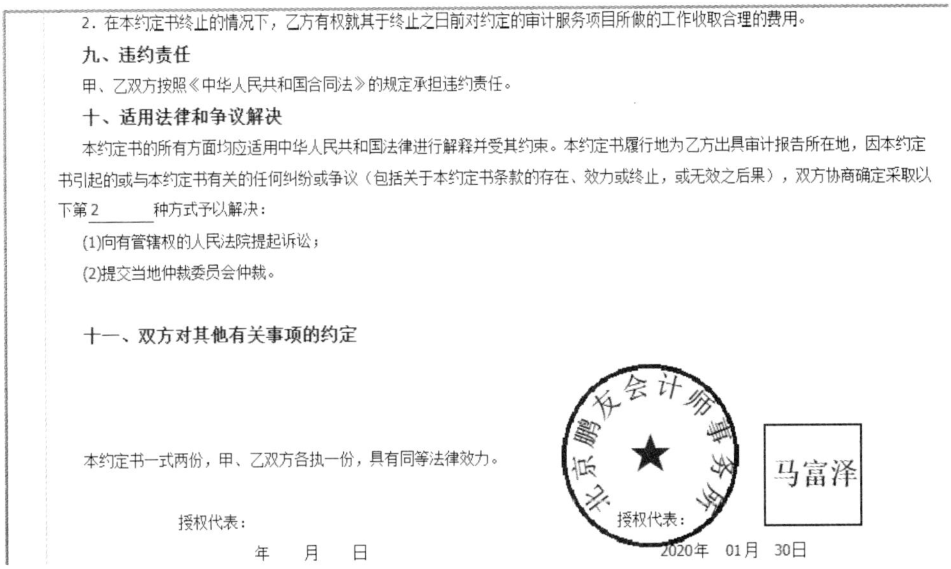

2. 在本约定书终止的情况下，乙方有权就其于终止之日前对约定的审计服务项目所做的工作收取合理的费用。

九、违约责任

甲、乙双方按照《中华人民共和国合同法》的规定承担违约责任。

十、适用法律和争议解决

本约定书的所有方面均应适用中华人民共和国法律进行解释并受其约束。本约定书履行地为乙方出具审计报告所在地，因本约定书引起的或与本约定书有关的任何纠纷或争议（包括关于本约定书条款的存在、效力或终止，或无效之后果），双方协商确定采取以下第 2______ 种方式予以解决：

(1)向有管辖权的人民法院提起诉讼；

(2)提交当地仲裁委员会仲裁。

十一、双方对其他有关事项的约定

本约定书一式两份，甲、乙双方各执一份，具有同等法律效力。

授权代表：　　　　　　　　　　　　授权代表：

年　　月　　日　　　　　　　　　　2020年　01月　30日

图 13-1-1　签订《审计业务约定书》

（2）签订《审计业务约定书》：加旺电器与北京鹏友会计师事务所签订 2019 年度《审计业务约定书》（见图 13-1-2）。

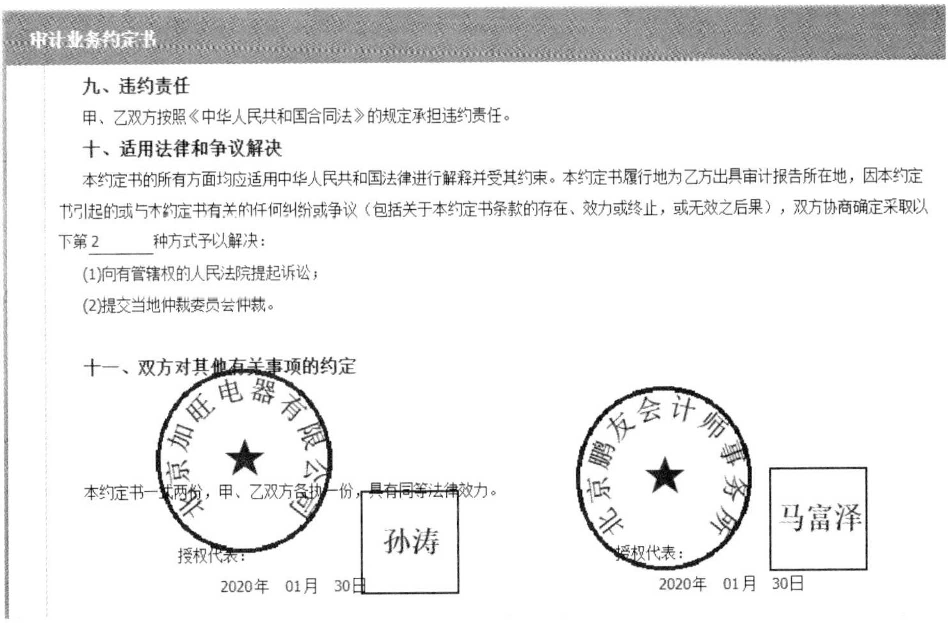

审计业务约定书

九、违约责任

甲、乙双方按照《中华人民共和国合同法》的规定承担违约责任。

十、适用法律和争议解决

本约定书的所有方面均应适用中华人民共和国法律进行解释并受其约束。本约定书履行地为乙方出具审计报告所在地，因本约定书引起的或与本约定书有关的任何纠纷或争议（包括关于本约定书条款的存在、效力或终止，或无效之后果），双方协商确定采取以下第 2______ 种方式予以解决：

(1)向有管辖权的人民法院提起诉讼；

(2)提交当地仲裁委员会仲裁。

十一、双方对其他有关事项的约定

本约定书一式两份，甲、乙双方各执一份，具有同等法律效力。

授权代表：　　　　　　　　　　　　授权代表：

2020年　01月　30日　　　　　　　　2020年　01月　30日

图 13-1-2　签订《审计业务约定书》

（3）准备资料：准备资料给北京鹏友会计师事务所委托其办理 2019 年的审计业务。

按照企业审计资料清单在单据库中抽取相应的备查资料，并在管理层声明书中签字盖章后找总经理在所有复印件上盖章（见图 13-1-3）。

审计业务资料清单

企业审计资料清单

单位名称：北京加旺电器有限公司

序号	资料名称	准备情况
1	营业执照副本（复印件）	
2	公司章程（复印件）	
3	2018年审计报告（复印件）	
4	地税电子申报明细情况表	
5	分税种入库情况统计表	
6	12月份个人所得税申报明细表	
7	12月份社保实缴明细表	
8	12月份增值税申报表主表	
9	企业所得税申报表	
10	电子缴税付款凭证（复印件）	
11	年末固定资产盘点表	
12	年末库存商品盘点表	
13	银行对账单（复印件）	
14	房屋、土地产权证、汽车行驶证（复印件）	
15	年度会计报表	
16	全年累计科目发生额及余额表	
17	应收账款账龄表、应付账款账龄表、预付账款账龄表	
18	管理层声明书	

管理层声明书

管理层声明书

北京鹏友会计师事务所并马富泽　注册会计师：

本声明书是针对你们审计 加旺电器公司截至 2019年 12月 31日的年度财务报表而提供的。审计的目的是对财务报表发表意见，以确定财务报表是否在所有重大方面已按照企业会计准则的规定编制，并实现公允反映。

尽我们所知，并在作出了必要的查询和了解后，我们确认：

一、财务报表

1. 我们已履行 2020年 01月 30日签署的审计业务约定书中提及的责任，即根据企业会计准则的规定编制财务报表，并对财务报表进行公允反映；
2. 在作出会计估计时使用的重大假设（包括与公允价值计量相关的假设）是合理的；
3. 已按照企业会计准则的规定对关联方关系及其交易作出了恰当的会计处理和披露
4. 根据企业会计准则的规定，所有需要调整或披露的资产负债表日后事项都已得到调整或披露；
5. 未更正错报，无论是单独还是汇总起来，对财务报表整体的影响均不重大。未更正错报汇总表附在本声明书后；

二、提供的信息

7. 我们已向你们提供下列工作条件：

（1）允许接触我们注意到的、与财务报表编制相关的所有信息（如记录、文件和其他事项）

（2）提供你们基于审计目的要求我们提供的其他信息。

（3）允许在获取审计证据时不受限制地接触你们认为必要的本公司内部人员和其他相关人员。

8. 所有交易均已记录并反映在财务报表中。
9. 我们已向你们披露了由于舞弊可能导致的财务报表重大错报风险的评估结果.

10. 我们已向你们披露了我们注意到的、可能影响本公司的与舞弊或舞弊嫌疑相关的所有信息，这些信息涉及本公司的：

（1）管理层；

（2）在内部控制中承担重要职责的员工；

（3）其他人员（在舞弊行为导致财务报表重大错报的情况下）。

11. 我们已向你们披露了从现任和前任员工、分析师、监管机构等方面获知的、影响财务报表的舞弊指控或舞弊嫌疑的所有信息。

12. 我们已向你们披露了所有已知的、在编制财务报表时应当考虑其影响的违反或涉嫌违反法律法规的行为。

13. 我们已向你们披露了我们注意到的关联方的名称和特征、所有关联方关系及其交易。

露露

北京加旺电器有限公司

（盖章）　　法定代表人（签名并盖章）：　　财务负责人（签名并盖章）：　露露

中国·北京　　2020 年 01月 30 日　　2020年 01月 30日

图 13-1-3　准备资料

（4）收到资料：收到加旺电器办理审计业务所需的资料，并逐一核对后在审计业务资料清单“准备情况”处填“是”（见图 13-1-4）。

审计业务资料清单

企业审计资料清单

单位名称：北京加旺电器有限公司

序号	资料名称	准备情况
1	营业执照副本（复印件）	是
2	公司章程（复印件）	是
3	2018年审计报告（复印件）	是
4	地税电子申报明细情况表	是
5	分税种入库情况统计表	是
6	12月份个人所得税申报明细表	是
7	12月份社保实缴明细表	是
8	12月份增值税申报表主表	是
9	企业所得税申报表	是
10	电子缴税付款凭证（复印件）	是
11	年末固定资产盘点表	是
12	年末库存商品盘点表	是
13	银行对账单（复印件）	是
14	房屋、土地产权证、汽车行驶证（复印件）	是
15	年度会计报表	是
16	全年累计科目发生额及余额表	是
17	应收账款账龄表、应付账款账龄表、预付账款账龄表	是
18	管理层声明书	是

图 13-1-4　资料清单

13.2 编制凭证抽查表、审计往来款项

实训任务：（1）编制凭证抽查表；

（2）审计往来项目；

（3）再次审核往来。

操作步骤：

（1）编制凭证抽查表：对加旺电器提交来的 2021 年度资料进行整理，并根据记账凭证发生的日期顺序逐一编制凭证记录抽查表（见图 13-2-1）。

凭证抽查表-1

抽查表

被审计单位：北京加旺电器有限公司　编制：露露　日期：2022年02月01日　索引号：BC1

会计期间：2021年01月01日至2021年12月31日　复核：马富泽　日期：2022年02月01日　页次：01

序号	凭证日期	凭证号	摘要	对应科目		金额	核对情况（用"是"、"否"表示）								备注
				方向	名称		1	2	3	4	5	6	7	8	
	2021/01/3	记-081	业务宣传费	借	销售费用	358490.57	是	是	是	是					
				借	应交税费	21509.43	是	是	是	是					
				贷	银行存款	380000.00	是	是	是	是					
	2021/01/3	记-082	销售产品	借	应收账款	1461206.90	是	是	是	是					
				贷	主营业务收入	1293103.45	是	是	是	是					
				贷	应交税费	168103.45	是	是	是	是					
	2021/03/3	记-092	付暂借款给红星贸易	借	其他应收款	500000.00	是	是	是	是					
				贷	银行存款	500000.00	是	是	是	是					

核对内容说明：	
1、原始凭证内容完整	5、
2、有无授权批准	6、
3、财务处理正确	7、

凭证抽查表-2

抽查表

被审计单位：北京加旺电器有限公司　编制：露露　日期：2022年02月01日　索引号：BC1

会计期间：2021年01月01日至2021年12月31日　复核：马富泽　日期：2022年02月01日　页次：02

序号	凭证日期	凭证号	摘要	对应科目		金额	核对情况（用"是"、"否"表示）								备注
				方向	名称		1	2	3	4	5	6	7	8	
	2021/04/3	085	采购原材料	借	原材料	300000.00	是	是	是	是					
				借	应交税费	39000.00	是	是	是	是					
				贷	应付账款	339000.00	是	是	是	是					
	2021/05/3	083	采购固定资产	借	固定资产	1000000.00	是	是	是	是					
				借	应交税费	130000.00	是	是	是	是					
				贷	应付账款	1130000.00	是	是	是	是					
	2021/07/3	091	向富强钢铁借款	借	银行存款	2000000.00	是	是	是	是					
				贷	其他应付款	2000000.00	是	是	是	是					
	2021/08/3	089	采购办公用品	借	管理费用	50000.00	是	是	是	是					
				贷	银行存款	50000.00	是	是	是	是					

核对内容说明：	
1、原始凭证内容完整	5、
2、有无授权批准	6、
3、财务处理正确	7、

凭证抽查表-3

抽查表

被审计单位：北京加旺电器有限公司　　编制：露露　　日期：2022年02月01日　　索引号：BC1

会计期间：2021年01月01日至2021年12月31日　　复核：马富泽　　日期：2022年02月01日　　页次：03

序号	凭证日期	凭证号	摘要	对应科目		金额	核对情况（用"是"、"否"表示）								备注
				方向	名称		1	2	3	4	5	6	7	8	
	2021/12/2	087	计提坏账准备	借	信用减值损失	489.68	是	是	是	是					
				贷	坏账准备	489.68	是	是	是	是					
	2021/12/2	088	发年终奖	借	应付职工薪酬	279260.51	是	是	是	是					
				贷	应交税费	1500.00	是	是	是	是					
				贷	其他应收款	2000.00	是	是	是	是					
				贷	其他应收款	3000.00	是	是	是	是					
				贷	银行存款	272760.51	是	是	是	是					

核对内容说明：

1、原始凭证内容完整	5、
2、有无授权批准	6、
3、财务处理正确	7、

凭证抽查表-3

抽查表

被审计单位：北京加旺电器有限公司　　编制：露露　　日期：2022年02月01日　　索引号：BC1

会计期间：2021年01月01日至2021年12月31日　　复核：　　日期：　　页次：03

序号	凭证日期	凭证号	摘要	对应科目		金额	核对情况（用"是"、"否"表示）								备注
				方向	名称		1	2	3	4	5	6	7	8	
	2021/12/27	087	计提坏账准备	借	信用减值损失	489.68	是	是	是	是					
				贷	坏账准备	489.68	是	是	是	是					
	2021/12/28	088	发年终奖	借	应付职工薪酬	279260.51	是	是	是	是					
				贷	应交税费	1500.00	是	是	是	是					
				贷	其他应收款	2000.00	是	是	是	是					
				贷	其他应收款	3000.00	是	是	是	是					
				贷	银行存款	272760.51	是	是	是	是					

核对内容说明：

1、原始凭证内容完整	5、
2、有无授权批准	6、
3、财务处理正确	7、
4、金额核对相符	8、
审计说明：	经大额抽查，未存在重大差异。

凭证抽查表-4

抽查表

被审计单位：北京加旺电器有限公司　　编制：露露　　日期：2022年02月01日　　索引号：BC1

会计期间：2021年01月01日至2021年12月31日　　复核：　　日期：　　页次：04

序号	凭证日期	凭证号	摘要	对应科目		金额	核对情况（用"是"、"否"表示）								备注
				方向	名称		1	2	3	4	5	6	7	8	
	2021/12/29	090	计提折旧	借	制造费用	37695.76	是	是	是	是					
				借	销售费用	1785.77	是	是	是	是					
				借	管理费用	34498.64	是	是	是	是					
				贷	累计折旧	73980.17	是	是	是	是					
	2021/12/30	092	预收宏发商贸货款	借	银行存款	120000.00	是	是	是	是					
				贷	合同负债	120000.00	是	是	是	是					
	2021/12/31	093	预收佳尚贸易货款	借	银行存款	180000.00	是	是	是	是					
				贷	合同负债	180000.00	是	是	是	是					

核对内容说明：

1、原始凭证内容完整	5、
2、有无授权批准	6、
3、财务处理正确	7、
4、金额核对相符	8、
审计说明：	经大额抽查，未存在重大差异。

图 13-2-1　编制凭证抽查表

（2）审计往来项目：对北京加旺电器有限公司提交来的 2021 年度资料进行整理，据此编制相关明细表及审定表（见图 13-2-2）。

应收账款审定表

被审计单位：北京加旺电器有限公司　　索引号：CD1

项目：应收账款　　财务报表截止日/期间：2021年12月31日

编制：露露　　复核：马富泽

日期：2022年02月02日　　日期：2022年02月02日

项目名称	期末未审数	账项调整		重分类调整		期末审定数	上期末审定数	索引号
		借方	贷方	借方	贷方			
报表数	489190.27		300.00	300000.00		788890.27		
明细数	489190.27		300.00	300000.00		788890.27		FE2、CD2
其中：								
账面余额合计	489679.95			300000.00		789679.95		
1年以内	489679.95			300000.00		789679.95		
1-2年								
2-3年								
3-4年								
坏账准备合计	489.68		300.00			789.68		
1年以内	489.68		300.00			789.68		
1-2年								
2-3年								
3-4年								

预收账款审定表

预收账款审定表

被审计单位：北京加旺电器有限公司
项目：预收账款
编制：霹露
日期：2022年02月02日

索引号：FE1
财务报表截止日/期间：2021年12月31日
复核：马富泽
日期：2022年02月02日

项目名称	期末未审数	账项调整		重分类调整		期末审定数	上期末审定数	索引号
		借方	贷方	借方	贷方			
一、关联方								
小计								
二、非关联方								
北京宏发商贸有限公司	-120000.00				120000.00			FE2
北京佳尚贸易有限公司	-180000.00				180000.00			FE2
小计	-300000.00				300000.00			
合计	-300000.00				300000.00			

审计结论：

1、上年未对本项目进行审计调整，年初余额与上年审定数核对一致。2、调整分录如下：调整重分类：借：应收账款-北京宏发商贸有限公司120000.00贷预收账款-北京宏发商贸有限公司120000.00借：应收账款-北京佳尚贸易有限公司 180000.00贷：预收账款-北京佳尚贸易有限公司180000.00

应收账款明细表

应收账款 明细表

被审计单位：北京加旺电器有限公司　　编制：露露　　日期：2022年02月02日　　索引号：CD2

会计期间：2021年01月01日至2021年12月　　复核：马富泽　　日期：2022年02月02日　　页次：01

项目	期初余额	本期借方	本期贷方	期末余额	备注
北京海天贸易有限公司		200000.00		200000.00	
北京宇飞科技有限公司		289679.95		289679.95	
合计		489679.95		489679.95	
审计说明：	复核加计正确，并与明细账及合计数、总账数、未审报表数核对相符；年初数与上年审定数相符。				

预收账款 明细表

被审计单位：北京加旺电器有限公司　　编制：露露　　日期：2022年02月02日　　索引号：FE2

会计期间：2021年01月01日至202　　复核马富泽　　日期：2022年02月02日　　页次：01

项目	期初余额	本期借方	本期贷方	期末余额	备注
北京宏发商贸有限公司		240000.00	120000.00	-120000.00	
北京佳尚贸易有限公司		360000.00	180000.00	-180000.00	
合计		600000.00	300000.00	-300000.00	
审计说明：	经审计，复核加计正确，并与明细账、总账、报表数相符。				

图 13-2-2　审计往来项目

（3）再次审核往来：根据编制好的往来明细表，编制企业询证函（见图13-2-3）。

企业询证函

企业询证函

编号:
001

北京海天贸易有限公司　　　　　（公司）：

本公司聘请的北京鹏友　　　　　会计师事务所正在对本公司 2021 年度财务报表进行审计，按照中国注册会计师审计准则的要求，应当询证本公司与贵公司的往来帐项等事项。请列示截止 2021 年 12 月 31 日贵公司与本公司往来款项余额。回函请直接寄至北京鹏友　　　　　会计师事务所。

回函地址：北京市海淀区丁宝街富贵大厦708室

邮编：100000　电话：010-87982156　传真：010-87982166　联系人：　露露

本函仅为复核账目之用，并非催款结算。若款项在上述日期之后已经付清，仍请及时函复为盼。

（公司盖章）

2022 年 02 月 03 日

1.贵公司与本公司的往来账项列示如下：

单位：元

截止日期	贵公司欠	欠贵公司	备　注
2021年12月31日	¥200000.00		

2.其他事项。

无

（公司盖章）

年　月　日

经办人：

企业询证函

企业询证函

编号:
002

北京宇飞科技有限公司　　　　　（公司）：

本公司聘请的北京鹏友　　　　　会计师事务所正在对本公司 2021 年度财务报表进行审计，按照中国注册会计师审计准则的要求，应当询证本公司与贵公司的往来帐项等事项。请列示截止 2021 年 12 月 31 日贵公司与本公司往来款项余额。回函请直接寄至北京鹏友　　　　　会计师事务所。

回函地址：北京市海淀区丁宝街富贵大厦708室

邮编：100000　电话：010-87982156　传真：010-87982166　联系人：　露露

本函仅为复核账目之用，并非催款结算。若款项在上述日期之后已经付清，仍请及时函复为盼。

（公司盖章）

2022 年 02 月 03 日

1.贵公司与本公司的往来账项列示如下：

单位：元

截止日期	贵公司欠	欠贵公司	备　注
2021年12月31日	¥289679.95		

2.其他事项。

无

（公司盖章）

年　月　日

经办人：

企业询证函

企业询证函

编号：
003

北京宏发商贸有限公司　　　　　　　　（公司）：

本公司聘请的北京鹏友　　　　　　　　　　　　会计师事务所正在对本公司 2021 年度财务报表进行审计，按照中国注册会计师审计准则的要求，应当询证本公司与贵公司的往来帐项等事项。请列示截止 2021 年 12 月 31 日贵公司与本公司往来款项余额。回函请直接寄至北京鹏友　　　　　　　　　　会计师事务所。

回函地址：北京市海淀区丁宝街富贵大厦708室

邮编：100000　电话：010-87982156　传真：010-87982166　联系人：露露

本函仅为复核账目之用，并非催款结算。若款项在上述日期之后已经付清，仍请及时函复为盼。

（公司盖章）

2022 年 02 月 03 日

1.贵公司与本公司的往来账项列示如下：

单位：元

截止日期	贵公司欠	欠贵公司	备　注
2021年12月31日	¥120000.00		

2.其他事项。

无

（公司盖章）

年　月　日

经办人：

企业询证函

企业询证函

编号:
004

北京佳尚贸易有限公司　　　　　　（公司）：

本公司聘请的北京鹏友　　　　　　　　　会计师事务所正在对本公司 2021 年度财务报表进行审计，按照中国注册会计师审计准则的要求，应当询证本公司与贵公司的往来帐项等事项。请列示截止 2021 年 12 月 31 日贵公司与本公司往来款项余额。回函请直接寄至北京鹏友　　　　　　　　会计师事务所。

回函地址:北京市海淀区丁宝街富贵大厦708室

邮编: 100000　电话: 010-87982156　传真: 010-87982166　联系人: [illegible]

本函仅为复核账目之用，并非催款结算。若款项在上述日期之后已经付清，仍请及时函复为盼。

（公司盖章）

2022 年02 月03 日

1.贵公司与本公司的往来账项列示如下:

单位:元

截止日期	贵公司欠	欠贵公司	备　注
2021年12月31日	￥180000.00		

2.其他事项。

无

（公司盖章）

年　月　日

经办人:

图 13-2-3　再次审核往来

13.3 审计损益类科目

实训任务：审计销售费用及管理费用。

操作步骤：

审计销售费用及管理费用：对加旺电器提交来的资料进行整理，据此编制相关明细表及审定表（见图 13-3-1）。

销售费用明细表

联次：**存根联**

销售费用 明细表

被审计单位：北京加旺电器有限公司　　编制：鄢露　　日期：2022年02月04日　　索引号：SD2

会计期间：2021年01月01日至2021年12月31日　　复核：马富泽　　日期：2022年02月04日　　页次：01

项目	1月	2月	3月	4月	5月	6月	7月	8月	9月	10月	11月	12月	合计	上期数	变动额	变动%
职工薪酬	9267.42	12663.22	11801.12	11213.32	11790.36	11534.21	11721.19	11098.32	11901.43	11242.15	11389.09	11663.19	137285.02	107347.12	29937.90	27.89%
折旧费	1785.77	1785.77	1785.77	1785.77	1785.77	1785.77	1785.77	1785.77	1785.77	1785.77	1785.77	1785.77	21429.24	21429.24	0.00	0.00%
运输费	3780.00	2287.00	2369.00		1238.00	1807.00	1624.00	1890.00		1680.00	2821.00	3530.00	23026.00	24892.98	-1866.98	-7.50%
业务招待费	1345.00	1200.00	1100.00		1200.00	1600.00	1890.00	1212.00	1090.00		2378.00	2000.00	15015.00	15789.98	-774.98	-4.91%
代销手续费	3867.00	2098.00	2900.00		3800.00	4690.00					5876.00	4708.00	27939.00	26589.32	1349.68	5.08%
福利费	2800.00			4500.00	1000.00		5620.00	2300.00				810.00	17030.00	15789.00	1241.00	7.86%
水电费	210.90	321.00	367.00	189.90	184.45	222.00	289.00	317.00	165.80	139.89	159.00	112.80	2678.74	2788.26	-109.52	-3.93%
																%
																%
																%
																%
																%
																%
																%
合计	23056.09	20354.99	20322.89	17688.99	20998.58	21638.98	22929.96	18603.09	14943.00	14847.81	24408.86	24609.76	244403.00	214625.90	29777.10	13.87%
审计说明：	变动较大的是职工薪酬部分，原因是本年度的职工工资有所提升导致。															

管理费用明细表

联次：**存根联**

管理费用 明细表

被审计单位：北京加旺电器有限公司　　编制：鄢露　　日期：2022年02月04日　　索引号：SE2

会计期间：2021年01月01日至2021年12月31日　　复核：马富泽　　日期：2022年02月04日　　页次：01

项目	1月	2月	3月	4月	5月	6月	7月	8月	9月	10月	11月	12月	合计	上期数	变动额	变动%
职工薪酬	443222.12	443682.38	458682.56	424988.37	492514.77	444322.38	403622.42	443902.98	441282.78	453452.09	433382.36	443682.38	5326737.59	5126237.89	200499.70	3.91%
折旧费	34438.67	34498.64	34498.64	34498.64	34498.64	34498.64	34498.64	34498.64	34498.64	34498.64	34498.64	34498.64	413923.71	413923.71	0.00	0.00%
其他	4534.23	5836.23	5566.12	6196.34	9806.67	5186.52	5098.12	4196.84	4996.61	5326.59	5106.09	5896.62	67746.98	66146.12	1600.86	2.42%
办公费	230.00	343.00	320.00	250.00		20.00				2100.00	1980.00	20.00	5263.00	5076.89	186.11	3.67%
水电费	5800.00	4210.00	4879.00	3290.00	3780.00	3900.00	4320.00	4450.00	4690.00	5600.00	5120.00	4230.00	54269.00	53213.18	1055.82	1.98%
差旅费	5600.00	6780.00	4500.00	3200.00	3120.00	2450.00	2780.00	2890.00	2942.00	13500.00	1800.00	2320.00	51882.00	53221.00	-1339.00	-2.52%
交通费	46.00	121.00	108.00	77.00	80.00	158.00	280.00	210.00	138.00	187.00	66.00	46.00	1517.00	1566.00	-49.00	-3.13%
无形资产摊销	81961.60	81961.60	81961.60	81961.60	81961.60	81961.60	81961.60	81961.60	81961.60	81961.60	81961.60	81961.60	983539.20	983539.20	0.00	0.00%
通讯费	2000.00	2356.00	4534.00	8967.00	9856.00	3242.00	5434.00	12435.00	6754.00	2780.00	8776.00	3500.00	70634.00	72234.48	-1600.48	-2.22%
													0.00		0.00	0.00%
													0.00		0.00	0.00%
													0.00		0.00	0.00%
													0.00		0.00	0.00%
													0.00		0.00	0.00%
合计	577832.62	579788.85	595049.92	563428.95	635617.68	575739.14	537994.78	584545.06	577263.63	599405.92	572690.69	576155.24	6975512.48	6775158.47	200354.01	2.96%
审计说明：	经审计，复核加计正确，并与明细账、总账、报表数核对相符。															

销售费用审定表

销售费用审定表

被审计单位：北京加旺电器有限公司　　编制：露露　　日期：2022年02月04日　　索引号：SD1

会计期间：2021年01月01日至2021年12月31日　　复核：马富泽　　日期：2022年02月04日　　页次：01

项目	期末未审数	账项调整		期末审定数	上期末审定数	索引号
		借方	贷方			
报表数	244403.00	274482.19		518885.19	214625.90	
明细数	244403.00	274482.19		518885.19	214625.90	SD2
其中：						
职工薪酬	137285.02	276306.19		413591.21	107347.12	
折旧费	21429.24	-1824.00		19605.24	21429.24	
运输费	23026.00			23026.00	24892.98	
业务招待费	15015.00			15015.00	15789.98	
代销手续费	27939.00			27939.00	26589.32	
福利费	17030.00			17030.00	15789.00	
水电费	2678.74			2678.74	2788.26	
审计说明：	1、经审计，复核加计正确，并与明细账、总账、报表数核对相符。2、审计调整分录如下：调整折旧：借：销售费用-折旧费-1824.00贷：累计折旧-1824.00调整工资：借：销售费用-职工薪酬276306.19贷：应付职工薪酬276306.19					
审计结论：	经审计调整，发生额可予以确认。					

管理费用审定表

管理费用审定表

被审计单位：北京加旺电器有限公司　　编制：露露　　日期：2022年02月04日　　索引号：SE1

会计期间：2021年01月01日至2021年12月31日　　复核：马富泽　　日期：2022年02月04日　　页次：01

项目	期末未审数	账项调整		期末审定数	上期末审定数	索引号
		借方	贷方			
报表数	6975512.48	-12780.08		6962732.40	6775158.47	
明细数	6975512.48	-12780.08		6962732.40	6775158.47	SE2
其中：						
职工薪酬	5326737.59	2954.32		5329691.91	5126237.89	
折旧费	413923.71	-15734.40		398189.31	413923.71	
其他	67746.98			67746.98	66146.12	
办公费	5263.00			5263.00	5076.89	
水电费	54269.00			54269.00	53213.18	
差旅费	51882.00			51882.00	53221.00	
交通费	1517.00			1517.00	1566.00	
无形资产摊销	983539.20			983539.20	983539.20	
通讯费	70634.00			70634.00	72234.48	
	1、经审计，复核加计正确，并与明细账、总账、报表数核对相符。2、审计调整分录如下：调整折旧：借：管理费用-折旧费-15734.40贷：累计折旧-15734.40调整工资：借：管理费用-职工薪酬2954.32贷：应付职工薪酬2954.32					
审计说明：						
审计结论：	经审计调整，发生额可予以确认。					

图 13-3-1　审计销售费用及管理费用

13.4 出具审计报告

实训任务：（1）编制调整分录汇总表；

（2）调整会计报表；

（3）出具审计报告。

操作步骤：

（1）编制调整分类汇总表：根据相关资料编制调整分类汇总表（见图 13-4-1）。

调整分录汇总表

调整分录汇总表

被审计单位：北京加旺电器有限公司　　索引号：AB1

项目：调整分录汇总　　财务报表截止日/期间：2021年12月31日

编制：露露　　复核：马富泽

日期：2022年02月05日　　日期：2022年02月05日

序号	索引号	调整原因	会计科目			资产负债表		利润表		是否已经调整	调整情况及未调整原因
			一级科目	二级科目	三级科目	借方金额	贷方金额	借方金额	贷方金额		
1	CD1	调整坏账准备	信用减值损失					300.00		√	
2			应收账款				300.00			√	
3	FE1	调整重分类	应收账款	北京宏发商贸		120000.00				√	
4			预收账款	北京宏发商贸			120000.00			√	
5	FE1	调整重分类	应收账款	北京佳尚贸易		180000.00				√	
6			预收账款	北京佳尚贸易			180000.00			√	
7	SE1	调整折旧	管理费用	折旧费				-15734.40		√	
8			累计折旧				-15734.40			√	
9	SE1	调整工资	管理费用	职工薪酬				2954.32		√	
10			应付职工薪酬	工资			2954.32			√	
11	SD1	调整折旧	销售费用	折旧费				-1824.00		√	
12			累计折旧				-1824.00			√	
13	SD1	调整工资	销售费用	职工薪酬				276306.19		√	
14			应付职工薪酬	工资			276306.19			√	
15	DDI	调整所得税费用	所得税费用					-65500.53		√	
16			应交税费	应交所得税			-65500.53			√	
17										□	
18										□	
10										□	
20										□	
	合计					300000.00	496501.58	196501.58	0.00		

图 13-4-1　编制调整分录汇总表

（2）调整会计报表：根据调整后的相关资料，编制调整后的会计报表（见图 13-4-2）。

资产负债表

会企01表

编制单位：北京加旺电器有限公司　　　　2021 年 12 月 31 日　　　　单位：元

资产	行次	期末余额	上年年末余额	负债和所有者权益（或股东权益）	行次	期末余额	上年年末余额
流动资产：				流动负债：			
货币资金	1	1827609.99	2444882.57	短期借款	35	6327117.45	7130908.26
交易性金融资产	2			交易性金融负债	36		
衍生金融资产	3			衍生金融负债	37		
应收票据	4			应付票据	38		
应收账款	5	788890.27		应付账款	39	1926000.69	3618554.80
应收款项融资	6			预收款项	40		
预付款项	7	83397.22	995994.16	合同负债	41		
其他应收款	8	658706.54	898192.70	应付职工薪酬	42	609376.37	638817.81
存货	9	7223959.52	7369749.24	应交税费	43	69165.20	54258.28
合同资产	10			其他应付款	44	55385.47	42682.06
持有待售资产	11			持有待售负债	45		
一年内到期的非流动资产	12			一年内到期的非流动负债	46		
其他流动资产	13			其他流动负债	47		
流动资产合计	14	10582563.54	11708818.67	流动负债合计	48	8987045.18	11485221.21
非流动资产：				非流动负债：			
债权投资	15			长期借款	49		
其他债权投资	16			应付债券	50		
长期应收款	17			其中：优先股	51		
长期股权投资	18			永续债	52		
其他权益工具投资	19			租赁负债	53		
其他非流动金融资产	20			长期应付款	54		
投资性房地产	21			预计负债	55		
固定资产	22	2703674.19	2245146.41	递延收益	56		
在建工程	23			递延所得税负债	57		
生产性生物资产	24			其他非流动负债	58		277626.30
油气资产	25			非流动负债合计	59		277626.30
使用权资产	26			负债合计	60	8987045.18	11762847.51
无形资产	27	1433104.75	449565.50	所有者权益（或股东权益）：			
开发支出	28	191396.83	436244.06	实收资本（或股本）	61	8796122.27	6517046.44
商誉	29			其他权益工具	62		
长期待摊费用	30			其中：优先股	63		
递延所得税资产	31			永续债	64		
其他非流动资产	32			资本公积	65	1400909.14	1400909.14
非流动资产合计	33	4328175.77	3130955.97	减：库存股	66		
				其他综合收益	67		
				专项储备	68		
				盈余公积	69		
				未分配利润	70	-4273337.28	-4841028.45
				所有者权益（或股东权益）合计	71	5923694.13	3076927.13
资产总计	34	14910739.31	14839774.64	负债和所有者权益（或股东权益）总计	72	14910739.31	14839774.64

单位负责人：　　　　主管会计工作负责人：马富泽　　　　会计机构负责人：露露

利润表

会企02表

编制单位:北京加旺电器有限公司　　　　2021 年　12　月　　　　单位:元

项目	行次	本期金额	上期金额
一、营业收入	1	40234641.88	33783323.87
减：营业成本	2	32327626.91	27887318.46
税金及附加	3	78538.64	36711.39
销售费用	4	518885.19	1046005.51
管理费用	5	6962732.40	6445564.89
研发费用	6		
财务费用	7	415277.03	534440.73
其中：利息费用	8		
利息收入	9		
加：其他收益	10		
投资收益（损失以"-"号填列）	11		
其中：对联营企业和合营企业的投资收益	12		
以摊余成本计量的金融资产终止确认收益（损失以"-"号填列）	13		
净敞口套期收益（损失以"-"号填列）	14		
公允价值变动收益（损失以"-"号填列）	15		
信用减值损失（损失以"-"号填列）	16	-1467.57	
资产减值损失（损失以"-"号填列）	17		
资产处置收益（损失以"-"号填列）	18		
二、营业利润（亏损以"-"号填列）	19	-69885.86	-2166717.11
加：营业外收入	20	610110.12	622799.00
减：营业外支出	21	38033.62	13614.48
三、利润总额（亏损总额以"-"号填列）	22	502190.64	-1557532.59
减：所得税费用	23	125547.66	
四、净利润（净亏损以"-"号填列）	24	376642.98	-1557532.59
（一）持续经营净利润（净亏损以"-"号填列）	25	376642.98	-1557532.59
（二）终止经营净利润（净亏损以"-"号填列）	26		
五、其他综合收益的税后净额	27		
（一）不能重分类进损益的其他综合收益	28		
1. 重新计量设定受益计划变动额	29		
2. 权益法下不能转损益的其他综合收益	30		
3. 其他权益工具投资公允价值变动	31		
4. 企业自身信用风险公允价值变动	32		
……	33		
（二）将重分类进损益的其他综合收益	34		
1. 权益法下可转损益的其他综合收益	35		
2. 其他债权投资公允价值变动	36		
3. 金融资产重分类计入其他综合收益的金额	37		
4. 其他债权投资信用减值准备	38		
5. 现金流量套期储备	39		
6. 外币财务报表折算差额	40		
……	41		
六、综合收益总额	42	376642.98	-1557532.59
七、每股收益：	43		
（一）基本每股收益	44		
（二）稀释每股收益	45		

单位负责人：　　　　主管会计工作负责人：　　　　会计机构负责人：

马富泽　　　　露露

图 13-4-2　调整会计报表

（3）出具审计报告：出具审计报告并交付给加旺电器（见图 13-4-3）。

审计报告

北京加旺电器有限公司全体股东：

我们审计了后附的 北京加旺电器有限公司（以下简称 加旺电器 公司）的财务报表，包括 2021年 12月 31 日的资产负债表， 2021 年度的利润表、现金流量表和股东权益变动表以及财务报表附注。

（一）管理层对财务报表的责任

编制和公允列报财务报表是 加旺电器 公司管理层的责任，这种责任包括：（1）按照企业会计准则的规定编制财务报表，并使其实现公允反映；（2）设计、执行和维护必要的内部控制，以使财务报表不存在由于舞弊或错误导致的重大错报。

（二）注册会计师的责任

我们的责任是在执行审计工作的基础上对财务报表发表审计意见。我们按照中国注册会计师审计准则的规定执行了审计工作。中国注册会计师审计准则要求我们遵守职业道德守则，计划和执行审计工作以对财务报表是否不存在重大错报获取合理保证。

审计工作涉及实施审计程序，以获取有关财务报表金额和披露的审计证据。选择的审计程序取决于注册会计师的判断，包括对由于舞弊或错误导致的财务报表重大错报风险的评估。在进行风险评估时，注册会计师考虑与财务报表编制和公允列报相关的内部控制，以设计恰当的审计程序，但目的并非对内部控制的有效性发表意见。审计工作还包括评价管理层选用会计政策的恰当性和作出会计估计的合理性，以及评价财务报表的总体列报。

我们相信，我们获取的审计证据是充分、适当的，为发表审计意见提供了基础。

（三）审计意见

我们认为，加旺电器公司上述财务报表已经按照企业会计准则的规定编制，在所有重大方面公允反映了加旺电器公司2021年12月31日的财务状况以及2021年度的经营成果和现金流量。

北京鹏友会计师事务所

（盖章）

中国注册会计师：马富泽

（签名并盖章）

中国注册会计师：露露

（签名并盖章）

中国 • 北京

2022年 02月 08日

附注信息

基础数据录入

1	单位名称	北京加旺电器有限公司		
2	单位地址	北京市海淀区温泉镇中关村环保园12号		
3	单位电话	010-87675687		
4	经济类型	私营经济		
5	所属行业	工业		
6	税务登记证号	110101670956383		
7	主管税务机关	国家税务总局北京市税务局		
8	报告编号	鹏友审字[2022]第013号		
9	起始日期	2022年01月30日		
10	截止日期	2022年02月08日		
11	编制人	露露	项目负责人	露露
12	复核人	马富泽	报告签发人	马富泽
13	现场工作日期		复核日期	2022年02月05日
14	外勤工作结束日		报告日期	2022年02月08日

稿面

企业年度审计申报鉴证报告

工作底稿

委托单位名称：北京加旺电器有限公司

报告所属期间：2021年01月01日---2021年12月31日

编制人： 露露

复核人：马富泽

报告文号：鹏友审字[2022]第013号

报告发出日期：2022年02月08日

图 13-4-3　出具审计报告

参考文献

[1] 郑春晓，盛洁. 财会商圈实训指导[M]. 南京：南京大学出版社，2019.
[2] 王艳茹. 刘昀. 中小企业财税管理[M].2 版. 大连：东北财经大学出版社，2022.
[3] 张守. 文财税法学[M].7 版. 北京，中国人民大学出版社，2022.
[4] 杨蕊，梁健秋. 企业财务会计教程[M]. 北京：高等教育出版社，2018.
[5] 刘永泽. 高级财务会计[M]. 大连：东北财经大学出版社，2007.
[6] 温素彬. 管理会计[M]. 北京：机械工业出版社，2019.
[7] 王超. 成本会计实务[M]. 北京：教育科学出版社，2016.
[8] 鲁量升. 成本会计[M]. 大连：东北财经大学出版社，2010.
[9] 万寿义，任越军，李日昱. 成本会计习题与案例[M].4 版. 大连：东北财经大学出版社，2010.
[10] 张艳. 成本会计[M]. 北京：机械工业出版社，2008.
[11] 崔国萍. 成本管理会计[M].4 版. 北京：机械工业出版社，2017.
[12] 中国注册会计师协会. 会计[M]. 北京：中国财政经济出版社，2020.
[13] 中国注册会计师协会. 税法[M]. 北京：中国财政经济出版社，2020.
[14] 全国税务师职业资格考试教材编写组. 税法（Ⅰ）[M]. 北京：中国税务出版社，2020.
[15] 全国税务师职业资格考试教材编写组. 税法（Ⅱ）[M]. 北京：中国税务出版社，2020.
[16] 财政部会计资格评价中心. 经济法基础[M]. 北京：经济科学出版社，2019.
[17] 梁文涛. 企业纳税筹划方案设计[M]. 北京：中国人民大学出版社，2015.
[18] 梁文涛.《税法（第 5 版）》习题集[M]. 北京：中国人民大学出版社，2020.
[19] 梁文涛. 纳税筹划[M].5 版. 北京：中国人民大学出版社，2020.
[20] 梁文涛. 中国税收：税费计算与申报[M].4 版. 北京：中国人民大学出版社，2019.
[21] 梁文涛，等. 企业纳税实务[M].3 版. 北京：高等教育出版社，2019.
[22] 梁文涛，等. 企业纳税实务习题与实训[M].3 版. 北京：高等教育出版社，2019.